조현병 치료를 위한

교류분석(TA) 상담의 이론과 실제

Zefiro Mellacqua 저

박용민 역

학지사

Transactional Analysis of Schizophrenia:
The Naked Self
by Zefiro Mellacqua

추천사

제피로 멜라쿠아(Zefiro Mellacqua) 박사는 이탈리아의 젊은 정신과 의사이자 촉망받는 교류분석가이다. 국제교류분석학회(ITAA)는 2024년 그에게 '임상에서 조현병의 개념화 및 치료를 위한 교류분석(TA) 모델의 정교화(For the Elaboration of a Transactional Analysis Model for the Conceptualization and Treatment of Schizophrenia in Clinical Practice)'에 독창적이고 매우 중요한 이론적 · 실용적 기여를 인정하여 교류분석의 노벨상이라고 불리는 '에릭 번 기념상'을 수여하였다. 멜라쿠아 박사의 에릭 번 기념상 수상과 관련된 연구논문과 저서는 다음과 같다.

Mellacqua, Z. (2014). Beyond Symbiosis: The Role of Primal Exclusion in Schizophrenic Psychosis. *Transactional Analysis Journal, 44*(3), 8−30.

Mellacqua, Z. (2021). 현대 임상 실천에서의 교류 자아. **조현병 치료를 위한 교류분석(TA) 상담의 이론과 실제**(1장), 23−61.

Mellacqua, Z. (2021). 치료적 교류. **조현병 치료를 위한 교류분석(TA) 상담의 이론과 실제**(8장), 241−264.

멜라쿠아 박사는 그의 저서에서 조현형 정신질환으로 심하게 고통받는 내담자를 위한 교류분석 상담에 설득력 있고 인도적이며 심도 깊은 이론과 실제를 제시한다. 이를 통해 그는 에릭 번의 원저로 돌아가 정신의학적 트라우마 기반 관계적 관점의 전이−역전이와 정신역동의 복잡성과 관련된 매우 유망한 치료 기법을 제공해 준다.

젊은 신진 교류분석가이자 정신과 의사인 멜라쿠아 박사의 조현병에 관한 탁월한 저술이 한국교류분석상담학회의 K−TA R&D 위원장인 박용민 박사의 수고와 학지사의 협력으로 번역 출간된 것은 한국교류분석상담학회뿐만 아니라 우리나라의 교류분석 상담현장 발전에 한 걸음 더 진전된 디딤돌이 될 것이다. 또한 이미 익힌 교류분석 상담역량을 바탕으로 조현병 내담자에 대한 체계적 이해를 하고자 하는 전문가들 및 교류분석 상담이 무엇인지 배우고자 하는 독자들에게도 많은 도움이 될 것이다.

멜라쿠아 박사는 정신과 의사, 교류분석가, 시인, 철학자 등의 다양한 모습으로 글을 쓰는 독특한 사람이다. 이에 그가 한 말로 추천사를 마무리하고자 한다. "성격과 인간관계에 대한 에릭 번의 교류분석 이론이 타자의 고유성에 대한 무조건적인 존중 및 진정한 긍정성(OKness)에서 표현되는 박애주의적 관점과 어떻게 일치하는지 분명해진다. 이것은 임상 실습에서 상담사의 박애주의적 태도에 반영된다."(p. 50)

한국교류분석상담학회 회장

김미례

역자 서문

제피로 멜라쿠아(Zefiro Mellacqua)는 『조현병 치료를 위한 교류분석(TA) 상담의 이론과 실제(Transactional Analysis of Schizophrenia: The Naked Self)』에서 현대 임상 환경 속 조현병을 이해하고, 개념화하고, 치료하는 데 있어 교류분석의 관련성과 가치에 대한 전체 평가를 제시한다.

멜라쿠아는 에릭 번(Eric Berne)의 사상을 검토하는 것으로 시작하여, 초발 조현병을 앓고 있는 사람들과 이미 더 오래 지속되어 정신병적 수준의 자기 장애를 가진 사람들을 이해하고 심리를 치료하는 데 이론을 적용한다. 이 책에서는 집중적이고 광범위한 분석 회기의 필요성, 불확실성과 모르는 것에 대한 치료자의 관용, 치료자와 내담자 구체화의 유익한 특성, 전이-역전이 관계의 출현, 교류분석, 무의식적 의사소통 사이의 연관성, 꿈 분석, 정기적인 슈퍼비전의 가치 등 일련의 중요한 방법론적 주제를 다룬다. 멜라쿠아의 접근법은 가족 및 간병인과의 만남을 포함하며 병원, 외래 진료소, 정신과 재가 치료 등 다양한 환경에서 내담자와의 다학제적 협력을 강조한다. 이 책은 조현병 경험을 조명하고 이러한 도구를 사용하여 내담자를 도울 수 있는 방법에 관해 흥미로운 임상 사례 연구를 제공하여 전반적으로 설명한다.

조현성 내담자를 위한 교류분석은 조현병을 앓고 있는 사람들, 특히 정신질환의 첫 번째 삽화에 있는 사람들이 어떻게 교류분석의 치료적 적용을 통해 건강을 효과적으로 회복하고 만족스러운 삶을 살 수 있는지를 보여 준다. 이 책은 교류분석 상담사, 정신역동적 심리상담사, 심리학자, 정신과 의사, 간호사, 사회복지사, 학자 및 조현형 정신질환 내담자와 함께 일하는 모든 정신건강전문가가 반드시 읽어야 할 필독서가 될 것이다.

조현병에 대한 교류분석(Transactional Analysis: TA) 임상에 관련되어 출간된 책은 다음 두 권이다. 이 중에 가장 최근에 출간된 멜라쿠아의 저술을 한국어로 번역하게 된 것은 한국에서 교류분석 임상이 한걸음 더 나아가는 기회가 될 것이다.

특히 저자는 조현병과 관련된 연구논문 출판의 공로를 인정받아 2024년 에릭 번 기념상(Eric Berne Memorial Award)을 수상하였다.

Childs-Gowell, E. (1979). *Reparenting Schizophrenics: The Cathexis Experience*. Christopher Pub House.

Mellacqua, Z. (2021). *Transactional Analysis of Schizophrenia: The Naked Self*. Routledge.

이 책의 출간에 따라 한국에서 교류분석(TA) 임상과 관련되어 출판된 책은 다음 세 권이다. 순서대로 읽고 임상에 적용한다면 교류분석 임상의 이론과 실제가 훨씬 더 풍성해질 것이다.

1. White, T. (2013). 『교류분석(TA)적 접근을 통한 자살 상담과 치료』 (한국교류분석상담학회 편역). 학지사.
2. Widdowson, M. (2017). 『우울증 치료를 위한 교류분석』 (송희자 외 공역). 시그마프레스.
3. Mellacqua, Z. (2025). 『조현병 치료를 위한 교류분석(TA) 상담의 이론과 실제』 (박용민 역). 학지사.

이 책의 번역을 위한 한글 용어는 유럽교류분석학회(EATA)의 TA 용어 사전들 중에서 『EATA Translation of TA Terminology: Korean』을 참조하였다(https://taresearch.org/ta-dictionaries/).

출판계의 어려운 상황에도 불구하고 한국 교류분석 연구와 상담의 발전을 위해 출판을 기꺼이 맡아 주신 학지사 김진환 대표님께 깊은 감사를 드리며, 부족한 원고를 세밀하게 다듬어 주신 학지사 편집부 관계자분들께도 감사를 드린다.

2025. 6.

역자 배상

서문

아니샤: 내 책과 내게 가장 소중한 모든 것을 가지고 있어요.

제피로: 그래서인지 얼마 전 저녁에 퇴근하면서 타고르의 책이 떠올랐어요.

아니샤: 배고픈 돌. (아니샤가 조용히 덧붙였다.)

제피로: 그 제목에서 뭔가 특별한 걸 봤어요……. 당신과 관련이 있는 것 같아요.

아니샤: 정말요? (그녀는 호기심에 내게 물었다. 그러고는 "무슨 뜻이에요?"라고 덧붙였다.)

제피로: 오늘 당신의 상황에 대해 생각해 봤어요……. 당신의 실존적 조건과 요즘 당신이 처한 상황에 대해 말이에요.

아니샤: 어떻게 생각하시나요?

제피로: 글쎄요, 아마도 그것은 생각이 아니라…… 당신의 이미지에 더 가까워요……. 네, 당신의 이미지뿐만 아니라 배고픈 돌, 배고픈 돌, 무언가에 굶주린 돌처럼 여기 있는 당신과 나의 이미지이기도 하지요.

아니샤: 책 표지만 보고 판단할 수는 없죠. (침묵)

제피로: 좋은 말씀이군요. 하지만 제가 드리고 싶은 질문이 바로 그거예요. 당신의 이야기의 한 페이지를 열고 싶다면, 인생의 책에서 먼지를 털어 내고 저와 개인적인 이야기를 나누는 데 동의한다면 말이죠.

단순히 살아남기 위해 필사적으로 책, 이야기, 기억, 그리움, 삶의 의미를 닫아 버린 내담자를 만난다는 것은 어떤 느낌일까? 정신이 파편화되어 다른 사람들이 알고 싶어하는 세상과의 관계에서 후퇴한 사람들을 만나고 그들과 함께 일하기 위해서 정신건강전문가인 우리에게 요구되는 것은 무엇일까? 제피로 멜라쿠아는 『조현병 치료를 위한 교류분석(TA) 상담의 이론과 실제』에서 조현병 진단을 받은 내담자들과의 만남을 생생하게 전달한다. 그는 오랫동안 타자와의 안전하고 활기찬 접촉으로부터 소외되어 온 내담자들의 핵심에 다가가고자 노력하면서 우리를 정신병적 방어의 세계로 초대한다. 이 책의 서문을 시작하기 위해 제피로가 이 책에서 공유하는 많은 대화가 있다. 이 대사를 선택한 이유는 아니샤의 조용하지만 분명한 그리움을 전달하고, 제피로가 아니샤와 개인적인 것을 공유할 것인지, 어떻게 공유할 것인지에 대한 선택을 할 수 있는 아니샤의 권리를 분명히 존중하고 있다는 것을 보여 주기 때문이다.

제피로는 광기를 숨기지 말아야 한다고 주장하며, 전문가와 내담자 모두에게 광기에 대해 이야기한다. 현대의 많은 심리치료와 정신의학에서는 광기를 무디게 하고, 숨기고, 외면하려 한다. **벌거벗은 자기**(the naked self)는 우리가 바라보고, 참여하고, 귀를 기울이고, 대타자(the Other)와 단절된 자기 경험과 소통의 의미를 파악하려고 노력해야 한다고 주장한다. 우리는 오랫동안 후퇴해 있던 정신과 어떻게 소통할 수 있을까?

제피로는 조현성 내담자에 대한 이해와 접근 방식을 현대 교류분석의 이론과 방법론에 근거를 두고 있다. 그렇게 함으로써 그는 에릭 번의 획기적인 개념을 현대적 시각으로 훌륭하게 재조명하는 장으로 책을 시작한다. 이 책은 내가 지금까지 읽은 책 중 에릭 번의 핵심을 가장 잘 설명하고 반영한 책이다.

나는 지난 45년 동안 지역사회 정신건강 및 개인 진료 분야에서 심리치료사로 일하며 인도적이고 심층적인 정신과 및 치료 서비스가 체계적으로 해체되는 것을 목격하면서 이 서문을 썼다. 미국에서는 정신건강전문가 집단이 의미 있는 정신건강 관리의 붕괴에 맞서기 위해 심리치료 행동 네트워크(Psychotherapy Action Network)라는 이름으로 뭉쳤다.

> 정서적 고통을 질병으로 보는 관점을 강조하는 심리치료 교육과 정책에는 매우 문제가 되는 경향이 있다. 이러한 경향은 관계의 중요성을 무시하고, 인간의 문제를 주로 증상이나 피상적인 형태의 진단으로 분류하며, 약물 및 단기적이거나, 매뉴얼화되거나, 자동화된 치료법을 일차적인 치료법으로 간주하게 한다. 이러한 정책과 관행은 성공적인 정신건강 치료의 핵심 요소를 약화해 개인과 가족의 필요보다 대형 제약회사(big pharma)와 건강보험회사의 상업적 요구에 부응한다(Psychotherapy Action Network, 2019).

제피로 멜라쿠아는 '조현병(schizophrenic)'으로 분류되는 절망적인 정신 상태의 치료에 생명과 의미를 불어넣는 입장과 방법론을 명확히 제시한다. 이 책을 구성하는 이론과 방법론은 교류분석의 이론과 방법론으로, 정신의학의 역사를 잘 알고 있으며 현대의 대상관계와 관계 모델에 영향을 받은 관점을 제공한다. 제피로의 말을 빌리자면 다음과 같다.

> 조현병에서 자아의 고통은 내담자의 실제 삶에서 대타자의 물질적 존재 여부와 관계없이 항상 대타자와 함께 발생하는 고통이다. 조현병은 주로 대타자가 발달 초기부터 여러 차례, 그리고 충분히 오랜 기간 동안 젊은이의 심리적·생물학적 탄생을 촉진하는 부담스러운 임무를 회피한 진짜 부모[real parent, 또는 대리인(substitute)]임을 보여 준다.

'조현병' 내담자와의 심리치료적 참여는 종종 관련된 당사자 모두에게 새로운 심리적 탄생과 성장의 기회이다(이 작업은 상담사가 제자리에 머무르게 두지 않는다). 제피로가 이 책 전반에 걸쳐 명확하고 설득력 있게 제시하는 핵심적인 입장은 정신장애는 내담자의 가족적·사회적 맥락에서 이해할 수 있고 의미가 있으며, 그러한 맥락에서 가장 잘 치료된다는 것이다. 조현성 내담자의 치료는 가족 및 기타 사회적 지원에서 고립된 채 진행되어서는 안 된다. 조현병으로 고통받는 사람들에게 직접 쓴 편지에서 아름답게 드러나듯이 그는 조현병 치료에 대해 끊임없이 인도적인 관점을 가지고 있다.

> 나를 한 사람으로서 돌보는 사람이 처방한 약이라면 약을 두려워하지 마세요. 항상 예술과 음악을 즐기세요. 자연 속에서 걸어 보세요. 아직 동물을 사랑하지 않는다면 동물을 사랑하는 법을 배우세요.

윌리엄 코넬(William F. Cornell)

이 책에 대한 소개

투명인간에게 바치는 찬가

1897년에 출판된 H. G. 웰스(Wells)의 공상과학 소설『투명인간(The Invisible Man)』은 만화, 영화, 텔레비전, 연극, 팝 음악 등 다양한 문화 분야에 큰 영향을 미쳤으며, 특히 1989년 영국 록 밴드 퀸(Queen)이 발매한 앨범 〈더 미라클(The Miracle)〉에 수록된 동명의 노래로 유명하다. 이 노래에서 주인공 그리핀은 자신의 독창성을 이용해 투명인간이 되는 힘을 얻는다. 하지만 투명인간이 되기 위해 그리핀은 대부분의 시간을 거의 알몸으로 지내야 하는 상황에 처하게 된다.

나는 소설이 우리에게 요구하는 수많은 성찰 중에 낯선 것과 관련된 특별한 하나, 곧 다른 것, 기괴한 것, 신비한 것, 미지의 것, 미친 것에 대한 인간의 당황스럽고 때론 폭력적이기조차 한 반응에 관해 말하고 싶다.

이 책은 본질적으로 임상 영역에서, 특히 정신적 고통 중 가장 널리 퍼져 있고 혼란스러운 것으로 여겨지는 조현병에 대한 분석을 통해 이러한 성찰을 재구성하려는 시도이다. 나는 2010년부터 2015년까지 런던에서 정신과 의사이자 교류분석가로서 초발 조현병(first-episode schizophrenia)을 앓고 있는 사람들과 이미 더 오래 지속되는 정신병적 수준의 자기 장애를 겪고 있는 사람들을 대상으로 한 임상 작업에서 발췌한 내용을 선택하여 재구성했다.

하지만 지금은 웰스의 소설로 돌아가고 싶다. 이 소설에서 주인공 그리핀의 투명 상태는 끝이 분명한 조건이 아니라 고된 탐색으로 묘사된다. 사실 그리핀의 나체는 투명인간임에도 불구하고 자신의 투명성을 배반한다. 그의 육체는 타자에게 완전히 보이지 않더라도 그 움직임, 냄새, 다른 인간의 신체와 마찬가지로 차가움과 고통을 느낀다는 사실 등을 통해 환원할 수 없는 신체성[corporality, 육체성(physicality)]의 간접적인 흔적을 계속 남긴다고 할 수 있다.

인간의 피부가 제공하는 것과 같은 자연스럽고 눈에 보이는 싸개가 없으면, 투명인간은 두려운 가시성보다 훨씬 더 나쁜 상태, 즉 자신의 내면 자기와 타자들로부터 점진적으로 멀어지는 상태에 노출된다.

> "눈 속에서는 집 밖으로 나갈 수 없었어요. 왜냐하면 눈이 내 몸에 내려 나를 노출시킬 거예요. 그리고 안개(나는 집 밖에서 안개 속의 희미한 거품, 표면과 같아야 해요)는 기름기 많은 인간의 희미한 모습일 테죠. 게다가 집 밖으로 나가면 발목에 흙먼지가 쌓이고 피부에 부스러기와 먼지가 떠다녔어요. 나는 그 원인으로 인해 내가 눈에 띄기까지 얼마나 오래 걸릴지 몰랐어요. 그러나 나는 그것이 오래 지속될 수 없다는 것을 분명히 알았어요."
> 투명인간이 말했다. "내 상태가 얼마나 불리한지 이제야 깨닫기 시작했어요. 옷을 입을 피난처가 없다는 것은 내 모든 유익을 포기하고 나 자신을 이상하고 끔찍한 존재로 만드는 것이었어요. 나는 금식 중이었어요. 동화되지 않은 물질로 먹고 몸을 채우는 것은 다시 기괴해 보이는 것이 되기 때문이지요."(Wells, 2017 [1897], p. 126)

그리핀의 최후는 실제로 그의 몸이 부패하는 것으로 시작하여 그의 의식 상태가 점진적으로 변화하고 광기로 이어지며, 결국 폭도들의 손에 의해 죽음으로 끝난다. 그리핀이 도달한 광기의 수준은 공상과학 소설과는 다른 방식으로 조현성 내담자의 특별한 분열을 떠올리게 한다.

이 광기는 다른 감각도 마찬가지겠지만, 이 특별한 경우에는 시각을 만들어 내는 감각의 특정 영역, 즉 타자에게 보이는(즉, 인식되는) 경험과 개인적 정체감의 구축 사이에서, 그리고 나타나는 것과 존재하는 것 사이에서 인간의 중개자 역할을 할 수 있는 능력을 인간 정신이 극복할 수 없다는 데서 비롯된다. 그래서 우리는 그리핀이 외치는 절망적인 외침에서 정신질환을 앓는 내담자의 괴로움이 울려 퍼지는 것을 들을 수 있다.

> "내 눈에서 손가락을 떼지 말았으면 좋겠어요."라고 공중에서 들려오는 목소리가 야만적인 어조로 말했다. "사실, 나는 머리, 손, 다리 등 모든 것이 여기 있는데도 보이지 않는다고요. 혼란스럽고 성가신 일이지만, 나는 존재해요."(Wells, 2017 [1897], p. 40)

그리핀의 비극처럼 조현성 내담자의 비극은 자아 경험의 분열, 그리고 궁극적으로는 소외(alienation)와 맞닿아 있다. 조현성 내담자의 특별한 소외감(estrangement)은 임상 수준에서 여러 가지 형태로 분류할 수 있다. 첫째, 심한 편집성 조현병의 경우처럼 타자와 외부 현실을 자신의 완전성에 대한 실제 위협은 아니더라도 자신과 이질적인 이물질로 인식하는 방식이다. 둘째, 정신질환을 앓는 내담자가 거의 견디기 힘든 상태는 해리성 조현병의 경우처럼 내적 일관성이 없는 수많은 감각 및 몸의 경험으로 자신을 인식하고 상담사를 포함한 다른 사람들에게 인식되는 것이다. 셋째, 어떤 경우에는 조현병적 소외가 일반적으로 덜 흔한 형태의 긴장성 조현병(catatonic schizophrenia)에서 관찰될 수 있는 극단적인 돌연변이(obstinate mutism) 및 부동성(immobility)의 경우처럼 언어화할 수 있는 경험도 없고, 따라서 이야기할 수 있는 이야깃거리도 없는, 겉으로 보기에 비활성 상태이고 시간이 정지된 몸의 상태와 유사하게 나타나기도 한다.

이 책은 조현성 내담자의 자아가 흘러 들어가는 이러한 각 조건을 교류분석의 관점에서 자세히 살펴본다. 이 분석에는 반드시 상담사의 신체적 어린이자아가 포함되며, 이는 종종 임상의가 알지 못하는 사이에 조현성 내담자가 거주하는 것과 동일한 무의식적 관계의 영역에 항상 몰입되어 있다. 조현성 내담자가 구현하는 자아 경험의 파편화에 대한 두려움과 동시에 다른 사람들에게 강력하게 유도하는 두려움에 직면한 우리 각자는(정신건강전문가조차도), 의심의 벽을 세우고, 적대감의 깃발을 들고, 경멸의 바리케이드를 만들고, 수치심의 지하 터널을 파고 있다. 뚫을 수 없는 침묵의 숲에 숨거나, 더 심하게는 무관심의 숲에 숨거나, 때때로 약물 치료의 고독한 요새로 물러나거나, 지성주의의 먼 미로에서 길을 잃거나, 조현성 내담자가 자아의 핵심을 보존하기 위해 힘겹게 건너는 것과 다르지 않은 고독과 희망의 끝없는 바다를 건너기도 한다. 당장 눈에 보이지 않고, 종종 벙어리가 되고, 몽롱하고, 어떤 경우에는 석화되어 악취를 풍기며, 과거의 외상에 대한 생생한 기억으로 상처와 흉터를 지니고 있지만 소외의 견딜 수 없는 고통에 저항하는 이 중요한 자아에 나는 '**벌거벗은 자기**(the naked self)'라는 이름을 붙였다. 독자들은 이 책에서뿐만 아니라 자신의 삶에서, 우리 자신의 조현 증상을 느끼는 순간에 우리의 육체에서, 꿈에서, 특히 정신질환을 앓는 내담자들과의 용기 있고 귀중한 분석적 및 초분석적(extra-analytic) 작업에서 우연히 발견한 이 **벌거벗은 자기**를 만나고 인식하도록 초대받는다.

이 글에 담긴 성찰은 조현성 내담자들과 여러 차례에 걸친 긴 임상적 만남의 결실

일 뿐만 아니라, 그들의 가족 및 간병인들과 적극적으로 소통할 수 있었던 기회(또는 그렇지 못했던 기회)의 결실이기도 하다. 그들이 실제로 참석하고, 특히 기꺼이 대화에 참여하고 참여하고자 할 때, 그들의 고통, 질문, 생각, 침묵, 두려움, 수치심, 희망은 종종 내 것이기도 하였고, 어떤 경우에는 계속 내 것이기도 했다.

이 내담자들과 그들이 사랑하고 미워하는 사람들과의 심리치료 작업에서 얻은 학습과 개인적 · 직업적 성장은 내 슈퍼바이저들의 추가적인 전문적 · 인간적 기여 없이는 진전될 수 없었을 것이다.

이 원고를 쓰면서 나의 궁극적인 목표는 조현병이 주는 고통 중 당장 눈에 보이지 않는 실존적 의미를 (특히 에릭 번의 교류분석이 제공하는 시각을 통해, 그리고 그의 이론적 · 방법론적 · 윤리적 원칙에 따라) 가시화하고 희망적으로 풍부하게 하는 것이다.

이는 이 고통을 이해하고 치료하기 위한 나의 임상적 · 인간적 노력이 더 큰 인식과 책임감, 헌신과 희망을 가지고 계속될 수 있도록 하기 위함이다.

참고자료

Queen (1989). The invisible man. *On the Miracle* [CD]. London: Parlophone.

Wells, H. G. (2017). *The Invisible Man*. London: HarperCollins. (Original work published 1897).

버로우즈의 작업에 대하여

가장 순수한 고기여야 하고
상징적인 드레싱이 없어야 한다.
당시와 현재 모습 그대로의
실제 환상과 실제 감옥.

감옥과 환상은
희귀하게 묘사되지만
앨커트래즈(Alcatraz)와 로즈(Rose)와
정확히 일치한다네.

우리에게는 벌거벗은 점심이 자연스럽고,
우리는 실제의 샌드위치를 먹고 있네.
하지만 우화는 상추만큼이나 쓸모없네.
광기를 숨기지 말라.

앨런 긴즈버그(Allen Ginsberg, 산호세, 1954).

약어 정리

P_0: 자궁 내 인생과 영아 발달의 조기 단계에서 출현 자아(C_0)가 접촉하는 '환경으로서의 대타자'의 내면화된 표상이다.

P_1: 영아기 말기와 유아기 동안 아동과 의미 있는 타자[어머니, 아버지, 양육자, 그리고 대체 부모(in loco parentis) 역할을 하는 모든 사람]와의 조기 대상관계의 내면화를 포함하는 내적 대상 표상이다.

P_{1+}: P_1 분열의 결과로서 좋은 대상이며, 성장하는 아동이 의미 있는 타자와의 충분히 좋은 또는 이상화된 일차적 관계의 측면에서 경험한다.

P_{1-}: P_1 분열의 결과로서 나쁜 대상이며, 성장하는 아동이 의미 있는 타자와의 외상(박해, 학대 등)을 초래할 정도의, 견딜 수 없고 악마화된 일차적 관계의 측면에서 경험한다.

P_2: 어버이자아상태로서 자아 발달의 여러 단계에 따라 의식적 · 전의식적 · 무의식적, 무의식적으로 만들어진 내면의 대타자(환경 및 실제 의미 있는 타자 포함)에 대한 경험으로 구성되며, 세상(즉, 사회, 문화, 종교 등)에서 그 사람을 담는 그릇으로서 존재한다.

A_0: 유아가 자기 조절을 하는 타자와의 상호작용 경험에서 비롯된 가장 초기의 자아감이다.

A_1: C_1과 P_1의 경험을 바탕으로 자신, 의미 있는 타자, 세계를 이해하려는 아동의 창의적인 시도를 나타내는 언어적 · 상호주체적 · 자기반성적 자아이다.

A_2: 어른자아상태로서 의식적 · 전의식적 · 무의식적, 무의식적으로 만들어져 구성된 타자와 외부 현실 사이의 지금-여기 관계에서 자아의 경험을 통합한다.

C_0: 환경으로서의 대타자(P_0)와 접촉하는 감각을 포함하는 영아의 신체적 정서 상태를 포함하는 출현적 자아이다.

C_1: 핵심 자아 또는 체화된 자아로서 신체적 어린이자아와 일치하며 인간 경험의 세포조직 수준과 조기 신체적 정서 과정을 나타낸다.

C_2: 어린이자아상태로서 의식적 · 전의식적 · 무의식적, 무의식적 관계 욕구로 구성된 전체 자아이며, C_1, A_1, P_1 및 경험에서 비롯될 뿐만 아니라 인간의 보편적인 측면으로서 존재 내내 지속되어 자아정체성을 형성한다.

조현병 독자를 위한 특별 소개

이 글은 조현병을 앓고 있는 독자 여러분, 그리고 여러분의 곁에 있는 가족, 아마도 배우자, 자녀, 친구, 선생님, 동료, 그리고 여러분을 진정으로 아끼고 동시에 여러분과 마찬가지로 거의 극복할 수 없고 견딜 수 없는 고통으로 인해 깊은 고민과 혼란에 빠져 있는 모든 분께 드리는 글입니다.

안녕하세요, 거기 계세요? 나는 당신이 여전히 그곳에서 듣고, 기다리고, 신체적 불편함을 다루고, 현재 감각의 혼란을 겪고, 사람들과 자신으로부터 숨어 살고 있다는 것을 알고 있어요. 그래서 지금 어떻게 지내시나요? 낮과 밤을 어떻게 관리하고 계신가요? 내면의 경험을 어떻게 다루고 있나요? 자신의 생각과 마음, 자신의 몸을 믿을 수 있나요? 더운 날씨에도 불구하고 여전히 스웨터를 입고 있나요? 밤이나 실내에서도 선글라스를 착용하고 있나요? 가끔 머리가 터질 것 같은 느낌이 드시나요? 머릿속에서 들리는 목소리를 없애기 위해 또는 다른 사람들의 시선을 피하기 위해 이어폰으로 음악을 계속 크게 듣나요? 주체할 수 없이 웃거나 소리를 지르는 자신을 발견한 적이 있나요?

외부 현실, 세상, 자연, 장소는 여러분에게 어떤 모습인가요? 누군가에게 신체적·언어적으로 공격적인 태도를 보인 적이 있나요? 누군가 당신에게 신체적·언어적으로 공격적인 행동을 한 적이 있나요? 자신을 보호하기 위해 칼을 지니고 다니나요? 스스로를 해친 적이 있나요? 자신의 행동으로 인해 자신이나 다른 사람에게 일어난 일 때문에 여전히 화가 나거나 슬프거나 부끄러운가요? 때때로 거울을 통해 자신을 바라보나요? 거기서 무엇이 보이나요? 겁이 나나요? 어떤 식으로든 흥미를 느끼나요? 그리고 당신의 낯선 모습에 대한 다른 사람들의 반응은 어떤가요? 당신은 견딜 수 있나요? 그들은 견딜 수 있나요? 주변에 견딜 수 있는 사람이 있나요? 잠시라도? 자신 외에 다른 사람에게 진정으로 의지할 수 있나요? 여러분 옆에 비슷한 질문을 하고, 같은 두려움을 갖고, 여러분이 궁금해하는 것과 같은 경험을 공유하거나 거부하는 다른 사람이 있나요? 여러분은 이러한 의심, 정서, 의견, 신념에 관해 서로 이야기하나요? 정말 서로의 말에 귀를 기울이나요? 함께 무언가를 하나요?

스스로 요리를 할 수 있나요? 건강하게 식사하고 있나요? 개인 위생을 잘 관리하고 있나요? 아니면 실질적인 도움이 필요하신가요? 밤에 잠을 잘 수 있나요? 잠잘 때 꿈을 꾸나요? 백일몽을 꾸나요? 반려동물을 키우나요? 그들과 어떻게 지내나요? 건강을 위해 기도를 하나요? 아니면 숨죽이고 욕을 하나요? 약을 믿을 수 있나요? 그리고 의사(정신과 의사 포함), 간호사, 심리학자 및 정신건강전문가가 여러분을 돌보고 기꺼이 도와줄 것이라고 믿을 수 있나요? 실제로 이러한 사람들이 여러분과 여러분의 간병인을 돌보고 있거나 적어도 그렇게 하려고 노력하고 있나요? 그리고 이들이 여러분을 돕도록 허용하고 있나요? 그렇지 않다면 그 이유는 무엇인가요? 만약 그렇다면 그 이유는 무엇인가요?

만약 여러분이 여전히 이러한 질문들과 씨름하고 있거나, 이러한 질문들이 지겨워서 또는 생각이 더 이상 명확하지 않거나 환청과 여러 가지 이상한 감각으로 인해 혼란스러워서 이러한 질문들을 무시하려고 한다면, 이 책에 서술된 정신질환과 각각의 치료 여정을 직접 경험한 다른 생각, 대화, 이야기, 꿈들을 살펴보는 것이 좋습니다. 일부 페이지가 너무 전문적인 내용이라고 느껴지거나 일반적인 책의 내용과는 거리가 멀다고 생각할 수 있다는 것을 알고 있습니다. 그러나 어떤 단어나 문구, 심지어 단순한 문구라도 실제로 여러분의 마음에 직접적으로 말을 걸고, 마음을 따뜻하게 하고, 고통으로 울게 하고, 기쁨과 희망으로 울게 하거나, 단순히 자신에 대해, 증상과 어려움의 본질에 대해, 과거에 대해, 실제 삶에 대해, 미래에 대해 궁금하게 만들 수도 있습니다. 적어도 나는 그렇게 되기를 바랍니다. 나는 여러분이 자신의 모습을 드러내고, 눈에 보이고, 삶을 더 온전히 살아갈 수 있기를 진심으로 바랍니다.

차례

제2장 조현병 • 63

제3장 조현형 정신질환의 교류적 정신병리학 • 83

제4장 소위 조현성 내담자와의 만남에서 전이와 역전이의 형태 • 109

제5장

벌거벗은 자기 • 155

제6장

행동하는 몸: 조현병의 각본규약 분석 • 177

제7장

정신질환에 직면한 역전이 • 215

제 8 장

치료적 교류 • 241

제 9 장

꿈꾸는 현실 • 265

제 10 장

광기를 숨기지 말라 • 289

제1장

현대 임상 실천에서의 교류 자아

- ㅇ 인식론적 기초와 에릭 번의 자아상태 이론의 유산
- ㅇ 교류: 행동하는 마음
- ㅇ 처음에는 “안녕!”이었다
- ㅇ 자아 경계의 병리학
- ㅇ 정신병리학과 정신건강의 경계
- ㅇ 친밀감을 위한 준비
- ㅇ 조현형 정신질환의 교류분석에 대한 서문

◆ 인식론적 기초와 에릭 번의 자아상태 이론의 유산

교류분석은 인간의 주체성(subjectivity)을 반복할 수 없는 고유한 자아상태의 집합으로 간주한다. 교류분석의 창시자인 에릭 번(Eric Berne, 1970)의 관점에서 볼 때, 자아상태는 "자아상태를 다루는 것은 무엇이든 교류분석이고, 자아상태를 간과하는 것은 무엇이든 교류분석이 아니다."(p. 223)라는 점에서 사실 '그 주춧돌이자 흔적'이다.

우리의 내면과 관계적인 삶의 끊임없는 흐름 속에서 자아는 "신체의 각 분아들이 서로를 느낄 수 있는 것처럼" 자신을 관찰할 수 있는 인간 성격의 분아이다(Berne, 1969 [1957], p. 87). 에릭 번은 자아를 3개의 분아로 구분했는데, 각 분아는 모두 하나의 자아라는 점에서 다른 분아를 인식할 수 있다. 이 분아는 인간이 세상에 존재하고 존재하는 경험의 결과인 근본적인 존재 방식이며, 이 세계는 생명이 시작될 때부터 '나(me)'와 '나-아닌-타자(other-than-me)'뿐만 아니라 '우리(us)' '내-안의-많은-대타자(들)(many-Other(s)-within-me), '대타자를-통한-나(me-through-the-Other(s))'로 채워져 있다. 다시 말해, 생애사적 '대타자'가 없는 본래의 '나'는 존재하지 않으므로 '나'와 마찬가지로 '우리'는 필연적으로 '대타자'의 흔적을 지니고 있다.

에릭 번은 '대타자를-통한-나'를 **어린이**자아상태[일종의 "어른자아 개인의 잔존하는 유아기 자아상태(residual infantile ego state of the Adult person)"(Weiss: Berne, 1975b [1961], p. 19)]라고 부르며, 모든 개인이 의미 있는 타자와의 관계에서 과거, 현재, 그리고 미래에도 존재할 어린이자아를 내면에 지니고 있음을 상기시켰다.

자아의 또 다른 분아는 **어버이자아**(Parent) 또는 "내-안의-대타자(들)(the-Other(s)-within-me)", 즉 "정신적 존재(psychic presence)"(Weiss: Berne, 1975b [1961], p. 19)로서 부모 대신(loco parentis) 부모 인물 또는 참조 인물의 내면화에서 비롯된 것이다. 이것들은 주체의 과거뿐만 아니라 평생에 걸쳐 규범적이고 정서적인 권위에 대한 여러 가지 변화하는 동일시와 내면화를 통해 만들어지거나 만들어지지 않을 수도 있다.

어른자아상태, 또는 (타자가 아닌) '나'는 자아와 새로운 타자(환경과 자연으로 이해되기도 하는) 사이의 접촉을 가능하게 하여 '우리'를 형성하는 성격의 분아이다. 개인이 역사를 가진 주체적 자아가 되는 것을 책임감 있게 실험할 뿐만 아니라 새로운 호기심을 가지고 외부 현실, 주로 새로운 대타자의 심리적 현실에 접근하여 지금-여기와 '아직은 아닌(not yet)' 현재의 경험에서 그 경이로움과 신비를 포착할 수 있는 것은 어른자아 덕분이다([그림 1-1] 참조).

자아의 이 3개의 분아(어버이자아, 어른자아, 어린이자아)는 건강한 성격 내에서 개별적인 체계로 작동한다. 각각은 자율적으로 또는 다른 분아들과 함께 작동할 수 있으며, 한편으로는 고유한 내부 조직과 존재를 가지고 있고, 다른 한편으로는 외부 현실과 지속적인 관계를 맺고 있다.

자아상태를 만드는 실체는 정서가 고동치는 삶이며, 이는 생각으로 표현되고 몸의 경험과 눈에 보이는 행동으로 표현된다. 에릭 번의 정의에 따르면, 자아상태는 주어진 순간에 일관되게 구조화된 사고 · 감정 · 행동 방식이다. 또한 현상학적 실재로서 자아상태는 "역할"(Berne, 1975b [1961], p. 33; 2008 [1964], p. 23)이 아니라 역사와 끊임없이 진화하는 주체적 경험을 가진 자아의 살아 있는 부분이다. 따라서 자아상태는 무수히 많지만 심리적 및 사회적 삶의 경험에 따라 교류분석에서 어버이자아, 어른자아, 어린이자아라고 부르는 자아의 3개의 분아들 각각과 관련이 있다고 말할 수 있다.

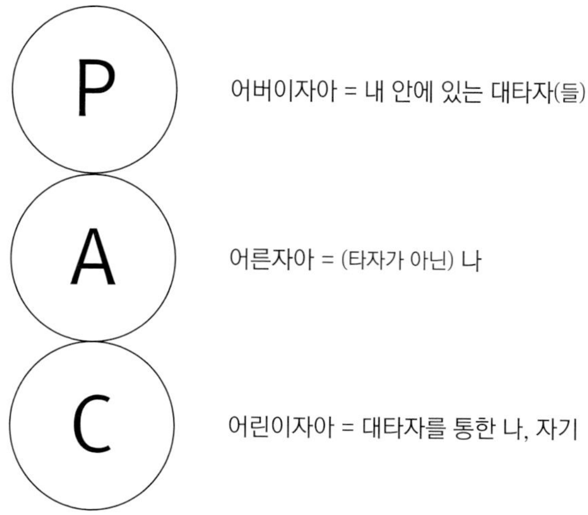

[그림 1-1] 자아상태(Berne, 1975b [1961], p. 31)

에릭 번이 채택한 임상 및 이론적 관점은 1940년대와 1950년대에 폴 페데른(Federn, 1953 [1952]), 에도아르도 바이스(Weiss, 1950), 로널드 페어베언(Fairbairn, 1952) 등이 개발한 자아에 대한 정신분석 심리학의 영향을 받은 것이다. 특히 자아상태에 대한 에릭 번의 정의에는 원초아(Id)에서 비롯된 정신적 실체로서의 자아에 대한 프로이트(Freud)의 비전에 대한 현상학적 비판으로서 페데른(Federn, 1953 [1952])과 바이스(Weiss, 1950)가 분석적 전통에 도입한 독창적인 기여가 결정적으로 담겨 있다. 에릭 번과 마찬가지로, 페데른에게도 자아는 주체가 직접 경험할 수 있는 현상학적 실재이다. "자아는 시간, 공간, 인과관계와 관련하여 신체와 정신적 삶의 지속적 또는 반복적 연속성으로서 개인에 의해 느껴지고 알려지며, '통일성'으로서 느껴지고 이해된다."(Federn, 1953 [1952], p. 94). 페데른이 처음 만든 이 자아의 공식은 그의 가장 위대한 제자인 에도아르도 바이스(Weiss, 1950)가 표현한 자아상태의 개념, 즉 "모든 자아상태는 살아온 기간의 내용을 가진 정신적 · 육체적 자아의 실제로 경험된 현실이다." (p. 141)와 일치한다.

또한 페어베언의 연구(Fairbairn, 1952)에서 발견되는 자아(어버이자아, 어른자아, 어린이자아로 분류되는)의 삼원적 개념과 관련하여 에릭 번이 사용한 이론적 관점은 "교류분석과 정신분석 사이에서 가장 좋게 발견된 다리 중 하나"(Berne, 1975c [1972], p. 162)이다. 실제로 페어베언은 실제 관계 대상과의 다소 보람 있는 여러 관계를 통해 직접적으로 핵심 자아(central ego)(특히 보람 있는 외부 관계를 지향하는), 리비도적 자아(libidinal ego)(관계에 대한 탐색 및 희망과 관련된), 반리비도적 자아(anti-libidinal ego)(관계에 대한 적대감 및 거부와 관련된)로 구조화되고 분화된 다원적인 자아를 최초로 인식하였다.

에릭 번의 이론은 『Fransactional Analysis in Psychotherapy』(Berne, 1975b [1961])에서 공식적으로 제시된 것으로, 오히려 페어베언의 자아의 불가분성에 대한 논지를 강화, 급진화하여 개인이 내면의 자아상태(즉, 실제 외부의 타자, 세계 및 주변 자연과 끊임없이 관계하고 동일시하는 데서 비롯되는 내적 대상들로 구성됨)로 채워져 있음을 보여 준다고 할 수도 있다.

에릭 번은 앞서 언급한 저자들의 발자취를 따라 한 걸음 더 나아가, 자신 또는 타자의 자아상태의 주어진 순간에 지식[또는 진단(그리스어 디아-노시스(dia-gnosis, διά-γνωσις)에서 디(διά) '통해'와 그노시스(γνωσις) '지식', 따라서 '통해 알다'에서 유래됨)]을 형성하여 자기 자신과 만날 뿐만 아니라 자기 고유성 속에서 대타자를 진정으로 만나는 네 가지 경로를 과감하게 제시했다.

- **행동적 진단**(behavioral diagnosis): 이러한 지식에 이르는 첫 번째 길은 몸의 자세, 걸음걸이, 음색, 목소리의 크기와 리듬, 호흡, 어휘, 몸짓, 표정 등과 같은 무수히 많은 표현으로 나타나는 행동(자신과 타자의 행동)을 관찰하는 것이다.
- **사회적 진단**(social diagnosis): 두 번째 지식의 경로는 사회적 관찰 또는 상호작용 중에 한 개인이 상대방에게 요청하는 행동 반응의 종류 또는 그 반대의 경우이다. 자아상태에 대한 사회적 지식은 상호보완적이거나 대칭적인 자아상태에서 출발하여 관계를 형성하는 경우가 많다는 가정에 기초한다. 예를 들어, 대화 상대가 어린이자아상태 또는 어버이자아상태에서 대칭적인 경쟁 관계에 있는 사람에게 반응하는 것을 관찰함으로써 어떤 사람이 어버이자아상태에 있는지 알아낼 수 있다.
- **생애사적 진단**(historical diagnosis): 자아상태를 인식하는 세 번째 방법은 아동기 및 조기 청소년기의 부성 참조 인물(parental reference figures) 및 개인의 과거에 있었던 의미 있는 타자와의 관계 경험에 대한 개인의 추적 가능한 기억에 대한 생애사적(또는 정신 전기적) 조사를 통해 이루어진다. 생애사적 조사는 지금-여기에서 관찰되는 자아상태가 실제로 참조 부모(reference parent(s))가 사용한 사고, 감정, 행동의 표현(어버이자아상태), 특정 생애사적 순간에 그 사람이 겪었던 아동의 내적 경험(어린이자아상태), 현재 상황에 대한 반응(어른자아상태)을 탐구하는 데 도움이 된다.
- **현상학적 진단**(phenomenological diagnosis): 자아상태를 식별하는 네 번째 방법은 현상학적 탐구를 이용하는 것이다. 이 방법은 다른 방법보다 상대방의 내면 세계에 가장 많이 참여할 수 있으며, 우리 앞에 있는 사람의 가장 독특하고 주체적이며 특이한 경험에 우리를 소개하고 모든 강렬함에 노출시킨다. 예를 들어, 어린이자아상태나 어버이자아상태는 주체가 단순히 기억하는 것이 아니라 과거의 상황에 대한 인지적·신체적·관계적 경험을 자신의 모든 표현역량으로 재창조하여 현재에 재현할 때 현상학적으로 접근할 수 있다.

에릭 번(Berne, 2008 [1964], p. 42)은 관찰 가능한 심리적·사회적 실체로서 자아상태를 아는 (또는 인식하는) 이러한 수단에 자아의 각 분아들(어버이자아, 어른자아, 어린이자아)이 다른 분아(영향을 주는 자아상태)와 다른 사람과의 사회적 상호작용(활동적 자아상태)과 관련하여 어떻게 기능할 수 있는지에 대한 설명을 추가하였다. 특히 에릭 번(Berne, 1975c [1972], p. 32)은『당신은 인사 후에 무슨 말을 하십니까?: 인간 운명의 심리학(What Do You Say after You Say Hello? The Psychology of Human Destiny)』에서 부모를 **양육적인 어버이자아**(예: 돌봄, 보호 및/또는 허락의 제공자) 또는 **통제적인 어버이자아**(예: 학대, 비판 및/또는 금지의 원천)로 설명할 수 있음을 자세히 보여 주었다. 반면에 에릭 번(Berne, 1975c [1972], p. 32)은 **적응한 어린이자아**(예: 부모나 주요 인물에 대해 대체로 순응적), **반항하는 어린이자아**(예: 규제적 타자에 대해 공개적으로 적대적이고 반항적), **자연스러운 어린이자아**(예: 자신의 욕구와 일치하고 의미 있는 타자로부터 이를 인정받는)와 같은 설명적 용어로 어린이자아를 분류하기도 하였다.

자아의 다른 분아들과 달리 어른자아상태는 에릭 번에 의해 많은 설명적 정의가 내려지지 않았다. 대신, 그는 개인의 중추 및 말초 신경계가 발달하는 그 순간까지 생물학적으로 어른자아상태에 허용된 모든 인지적 · 정서적 · 관계적 자원을 통해 내적(자신의 자아상태) 및 외적(타인과 사회 세계의 자아상태) 우발적 현실에 진정으로 접근할 수 있는 독특한 가능성을 어른자아에 기인하고 인정하였다.

결과적으로 행동적 · 사회적 · 생애사적 · 현상학적 조사가 자아상태의 실제 표현('나는 누구인가?' '너는 누구인가?' '누가 말하고, 느끼고, 행동하는가?')으로 이어진다면, 자아상태의 관계적인 기능에 대한 설명(자연스러운 어린이자아, 적응한 어린이자아, 반항하는 어린이자아, 양육적인 어버이자아, 통제적인 어버이자아 등과의 경우처럼)은 사실 자아상태의 현상적(즉, 행동적) 표현('나는 어때?' '너는 어때?' '내 말투, 감정, 행동은 어때?' '너는 어떻게 말하고, 느끼고, 행동하고 있니?')에 해당한다.

본질적으로 에릭 번은 자아상태의 기능적 표현을 통해 각 자아상태의 관찰 가능한 행동 측면을 다시 한번 강조할 뿐만 아니라 자아상태가 인간 마음의 생태학에서 수행하는 기능의 유형, 즉 주체의 내면과 관계적(따라서 사회적) 세계의 일종의 항상성(homeostasis)을 유지하는 기능을 설명하고자 하였다.

◆ 교류: 행동하는 마음

에릭 번이 두 명 이상의 사람 사이의 만남을 관찰하고 이해하는 새로운 방법을 보여 준 것은 바로 모든 성격 안에 자아상태가 존재한다는 사실을 인정한 것이다. 그는 사회적 교류에서 일어나는 일을 보여 주기 위해 의도적으로 **교류**(transaction)라는 단어를 선택하였다. 에릭 번이 가장 좋아하고 집중했던 대상은 상호작용이나 대인관계, 심지어 관계도 아닌 교류였다. 교류는 모든 만남에서 각 개인이 무언가에 관여하는 동시에 무언가가 교환되고, 그로부터 우리가 얻는 것이 우리 각자가 교류에 관여하는 이유이기 때문이다(Berne, 1975b [1961]).

이러한 전제하에, 에릭 번의 저서에서 개인의 내적 세계와 대인관계 세계에 대한 놀랍도록 창의적이고 강력한 비전을 제시할 뿐만 아니라 이 세계를 개인이 스스로 이해하고 접근할 수 있도록 하기 위한 수단인 도형와 벡터를 발견하는 것은 놀라운 일이 아니다. 따라서 에릭 번의 혁명은 인간의 주체성에 대한 자신의 생각을 진정한 희망의 철학, 즉 정신적으로 고통받는 사람들을 포함하여 다소 많은 사람과 '나'가 되는 거의 불가능한 인간의 경험을 공유할 수 있다는 희망을 중심으로 엮어낸 것이었다.

이러한 에릭 번이 제시한 희망의 인식론적 뿌리는 자아심리학의 비옥한 토양에 다시 한번 가라앉는데, 그 중심 논문은 프로이트주의적 함축(overtones)과 정신 내적 갈등을 유발하지 않는 자아의 핵심을 인식하는 데서 출발한다[하인즈 하트만(1939)의 연구부터 시작]. 자아의 이 분아는 결과적으로 성격의 타고난 핵심을 형성하며, 프로이트의 원초아와는 달리 정확한 신경 생리적 기반을 따르고 정신-몸 발달의 다양한 단계를 중재하는 독립적인 방식으로 발전할 수 있으며, 개인과 내적 현실(자아 내적 현실), 자신의 신체와 타자의 신체(신체 내적 및 신체 간 현실), 외부 관계적인 현실(대상 이전 관계 세계 및 자아 간 현실), 주변 세계 및 자연과 더 일반적으로 취약하게 연결되어 있다.

이러한 후기 프로이트주의[post-Freudian, 또는 에릭 번의 표현에 따르면 유사 프로이트주의(para-Freudian)]의 분석적 지식의 토대는 에릭 번의 어른자아상태의 정교화에서 수렴되었다. 그는 어른자아를 정신 내적 갈등과 구조적 결함으로부터 자유롭고, 심각한 정신병리의 경우처럼 최소한의 영역만이라도 유지할 수 있는 개인의 성격 구조로 생각하였다. 이러한 방식으로, 그리고 심리치료 과정을 통해 그 사람의 어른자아는 관찰하고, 자기 성찰하고, 자기 분석하고, 통합하는 자아로서 점점 더 광범위하게 자신을 구조화할 수 있는 성격의 분아가 될 것이다. 어른자아상태에 대한 에릭 번의 개념에는 "자아를 관찰하는 부분과 경험하는 부분으로 나누는 것"(p. 293)에 대한 페니첼(Fenichel)의 현대적 관찰(Berne, 1977d [1966] 인용)의 메아리가 있다.

다시 말해, 에릭 번이 보기에 **고유한 교류분석**(transactional analysis proper)이 가능한 것은 우리 정신의 어른자아가 작동하기 때문이다. 여기에는 사회적 만남에서 다양한 참가자의 자아 간의 교류를 분석하는 것이 포함된다. 특히 임상 분야에서 이 접근법은 집단 환경뿐만 아니라 자아의 다원적 특성을 고려할 때 개인 심리치료와 같이 단 두 사람 간의 만남에서도 그 유효성을 분명히 유지한다.

자아의 다원적 성격과 각 자아상태의 시간 차원(생애사적, 현재적, 점진적인)에 초점을 맞추지 않고서는 교류분석이 없을 것이기 때문에, 교류분석은 적절한 의사소통 이론일 뿐만 아니라 인간 관계의 기초가 되는 전이(transference)와 역전이(countertransference), 진정한 상호성(authentic reciprocity)의 역학을 철저히 조사할 수 있는 강력한 도구를 제공한다.

의사소통 도구로서 교류(transactions)는 사회적 교류의 단위를 구성하며, 에릭 번은 이를 상보교류, 교차교류, 이면교류로 분류하였다.

상보교류(complementary transactions)는 건강한(즉, 상호 인정과 지지를 지향하는) 대칭형 사회적 관계를 형성하거나 병리적인(즉, 공생, 우월-열등의 역학 관계, 경쟁 관계로 치우치기 쉬운) 사회적 관계를 형성한다. 이는 평행 벡터가 있는 교류 도형에서 특징적으로 나타난다.

반면, **교차교류**(crossed transactions)는 비대칭적인 사회적 교류로서, 다시 건설적이고 건강한 교류(예: 역기능적인 정신 내적 과정과 관계 양식을 방해하는 것을 목표로 하는 치료적 교류)와 병적인 교류(예: 장애를 일으키거나 수동적이고 갑작스러운 의사소통의 중단을 초래할 수 있는 교류)로 구분할 수 있다. 이들은 교차 벡터가 특징이다.

마지막으로, 에릭 번이 특정 변이로 분류한 **이면교류**(ulterior transactions)는 어른자아의 인식 밖에서 발생할 뿐만 아니라 사회적(또는 표면적) 수준과 심리적(또는 잠재적) 수준의 두 가지 교류 수준을 따라 이동한다. 다른 유형의 교류와 마찬가지로 이면교류는 개인에게 건설적인 경험(예: 치료적 역설 또는 놀이에 기반한 치료법)을 가져올 수도 있고, 파괴적일 수도 있다[예: Berne(1975b [1961], p. 89)에 인용된 Weakland & Jackson이 설명한 병리적 이중 구속 또는 착취와 사회적 통제를 목적으로 하는 조작적 관계 형태]. 다른 교류와 달리 이면교류는 사회적 수준(의식)과 심리적 수준(전의식, 심지어 무의식)을 구분하는 두 가지 유형의 벡터로 구성되며, 교류에 관련된 자아상태에 따라 병렬적으로 또는 교차적으로 이루어질 수 있다.

에릭 번의 첫 번째 저서 중 하나인 『의사소통의 본질에 관하여(Concerning the nature of communication)』(1953년 『The Psychiatric Quarterly』에 실린 글; Berne, 1977a [1953])에서 그는 같은 해 위너(Wiener, 1948)가 인공두뇌학(cybernetics)에 대해 수행한 연구의

중요성을 명시적으로 언급하였다. 에릭 번은 수학에서 이론 물리학, 응용 물리학, 신경 생리학에 이르기까지 다양한 지식 분야에서 이론적 원리를 바탕으로 이 학문이 일으키기 시작한 당시의 새로운 센세이션에 관심을 보였다. 그는 애쉬비(Ashby, 1950)와 월터(Walter, 1950, 1951)와 같은 일부 생리학자들이 특정 뇌 기능을 설명하기 위해 인공두뇌학적 체계를 어떻게 사용했는지를 언급하였다. 에릭 번이 대인 의사소통에서 내재적 메시지의 두 가지 수준, 즉 명시적 수준(내용)과 잠재적 수준(과정 또는 관계)을 각각 식별한 것은 그 당시 루쉬와 베이트슨(Ruesch & Bateson, 1951)이 심리학으로 이어받은 **정보**(information)와 **소음**(noise)의 인공두뇌학적 개념을 반영한 것이었다. 의사소통의 본질에 대한 논쟁은 이후 2명 이상의 대화자 간에 정보(언어적 및 비언어적)가 이동하는 이중적 수준(사회적 및 심리적)을 특징으로 하는 에릭 번의 이면교류 개념으로 통합되었다.

또한 같은 주제에 대한 위클랜드와 잭슨(Weakland & Jackson은 Berne의 1975b [1961], p. 89에서 인용됨)의 예비 연구를 명시적으로 따르면서 에릭 번은 캘리포니아 팔로알토 인근의 정신연구소(Mental Research Institute)의 연구자들에 의해 공식화된 후대의 『Pragmatics of human communication』(Watzlawick et al., 1967)의 공리에 포함된 가장 독창적인 개념의 정교화를 약 10년 전에 예상하였다. 그러나 그 무렵에는 이미 교류분석이 탄생하여 단순한 의사소통 이론이 아니라 "임상적으로나 이론적으로 …… 다른 형태의 합리적 치료의 도입에 적합한 맥락"을 제공할 수 있다는 야심 찬 목표를 가지고 훨씬 더 포괄적이면서 체계적이고 유사 프로이트주의적인 현상학을 구성하고 있었다(Berne, 1977d [1966], p. 292).

반면에 단일 교류는 과거 시대와 현재 자아상태에서 지속적으로 발달하는 사고, 감정, 몸의 경험 및 행동에 대한 독특한 수단이다. 특히 심리치료에서 다양한 유형의 교류는 전이와 역전이를 수반하는 분석가–내담자 관계와 2명 이상의 개인 간의 진정성과 친밀(따라서 상호 인정과 성장에 기반한 관계)을 기반으로 하는 두 가지 유형으로 분류된다. 교류(상보교류, 교차교류, 이면교류)를 자세히 살펴보면 이 모든 교류가 (아직은 아니지만) 의식적·전의식적·무의식적 정신 활동에 영향을 받기 쉽다는 것을 알 수 있다. 이러한 관점은 전이와 역전이라는 에릭 번의 교류분석 개념에 이미 내포되어 있다. 에릭 번의 원래 초점이 분석적 탐구의 스펙트럼을 전의식적이고 의식적인 관찰이 가능한 정신 내적 및 관계적인 역학으로 제한함으로써 성격의 어른자아상태와 관련된 더 큰 무의식적 현상학에 해를 끼쳤다는 점은 주목할 가치가 있다. 치료실 내에서, 특히 전이와 역전이가 어른자아(처음에는 분석가의 어른자아, 특정 상황에서는 슈퍼바이저의 어른자아)에 의해 통합될 때, 전이와 역전이는 전체 자아(분석가뿐만 아니라 내담자의 자아)를 위한 것으로 돌아가서 현재의 변화적 경험을 가져올 수 있다. 이러한 경험은 분석 과정의 결과로 상호 대인관계의 성장에 영향을 미치는 아직 의식화되지 않은 인지적 · 신체적 · 정서적 · 행동적 경험이기 때문에 표현할 수 없는 경우가 많다.

이런 의미에서 교류분석은 개인의 과거로부터 의미 있는 타자와의 관계뿐만 아니라 타자들 사이의 존재(여기서는 통합적 어른자아의 기능으로 간주되는)라는 **가운데-있음**(among-ness) 이론을 제안한다는 점에서 사회심리학처럼 보인다. 자기와 타자 사이의 일종의 중간 지점인 이 가운데-있음은 궁극적으로 자아가 방어적 과정을 풀고 자신의 경직성을 완화하며 다른 사람들과 진정한 상호성을 달성할 수 있도록 하는 이중인격(bipersonal)이고 다중인격적인(multi-personal) 관계의 장을 펼칠 수 있게 해 준다.

◆ 처음에는 "안녕!"이었다

에릭 번(Berne, 1975c [1972])은 『당신은 인사 후에 무슨 말을 하십니까?: 인간 운명의 심리학』의 서문에서 "'인사'를 올바르게 한다는 것은 상대방을 보고, 그를 하나의 현상으로 인식하고, 그에게 일어나고, 그가 나에게 일어날 수 있도록 준비하는 것"(p. 22)이라고 간결한 문체로 표현하였다. 에릭 번에게 타자를 자기-아닌-타자(other-than-self)로 인식하는 것은 그가 **인정 갈망**(recognition hunger)이라는 이름을 붙인 근본적인 욕구[인간의 생물학과 동료(그리고 경우에 따라서는 심지어 특정 동물에게도) 관계 경험에 뿌리를 둔]를 충족시키는 것을 의미한다. 에릭 번(Berne, 1970, 1975c [1972])의 갈망(hunger) 개념은 원래 정신분석 전통에서 욕구[desire 또는 긴장(tension)] 개념에 기인한 정신생물학적 및 대상관계적 특성을 유지하였다. 특히 **갈망(hunger)**이라는 단어는 (신)프로이트주의 정신 모델의 핵심인 추동[drive: 삶본능(libido)과 죽음본능(mortido)이라는 극성을 지닌 신체에 뿌리를 둔]과 욕구[need: 사랑(love)과 증오(hate)라는 관계 양식을 지닌] 개념을 동시에 반영하며, 이는 정신역학적 흐름에 대한 프로이트주의 이후의 관계적 관점에 더 부합하는 개념이다.

인정 갈망은 또한 인간이 주산기(perinatal) 및 신생아기(neonatal life)의 조기 단계부터 경험하는 신체 간 접촉을 포함한 실제 감각 자극에 대한 필수적인 욕구인 **감각 갈망**

(sensation hunger)에서 사회적으로 파생된 (어떤 의미에서는 승화된) 것으로 간주된다.

> 대부분의 사람은 최소한 시각과 청각, 그리고 대부분의 경우 민지거나 쓰다듬어 주는 사람과의 접촉에 대한 갈망을 가지고 있다. …… 이러한 접촉은 실제로 신체적 · 정신적 건강이나 쇠약, 심지어 삶과 죽음의 차이를 만들 수 있다(Berne, 1970, p. 190).

교류분석 이론은 프로이트주의의 정신분석 모델과 달리 **대타자에 대한 갈망**(hunger for Other)을 인간 관계에 대한 주체의 원초적 필요(subject's primary need)와 구분한다. 에릭 번(Berne, 1977d [1966])은 상호 인식의 단위를 "유아기의 신체적 애무에 비유하여 '스트로크(troke)"(p. 230)로 정의하였다. 교류가 사회적 교환의 단위이기 때문에 각 교류에는 필연적으로 스트로크의 교환이 포함된다는 점이 흥미롭다. 에릭 번의 설명에는 이 시점에서 두 가지 큰 개념적 참조가 분명히 작용한다. 하나는 개인의 건강한 정신-몸적 발달을 위한 상대방과의 관계의 기본 기능에 관한 것이다. 한편으로는 르네 스피츠(Spitz, 1945)가 어머니의 존재와 보살핌을 일관되게 받지 못하거나 그것이 부족한 시설 아동을 대상으로 실시한 선구적인 임상시험이 있었다. 다른 한편으로는 붉은털원숭이의 사회적 박탈에 관한 할로우와 할로우(Harlow & Harlow, 1962)의 연구, 생쥐의 감각 자극에 관한 레빈(Lewin, 1960)의 연구(Berne, 1977d [1966], p. 260 인용), 오리의 각인에 관한 로렌츠(Lorenz)의 발견(1952)이 윤리학 분야에 중요한 공헌을 하였다(Berne, 1970, p. 113 인용).

사실 에릭 번은 **스트로크의 유형론**(typology of strokes; 긍정적/부정적, 조건적/무조건적) [교류에 참여하는 개인 간의 동조적(syntonic) 또는 반대로 소외적(dystonic) 상호 인식의 단위로 설계]을 강조한 이후에 마음과 인간 관계에 대한 그의 교류분석 모델에 일종의 양방향적 진전을 암묵적으로 도입하였다. 다시 말해, 인정 갈망과 자극 갈망이라는 에릭 번의 역할에서 정신분석 이론의 관계적, 즉 이중인격(bipersonal) 전환점이 될 것에 대한 강력한 예상을 발견할 수 있다.

또한 에릭 번(Berne, 1975c [1972])은 상대방이 자기-아닌-타자(other-than-self)로서의 역할을 인정받기 위해서는 먼저 상대방을 '보는 것'이 필요하다고 보았다. 이는 이중인격적 관점에서 볼 때 상대방에게 '올바르게' 인사하는 것, 즉 상대방에게 보여지고 결과적으로 상대방이 무조건적으로 받아들이는 것을 의미한다. 에릭 번의 이 다소 도발적인 발췌문에는 우리의 정체성과 건강을 유지하는 데 있어 원래의 참조 타자(즉, 대타자)

를 포함하여 타자의 관심이 결정적으로 중요하다는 점이 잘 요약되어 있다.

> 개인이 성장함에 따라 실제 접촉 대신 상징적인 형태의 스트로킹을 받아들이는 법을 배우게 되고, 단순한 인식 행위만으로도 목적을 달성할 수 있게 된다. …… 사람들이 서로의 존재를 인식하고 그러한 방식으로 건강 유지에 필요한 사회적 접촉을 제공한다는 사실보다 더 중요한 것은 없다. 따라서 유아와 성인 모두 가장 원초적인 형태일지라도 사회적 접촉이 필요하거나 적어도 이에 대한 감사를 표시한다. 이것은 친구가 "안녕"이라고 말할 때 응답을 거부할 용기가 있는 사람이라면 누구나 쉽게 시험해 볼 수 있다(Berne, 1975a [1963], p. 215).

에릭 번은 정신 내적 세계와 관계적 세계 사이의 다리 역할을 하는 스트로크가 개인의 건강한 정신-몸적 발달과 분석적 치료가 지원하는 변화 과정에 중심적인 역할을 한다고 주장하였다. 마찬가지로, 인정의 부족 또는 소외적 인정(즉, 왜곡되거나, 현저히 이르거나, 시간적으로 지연된 인정)을 초래하는 스트로크는 **발달 부조화**[developmental disharmony: 에릭 번의 또 다른 참고 저자인 안나 프로이트(Freud, 1965)의 표현을 사용함]의 원인이 되어 이후의 정신병리적 발달 편차를 유발하는 것으로 여겨진다. 이는 스트로크에 대한 갈망을 충족시키지 못하는 것만큼이나 심각한 것으로 생각되며, 이는 조기에 지속되는 실패이다.

이러한 관점에서 볼 때, 개인의 인정 갈망의 만족을 어떻게든 무시, 부정 또는 위협하고 개인의 과거로부터 의미 있는 타자와의 실제 교류 경험으로 특징 지어지는 모든 미시적 환경 사건은 '동전 더미(pile of coins)'처럼 축적될 수 있는 실제 **관계적 외상**(relational traumas)을 구성하고(Berne, 1975b [1961], p. 53), 정신 속에서 다소 계층화되고 분해되고 심지어 파편화될 수도 있다. 그렇다고 해서 에릭 번에게 환상의 삶이 정신병리학적 증상을 유발하는 데 있어 그다지 중요하지 않다는 의미는 아니다. 오히려 그 사람의 진짜 경험, 특히 외상이 있는 경우 그 사람의 전의식뿐만 아니라 무의식(반드시 억압된 것은 아님)의 활동에도 크게 영향을 미칠 수 있다. 따라서 가장 중요한 몇 가지만 언급하자면, 다양한 종류의 기억, 주의력, 스키마 및 신체 이미지, 상상력(꿈 활동 포함), 구어(spoken language) 등의 기초가 되는 신경 발달 과정과 평생 동안 상호작용한다.

에릭 번은 정신병리의 구조적 기원(즉, 생애사적이고 점진적인)을 관계적 외상

(relational trauma; 특히 그것이 다면적이고 누적적인 경우)에 기인한다고 말하면서, 처음에는 정신장애의 정서적 외상 기원(emotional-traumatic genesis)에 관한 브로이어와 프로이트(Breuer & Freud, 1955 [1895])의 논문을 인용하였다. 이는 정신병리적 증상(히스테리와 같은 특정 경우)이 내담자의 관계와 그 사람의 인생사를 특징짓는 외상적 사건(traumatic events; 거의 항상 성적인 사건)의 수준으로 되돌아간다는 것을 시사했다(Freud, 1955a [1917]). 정신병리학에 대한 이러한 전-정신분석학적 관점(prepsychoanalytic view: 에릭 번이 별개의 자아상태 측면에서 정신에 대한 다분법적 관점으로 근본적으로 재구성한 것)은 자넷(Janet, 1889, 1908)의 **분석심리학**(analyse psychologique)과 암묵적으로 연결되어 있으며, 이는 인간 정신에 내재하는 경향이 있는 정신병리적 경험을 개인이 외상적 사건에 반응하는 주요 심리적 과정으로 이해되는 구조적 해리(dissociation)와 연관시켰다.

1956년[Berne(1977e/1949, 1977b/1952, 1977c/1955)의 저술에 직관과 자아의 현상학을 연구하던 시점에 정확히 나타남]에 나타난 이러한 이론적 입장으로 인해 샌프란시스코 정신분석협회의 정신분석가 회원 신청이 거부되었음을 의미한다는 점을 언급할 가치가 있다. 애착 이론이 (에릭 번보다는 덜 자극적이기는 하지만) 충동에 의해 주로 움직이는 마음 모델에 기반한 정신분석과 거리를 두게 된 존 볼비(Bowlby, 1988)가 수십 년 후 쓴 글에 주목하는 것은 흥미롭다.

> 1897년 히스테리의 원인에 관한 프로이트의 유명한 반전으로 인해 아동의 진짜 경험에 중점을 두는 사람은 불쌍할 정도로 순진한 사람으로 여겨지던 시기였다(p. 43).

사실 당시 정신분석학계에 입문하는 것을 거부당한 것은 에릭 번을 그가 새로운 교류분석 심리학의 기초로 가정했던 관계적 외상 이론을 완전히 재전유(reappropriation)하는 방향으로 이끌었다.

> 구조분석은 한때 실제로 존재했던 유아의 유물이 한때 실제로 존재했던 부모의 유물과의 투쟁과 …… 관련되어 있다. 이 투쟁은 추상적으로 개념화된 힘들 사이의 싸움이 아니라 실제 사람들 사이의 생존을 위한 실제 어린 시절의 싸움을 복제하거나 적어도 내담자가 그것을 경험하는 방식이기 때문에 여기서 의인화된 용어로 설명된다(Berne, 1975b [1961], p. 66).

이러한 관점에서 볼 때, 정신역동적 의미의 정신병리가 고전적으로 정의되는 정신 내적 갈등과 구조적 결핍의 과정에서 병리적 요인으로 간주되는 것은 바로 관계적 외상(생존을 위한 싸움의 결과)이며, 에릭 번의 **오염**(contamination)과 **배제**(exclusion)의 개념에서 오늘날에도 여전히 유효하면서 강력한 이론적 설명을 찾을 수 있다.

◆ 자아 경계의 병리학

정신병리적이고 건강한 변형을 가진 자아의 교류적 차원은 2명 이상의 사람들 사이의 특정 관계에 내적 및 외적 경계가 존재한다는 가설에 기초한다. 임상 환경에서 분석 관계에 대한 내적 경계는 주로 자아 내적 경계(intraegoic boundaries; 즉, 개인의 다양한 자아상태 사이의 경계)와 자아 간 경계(interegoic boundaries; 즉, 동일한 관계에 관련된 2명 이상의 자아상태 사이의 경계)이다. 반면에 외적 경계(external boundaries)는 분석 환경 자체의 경계이며, 더 일반적으로는 분석과 분석 외적 차원을 구분하는 모든 것(예: 치료실의 물리적 벽, 치료회기의 시간표와 빈도, 치료계약 유형 등)을 의미한다.

에릭 번의 교류분석 이론은 오염과 배제의 정신 내적 과정에서 성격의 정신병리학적 증상의 구조적 기원을 인식했으며, 이는 자아 내적 및 자아 간 경계의 중요한 변화로 해석될 수 있다(Berne, 1975b [1961], pp. 44–51).

다시 말해, 에릭 번에게 오염과 배제는 자아가 개인의 전체 정신 발달 과정에서 외상성 관계 상황을 처리하는 데 사용하는 구조적 거시 조직이다. 따라서 오염과 배제는 수많은 적응 과정[adaptation processes; 정신분석에서는 방어기제(defense mechanisms)로 더 잘 알려져 있다]을 한데 모으는데, 이는 한편으로는 이들이 자아에 제공하는 내부 조직의 서비스를 증명하는 것이며, 다른 한편으로는 개인의 정신병리적 왜곡이 존재하는 정신 내적 및 관계적 토포이[topoi; 그리스어 토포스(topos)에서 유래하며 '장소' 및 유사하게 '유형'을 의미함]로 함께 이해되는 장소를 나타낸다.

오염은 에릭 번(Berne, 1975b [1961], pp. 47–50)에 의해 하나 이상의 자아상태의 일부가 다른 자아상태로 무의식적으로 침입하는 것으로 설명되었다. 무의식적 침입(nonconscious intrusion)은 오염 과정에 관여하는 자아상태들(어버이자아, 어른자아, 어린이자아)이 다른 오염 자아 체계의 경험을 자신의 자아 체계와 동일하게 인식하는 것을 의미한다. 예를 들어, 어른자아상태가 오염 과정에 적극적으로 관여하는 경우, 어버이자아(예: 편견의 형태), 어린이자아(예: 환각 현상의 형태) 또는 둘 다(이중오염)로부터 오는 침입 경험이 어른자아의 자아 조직에 포함되고 현실의 사실과 교환된다.

적어도 에릭 번이 생각한 오염은 정신 내적 갈등에 기반한 정신병리학의 비전을 반영하지만, 다시 한번 분명한 프로이트의 전-정신분석적 및 유사-프로이트주의적 모형 안에 있다. 프로이트의 정신 내적 충동 모델과 달리, 에릭 번의 견해는 의심할 여지없이 갈등 차원이 관계성에 내포되어 있다고 간주하였다. 이는 멜라니 클라인(Klein, 1952)이 처음 제안한 갈등의 대상 차원과 일치하는 것이었다.

> 아주 어린 아이들을 분석해 본 결과, 외부적이든 내부적이든 대상과 관련되지 않은 본능적 충동(instinctual urge)이나 불안 상황(anxiety situation), 정신적 과정은 존재하지 않으며, 다시 말해 대상관계가 정서적 삶의 중심에 있다는 것을 알게 되었다. 또한 사랑과 증오, 환상, 불안, 방어 역시 처음부터 대상관계와 불가분의 관계로 작동하며 원초적으로(ab initio) 대상관계와 불가분의 관계에 있다(p. 434).

미리 결정된 자아 추동(predetermined ego drives)과 조직의 존재를 가정하는 갈등의 구조 모델과 달리(부분적으로는 클라인의 가정이기도 한다), 교류분석은 정신 내적 갈등을 개인의 심리적 수준에서 실제로 존재하고 여전히 진행 중인 관계 갈등의 의인화된 침전물로 이해한다. 따라서 정신 내적 갈등은 의미 있는 타자와의 갈등 관계가 내면화된 결과라고 할 수 있다. 이런 식으로 에릭 번의 자아상태 이론은 프로이트나 클라인의 정신분석학보다는 페어베언, 군트립(Guntrip), 심지어 위니컷(Winnicott)과 같은 대상관계 이론가들과 더 많은 공통점을 가지고 있다(Bateman, Brown, & Pedder, 2009 [1979], pp. 46-47).

더욱이 자아의 발달과 조직의 여러 단계에 자아를 불어넣는 역동적인 과정으로서의 오염에 대한 에릭 번의 논문은 뚜렷한 심리사회적 위기를 특징으로 하는 일생 동안 일련의 후성 유전적 단계를 구체적으로 규명한 그의 분석가 에릭 에릭슨(Erikson, 1993 [1950], 1963)의 후성 유전 이론과 완전히 일치한다. 이러한 방식으로 에릭슨의 견해는 프로이트와 클라인의 견해와 달리 아동기와 청소년기를 넘어 발달 이론을 확장하였다. 또한 에릭슨은 각 심리 발달 단계에서 갈등의 존재는 주로 주체 내의 추동 간의 갈등이 아니라 심리사회적 · 관계적인 성격의 갈등이라고 주장하였다. 각 심리사회적 위기마다 개인은 주로 충족해야 할 내재적 충동과 사회의 요구와의 투쟁에 직면하는 것이 아니라 개인이 포함된 관계망 내에서 해결해야 할 일련의 실존적 과제에 직면하게 된다.

앞서 고려한 사항에서 성격에 대한 교류분석 이론이 오염에 대한 에릭 번의 가르침을 통해 존재의 갈등 차원을 의심할 여지없이 고려하고 확장하는 방법을 알 수 있다. 이 차원은 정신 내적이면서 관계적인 갈등의 관점에서 이해되며, 투쟁의 주인공은 자아상태 또는 중요한 관계 속에서 필연적으로 출현하고 있는 정서적 · 신체적 · 인지적 · 행동적 경험의 의인화된 침전물이다.

에릭 번(Berne, 1975b [1961])이 제안한 자아의 다원적 특성을 고려할 때, 배제는 개인의 성격 구조 내에서 하나 이상의 병리적 불연속성을 의미한다. 이러한 자아 분열(ego fractures)[Berne(1975b [1961])이 파선된 원으로써 고전적으로 도식화한 것([그림 1-2] 참조)]은 정신 내적 공백(intrapsychic voids), 즉 생애사적 관계 결핍(historical relational deficiencies)(및/또는 분열)의 의인화된 침전물, 심지어 발달하는 개인과 그의 참조 타자 사이의 비관계성을 식별한다. 성격에서 배제하는 이러한 분아들은 반직관적으로 대타자의 '적극적인 부재(active absences)'로서, 잠재적으로 새로운 규제적 타자(들)과 자기의 보다 올바른 동일시를 방해함으로써 정신 발달의 여러 단계에서 심리 내적으로나 관계적으로 '블랙홀(black holes)'로 기능할 수 있다. 이는 궁극적으로 대타자에 대한 보다 입체적인(즉, 심리적, 관계적, 신체적) 감각의 자아 내 발달(내면화를 통한)을 저해할 수 있으며, 심지어 타자(들)를 자기 외의 타자(들)로 인식하는 것까지 손상시킬 수 있다. 예를 들어, 정신병적 상태에서는 이 과정이 작동하는 것으로 알려져 있다.

완전히 배제하는 어른자아가 있는 어른의 세계에서 실제로 생존할 수 있는 인간은 없기 때문에, 일반적으로 배제는 어느 정도 충분히 발달하고 통합된 어른자아상태와 함께 어버이자아상태 또는 어린이자아상태를 수반한다([그림 1-2]). 배제의 과정에서 특히 활발하게 작용하며, 그중에서도 자아 내적 및 교류 역학을 거의 유일하게 조절하는 역할을 하는 자아상태를 에릭 번은 **배제하는**(excluding) 자아상태라고 불렀다. 이 자아상태는 자아 경계가 두꺼워지고 따라서 구조적 경직성으로 인해 배제되며, 현상학적 수준에서 그 사람의 성격에 대한 일련의 정형화되고 지속적이며 예측 가능하고 종종 '경직된(frozen)' 징후(manifestations)로 표현된다(Berne, 1975b [1961], pp. 44-47, 51).

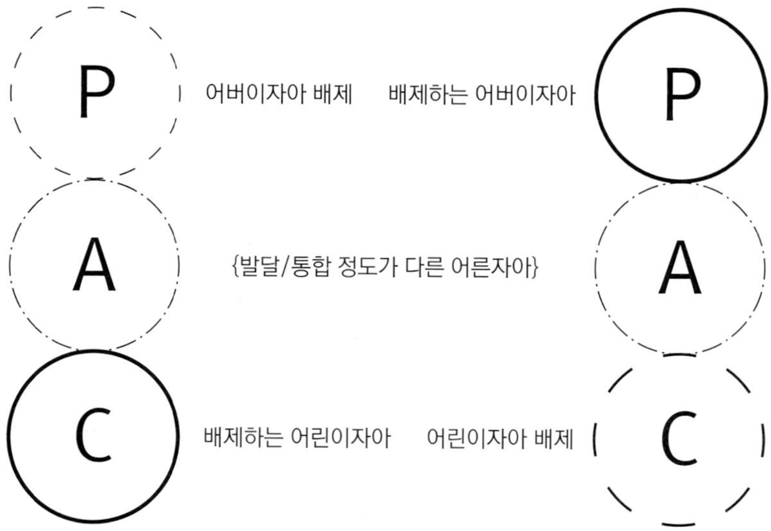

[그림 1-2] 배제(Berne, 1975b [1961], p. 46)

이와 관련하여 에릭 번은 이 글을 쓰면서 배제 과정의 적응적 · 방어적 기능을 강조하였다.

> 이러한 병리적 배제로 인해 나타나는 임상적 문제는 가장 중요한 자아상태의 기능과 성격을 모두 보여 준다. 배제하는 측면과 소통하려는 시도는 방어하는 어버이자아, 어른자아, 어린이자아의 특이한 반응으로 인해 좌절된다(Berne, 1975b [1961], p. 47).

즉, 배제하는 자아상태의 개념을 통해 에릭 번은 정신병리를 생성할 수 있는 또 다른 과정, 즉 현재 구조 조직의 특정 영역(정확한 정신 발달 기간에 해당하는)에서 자아의 발달 정지를 식별할 수 있었다. 에릭 번이 자아상태 모델에서 제안한 배제는 정신병리학의 구조적 결함에 대한 개념적 특정 영역을 완전히 반영하며, 이에 따르면 정신적 고통은 정신-몸 발달의 특정 단계에서 개인이 경험하는 외상성 관계 결핍을 극복하기 위해 마련된 복잡한 방어 및 적응 체계에서 비롯된다.

특히 에릭 번은 당시 임상 정신분석학을 이끌던 헬레네 도이치(Helene Deutsch)와 안나 프로이트가 개척한 정신병리 발생에 있어 관계 결핍의 구성적 기능을 반영하고 어느 정도 예견하였다. 특히 도이치(Berne, 1975b [1961]는 “폭넓은 경험을 가진 사려 깊은 정신분석학자”(p. 261)로 묘사한 사람)는 1942년에 발표한 「정서 장애의 몇 가지 형태와 조현병과의 관계(Some forms of emotional disturbance and their relationship to schizophrenia)」라는 논문에서 '마치 ~처럼(as-if)'의 개념을 소개하였다. 이 논문에서 그녀는 어떤 형태의 정신병리의 기원을 유아와 주 양육자 사이의 관계에서 "따뜻함의 흔적이 없는 관계" "감정이 결여된 분위기(atmosphere lacking in feelings)" "정서적 결핍(affective deficiency)"(p. 303)이 형성되는 정신 발달의 전 갈등적 또는 갈등적 차원으로 거슬러 올라갈 수 있다고 설명하였다. 이 주장은 안나 프로이트(1965)에 의해 어느 정도 인정받았다. 안나 프로이트는『Normality and Pathology in Childhood: Assessments of Development』에서 아동기 정신병리의 두 가지 유형을 설명했는데, 하나는 갈등에 기반한 것이고 다른 하나는 매우 역기능적인 환경(가족의 삶 포함)에서 비롯된 정신 발달 정지에 기반한 것이다.

에릭 번은 부분적으로는 도이치의 연구에서 파생된 이론으로 위니컷을 예상했던 것으로 보이는데, 이에 따르면 어린이자아상태에 기인하는 가장 오래된 경험적 층(layers)이 생애 초기에 정신에서 발생하고 계층화될 수 있다. 구체적으로, 이러한 경험은 적응한 어린이자아와 **자연스러운 어린이자아**의 개념으로 대표되는 양태에 따라 그리고 마치 양태에 따라 현상학적으로 다시 표현되는 상호성의 언어화되지 않은 경험이다(Berne, 1975b [1961]). 위니컷의 '진짜 자기(True Self)'와 '가짜 자기(False Self)'(Winnicott, 1965, pp. 140-152)와 마찬가지로, 어린이자아상태의 본질은 적응한 어린이자아 양상과 **자연스러운 어린이자아** 양상 모두에서 어버이자아와 본질적으로 관련되어 있다는 점에서 생각할 수 있다. 따라서 그것은 발달하는 유아와 일차 부성[primary parental; 또는 동종 부모의(alloparental)] 인물 사이의 관계 역학이 내면화되는 것과 일치한다. 에릭 번(Berne, 1975b [1961])의 말을 빌리자면, "적응한 어린이자아는 어버이자아의 영향력 아래 있는 고태적(archaic) 자아상태인 반면, **자연스러운 어린이자아**는 그러한 영향력에서 자유롭거나 그러한 영향력에서 벗어나려고 시도하는 고태적 자아상태"(p. 42)라고 정의할 수 있다.

◆ 정신병리학과 정신건강의 경계

자아상태의 관계적인 특성을 고려할 때, 자아 내적 경계(intraego boundaries)에 의해 발생하는 모든 병리는 자아 간 경계(interego boundaries)의 변화와 일치하며, 그 결과 정신 내적 파토스(intrapsychic pathos)는 문맥적으로는 대타자의 '존재 내에서(in the presence)' 고통이며, 대타자를 고통스럽게 만들고 대타자와 함께 고통스러워한다. 좀 더 임상적인 용어로 번역하면, 정신장애를 앓고 있다는 것(심지어 극복할 수 없는 고통의 상태에서도)은 항상 실제 곤경에 처해 있다는 것, 즉 개인이 어느 정도 의미 있는 대타자(분석가 포함)와의 관계에서 과거와 현재의 투쟁과 좌절로부터 살아가고, 재현하고, 희망적으로 안도감을 찾게 되는 상황에 처해 있다는 것을 의미한다.

개인이 독특하고 내생적으로 경험하는 정신적 고통은 실제 분석 관계 내에서 어떻게든 드러나고 변화되어야 하는, 생애사적-관계적인 동시에 점진적인 성격의 주체적 차원을 지니고 있다. 다시 말해, 내담자가 심리치료 관계 내에서 실현하는 전이는 두 가지(주요하고 대개 무의식적인) 목적을 가지고 있다. 한편으로는 내담자의 과거 관계를 상담사의 면밀한 조사와 보호적 억제를 위해 현상학적으로 이용할 수 있게 하고, 다른 한편으로는 내담자가 계속 발전하여 자신의 개인적인 여정을 진행할 수 있도록 적극적으로 허용할, 새로운 신뢰할 수 있는 대타자의 변화된 존재와 참여를 요구한다.

이 시점에서 대타자에 대한 고려 없이는 지금까지 수행된 정신적 고통의 (상호)주체적 경험에 대한 교류분석적 조사가 진전될 수 없다. 그렇다면 교류분석이 다루게 될 대타자는 누구일까?

대타자(Other)는 주로 어버이자아([그림 1-3])로, 태아기 및 유아기(P_0, P_1)의 원부모와의 관계가 내면화되기 전의 것으로 이해된다. 또한 제2영아기(약 2~6세)와 아동기(약 7~12세) 이후에는 부모를 비롯한 부모 대신(loco parentis) 다른 인물들이 규제적·정서적 권위자로서 우리의 주체성의 내적 배경에 두드러지게 나타난다(P_2, P_2, P_n, 또는 $P_{\text{여러 번째}}$).

대타자는 또한 내담자에게 새로운 대타자 또는 새로운 어버이자아(P_0, P_1, P_2, P_3, P_n)가 될 수 있는 상담사이기도 하다. 대타자는 과거의 기억, 여전히 존재하는 상처와 관계 결핍의 징후와 신호, 치유와 성장, 미래에 대한 희망의 첫 징후를 담고 있는 그때, 지금, 그리고 아직은 아닌 존재이다. 대타자는 잠재적으로 아직 존재하지 않는 것, 부재하는 것, 알려지지 않은 것, 신비한 것일 수도 있다. 더 일반적으로 대타자는 편재하는 동시에 비대칭적인데, 이는 각각 전자의 경우 전이적 과정(transferential processes; 투사적-내재적 동일시 포함)으로 인한 대타자의 잠재적 편재성을, 후자의 경우 자아의 성장과 개별화 과정뿐만 아니라 발달 정지 과정에 의존하는 교류(교차교류와 이면교류)의 비대칭성을 의미한다.

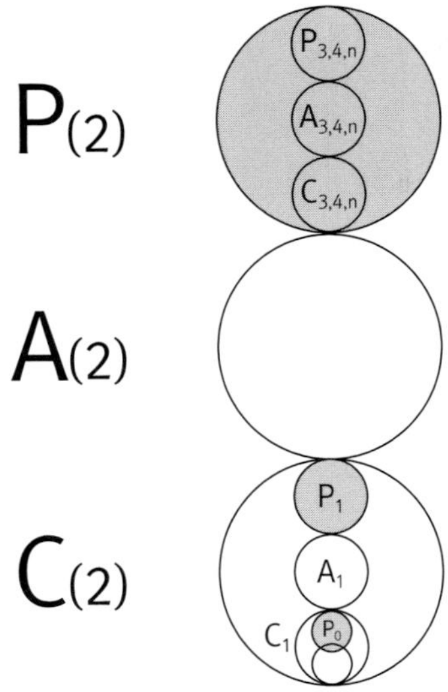

[그림 1-3] 발달적 관점에서 본 어버이자아상태(Berne, 1975b [1961], p. 193 재인용)

궁극적으로, 교류적 주체(transactional subject)로서의 대타자는 내적 가운데-있음(internal among-ness; 자아상태)와 대인 간 가운데-있음(interpersonal among-ness; 실제 사람들 사이의 교류 상태)을 모두 가능하게 하고 현실화한다. 대타자와의 관계에서 자아의 문제는 바로 이러한 인간 주체성의 기본 조건, 즉 우리 내부와 외부 모두에 '가운데 존재하기(existing among)'는 조건 안에서 해결될 수 있다.

이 가운데 존재하기는 중간 지대이며, 주체성과 대타자성이 출현할 수 있는 지속적인 되어 감이다. 에릭 번(Berne, 1975b [1961])에 따르면, 이 중간 지대에 거주하려는 인간의 궁극적인 시도는 실제 **인생각본**(life script), 즉 "어린 시절의 이러한 원초적 드라마의 직관적인 예술적 파생물인 연극 각본처럼, 종종 막으로 나뉘어지는 전체 전이 드라마"(p. 116)가 된다.

프로이트에 이어 오토 랭크(Rank, 2015 [1909]), 칼 융(Jung, 2016 [1921]), 알프레드 아들러(Adler, 2011 [1924]) 등과 같은 후계자들의 주요 저작에서도 그러하며, 에릭 번(Berne, 1975c [1972], 3장)이 모든 인간의 실존적 드라마에 부여한 용어는 인생각본(life script)이다. 즉, 그들의 욕구, 열망, 기대가 왜 일찍부터 지속적인 (평생) 이동성을 획득하고 그것을 충족시키고 실현하는 방식이 경험적 계획과 운명을 형성하는 방식으로 구성되는지 그 이유를 설명한다. 이와 관련하여 에릭 번(Berne, 1975c [1972])은 아들러의 **무의식적 인생계획**[unconscious life plan; 비밀 인생계획(secret life plan)]에 대한 개념을 자신의 인생각본과 연관하면서 "교류분석에 선행한 모든 사람들 중에서 알프레드 아들러는 각본분석가처럼 말하는 것에 가장 가깝다."(p. 80)고 명확히 설명하였다.

이런 식으로 일종의 현상학적 체험(phenomenological heuristic)에 따라 에릭 번은 오이디푸스 신화에 대한 프로이트의 해석을 재검토하였다. "정신분석학적 언어로 …… 오이디푸스는 내담자의 머릿속에서 일어나는 일이다. 각본분석에서 오이디푸스는 장면과 막으로 나뉘고, 전개와 위기, 절정, 결말이 있는 지금 이 순간에도 진행 중인 드라마다."(Berne, 1975c [1972], p. 79) 내가 보기에 이것은 오이디푸스 콤플렉스를 주제로 에릭 번이 취한 가장 급진적인 조치이다. 오이디푸스는 교류분석의 초석이 아니라 현존하는 많은 신화, 전설, 동화 중에서 한 개인의 존재를 본질적으로 사회학적이고 집단적인 관점에서 다시 읽을 수 있는 신화이다. 에릭 번의 텍스트가 조셉 캠벨(Campbell, 2008 [1949])의 작품 『천의 얼굴을 가진 영웅(The Hero with a Thousand Faces)』을 명시적으로 언급한 것은 우연이 아니며(Berne, 1975c [1972]), 이는 "각본분석가를 위한 최고의 교과서"(p. 68)로 선정되었다.

궁극적으로, 인생각본을 개발한다는 것은 에릭 번의 비극적 인간이 다음과 같은 실존적 질문에 본질적으로 답하기 위해 노력하는 것을 의미한다. '나는 누구인가?' '타인은 누구인가?' '나는 상대방에게 무엇인가?' '나에게 대타자는 무엇인가?' '우리는 어디에서 왔는가?' '우리는 어디로 가는가?' '나 같은 사람은 어떻게 될까?' '이 세계, 자연은 우리에게 어떤 의미인가?' 그러나 전이 현상에 속하는 반복적인 시나리오라는 점에서, 각본은 에릭 번(Berne, 1977d [1966], p. 368)에게는 분석적 경험에 내재된 전의식적 · 무의식적 경험 수준에서 나타날 수 있는 무의식적 인생계획이다. 각본을 구성하는 부분은 단순한 역할이 아니라 무의식적 · 전의식적 자아상태의 의인화이며, 따라서 개인의 심리 발달의 여러 시대와 관련된 관계적인 경험의 재실현이다. 연극 각본(희곡)이 막으로 구성되고 막은 장면과 대사로 구성되는 것과 마찬가지로 각본 드라마는 **심리게임**에서 펼쳐진다.

특히 에릭 번(Berne, 1975b [1961], 10장; 2008 [1964]; 1977d [1966], 14장; 1970, 5장; 1975c [1972], 2장, 8장)이 쓴 심리게임은 기본적으로 역기능적 관계 양식으로, 시간이 지나면서 형성되지만 현재에도 의식적(1급 심리게임) 또는 대부분 전의식적이고 심지어 무의식적인 수준에서 반복적으로 '연출(staged)'되는(2급 및 3급 심리게임) 역기능적 관계 양식이다.

심리게임 이론은 프로이트(Freud, 1955b [1920])의 **반복강박**(compulsion to repeat)에 대한 에릭 번의 재해석(직접 관찰과 분석 방법을 기반으로)이기도 하다. 에릭 번이 보기에 인생각본은 일반적으로 비극적인 결말을 향해 나아가는 것으로 간주되는 것과 같은 방식으로 개인에게 종종 불리한 정서적 **결말**(payoff)에서 활력을 끌어낸다. 에릭 번은 심리게임과 각본의 개념적 결합에 대해 본질적으로 흔들리지 않았다. 에릭 번의 사고에서 특히 중요한 지점은 베이트슨의 역설적 의사소통에 대한 강의가 에릭 번의 이론에서 언급된 이면교류와 관련하여 다시 한 번 매우 중요한 통찰을 제공한다는 점이다. 또한, 여기에서 덴마크 역사가 요한 호이징가의 저서 『호모 루덴스: 놀이하는 인간』(Huizinga, 2016 [1938])로서 문화적 도약이 이루어진다. 에릭 번은 심리게임의 교류분석 이론을 통해 심리게임과 문명 간의 밀접한 관계에 대한 호이징가의 입장을 독창적인 방식으로 급진화하였다. 에릭 번에게 인간 존재의 사회적 차원은 모든 정서적으로 두드러진 표현에서, 진정한 친밀을 제외한 모든 경우에서, 놀이의 관점에서(sub specie ludi) 표현되고 실현된다. 인간 놀이의 본질적인 특징은 놀이 속에 규칙이 적용되는 (심지어 진정한) 정서가 존재한다는 사실에 있기 때문에(Cornell, 2015a), 특히 에릭 번의 교류분석이 다루는 **심리게임**은 진부한 '장난'이 아니라 오히려 '치명적으로 진지하거나 심지어 치명적으로 심각한' 일이 될 위험이 있다(Berne, 1975b [1961], p. 88).

심리게임의 이중인격적(심지어 다중인격적이지는 않더라도) 특성은 코넬(Cornell, 2015a, 2016), 하인(Hine, 1990), 노박(Novak, 2015), 스투스리지(Stuthridge, 2015), 스투스리지와 실스(Stuthridge & Sills, 2016) 등 교류분석 분야의 후속 저자들의 연구에서처럼 에릭 번의 독창적인 이론 정립에서 분명하게 드러나지 않았다. 그럼에도 불구하고 에릭 번이 심리게임에 부여한 교류분석 가치는 변함없이 유지되고 있다. 이 가치는 이중적이다. 한편으로, 심리게임은 (반드시 생물학적일 필요는 없지만) 원가족에서 겪은 좌절과 조기 관계적 외상, 현재에 다시 나타날 위험성이 있는 외상와 관련된 다소 복잡한 적응적(방어적 포함) 관계 양식이다. 다른 한편으로, 심리게임은 특히 전이와 역전이의 역학을 통해 분석적 환경에서 개인의 즉각적으로 의식되지 않는 무의식적인 내적 정신 및 관계 세계에 직접적으로, 그리고 함께 접근할 수 있게 해 주는 유익한 특성을 가지고 있다. 다시 말해, 심리게임은 개인의 실제 인생각본과 심지어 각본규약 경험에 들어갈 수 있는 현상학적 수단이다.

더 깊은 수준의 성찰에서 보면, 에릭 번이 보기에 인생각본, 그 전의식적 · 의식적 구성 요소의 구조화를 위한 필수불가결한 조건(conditio sine qua non)은 기본적인 **인생태도**를 가정하는 것이다. 인생태도는 신생 자기(emerging ego)가 자기 자신과 타자, 그리고 삶 전반에 대해 대상 태도(따라서 관계 태도)와 가치감을 부여할 수 있게 해 준다. 이러한 이유로 에릭 번(Berne, 1977d [1966], pp. 270-271; 1975c [1972], pp. 110-120)에 따르면 인생태도는 이중인격적인 나-너와 다중인격적인 나-너-타인 관계의 표현이다. 이상적이거나 건강한 인생태도는 에릭 번(Berne, 1975c [1972], pp. 111-112)에 의해 "나도 OK, 당신도 OK"로 식별되었다. 이에 반대되는 입장이 있다. 즉, "나는 OK, 당신은 not-OK"(편집증). "나는 not-OK, 당신은 OK"(우울증). "나도 not-OK, 당신도 not-OK"(조현병).

에릭 번 이론의 이 핵심적인 장은 생후 첫해부터 유아가 취하는 태도(분열-편집성 및 우울성)에 대한 멜라니 클라인(Klein, 1997a [1957], 1997b [1952], 1997c [1932])의 관점을 분명히 따른다. 에릭 번은 클라인으로부터 용어를 차용했을 뿐만 아니라 그 문화적 유산을 명시적으로 인정하였다(Berne, 1977d [1966]). 그러나 클라인의 입장은 에릭 번에서 시간적 확장을 거쳤는데, 이는 유아기를 넘어 에릭 번(Berne, 1977d [1966])이 쓴 것처럼 "모든 심리게임, 각본, 운명은 이 네 가지 인생태도 중 하나에 기초한다." (p. 270)는 지점에 이르기까지 개인의 존재 전체를 잠재적으로 특징짓는 것이었다. 실질적으로 이것은 클라인의 자리 이론(theory on positions)이 시간적으로뿐만 아니라 실질적으로도 발전한 것이다. 즉, 클라인의 자리는 에릭 번(Berne, 1977d [1966])에서 기본태도, 즉 개인의 존재를 뒷받침하고 성인기 이후의 관계 양식을 특징짓는 관계적인 태도(나-너)가 된다. 독자가 기본태도에 대한 에릭 번의 논문의 중요한 발전을 설명하기 위해 개념적 비교를 요청한다면, 이는 존 볼비의 연구와 이후 심리치료의 발전에서 가정하고 있는 **안전 기반**(secure base) 및 **애착유형**(attachment styles)의 개념과 교류분석 분야에서 동일한 가치를 갖는다고 말할 수 있다.

개인이 보다 의식적인 실존적 나-너의 입장을 취하기 전에 일어나는 모든 일은 개인과 주 양육자 사이에 비언어적 · 전-언어적 · 무의식적 관계 경험이 형성되는 옹알이 시기와 조기 신생아기(심지어 자궁에 있을 때)와 영아기 등의 시기와 관련이 있다. 이러한 경험은 개인의 의식에 '나'와 '너'라는 분화된 자아가 확립되기 전에도 애정적으로 형성된 신체를 통해 무의식적인 서술을 찾는다. 에릭 번(Berne, 1975b [1961], 1977d [1966], 1975c [1972])은 이를 **각본규약**(protocol)이라고 불렀다. 가장 조기의 무의식적 유형으로써의 각본규약은 전이 드라마로 이해되는 이후의 인생각본의 대충 만든 예비적 판본(version)으로 간주되며, 앞서 언급하였듯이 그 기원은 조기 영아기에 있다.

이 각본규약은 또한 이 책에서 교류분석 관점에서 조현병 경험을 이해하고 치료하는 길을 열어 주는 임상 열쇠 중 하나로 생각된다. 그러나 이 주제에 대한 에릭 번의 논의가 적고 상당히 고르지 못하기 때문에, 나는 부득이하게도 각본의 형성과 각본규약의 본질에 대한 교류분석의 권위 있는 다른 인물들의 저작을 참고하였다(Caizzi, 2012; Cornell, 2005, 2010, 2015b; Cornell & Landaiche, 2006, 2008; Guglielmotti, 2008; Ligabue, 2007; Pierini, 2008). 수년간 조현성 내담자와의 임상 작업을 통해 얻은 개인적인 경험, 그중 많은 사람이 첫 정신병적 삽화를 경험하면서 앞서 언급한 저자와 함께 나는 각본규약이 우리의 정신적 삶과 관계의 교류 영역이며 높은 정서적 충전과 유아기를 훨씬 넘어 우리 존재 전체에 미치는 영향력을 가지고 있다고 믿게 되었다. 특히 각본규약[근본적으로 존재의 세포조직 수준(tissue level)으로 이해되며(Berne, 1975c [1972])]은 더 넓고 항상 활동적인 감각, 다감각, 신체 간, 무의식, 비언어 차원의 인간 존재 및 누군가와의 관계에 대한 경험에 해당한다. 다시 말해, 나와 너, 자기와 타자가 (아직) 상호 분화되지 않은, 유동적이고 창조적인 존재의 차원이다.

이 분야에 대한 에릭 번의 암시적인 글 이후, 관계 맺기 경험의 신체적, 세포조직 수준은 정신분석학 문헌(Mahler, Pine, & Bergman 1975; Stern, 1985, 1990, 1995)에서 광범위한 공감을 얻었으며, 최근에는 볼라스(Bollas, 1987, 1989), 부치(Bucci, 1997, 2008), 코넬(Cornell, 2015b)과 같은 현대 정신분석가와 심리치료사의 임상 작업과 연구에서도 그 영향력을 발휘하였다.

에릭 번에 따르면 정신병리학은 정신 내부를 초월하여 자아 간(inter) ego(인생태도, 라켓, 심리게임, 각본), 심지어 어른자아의 인식 밖에서 발생하는 전-자아(preego) 또는 아직 자아가 아닌(not-yet ego; 각본규약) 교류 경험의 반복적이고 항상 갱신되지는 않는 판본을 초래한다. 그리고 이 모든 것은 무의식적(반드시 억압된 것은 아님)인 정신의 영역에 속하며, 따라서 특히 분석적 영역에서 다시 전이될 때 전이 과정만큼이나 역전이의 과정에도 속한다. 대조적으로, 정신건강은 반드시 각본과 반대되는 것은 아니며, 여기서 우리 삶의 연속적인 일상적 질감으로 이해된다. 오히려 우리는 현실에 대한 지속적인 적응을 추구하고, 그 적응을 각본규약에서 찾고, 그 이후 청소년기에 수정하고, 궁극적으로 인생각본의 지속적인 발전에서 대타자와의 외상 관계로부터 자신을 방어하고 심지어 탈출하려고 노력하는 자아의 창의적인 생성(poiesis)을 표현하기 때문에 특정한 정신 내적 및 관계적 삶을 부여받는다.

이러한 관점에서 볼 때, 정신건강(그리고 이를 용이하게 하고 촉진하는 교류분석 치료)은 에릭 번이 보기에 단순히 정신병리의 부재보다 훨씬 더 광범위한 인간 조건과 일관성을 이룬다. 그 대신, 윤리적 행위, 즉 자기 자신과 대타자, 삶 전반에 대한 개인적 책임의 행위가 된다.

◆ 친밀을 위한 준비

자아는 자기 집의 주인도 아니기 때문에(Freud, 1955a [1917]) (그러나 자아로서 수많은 자아상태 실체, 어버이자아로서 대타자는 그중 첫 번째 실체), 개인은 진정한 자율의 가능성으로부터 단번에 배제된다. 엄격한 의미에서 자율(autonomy)은 환상이며, 에릭 번(Berne, 1970, p. 178)은 이를 때때로 무자비하게 언급하였다. 대신, 인간 존재의 자연적 조건은 타율(heteronomy; '다른 것'을 의미하는 그리스어 heteros, '법'을 의미하는 그리스어 nomos에서 유래)로, 우리와 다른 것, 즉 대타자의 법에 관한 것으로 이해된다. 그리고 대타자의 법은 모든 사람에게 동일하지 않다. 자신의 생물학적 부모라 할지라도 다른 부모와 동일한 어버이자아는 존재하지 않으며, 앞으로도 존재할 수도 없다. 따라서 다른 사람과의 항상 존재하는 관계를 고려하지 않는 개인적이고 따라서 자율적인 법(autonomous; '자신'을 의미하는 그리스어 autos와 '법'을 의미하는 그리스어 nomos에서 유래)을 따를 수는 없다. 이 역설적이고 이타적인 자율의 행사에서 개인은 자각(awareness), 자발(spontaneity), 친밀(intimacy)로써 대타자와 자기 자신을 다시 만날 수 있다(Berne, 2008 [1964], 16장; 1977d [1966], pp. 306-307; 1970, p. 105, pp. 125-130).

게다가 자아의 문제, 즉 결코 완전하지 않은 자아의 문제도 동일한 철학적 토대 위에 놓여 있다. 사실, 내가 되어 감(becoming oneself)은 타자와의 관계 속에서 자아가 끊임없이 진화하는 실현의 과정이다. 이러한 끊임없는 발전은 소외(isolation), 의례(rituals), 잡담(pastimes), 활동(activities), 심리게임(psychological games), 친밀(intimacy)에 이르기까지 교류 관계의 증가 수준에 따라 개인이 어떻게 시간의 흐름을 구조화하는지와 불가분의 관계가 있다(Berne, 2008 [1964], pp. 15-19). 친밀을 인간에게 더 매력적이고 불안정한 교류 경험의 정점(또는 원한다면 기초)에 두는 이 척도에서 개인은 다양한 정도의 존재론적 불확실성과 불안을 경험한다. 그렇기 때문에 개인이 깨어 있는 시간을 구성하는 방식은 정신적 고통뿐만 아니라 건강의 정도를 나타내는 표현이자 매우 중요한 실존적 문제이기도 하다.

실제로 에릭 번의 사상의 핵심인 실존적이고 실존주의적인 관점에서 보면, 에릭 번이 많은 참고문헌에서 키르케고르(Kierkegaard)와 사르트르(Sartre) 같은 철학자들을 많이 언급하는 데서 알 수 있듯이(Berne, 1975a [1963], 156, p. 232; 2008 [1964], p. 17; 1977d [1966], 278, p. 316; 1975b [1961], p. 89), 주체는 시간을 단순히 시곗 바늘 속에서 지나가는 것이 아니라 어떻게든 통과할 수 있다(Berne, 1970, p. 210). 다시 말해, 개인의 시간은 항상 그리고 돌이킬 수 없이 살아가는 시간이며, 정신병리학의 조건에서 구조화되는 방식은 두 가지 극단, 즉 한편으로는 관계의 세계로부터의 폐쇄(withdrawal)와 소외(estrangement)로 이어지는 개인적 고립과 다른 한편으로는 상호 인정을 바탕으로 한 건강한 상호성을 대체하는 **혼란**(confusion) 사이에서 번갈아 가며 나타난다. 전자의 경우(즉, 고립)는 대타자에 대한 외상적 결핍을 나타내며, 후자의 경우(즉, 혼란)는 대타자에 대한 포식(phagocytosis: 심리게임에서 종종 관찰되는)을 나타낸다. 그러나 이 두 가지 극단(고립과 혼란)은 각각 고독(solitude)과 친밀(intimacy)이라는 잠재적 건강과 대인관계 성장의 환원 불가능한 핵심을 유지한다. 이러한 삶의 시간의 교대는 지루함(boredom)에 대한 키르케고르의 어떤 성찰을 반영하며, 에릭 번(Berne, 1975b [1961], pp. 88–89)이 지루함의 실존적 문제를 사회적 관계에 대한 교류분석 이론의 중심에 놓았을 때 강조한 성찰을 반영한다. 에릭 번이 언급한 키르케고르적 권태(에릭 번이 시간구조화를 통해 극복하고자 하는)는 존재의 경직상태(petrification)가 아니라 오히려 (실제로 자아가 그러하듯이) "가능성의 응축(condensation of possibility)"(Kierkegaard, 1991 [1845], p. 428), "끊임없는 역설의 삶", "피상적 심오함(superficial profundity)" "굶주린 포만감(hungry satiety)"(Kierkegaard, 1968 [1841], p. 302)이다.

다시 말해, 주체의 시간은 자신의 자유에 따라 살거나 살지 않는 시간, 또는 적어도 그렇게 하고 싶은 욕망을 따르는 시간이기도 하다. 하지만 앞서 살펴본 것처럼 주체적인 시간은 대타자에 의해 정의되는 시간이다. 자유로워지기 위해 멈춰서서 생각해야 하고, 더 고된 작업인 자율에 대한 환상을 포기해야 한다면(즉, 독특하고 반복할 수 없는 존재가 되기 위해서는) 고독과 친밀이 필요하다. 자신을 자기-아닌-타자(other-than-self)로, 다른 사람을 나 자신으로 대할 수 있어야 한다. 첫 번째는 **윤리적**(ethical) 행위[자신(또는 자신의 일부)에 대한 자아의 '도덕적 책임(moral responsibility)'을 표현하는 것]이고, 두 번째는 파토스(pathos) 행위, 즉 새로운 대타자에 대한 정서적 수용성을 담당하는 행위이다(Berne, 1975b [1961], pp. 193–195). 이로부터 정신건강조차도 대타자와 공유하는 법의 행사로서 근본적으로 가족, 사회, 조직, 심지어 '정치적(political)'

건강('도시' 또는 '공동체'를 뜻하는 그리스어 polis에서 유래)이며, 개인으로 구성된 전체 공동체(크든 작든)에 깊은 영향을 미친다는 것을 알 수 있다.

이러한 고려 사항을 바탕으로 성격과 인간 관계에 대한 에릭 번의 교류분석 이론이 타자의 고유성에 대한 무조건적인 존중과 진정한 긍정성(OKness)에서 정확하게 표현되는 박애주의적 관점과 어떻게 일치하는지 분명해진다. 임상 실습에서 이것은 상담사의 비슷한 박애주의적 태도에 반영된다.

> [내담자와의 만남을 준비할 때] 심리적으로 …… 상담사는 지금까지의 준비 과정, 내담자에 대해 알고 있는 모든 것, 자신의 개인적인 문제, 정신의학과 심리치료에 대해 배운 모든 것을 마음속에서 지워 버린다. 최선을 다할 때 그는 마치 자신이 만들지 않은 세상으로 사무실 문턱을 지나가는 순진한 갓난아기처럼 된다(Berne, 1977d [1966], p. 62).

마침내 분석 관계의 특별한 맥락, 즉 다른 어떤 관계와도 다른 관계에 몰입하게 될 때, 개인 또는 집단 환경에서 일하는 교류분석가는 본질적으로 인본주의 심리치료사가 되어야 한다. 그(녀)는 **우선 해가 되지 않는**(primum non nocere) **자연의 치유력**(vis medicatrix naturae)(Berne, 1977d [1966], pp. 62–63) 또는 **성장원**(physis)(Berne, 1969 [1957], pp. 369–370)에서 지지하는 인간 과학의 히포크라테스적 기초를 자신의 것으로 만들 수 있어야 하며, 모든 개인의 내재적 가치와 그의 자율적 야망을 인식하는 데 초점을 맞추고(Berne, 1975c [1972], pp. 157–158), 타자와의 관계의 지금-여기에 집중하고, 과거의 현재적 존재와 현재 관계의 변혁적 힘을 인식하고, 치료적 만남에서 전이 및 역전이 (그리고 신체 간) 과정에 세심하게 참여하고, 계약을 통해 치료 과정에서 내담자와 분석가 사이의 공동 책임을 옹호한다.

이는 임상 분야에서 교류분석 작업의 두드러진 측면이며, 특히 개인 및 지역사회의 안전뿐만 아니라 연애 관계와 직장을 포함하여 정신건강의 기본 기둥이 위협받고 있기 때문에 많은 사람들의 정체성 과정이 흔들리고 있는 생애사적 · 경제적 · 정치적 시기에 더욱 그러하다. 현재 우리가 처한 사회정서적 · 정치적 불안의 맥락에서 분석 회기는 2명 이상의 사람들 간의 더욱 가치 있는 만남의 장이 된다. 이것이 바로 치료계약이 개인의 고통과 자유를 보호하는 또 다른 도구가 되는 이유이기도 하다. 또한 치료계약은 심리적 · 대인관계적 성장뿐만 아니라 진정한 긍정성의 관계 안에서 내담자 개인에게 역량(power), 허가(permissions), 보호(protection)를 증진 및/또는 돌려준다는 점에서 다소 효과적이고 특히 윤리적인 치료 기법과 방법론의 기반이 되는 지렛대이다.

◆ 조현형 정신질환의 교류분석에 대한 서문

이 책에서 다루는 조현병에 대한 교류분석적 접근은 정신병적 붕괴의 전조 증상을 경험하는 내담자, 초발 조현성 내담자, 만성적이지만 정신장애의 급성기 재발로 간주되는 내담자를 포함한 성인 내담자들과의 직접적인 임상 실습에 관한 것이다. 교류분석 분야뿐만 아니라 가장 관련성이 높은 정신분석학적 기여와 최근의 발전, 그리고 이 분야의 신경과학적 연구에 대한 전문가들의 의견에서 나온 모든 개념과 견해는 공통된 기본 가정을 공유한다.

신경과학 연구는 조현병의 본질에 대한 논란만큼 많은 증거를 만들어 냈다

조현성 내담자가 정신적 · 신체적 · 사회적 능력의 점진적 저하를 경험할 수 있다는 생각에 대해 이 정신장애의 본질과 경과에 대한 초기 정신의학자들의 추측과 고도로 제도화된 환경에서 내담자를 종단적으로 관찰한 결과가 뒷받침하였다.

마찬가지로 신경과학 연구 분야에서도 조현병의 병리생리학에 대한 두 가지 주요 가설, 즉 신경퇴행성 모델과 신경발달 모델이 전 세계 신경과학자 커뮤니티에서 수년 동안 상당한 주목을 받아 왔다. 첫 번째는 조현병 병리의 핵심에 본질적으로 진행되는 신경퇴행성 과정을 두어 조현병을 단일 질환, 즉 **전두엽 치매**(dementia praecox)로 보는 크레펠린(Kraepelin)의 관점이고, 두 번째는 조현병을 임상적으로 이질적이고 신경발달적으로 파생된 증후군들의 혼합 집단을 포용하는 것으로 생각하는 '파편화된 정신(fragmented mind)'으로 보는 블로일러(Bleuler)의 관점과 일치하는 것이다.

생물학적 정신의학 분야의 연구자들은 이 두 가지 견해를 이분법적으로 또는 상호 보완적으로 주장해 왔다. 그러나 나는 이 두 가지 신경생물학적 가설이 단일하고 이중적인 모델로 통합되더라도 향정신성 약물이 뇌 변화에 미치는 의인성 영향을 인정하지 못하여 이 정신건강의학과적 증후군의 현상학적 측면과 예후에 대한 임상의의 관점을 왜곡했다고 생각한다. 더욱이 이 두 모델은 처음 만들어진 지 수년이 지난 후에도 조현병 발병의 원인이 되는 생물학적 요인과 환경적 요인(초기 생물학적 손상, 불법 약물 사용 등), 사회적 요인(어린 시절의 충격적인 경험, 양육자의 심각한 정신질환 등) 간의 미묘한 상호작용을 포괄적으로 탐구하지 못하였다. 대신 이러한 복잡한 상호작용은 뇌 병리학, 구조적 및 기능적 신경 영상, 유전자-환경 연구, 역학, 신경심리학, 사회 및 심리적 요인의 증거를 결합한 최근 연구 모델의 초점이 되고 있다.

공생은 조현병 경험을 이해하기에는 부족한 특정 영역이다

건강한 발달 과정에서 유아기 때 우리 모두는 양육자와 자연스럽게 공생하며, 이는 공생(symbiosis)이 반드시 건강한 적응 기능을 가지고 있음을 의미한다. 그러나 조현병 병리학에 적용될 때, 교류분석과 광범위한 정신분석 문헌에서 공생은 종종 적응 과정이 아니라 자아가 정신 발달의 초기 단계로 더 근본적으로 퇴행하는 것을 의미한다. 이러한 자아의 퇴행은 원래 분석적 치료에 대한 저항과 심지어 감수성이 없는 상태로 여겨졌다. 따라서 **공생**이라는 용어는 활동성 조현병과 관련된 정신병적 과정의 퇴행적 특성이 아닌 점진적 특성을 포착하지 못하기 때문에 오해의 소지가 있는 경향이 있다.

대신, 나는 다른 사람에 대한 애착과 침입에 대한 조현병의 경험을 더 잘 정의하기 위해, 특히 개인이 이러한 사람들을 의미있는 타자으로 인식하는 경우 **조현병적 혼란**(schizophrenic confusion)이라는 용어를 사용한다. 보다 교류분석적인 용어로, 조현병적 혼란은 **자기 분열**(self-fragmentation)이라는 어린이자아 경험의 구조적(즉, 생애사적) 병리, 즉 초기의 지속적인 관계적 외상의 결과로 자아 경험의 무질서 및 일관성 결여에서 비롯된 것으로 간주된다. 따라서 조현병은 어린이자아의 관계적(전이-역전이를 통한) 경험뿐만 아니라 정신 내적(분열 그리고 몸과 마음의 해리를 통한) 구조에 중대한 변화를 수반한다.

대타자가 먼저다

세 번째 가정은 자궁 내 생명이 시작될 때부터 인간으로 태어나는 것은 대타자의 행위라는 것이다. 따라서 우리는 대타자 때문에 그리고 대타자를 위해 태어났다. 나중에 우리의 몸-자기(body-self)(C_0)가 조기 생애에서 감각을 통해 느끼고 경험하는 것은 신생아기 및 유아기 자아가 대타자(P_0)로부터 이끌어 내는 반응과 결코 의미 있게 분리될 수 없다. 이것은 차례로 아기의 조기 정체성(A_0)에 대한 감각을 형성한다.

엄밀히 말하면, 아기가 의미 있는 타자와의 다양한 관계와 분리되어 있다고 생각할 수 없는 것과 마찬가지로(Winnicott, 1960), '조현병적 자아(schizophrenic ego)'라는 것은 존재하지 않는다. 대신 조현병이 오로지 관계적인 맥락에서만 나타나는 사람이 있을 것이다. 그러나 우리의 친부모는 우리가 태어나기 전부터 존재하기 때문에, 개인으로서 우리의 미래 삶은 유아기 때 우리를 향한 그들의 선택과 태도, 그리고 우리의 기질에 대한 반응에 따라 달라질 것이다. 따라서 관계적인 실체로서 조현병은 궁극적으로 타자를 참조함으로써 자신이 되고, 자신이 됨으로써 타자가 대타자가 될 수 있도록 하는 개인적 책임뿐만 아니라 사회적 책임에 대한 절실한 요청이라고 할 수 있다.

신체는 무의식의 실제 극장이다

태어날 때부터, 심지어 그 이전인 태아기부터 우리의 정신적 삶은 신체적 토대 위에 놓여 있다. 따라서 우리의 첫 번째 자아 감각은 몸-자아 또는 교류분석 용어로 신체적 어린이자아(Somatic Child)(C_1)이다. 그러나 대타자의 우위에 대한 마지막 가정에 이어서, 이 몸-자아는 결코 신체와 그 해부학에 국한되지 않는다. 그 대신 이 몸-자아는 발달 과정 전반에 걸쳐 이용 가능한 교류적 실체로서 필연적으로 대타자의 흔적을 지니고 있다. 이러한 흔적은 실제 아이와 참조 인물 사이에 있었던 다양한 실제 상호작용의 흔적이 남아 있으며 살아 있는 화신이다. 주체의 신생 자아와 대타자 사이의 유아기 교류에 대한 이러한 조기 기억과 표상은 다감각적 · 운동적 · 내장적 · 유기적(생리적 의미도 있음) · 전언어적 · 무의식적 수준에 깔려 있다. 보다 구체적으로, 에릭 번은 각본규약이라는 개념을 도입함으로써 생애 초기에 발생하는 이러한 비의식적(창의적, 직관적 포함) · 무의식적(즉, 외상적) · 관계적(그러나 공생적) 경험을 신체에 새기는 것과 같은 느낌을 전달하였다.

조현성 내담자는 종종 상징적(즉, 언어적 · 상상적) 의사소통을 회피하거나 거부하거나 심지어 재창조하지만, 타자에 대한 이러한 하위 상징적, 세포조직 수준의 경험에서 벗어날 수는 없다. 사실 그것은 반성적 의식 없이 몸 안에 그리고 몸을 통해 새겨지고 다시 새겨진다. 마찬가지로 분석 상황에서 내담자와 분석가는 각본규약을 통해 신체 간 상호성의 무의식적·비의식적 역학을 (과거로부터) 재현하고 (현재에) 교류한다. 따라서 각본규약 분석은 조현병의 진정한 치료법이 될 수 있다.

진정한 치료에는 관심과 시간이 필요하다

이 책에 묘사된 내담자들과 현재 임상 정신건강의학과에서 '조현병(schizophrenic)'으로 간주하는 내담자들은 다른 곳에서 정신건강의학과 의사들이 숭배하는 신화적 인물(mythical figures)(Szasz, 1961, 1976), 숭고한 주제(sublime subjects)(Laing, 1959, 1983 [1967]), 근대성의 낭만적인 인물(romantic figures of modernity)(Foucault, 1976; Sass, 1992), "오늘날 사회의 병(the sickness of today's society)"의 대표(Deleuze, 2006, p. 28), 심지어 포스트모던 세계의 가장 극단적인 예(Peters, 2010) 등 대표로 묘사된 사람들과 매우 다르게 보인다. 오히려 그들은 정신병적 전기에서 의미 있는 타자(예: 부모 또는 부모의 역할을 대신하는 다른 인물)와의 조기에 지속되는 외상적 관계 경험으로 인해 자아의 가장 만연한 분열을 초래하는 개인이다.

따라서 병원, 외래, 가정 등 다양한 환경에서 내담자(가능하면 양육자도 포함)에게 조현병적 붕괴를 내면으로부터, 즉 평범한 미시사회 및 가족 환경으로부터, 그리고 희망적으로 남은 생애를 재생할 수 있는 돌파구로 전환할 수 있는 시간을 최대한 많이 제공하려는 의도적인 목적을 가지고 적극적인 분석 작업을 집중적으로 제공하는 것이 가장 중요하다.

이는 정신질환 내담자와 양육자에게 가급적 조기에 다학제적 개입을 통해 교류분석 또는 기타 집중적인 분석치료를 제공할 수 있을 때 가장 잘 달성할 수 있다. 조현병의 첫 번째 삽화는 일반적으로 내담자의 인지적·정서적·사회관계적 자원이 잠재적으로 광범위하고 다양할 수 있는 청소년기 후반 또는 성인기에 발생하기 때문에 조기에 집중적으로 행동하는 것이 매우 중요하다. 또한 이러한 젊은이들의 뇌 가소성은 이러한 정신 및 뇌 장애의 심리적·신경생물학적 과정을 효과적으로 변화시킬 수 있으며, 이러한 변화는 발달적이지만 본질적으로 신경퇴행적이거나 퇴행적이지 않을 수 있다.

◆ 참고자료

Adler, A. (2011). *The Practice and the Theory of Individual Psychology*. London: Routledge. (Original work published 1924)

Allen, J. R., & Allen, B. A. (1997). A new type of transactional analysis and one version of script work with a constructivist sensibility. *Transactional Analysis Journal*, 27, 89–98.

Ashby, W. R. (1950). A new mechanism which shows simple conditioning. *Journal of Psychology*, 29, 343–347.

Bateman, A., Brown, D., & Pedder, J. (2009). *Introduction to Psychotherapy: An Outline of Principles and Practice*. London: Routledge. (Original work published 1979)

Bateson, G. (1956). The message "This is play." In B. Schaffner (Ed.), *Group processes: Transactions of Second Conference* (pp. 145–242). New York, NY: Josiah Macy, Jr. Foundation.

Berne, E. (1969). *A Layman's Guide to Psychiatry and Psychoanalysis*. London: Andre Deutsch. (Original work published 1957)

Berne, E. (1970). *Sex in Human Loving*. New York, NY: Penguin Books.

Berne, E. (1975a). *The Structure and Dynamics of Organizations and Groups*. New York, NY: Grove Press. (Original work published 1963)

Berne, E. (1975b). *Transactional Analysis in Psychotherapy: A Systematic Individual and Social Psychiatry*. London: Souvenir Press. (Original work published 1961)

Berne, E. (1975c). *What do You Say after You Say Hello? The Psychology of Human Destiny*. London: Corgi. (Original work published 1972)

Berne, E. (1977a). Concerning the nature of communication. In E. Berne, & P. McCormick (Eds.), *Intuition and Ego States: The Origins of Transactional Analysis* (pp. 49–64). San Francisco, CA: TA Press. (Original work published 1953)

Berne, E. (1977b). Concerning the nature of diagnosis. In E. Berne, & P. McCormick (Eds.), *Intuition and Ego States: The Origins of Transactional Analysis* (pp. 33–48). San Francisco, CA: TA Press. (Original work published 1952)

Berne, E. (1977c). Primal images and primal judgment. In E. Berne, & P. McCormick (Eds.), *Intuition and Ego States: The Origins of Transactional Analysis* (pp. 67–97). San

Francisco, CA: TA Press. (Original work published 1955)

Berne, E. (1977d). *Principles of Group Treatment*. New York, NY: Grove Press. (Original work published 1966)

Berne, E. (1977e). The nature of intuition. In E. Berne, & P. McCormick (Eds.), *Intuition and Ego States: The Origins of Transactional Analysis* (pp. 1–30). San Francisco, CA: TA Press. (Original work published 1949)

Berne, E. (2008). *Games People Play: The Psychology of Human Relationships*. New York, NY: Grove Press. (Original work published 1964)

Bollas, C. (1987). *The Shadow of the Object: Psychoanalysis of the Unthought Known*. New York, NY: Columbia University Press.

Bollas, C. (1989). *Forces of Destiny: Psychoanalysis and Human Idiom*. Northvale, NJ: Jason Aronson.

Bowlby, J. (1988). *A Secure Base: Parent-child Attachment and Healthy Human Development*. London: Routledge.

Breuer, J., & Freud, S. (1955). Studies in hysteria. In J. Strachey (Ed. & Trans.), *The Standard Edition of the Complete Psychological Works of Sigmund Freud* (Vol. 2, pp. 1–335). London: Hogarth Press. (Original work published 1895)

Bucci, W. (1997). *Psychoanalysis and Cognitive Science: A Multiple Code Theory*. New York, NY: Guilford.

Bucci, W. (2008). The role of bodily experience in emotional organization: New perspectives on the multiple code theory. In F. S. Anderson (Ed.), *Bodies in Treatment: The Unspoken Dimension* (pp. 51–76). New York, NY: The Analytic Press.

Caizzi, C. (2012). Embodied trauma: Using the subsymbolic mode to access and change script protocol in traumatized Adults. *Transactional Analysis Journal*, 42, 165–175.

Campbell, J. (2008). *The Hero with a Thousand Faces*. Novato, CA: New World Library. (Original work published 1949)

Cornell, W. F. (2005). In the terrain of the unconscious: The evolution of a transactional analysis therapist. *Transactional Analysis Journal*, 35, 119–131.

Cornell, W. F. (2010). Aspiration or adaptation? An unresolved tension in Eric Berne's basic beliefs. *Transactional Analysis Journal*, 40, 243–253.

Cornell, W. F. (2015a). Play at your own risk: Games, play and intimacy. *Transactional Analysis Journal*, 45, 70–90.

Cornell, W. F. (2015b). *Somatic Experience in Psychoanalysis and Psychotherapy: In the expressive Language of the Living*. London: Routledge.

Cornell, W. F. (2016). How do we get there from here? Modes of intervention in TA. In W. F. Cornell, A. de Graaf, T. Newson & M. Thunnissen (Eds.), *Into TA: A Comprehensive Book on Transactional Analysis* (pp. 201–285). London: Karnac Books.

Cornell, W. F., & Landaiche, N. M., III. (2006). Impasse and Intimacy: Applying Berne's Concept of Script Protocol. *Transactional Analysis Journal*, 36, 196–213.

Cornell, W. F., & Landaiche, N. M., III. (2008). Nonconscious processes and self-development: Key concepts from Eric Berne and Christopher Bollas. *Transactional Analysis Journal*, 38, 200–218.

Deleuze, G. (2006). *Two Regimes of Madness: Texts and Interviews 1975–1995*. New York, NY: Semiotext(e).

Deutsch, H. (1942). Some forms of emotional disturbance and their relationship to schizophrenia. *Psychoanalytic Quarterly*, 11, 301–321.

Erikson, E. (1963). *Youth: Change and Challenge*. New York, NY: Basic Books.

Erikson, E. (1993). *Childhood and Society*. New York, NY: Norton. (Original work published 1950)

Erskine, R. G. (1997). *Theories and Methods of an Integrative Transactional Analysis: A Volume of Select Articles*. San Francisco, CA: TA Press.

Erskine, R. G. (2015). *Relational Patterns, Therapeutic Presence: Concepts and Practice of Integrative Psychotherapy*. London: Karnac Books.

Fairbairn, W. R. D. (1952). *An Object-relations Theory of the Personality*. New York, NY: Basic Books.

Federn, P. (1953). *Ego Psychology and the Psychoses*. London: Imago Publishing. (Original work published 1952)

Foucault, M. (1976). *Mental Illness and Psychology*. New York, NY: Harper & Row.

Freud, A. (1965). *Normality and Pathology in Childhood: Assessments of Development*. New York, NY: International Universities Press.

Freud, S. (1955a). A Difficulty in the Path of psychoanalysis. In J. Strachey (Ed. & Trans.), *The Standard Edition of the Complete Psychological Works of Sigmund Freud* (Vol. 17, pp. 135–144). London: Hogarth Press. (Original work published 1917)

Freud, S. (1955b). Beyond the pleasure principle, group psychology and other works. In J. Strachey (Ed. & Trans.), *The Standard Edition of the Complete Psychological Works of Sigmund Freud* (Vol. 18). London: Hogarth Press. (Original work published 1920)

Guglielmotti, R. L. (2008). The quality of the therapeutic relationship as a factor in helping to change the client's protocol or implicit memory. *Transactional Analysis Journal*, 38, 101–109.

Hargaden, H., & Sills, C. (2002). *Transactional Analysis: A Relational Perspective*. Hove: Brunner-Routledge.

Harlow, H. F., & Harlow, M. K. (1962). Social deprivation in monkeys. *Scientific American*, 207, 136–146.

Hartmann, H. (1939). *Ego Psychology and the Problem of Adaptation*. New York, NY: International Universities Press.

Hine, J. (1990). The bilateral and ongoing nature of games. *Transactional Analysis Journal*, 20, 28–39.

Huizinga, J. (2016). *Homo Ludens*. Tacoma, WA: Angelico Press. (Original work published 1938)

Janet, P. (1889). *L'automatisme Psychologique [Psychological Automatism]*. Paris: Félix Alcan.

Janet, P. (1908). *X Annuaire du Collège de France*, 8, 70–71.

Jung, C. G. (2016). *Psychological Types*. London: Routledge. (Original work published 1921)

Kierkegaard, S. (1968). *The Concept of Irony, with Continual Reference to Socrates* (L. M. Capel, Trans.). Bloomington, IN: Indiana University Press. (Original work published 1841)

Kierkegaard, S. (1991). *Stages on Life's Way: Studies by Various Persons* (H. V. Hong & E. H. Hong, Eds. & Trans.). Princeton, NJ: Princeton University Press. (Original work published 1845)

Klein, M. (1952). The origins of transference. *International Journal of Psycho-Analysis*, 33, 433–438.

Klein, M. (1997a). Envy and gratitude. In M. Klein, *Envy and Gratitude and Other Works, 1946–1963* (pp. 176–235). London: Vintage. (Original work published 1957)

Klein, M. (1997b). Some theoretical conclusion regarding the emotional life of the infant. In M. Klein, *Envy and Gratitude and Other Works, 1946–1963* (pp. 61–93). London: Vintage. (Original work published 1952)

Klein, M. (1997c). *The Psycho-analysis of Children*. London: Vintage. (Original work published 1932)

Laing, R. D. (1959). *The Divided self: An Existential Study in Sanity and Madness*. London: Penguin Books.

Laing, R. D. (1983). *The Politics of Experience*. New York, NY: Pantheon Books. (Original work published 1967)

Levine, S. (1960). Stimulation in infancy. *Scientific American*, 202, 80–86.

Ligabue, S. (2007). Being in relationship: Different languages to understand ego states, script, and the body. *Transactional Analysis Journal*, 37, 294–306.

Lorenz, K. Z. (1952). *King Solomon's Ring* (M. K. Wilson, Trans.). London: Methuen.

Mahler, M., Pine, F., & Bergman, A. (1975). *The Psychological Birth of the Human Infant*. New York, NY: Basic Books.

Moiso, C., & Novellino, M. (2000). An overview of the psychodynamic school of transactional analysis and its epistemological foundations. *Transactional Analysis Journal*, 30, 182–187.

Novak, E. T. (2015). Are games, enactments, and reenactments similar? No, yes, it depends. *Transactional Analysis Journal*, 45, 117–127.

Novellino, M., & Moiso, C. (1990). The psychodynamic approach to transactional analysis. *Transactional Analysis Journal*, 20, 187–192.

Peters, J. D. (2010). Broadcasting and schizophrenia. *Media, Culture & Society*, 32, 123–140.

Pierini, A. (2008). Has the unconscious moved house? *Transactional Analysis Journal*, 38, 110–118.

Rank, O. (2015). *The Myth of the Birth of the Hero: A Psychological Exploration of the Myth*. Baltimore, MD: John Hopkins University Press. (Original work published 1909)

Ruesch, J., & Bateson, G. (1951). *Communication: The Social Matrix of Psychiatry*. New York, NY: Norton.

Sass, L. A. (1992). *Madness and Modernism: Insanity in the Light of Modern Art, Literature and thought*. Cambridge, MA: Harvard University Press.

Scilligo, P. (2009). *Analisi Transazionale Socio-cognitiva [Social-cognitive Transactional Analysis]*. Rome: LAS.

Scilligo, P. (2011). Transference as a measurable social-cognitive process: An application of Scilligo's model of ego states. *Transactional Analysis Journal*, 41, 196–205.

Spitz, R. (1945). Hospitalism: Genesis of psychiatric conditions in early childhood. *Psychoanalytic Study of the Child*, 1, 53–74.

Stern, D. N. (1985). *The Interpersonal World of the Infant: A View from Psychoanalysis and Developmental Psychology*. New York, NY: Basic Books.

Stern, D. N. (1990). *Diary of a Baby*. New York, NY: Basic Books.

Stern, D. N. (1995). *The Motherhood Constellation: A Unified View of Parent-infant Psychotherapy*. New York, NY: Basic Books.

Stewart, I., & Joines, V. (1987). *TA Today: A new Introduction to Transactional Analysis*. Nottingham, and Chapel Hill, NC: Lifespace Publishing.

Stewart, I., & Joines, V. (2011). TA tomorrow. *Transactional Analysis Journal*, 41, 221–229.

Stuthridge, J. (2015). Games, enactment, and countertransference. *Transactional Analysis Journal*, 45, 104–116.

Stuthridge, J., & Sills, C. (2016). Psychological games and intersubjective processes. In R. G. Erskine (Ed.), *Transactional Analysis in Contemporary Psychotherapy* (pp. 185–208). London: Karnac Books.

Summers, G., & Tudor, K. (2000). Cocreative transactional analysis. *Transactional Analysis Journal*, 30, 23–40.

Summers, G., & Tudor, K. (2014a). Co-creative transactional analysis. In K. Tudor & G. Summers (Eds.), *Co-creative Transactional Analysis: Papers, Responses, Dialogues, and Developments* (pp. 1–28). London: Karnac Books.

Summers, G., & Tudor, K. (2014b). Introducing co-creative transactional analysis. In K. Tudor & G. Summers (Eds.), *Co-creative Transactional Analysis: Papers, Responses, Dialogues, and Developments* (pp. 235–250). London: Karnac Books.

Szasz, T. (1961). *The Myth of Mental Illness: Foundations of a Theory of Personal Conduct*. New York, NY: Hoeber-Harper.

Szasz, T. (1976). *Schizophrenia: The Sacred Symbol of Psychiatry*. New York, NY: Basic Books.

Walter, W. G. (1950). An imitation of life. *Scientific American*, 182, 42–45.

Walter, W. G. (1951). A machine that learns. *Scientific American*, 185, 60–63.

Watzlawick, P., Beavin, J., & Jackson, D. D. (1967). *Pragmatics of Human Communication: A Study of Interactional Patterns, Pathologies, and Paradoxes*. New York, NY: Norton.

Weiss, E. (1950). *Principles of Psychodynamics*. New York, NY: Grune & Stratton.

Wiener, N. (1948). Time, communication, and the nervous system. *Annuals of the New York Academy of Science*, 50, 197–220.

Winnicott, D. W. (1960). The theory of the parent-infant relationship. *International Journal of Psychoanalysis*, 41, 585–595.

Winnicott, D. W. (1965). *The Maturational Processes and the Facilitating Environment: Studies in a Theory of Emotional Development*. Madison, CT: International Universities Press.

제2장

조현병

- 정신의학적 질병기술학의 간략한 역사
- 첫 번째 계정
- 신경생물학적 증거와 그 불만
- 조현형 정신질환에서 관계적 외상의 역할:
  교류분석과 신경과학 사이
- 에릭 번으로 돌아가기

◆ 정신의학적 질병기술학의 간략한 역사

조현병은 의심할 여지없이 주요 정신질환 중 하나로, 보통 청소년기 후반과 성인기 초반에 발병한다. 조현병은 행동, 사고, 정서의 변화와 함께 흔히 '부정적(negative)' 증상(예: 의지력 결여, 언어 빈곤, 무관심, 사회적 기능이 미미하거나 거의 없음 등) 및/또는 '긍정적(positive)' 증상(예: 환각, 망상 등)이 나타나는 것이 특징이다.

보다 구체적으로, 긍정적 증상은 조현성 내담자가 병에 걸리기 전에는 없었던 사고, 정서 및/또는 행동에 중대한 변화를 나타내기 때문에 그렇게 불린다. 반면, 부정적 증상은 정신질환에 걸리기 전에는 있었으나 지금은 더 이상 없거나 그 정도가 약해져서 정신에서 사라지거나 빼앗긴 사고, 감정 및/또는 행동의 장애를 가리킨다. 따라서 이 분류는 정신병적 쇠약에 직면한 사람의 정신에 무언가가 추가('긍정적')되거나 상실('부정적')되었다는 것을 다소 환원적으로 암시한다. 이는 단순한 징후와 증상 목록에 따라 진단 범주의 유형에 관계없이 조현성 내담자의 내면 세계의 역동적인 복잡성을 고려하지 않다. 이와는 대조적으로 현대의 교류분석은 정신병적 위기 상황에서도 조현성 내담자의 곤경에 대한 심층적인 이해를 위해 훨씬 더 광범위한 개념적 틀을 제공할 수 있으며, 궁극적으로는 조현성 내담자에 대한 보다 명료하면서도 통합적이고 윤리적으로 건전한 심리치료 접근법을 개발하는 것을 목표로 한다.

정신병적 과정에 대한 에릭 번의 최초 관찰 이후, 조현병의 이해와 치료에 대한 교류분석의 관심은 제한적이었고, 때로는 문제가 되기도 하였다. 이 장의 목적은 이 파괴적인 장애를 이해하고 치료하고자 진화하는, 때로는 상충되는 노력에 대한 역사를 요약해 제공하고 독자들의 삶을 변화시키는 이러한 장애의 본질에 대한 깊은 인식에 참여하도록 독자들을 유도하는 것이다.

◆ 첫 번째 계정

이 장애에 대한 최초의 임상적 설명은 1800년 파리의 살페트리에 병원(Salpêtrière Hospital)의 정신건강의학과 의사였던 필립 피넬(Philippe Pinel)이 작성한 것으로 알려져 있다. 그의 관찰은 1809년 런던의 베들레헴 병원(Bethlem Hospital)에서 오늘날 조현병적 정신질환으로 간주되는 임상 사례를 자세히 설명한 존 하슬람(John Haslam)의 관찰과 거의 동시대에 이루어졌다. 피넬(Pinel, 1806 [1801])도 정신적 소외의 한 유형을 치매(dementia)로 정의하였는데, 이는 "고립된 생각의 빠른 연속 또는 중단 없는 교대, 사라지고 연결되지 않는 정서, 지속적으로 반복되는 사치스러운 행동, 이전의 모든 상태에 대한 완전한 망각, 외부 인상에 대한 감수성 감소, 판단 능력의 상실, 지속적인 활동(perpetual activity)"(p. 164) 등이 특징이다. 에티엔 에스퀴롤(Etienne Esquirol)이 1838년에 발표한 논문 「정신질환(Des maladies mentales)」(Esquirol, 1845 [1838])에서 설명한 만성 치매에 관한 내용이 더 정확하다. 그는 과도한 자위 행위, 쾌락의 남용, 격렬한 지적 활동으로 인해 이 병이 발생한다고 생각하였다. 그는 이 병을 "대개 만성적이고 열이 없는 대뇌 질환으로, 감수성, 이해력, 지성, 의지의 장애를 특징으로 한다."고 정의하였다(Esquirol, 1845 [1838], p. 21).

치매라는 용어는 나중에 베네딕트 어거스틴 모렐(Benediet Auqustine Morel, 1857)에 의해 다시 사용되었는데, 모렐은 그의 저서 『인간 종의 신체적 · 지적 · 도덕적 퇴행에 관한 조약(Traité des dégénésescence physiques, intellectuelles et morales de l'espèce humaine)』에서 사춘기 소년의 임상적 발병을 설명하기 위해 조발성 치매(démence précoce, dementia praecox)라는 용어로 치매를 더욱 구체화하였다. 빌헬름 샌더(Wilhelm Sander, 1868)는 히포크라테스가 처음 사용한 편집증(paranoia)이라는 단어를 다시 도입하여 박해의 망상, 즉 개인이 부정적이고 박해적인 방식으로 사회적 사건이나 역학 관계에 의해 어떤 식으로든 공격을 받고 있다고 믿는 현실에 대한 왜곡된 해석에 기반한 병적 정신 체계를 제안하였다. 이후 에발트 헤커(Ewald Hecker, 1871)는 청소년기에 시작되어 정서의 변화, 유치한 행동, 정신적 약화 증상을 특징으로 하는 정신질환의 한 형태를 재정의하기 위해 파과병(hebephrenia, 젊음의 여신인 그리스어 헤베(Hebe)에서 유래)라는 용어를 사용하였다. 그 후 1874년 칼 루드비히 칼바움(Karl Ludwig Kahlbaum)은 그의 논문에서 긴장증(catatonia)를 정형화된 움직임, 왁스 같은 유연성, 부정주의, 무감각, 그리고 때때로 격렬한 정신운동 동요를 특징으로 하는 주기적 질환으로 설명하였다.

1896년이 되어서야 에밀 크레펠린(Emil Kraepelin)은 방금 언급한 세 가지 형태(편집증, 파과병, 긴장증)를 결합한 심각한 정신적 고통의 단일 상태에 조발성 치매라는 이름을 붙여 동일한 질병으로 규정하였다. 이런 식으로 조발성 치매는 젊었을 때 발병하기 때문에 [따라서 형용사 '조숙한(praecox)'] 노인성 치매와 구별되었다. 당시 가정했던 것처럼 만성적으로 진행되었기에 인지적 · 정서적 · 관계적 삶이 광범위하고 지속적으로 저하되는 것(치매)으로 이어졌다.

크레펠린의 통일된 정의가 나온 지 몇 년 후, 스위스의 정신건강의학과 의사 오이겐 블로일러(Eugen Bleuler)는 이 질환의 이름을 조현병 집단으로 바꾸자고 대담하게 제안하였다. 블로일러(Bleuler, 1950 [1911])는 「조발성 치매 혹은 조현병 집단(Dementia praecox or the group of Schizophrenias)」이라는 논문에서 다음과 같이 썼다.

> '조발성 치매' 또는 '조현병'이라는 용어는 때때로 만성적이고 간헐적인 발작이 나타나며 어느 단계에서든 멈추거나 퇴행할 수 있는 정신질환 집단을 지칭한다. …… 이 질환은 사고, 정서 및 외부 세계와의 관계에서 특정한 유형의 변화로 특징지어지는데, 이러한 변화는 다른 곳에서는 나타나지 않는다. …… 따라서 연상 과정은 종종 단순한 개념과 개념의 단편으로 작동한다. …… 가장 심한 경우에는 정서 및 정서적 표현이 완전히 결여된 것처럼 보인다. 가벼운 경우에는 정서적 반응의 강도가 그 반응을 일으킨 다양한 사건에 비례하지 않는다는 것을 알 수 있다. 실제로 정서적 반응의 강도는 정서 표현이 전혀 없는 경우부터 다양한 사고 복합체와 관련하여 극도로 과장된 정서적 반응까지 다양할 수 있다. 또한 정서적 반응이 질적으로 비정상적으로 보일 수도 있다. 즉, 관련된 지적 과정에 부적합할 수 있다. 자주 논의되는 '악화(deterioration)'의 징후 외에도 대부분의 병원 사례에서 다른 많은 증상이 나타난다. 환각(hallucinations), 망상(delusions), 혼란(confusion), 혼수상태(stupor), 조증(mania), 우울한 정서적 변동(melancholic affective fluctuations), 긴장성 증상(catatonic symptoms) 등이 있다(pp. 8-12).

블로일러의 정의는 이 장애의 임상적 현상학의 이질성을 나타낸다. 그는 이 장애의 '두드러진 증상'은 정신적 기능의 찢어짐(Zerreissung; 즉, 자기 경험의 파편화로 이어지는 찢어짐) 또는 분열(Spaltung; 쪼개짐)이라고 주장하면서 조발성 치매라는 용어 대신 조현병이라는 용어를 선택한 것을 정당화하였다(Bleuler, 1987 [1908], p. 59). 그가 설명한 많은 증상 중에서 블로일러는 연상의 느슨해짐(the loosening of association), 정서의 변화(alterations in affectivity), 자폐증(autism), 양면성(ambivalence)[나중에 블로일러의 네 가지 'A'로 알려진 연상기호로 축소됨]이 근본이 된다고 믿었다.

또 다른 유럽 정신과 의사인 커트 슈나이더(Schneider, 1959)도 증상에 따라 조현병을 유사하게 개념화하는 데 기여했다. 블로일러와 마찬가지로 슈나이더도 조현병의 특징이라고 생각되는 '일차적 증상(first-rank symptoms; 대화 속 목소리 또는 해설하는 듯한 목소리 형태의 환청, 사고 반향, 사고 삽입/폐쇄/방송, 신체적 영향 및 통제 망상 등)'을 규명하는 데 집중했다. 사실, 이러한 증상들은 더 넓은 범위의 정신병적 및 해리성 장애에서 발견되기 때문에 더 이상 조현병의 병리학적 특징으로 간주되지 않다.

이 저자들은 각자의 임상적 관찰과 장애의 기원에 대한 믿음을 바탕으로 조현형 정신질환의 증상이나 측면을 자연스럽게 강조하였지만, 그들의 설명이 명확한 생물학적 증거로 뒷받침되지는 않았다.

그럼에도 불구하고 조현병에 대한 크레펠린, 블로일러, 슈나이더의 관점은 『정신질환의 진단 및 통계 편람(Diagnostic and Statistical manual of Mental disorders: DSM)』(American Psychiatric Association, 2000, 2013)과 『국제질병분류(International Classification of Diseases: ICD)』(World Health Organization, 1992)에 명시된 이 주요 정신장애의 현대 정신의학 분류에서 여전히 공존하고 있다. 1960년대 이후, 조현병에 대한 생물학적 관점이 지배적이라는 반정신의학 세력(antipsychiatry forces)(Laing, 1959; Szasz, 1961, 1976)의 반론이 제기된 이후, 조현병의 기원에 대한 수많은 가설과 해석이 등장하여 당혹스럽기까지 했다. 이로 인해 조현병이라는 원래 용어의 의미와 경계, 심지어 임상적 가치에 대한 혼란이 더욱 가중되었다. 이 정신과 질환의 병인 및 병인 기전에 대한 공통된 견해가 아직 없기 때문에 이러한 용어적 혼란은 아직 해결되지 않았다. 따라서 질병으로 간주할 수는 없지만 증후군, 즉 서로 강하게 연관된 비특이적 징후와 증상의 집단으로 간주된다.

현대 정신의학은 증상(망상, 환각, 정서 변화, 사고 및 행동 장애 등)에 기반한 조현형 정신질환의 범주적 관점과 공통된 기능의 변화와 추정되는 특정 생리적 기제(예: 현실의 변형, 이데올로기적 빈곤, 무질서 등)와 관련된 증상들의 차원 또는 군집에 기반한 차원적 관점 사이에서 계속 변동을 거듭하고 있다.

◆ 신경생물학적 증거와 그 불만

조현병의 신경퇴행성 모델

현재까지 뇌 병리학, 구조 및 기능적 신경 영상, 유전학, 신경심리학, 유전자-환경 상호작용 연구의 많은 증거가 어느 정도 일관되고 생각을 자극하는 이론적 틀 안에서 설정된 신경과학에 의해 생성된 복잡한 설명 모델이 확산되고 있음에도 불구하고 조현병 장애의 근본적인 병리생리학은 여전히 파악하기 어려운 상태로 남아 있다. 과학계에서는 조현병의 특정 신경생물학적 측면을 설명할 수 있는 신경퇴행성 [neurodegenerative; 또는 반대로 신경발달성(neurodevelopmental)] 과정의 존재에 대해 여전히 의문이 제기되고 있다.

조현병의 생리학에서 신경 퇴행이 기여하는 역할(크레펠린의 원래 관찰에 따라)은 사실 현대 신경과학 연구의 초점이다. 신경퇴행은 증상이 나타나기까지의 긴 잠복기, 이질적이지만 대부분 장애를 동반하는 질병의 임상 경과, 많은 내담자가 다양한 정도의 인지 및 행동 저하를 겪는다는 사실, 장애의 경과를 수정하는 데 있어 약리학적인 치료의 부분적 효과를 설명할 수 있다.

신경퇴행성 질환(neurodegenerative diseases)은 조직병리학적인 변화와 뚜렷한 임상 증후군의 원인이 되는 특정 생화학적 변화로 인해 신경 및 행동 기능을 변화시키는 신경계의 만성적인 진행성 질환으로 정의된다(Hardy & Gwinn-Hardy, 1998). 이러한 질환에는 알츠하이머병(Alzheimer's), 헌팅턴병(Huntington's), 파킨슨병(Parkinson's), 윌슨병(Wilson's), 해면상 뇌병증[spongiform encephalopathies; 예: 크로이츠펠트-야콥병(Creutzfeld-Jakob disease)]이 포함된다. 이들 대부분은 다양한 전파 방식을 가진 유전적 기반을 가지고 있지만, 이에 비해 조현병은 유전적 전염성이 명확하지 않고 병리조직적 병리학적인 특징(pathognomonic histopathological features)도 없다. 그럼에도 불구하고 점점 더 정교한 방법론과 기술을 기반으로 한 신경 영상 연구를 통해 조현병과 관련된 특정 뇌 변화의 과정을 추적할 수 있게 되었으며, 대뇌피질 조직의 점진적인 손실과 대뇌실(cerebral ventricles)의 비대를 강조할 수 있게 되었다(DeLisi et al., 1997; Ho et al., 2003; Mathalon et al., 2001).

조현병의 신경발달성 모델

크레펠린의 조발성 치매 개념은 뇌의 조기 및 진행성 퇴행을 시사한 반면, 다른 학자들은 조현병을 신경퇴행을 일으키지 않으면서도 조기 주산기 또는 태아기 모욕으로 인한 뇌의 구조적 변화가 장애 발병의 소인을 만드는 신경발달 장애로 보았다. 대신, 뇌 발달은 정상적인 성숙과 뇌 노화 과정을 따른다(Murray, 1994; Murray & Lewis, 1987; Weinberger, 1986; Weinberger & Marenco, 2003). 신경발달 가설에 따르면, 조현병의 원인은 청소년기와 조기 성인기에 뇌가 해부학적으로 성숙하기 전에 영향을 미치는 유전적 요인과 환경적 요인으로 인한 병리학적 과정을 포함할 수 있다(Dean et al., 2003; Rapoport et al., 2005).

이 이론은 특정 영역과 신경 회로에서 정상적인 신경세포 발달이 변경되어 뇌 기능 장애가 발생한다고 가정한다. 이러한 변화는 그 자체로 퇴행성 변화가 아니며 자폐증(autism), 취약성 X 증후군(fragile X syndrome) 또는 다운 증후군(Down syndrome) 등과 같은 다른 장애에서 발생하는 것과 같은 즉각적인 임상 징후를 일으키지 않다. 대신 이러한 변화는 1~30년 사이의 잠복기를 거친 후에 나타난다. 이 장애의 발병을 유발하는 사건은 완전히 이해되지는 않았지만, 환경적 요인(예: 다양한 종류의 외상, 감염, 약물 남용 등)과 상호작용하는 정상적인 신경생물학적 성숙 과정[예: 신경세포 및 아교세포 증식 및 이동(neuronal and glial proliferation and migration), 축삭 및 수지상 세포 증식(axonal and dendritic cell proliferation), 세포자멸사, 축삭 수초화(axonal myelination), 시냅스 가지치기(synaptic pruning)]을 포함하는 것으로 여겨지고 있다.

신경생물학적 모델의 통합적 접근법

여러 신경과학 연구 분야에서 조현병의 신경생물학적 측면에 대한 후속 연구를 통해 일부 저자들은 신경발달과 신경퇴행 사이의 이분법을 동일한 병원성, 2단계 궤적의 일부로 재고하게 되었다(Church et al., 2002; McClure & Lieberman, 2003). 결과적으로 이 통합적 모델은 신경발달 취약성과 신경 독성에 관련된 점진적 악화 사이의 상호 작용 과정을 주장한다(Mathalon et al., 2003). 이 견해에 따르면, 특정 뇌 이상은 조현형 정신질환 발병에 선행하는 반면, 다른 뇌 이상은 발병 자체와 관련이 있는 것으로 보인다. 장애가 진행되는 동안 이러한 이상이 악화된다는 생물학적 증거가 있다.

그러나 이러한 이상이 청소년기 후반과 성인기 초반을 특징 짓는 지속적인 발달 변화를 구성하는지, 실제로 퇴행성 변화를 나타내는지 또는 실제로 항정신병 치료로 인한 것인지 여부는 아직 명확하지 않다(Dazzan et al., 2005; Murray & Dean, 2008). 이 모든 것에 우리는 신경화학 분야에서 잘 알려진 신경 전달 물질을 아끼지 않고 도파민 조절 장애에 대한 유명한 가설(Carlsson & Lindqvist, 1963; Kapur, 2003; Laruelle et al., 1996)과 후속 글루타메이트성 및 GABA성 가설과 관련된 일련의 신경 전달 물질 가설의 상호작용을 추가할 수 있다.

조현병의 발병에 관여하는 특정 뇌 영역과 신경 회로가 있는지, 아니면 광범위한 신경생물학적 변화가 있는지 여부는 아직 명확하지 않다. 일부 저자는 실제로 조현병이 신경 단절 장애(disorder of neural disconnectivity)이며(Andreasen, 1999), 그 결과 구조적 및 기능적 신경 영상에서 보이는 뇌의 변화는 '마음의 파편화(fragmentation of the mind)'라는 개념으로 블로일러(Bleuler, 1987 [1908])가 암시한 것처럼 광범위한 신경 연결의 손실을 반영한다는 가설을 세웠다.

여기서는 수년에 걸쳐 유전학, 전기생리학, 그리고 가장 중요한 후성 유전학과 정신-신경-면역-내분비학에 의해 강화된 조현병의 주요 가설과 신경생물학적 모델을 심도 있게 탐구할 여지가 없다. 대신, 나는 이 장에서 여전히 "정신의학의 숭고한 대상"으로 여겨지는 것에 대한 신경과학의 대규모 연구 개발에 기여한 선구자적인 저자들을 언급하였다(Woods, 2011, p. 8).

여기에 제시된 조현병에 대한 탐구는 이제 심리적, 관계적, 사회 환경적 역학을 포함하도록 확장될 수 있다. 나는 조현병의 생물학과 상호작용할 수 있는 교류분석의 인식론적 시각을 통해 이를 탐구한다.

◆조현형 정신질환에서 관계적 외상의 역할: 교류분석과 신경과학 사이

지난 20년 동안 과학계의 관심은 조현병의 생물학과 명확하고 유의미한 연관성을 보이는 사회적 · 심리적 요인에 점점 더 집중되고 있다(Bebbington et al., 2004; Miller et al., 2001; Morgan & Fisher, 2007; Read et al., 2005). 조현병에 대한 유전적 취약성과 상호작용할 수 있는 것으로 간주되는 사회적 · 심리적 요인으로는 스트레스가 많은 인생 사건, 불리한 사회적 환경, 특정 민족 집단(특히 이주)에 속하는 경우, 도시화 정도(종종 사회경제적 빈곤 및 사회적 고립과 관련됨), 향정신성 물질(대마초, 암페타민, 환각제 등)의 장기간 사용, 그리고 흥미롭게도 유아기 외상의 병력 등이 있다.

조현병과 관련된 환경적 요인에 대한 리뷰에서 모건과 피셔(Morgan & Fisher, 2007)는 다음과 같이 썼다.

> 최근 신경과학과 유전학이 급속도로 발전하면서 생애 전반에 걸친 사회적 경험이 어떻게 유전자와 상호작용하고 생물학적 발달에 영향을 미쳐 어른자아의 결과를 형성하는지에 대한 이해가 시작되고 있다. 이러한 통찰력은 이제 어린 시절의 외상를 포함한 불리한 사회적 경험과 어른자아 정신질환을 연결하는 생물학적 모델을 만드는 데 사용되고 있다(p. 8).

국제적으로 유명한 정신과 의사인 로빈 머레이 경(Murray, 2017)(런던 킹스칼리지 정신의학, 심리학 및 신경과학 연구소의 정신과 연구교수이자 조현병 연구에서 가장 영향력 있는 과학자 중 한 명)은 최근 『조현병 회보(Schizophrenia Bulletin)』에 발표한 논문에서 자신이 조현병을 유발하는 사회적 요인을 너무 오랫동안 무시해 왔다고 인정하였다. 그는 또한 항정신병 약물이 뇌에 미치는 부정적인 영향도 무시했다고 보고하였다. 머레이는 이렇게 썼다.

> 놀랍게도 일부 정신과 의사들은 여전히 증거를 받아들이기를 거부하고 본질적으로 점진적인 조현병 과정이 존재한다는 허무주의적 관점에 집착하는데, 이는 내담자에게 큰 해를 끼치는 견해이다(p. 254).

이와는 대조적으로 교류분석은 실제적이고 중요한 참고 인물, 더 일반적으로는 주변 환경과의 다양한 관계에서 개인의 삶의 경험을 특징짓는 무엇을, 어떻게, 언제, 얼마나 오래 하는지에 대한 성격 및 정신병리학 이론을 기반으로 한다. 한편으로는 에릭슨의 정신분석학 전통과 다른 한편으로는 현대 신경과학에 부합할 뿐만 아니라 그 독창성에서 타의 추종을 불허하는 에릭 번의 정신병리를 생성할 수 있는 누적된 외상(cumulative trauma)에 대한 개념은 매우 독창적이다. 이 개념을 설명하기 위해 에릭 번(Berne, 1975a [1961])은 『Transactional Analysis in Psychotherapy』에서 정신병리뿐만 아니라 건강 상태에서의 성격 발달을 설명하기 위해 놀랍고 효과적인 은유, 즉 동전의 은유를 만들었다. 그는 사람의 정신적 균형을 동전 더미에 비유했는데, 각 동전은 자아상태에 해당하는 모든 일상적 경험(예: 사고, 감정, 행동, 몸의 경험 등)의 산물이다. 이 은유에 따르면 외상 경험이 쌓인다는 것은 뒤틀린 동전이 쌓이는 것이고, 따라서 역기능적인 자아상태가 쌓인다는 것을 의미한다. 성장 과정에서 개인이 경험하는 외상의 성격과 심각한 외상의 수는 정렬이 맞지 않거나 비뚤어지거나 흔들리거나 심지어 넘어지기 직전인 동전 더미처럼 정신건강을 심각하게 위협할 수 있다. 에릭 번은 이 글을 쓸 당시 정신장애의 발병 기전을 설명하는 이 은유에 정신 발달학적 관점을 분명히 부여하였다.

> 뒤틀린 동전의 높이가 낮을수록 궁극적인 안정성에 미치는 영향이 커진다. 이 시점에서 어린 시절의 페니(penny: 1센트), 잠복기의 니켈(nickel: 5센트), 청소년기의 쿼터(quarter: 25센트), 성숙기의 은화(silver: 1달러) 등 다양한 종류의 동전에 관해 이야기할 수 있을 것이다. 여기서 구부러진 동전 1개가 결국 수천 개의 은화를 혼란에 빠뜨릴 수 있다(p. 54).

따라서 에릭 번은 유아기의 외상 경험이 이후의 긍정적인 경험으로 교정되지 않으면 어른자아에서 정신장애의 병리생리학에 큰 영향을 미칠 수 있다고 설명한다.

동전의 은유는 한편으로는 다인성 및 다외상성 기원, 다른 한편으로는 초반 실제 외상 경험 기간에 비해 지연된 현상학적 표현이라는 두 가지 중요한 측면을 강조함으로써 조현병의 병인을 이해하는 데 특히 유용하다. 동전 더미가 구조의 바닥에 첫 번째 뒤틀린 동전의 균열을 보존하는 것처럼 정신병적 대상의 성격 구조는 어린 시절과 조기 청소년기의 초기에 이미 충격적인 경험을 가지고 있다. 그리고 동전 더미(가장 최근에 추가되고 더 가치 있는 동전으로 더 커지려고 하는)가 특정 높이에 도달하면 무너지는 것처럼, 조현병의 성격은 당연히 청소년과 조기 성인의 문턱에 오는 첫 번째 정신질환 삽화 동안 치명적으로 균열이 발생한다.

보다 구체적으로, 조현형 정신질환에 대한 에릭 번(Berne, 1975a [1961])의 교류분석을 설명하는 핵심 개념은 조현성 내담자의 자아가 약화되었다는 것이다. 즉, 정신병적 붕괴의 와중에 구조적 안정성, 내적 일관성, 현실 세계에서의 주체성, 그리고 궁극적으로 개인적 자아, 즉 자기라는 감각을 상실한 자아를 말한다.

정신병적 자아가 약화된 자아라는 견해는 새로운 것도 아니고 에릭 번의 이론에 고유한 것도 아니다. 사실, 이는 에릭 번의 분석가였던 폴 페데른(Federn, 1953 [1952])의 임상 연구와 이론적 통찰에서 비롯된 것이다. 에릭 번에게 특별한 것은 정신병적 자아조차도 회복할 수 없을 정도로 망가진 자아(또는 주로 자기애적이고 접근하기 어려운 깊은 퇴행의 자아)가 아니라, 외상적이고 떨리는 관계적인 기반 때문에 반복적으로 무너지고 파편화될지라도 여전히 발전하고 있는 자아라는 획기적인 생각이다.

이러한 초점 안에서, 어른자아상태를 다른 자아상태(어버이자아와 어린이자아) 중에서도 신경학적 및 심리적 발달의 여러 단계에서 현재 현실에 적응하는 자아상태로 개념화한 에릭 번(Berne, 1975a [1961])의 이론은 여전히 매우 현대적이다. 이 책은 교류분석 이론과 조현형 정신질환에 대한 치료적 접근에 대한 귀중한 통찰을 제공한다.

실제로 에릭 번은 어른자아를 일생 동안 스스로 변화하고 재구성(즉, 갱신)할 수 있는 심리적·신경학적 구조의 집합을 나타내는 **현하심리**(neopsyche; 문자 그대로 '새로운 마음'을 의미)로 이해함으로써(A_0, A_1, A_2, A_3, A_n), 인간 뇌의 생리학에 적용할 때 신경가소성(neuroplasticity)이라는 광범위한 개념을 놀라울 정도로 예견하였다. 더욱이 전체 자아를 진화하는 다원적 조직으로 보는 에릭 번의 관점은 심리치료 자체(그리고 무엇보다도 교류분석이)가 본질적으로 신경 퇴행성이나 퇴행이 아닌 발달적 상태를 유지하는 마음과 뇌의 장애인 조현병의 경과를 바꿀 수 있다는 실제 가능성에 대한 신뢰와 희망을 준다.

정신질환에 대한 에릭 번(Berne, 1975a [1961])의 초기 설명 이후, 정신질환에 대한 교류분석 문헌에서 가장 잘 알려진 공헌은 쉬프(Schiff, 1975)와 그녀의 동료들의 연구에서 비롯되었다. 그러나 조현병 경험의 본질과 치료에 관한 그녀의 이론적 가정이 조현병 자체의 발병 기전에 대한 근거 없는 추측에 의존하고 있기 때문에 쉬프의 모델은 의문을 제기받았다(Cornell et al., 2016, pp. 179-180; Mellacqua, 2014). 이러한 추측에는 정신질환을 앓고 있는 개인에게 항상 부정적인 양육이 미치는 인과적 영향에 대해 훨씬 더 논란의 여지가 있는 개념도 포함되었다. 결과적으로 쉬프의 방법론은 실제로 내담자와 그 가족에게 해로운 것으로 입증되었다.

정신질환에 대한 쉬프주의 접근법이 붕괴된 이후, 정신병적 장애의 이론과 치료에 대한 추가 검토를 위해 교류분석 연구를 시도한 문헌은 거의 없었다(Caravella & Marone, 2003; English, 1977; Moiso, 1985; Moiso & Novellino, 2000; Novellino, 1990, 1991, 2004a [1998], 2004b). 놀랍게도 정신질환(psychosis)[보다 정확하게는 조현병(Mellacqua, 2014)]에 대한 교류분석적 이해와 심리치료에 대한 더욱 포괄적인 접근법이 개발되고 좀 더 현대적인 관점에서 조명되기까지 거의 40년이 걸렸다. 사실 정신질환 발병의 매개 요인으로서 다양한 유형의 분열이 정신질환 발병에 미치는 역할에 대한 에릭 번(Berne, 1969 [1957])의 독창적인 관찰(『A Layman's Guide to Psychiatry & Psychoanalysis』 6장의 캐리 임상 사례에서 설명)을 제외하면, 개인의 외상적 관계 경험, 배제 과정, 조현병 사이의 본질적인 연관성은 교류분석 문헌에서 깊이 있게 고려되고 평가되지 못하였다. 다행히도 최근 몇년 동안 코넬(Cornell, 2016), 스투스리지(Stuthridge, 2012) 등 국제적으로 저명한 임상의들의 독립적인 연구에서 몇 가지 중요한 예외가 있었다. 내가 보기에 이들의 기여는 교류분석적 관점에서 정신병적 과정을 재개념화하려는 매우 유익한 시도라고 생각한다. 비록 조현병을 직접적으로 다루지는 않았지만, 이 두 저자는 TA 준거틀(TA frame of reference)에서 정신병적 수준의 자기 장애의 본질과 치료에 대해 매우 정직하고 전례가 없는 도전적인 탐구를 제공하였다.

더 정확히 말하자면, 현대의 관계 정신분석 이론을 바탕으로 한 스투스리지의 2012년 논문은 분석 환경 안팎에서 외상, 해리, 파편화된 분아의 재연 사이에 존재하는 근본적인 연관성에 대한 보다 일관된 교류분석의 이해를 발전시키는 데 분명한 공헌을 하였다. 그녀는 우리 각자가 (상담사로서도) 심리게임과 재연을 통해 어떻게 무의식적으로 내면 세계의 파편을 외부화하는지, 그리고 그러한 역학 관계가 어떻게 잠재적으로 유익하고 심지어 회복적일 수 있는지를 명확하게 설명하였다.

반면에 코넬의 글은 정신병적 붕괴 직전의 내담자에 대한 심리치료의 실패를 심도 있게 묘사하였다. 그는 사만다와의 작업에서 자신의 역전이 반응에 대한 강렬하고 풍부한 설명을 통해 조현성 내담자가 겪는 것과 같은 심각한 심리 및 대인관계 장애 상태를 보이는 개인의 분석가가 되는, 고통스럽지만 매우 필요한 직업의 본질을 정직하게 포착하였다. 코넬이 명쾌하게 말했듯이, 이 작업을 통해 우리는 궁극적으로 우리 자신의 정신병적 사고와 기능의 측면을 보고 직면할 수 있는 방법을 찾아야 할 것이다.

코넬과 스투스리지의 글은 모두 내가 개인적으로 정신질환 내담자들과 함께 일하면서 발견한 것을 강조한다. 상담사는 궁극적으로 증오와 사랑, 폭력과 무관심, 갈등과 고독, 미래에 대한 실제적인 불안정성과 불확실성, 그리고 정신질환 내담자의 마음처럼 깊이 고민하는 마음이 치료 관계를 통해 강력하게 유도할 수 있는 인간이라는 존재의 모호함 전체를 자신 안에서 지탱할 책임이 있다. 의심할 여지없이, 상담사가 자신의 각본규약 분석과 자기 성찰에 대해 이러한 태도를 취하려면 상당한 시간과 개인적인 헌신이 필요하며, 종종 슈퍼비전과 지속적인 개인 치료가 필요하다. 이러한 종류의 치료 과정은 보다 의식적인 조율, 질문, 공감을 사용하는 방법보다 내담자와 상담사 모두에게 더 유익하고 변화적인 것으로 입증될 수 있다.

◆ 에릭 번으로 돌아가기

나는 여기서 에릭 번의 말을 빌려 조현형 정신질환에 대한 우리의 탐구적 관점을 심화시키기 위한 마지막 요청을 드린다.

> 지성(intellect)이라는 작은 섬에 서서 많은 사람들이 삶의 바다를 이해하려고 노력하지만, 기껏해야 해안에 떠다니는 부유물이나 동식물 정도만 이해할 수 있다. 우리가 발견한 것을 언어적 또는 기계적 현미경으로 들여다보는 것은 도움이 되지만 수평선 너머나 심해에 무엇이 있는지 아는 데는 거의 도움이 되지 않는다. 이를 위해 우리는 처음에는 당황하더라도 수영이나 다이빙을 해야 한다(Berne, 1977e [1949], p. 28).

궁극적으로, 에릭 번의 설득력 있는 의견은 임상 교류분석의 이 무시된['배제된(excluded)'이라고 말하는 것이 더 나을 수도 있는] 영역에 대한 나의 이전 작업(Mellacqua, 2014)을 반영한다. 나는 무의식적 과정에 대한 에릭 번의 초기 저술(Berne, 1977e [1949], 1977b [1952], 1977a [1953], 1977c [1955])과 이후 각본규약(Berne, 1975a [1961], 1977d [1966], 1975b [1972])으로 돌아가야 한다고 강력하게 주장한다. 정신 발달을 변화시키고 형성하는 데 있어 누적된 외상(cumulative trauma; 특히 관계적 외상)의 영향에 대한 그의 놀랍도록 현대적인 견해(Berne, 1975a [1961]), 그리고 자아상태의 분열과 배제를 놀랍도록 강조한 조현병 자체에 대한 그의 날카로운 성찰(Berne, 1969 [1957], 1975a [1961])이 그것이다. 적어도 내가 보기에는 이러한 것들이 조현성 내담자의 고통에 대한 이해와 치료를 위해 정신분석가가 훨씬 더 견고하고 명료한 지식과 기법을 구축할 수 있는 본질 또는 기둥이라고 생각한다.

◆ 참고자료

American Psychiatric Association (2000). *Diagnostic and Statistical Manual of Mental Disorders* (4th ed.). Washington, DC: APA.

American Psychiatric Association (2013). *Diagnostic and Statistical Manual of Mental Disorders* (5th ed.). Washington, DC: APA.

Andreasen, N. C. (1999). A unitary model of schizophrenia: Bleuler's "fragmented phrenschizencephaly." *Archives of General Psychiatry*, 56, 781–787.

Bebbington, P. E., Bhugra, D., Bhugra, T., Singleton, N., Farrell, M., Jenkins, R., & Meltzer, H. (2004). Psychosis, victimisation and childhood disadvantage: Evidence from the second British national survey of psychiatric morbidity. *British Journal of Psychiatry*, 185, 220–226.

Berne, E. (1969). *A Layman's Guide to Psychiatry and Psychoanalysis*. London: Andre Deutsch. (Original work published 1957)

Berne, E. (1975a). *Transactional Analysis in Psychotherapy: A Systematic Individual and Social Psychiatry*. London: Souvenir Press. (Original work published 1961)

Berne, E. (1975b). *What Do You Say After You Say Hello? The Psychology of Human Destiny*. London: Corgi. (Original work published 1972)

Berne, E. (1977a). Concerning the nature of communication. In E. Berne, & P. McCormick (Eds. & Trans.), *Intuition and Ego States: The Origins of Transactional Analysis* (pp. 49–64). San Francisco, CA: TA Press. (Original work published 1953)

Berne, E. (1977b). Concerning the nature of diagnosis. In E. Berne, & P. McCormick (Eds. & Trans.), *Intuition and Ego States: The Origins of Transactional Analysis* (pp. 33–48). San Francisco, CA: TA Press. (Original work published 1952)

Berne, E. (1977c). Primal images and primal judgment. In E. Berne, & P. McCormick (Eds. & Trans.), *Intuition and Ego States: The Origins of Transactional Analysis* (pp. 67–97). San Francisco, CA: TA Press. (Original work published 1955)

Berne, E. (1977d). *Principles of Group Treatment*. New York, NY: Grove Press. (Original work published 1966)

Berne, E. (1977e). The nature of intuition. In E. Berne, & P. McCormick (Eds. & Trans.),

Intuition and Ego States: The Origins of Transactional Analysis (pp. 1–30). San Francisco, CA: TA Press. (Original work published 1949)

Bleuler, E. (1950). *Dementia Praecox or the Group of Schizophrenias* (Monograph Series on Schizophrenia 1) (J. Zinkin, Trans.). New York, NY: International Universities Press. (Original work published 1911)

Bleuler, E. (1987). The prognosis of dementia praecox: The group of schizophrenias. In J. Cutting & M. Shepherd (Eds.), *The Clinical Roots of the Schizophrenia Concept: Translations of Seminal European Contributions on Schizophrenia* (pp. 59–74). Cambridge: Cambridge University Press. (Original work published 1908)

Caravella, M., & Marone, A. (2003). Acute psychotic states: A clinical interpretation. *Transactional Analysis Journal*, 33, 246–253.

Carlsson, A., & Lindqvist, M. (1963). Effect of chlorpromazine or haloperidol on formation of 3methoxytyramine and normetanephrine in mouse brain. *Acta Pharmacology Toxicology*, 20, 140–144.

Church, S. M., Cotter, D., Bramon, E., & Murray, R. M. (2002). Does schizophrenia result from developmental or degenerative processes? *Journal of Neural Transmission Supplementum*, 63, 129–147.

Cornell, W. F. (2016). Failing to Do the Job. *Transactional Analysis Journal*, 46, 266–276.

Cornell, W. F., de Graaf, A., Newton, T., & Thunnissen, M. (2016). *Into TA: A Comprehensive Textbook of Transactional Analysis*. London: Karnac Books.

Dazzan, P., Morgan, K. D., Orr, K., Hutchinson, G., Chitnis, X., Suckling, J., & Murray, R. M. (2005). Different effects of typical and atypical antipsychotics on grey matter in first episode psychosis: The AESOP study. *Neuropsychopharmacology*, 30, 765–774.

DeLisi, L. E., Sakuma, M., Tew, W., Kushner, M., Hoff, A. L., & Grimson, R. (1997). Schizophrenia as a chronic active brain process: A study of progressive brain structural change subsequent to the onset of schizophrenia. *Psychiatry Research*, 74, 129–140.

Dean, K., Bramon, E., & Murray, R. M. (2003). The causes of schizophrenia: neurodevelopment and other risk factors. *Journal of Psychiatric Practice*, 9, 442–454.

English, F. (1977). What shall I do tomorrow? Reconceptualizing transactional analysis. In G. Barnes (Ed.), *Transactional Analysis After Eric Berne: Teachings and Practices of*

Three TA Schools (pp. 287–347). New York, NY: Harper's College Press.

Esquirol, J. E. D. (1845). *Mental Maladies: A Treatise on Insanity* (E. Kingsbury Hunt, Trans.). Philadelphia, PA: Lea and Blanchard. (Original work published 1838)

Federn, P. (1953). *Ego Psychology and the Psychoses*. London: Imago Publishing. (Original work published 1952)

Hardy, J., & Gwinn-Hardy, K. (1998). Genetic Classification of Primary Neurodegenerative Disease. *Science*, 282, 1075–1079.

Hecker, E. (1871). Hebephrenie [Hebephrenia]. *Archiv für Pathologische Anatomie und Phisiologie und für Klinische Medizin*, 25, 394–429.

Ho, B. C., Andreasen, N. C., Nopoulos, P., Arndt, S., Magnotta, V., & Flaum, M. (2003). Progressive structural brain abnormalities and their relationships to clinical outcome: A longitudinal magnetic resonance imaging study early in schizophrenia. *Archives of General Psychiatry*, 60, 585–594.

Kahlbaum, K. L. (1874). *Die katatonie oder das spannungsirresein: Eine klinische form psychischer krankheit [Catatonia or tension insanity: A clinical form of mental illness]*. Berlin: Hirschwald.

Kapur, S. (2003). Psychosis as a state of aberrant salience: A framework linking biology, phenomenology, and pharmacology in schizophrenia. *American Journal of Psychiatry*, 160, 13–23.

Kraepelin, E. (1896). *Psychiatrie: Ein Lehrbuch für Studirende und Aerzte [Psychiatry: A Textbook for Students and Doctors]* (5th ed.). Leipzig: Barth.

Laing, R. D. (1959). *The Divided Self: An Existential Study in Sanity and Madness*. London: Penguin Books.

Laruelle, M., Abi-Dargham, A., Van Dyck, C. H., Gil, R., D'Souza, C. D., Erdos, J., & Innis, R. B. (1996). Single photon emission computerized tomography imaging of amphetamine-induced dopamine release in drug-free schizophrenic subjects. *Proceedings of the National Academy of Sciences*, 93, 9235–9240.

Mathalon, D. H., Rapoport, J. L., Davis, K. L., & Krystal, J. H. (2003). Neurotoxicity, neuroplasticity, and magnetic resonance imaging morphometry. *Archives of General Psychiatry*, 60, 846–848.

Mathalon, D. H., Sullivan, E. V., Lim, K. O., & Pfefferbaum, A. (2001). Progressive brain volume changes and the clinical course of schizophrenia in men: A longitudinal magnetic resonance imaging study. *Archives of General Psychiatry*, 58, 148–157.

McClure, R. K., & Lieberman, J. A. (2003). Neurodevelopmental and neurodegenerative hypothesis of schizophrenia: A review and critique. *Current Opinion in Psychiatry*, 16, 15–18.

Mellacqua, Z. (2014). Beyond symbiosis: The role of primal exclusions in schizophrenic psychosis. *Transactional Analysis Journal*, 44, 8–30.

Miller, P., Lawrie, S. M., Hodges, A., Clafferty, R., Cosway, R., & Johnstone, E. C. (2001). Genetic liability, illicit drug use, life stress and psychotic symptoms: Preliminary findings from the Edinburgh study of people at high risk for schizophrenia. *Social Psychiatry and Psychiatric Epidemiology*, 36, 338–342.

Moiso, C. (1985). Ego states and transference. *Transactional Analysis Journal*, 15, 194–201.

Moiso, C., & Novellino, M. (2000). An overview of the psychodynamic school of transactional analysis and its epistemological foundations. *Transactional Analysis Journal*, 30, 182–187.

Morel, B. A. (1857). *Traité des dégénérescences physiques, intellectuelles et morales de l'espèce humaine et des causes qui produisent ces variétés maladives [A Treatise on the Physical, Intellectual and Moral Degeneration of the Human Species and the Causes that Produce these Unhealthy Varieties]*. Paris: J. B. Baillière. [Reprint: New York, NY: Arno Press, 1976]

Morgan, C., & Fisher, H. (2007). Environmental factors in schizophrenia: Childhood trauma, a critical review. *Schizophrenia Bulletin*, 33, 3–10.

Murray, R. M. (1994). Neurodevelopmental schizophrenia: The rediscovery of dementia praecox. *British Journal of Psychiatry*, 25, 6–12.

Murray, R. M. (2017). Mistakes I have made in my research career. *Schizophrenia Bulletin*, 43, 253–256.

Murray, R. M., & Dean, K. (2008). Schizophrenia and related disorders. In R. M. Murray, K. S. Kendler, P. McGuffin, S. Wessely, & D. J. Castle (Eds.), *Essential Psychiatry* (pp. 284–319). Cambridge: Cambridge University Press.

Murray, R. M., & Lewis, S. W. (1987). Is schizophrenia a neurodevelopmental disorder? *British Medical Journal*, 296, 681–682.

Novellino, M. (1990). Unconscious communication and interpretation in transactional analysis. *Transactional Analysis Journal*, 20, 168–172.

Novellino, M. (1991). *Psicologia clinica dell'io* [*Clinical Psychology of the Ego*]. Rome: Astrolabio.

Novellino, M. (2004a). *Approccio clinico dell'analisi transazionale: Epistemologia, metodologia e psicopatologia clinica* [*The Clinical Approach of Transactional Analysis: Epistemology, Methodology and Clinical Psychopathology*]. Milan: Franco Angeli. (Original work published 1998)

Novellino, M. (2004b). *Psicoanalisi Transazionale* [*Transactional Psychoanalysis*]. Milan: Franco Angeli.

Pinel, P. (1806). *A Treatise on Insanity* (D. Davis, Trans.). London: Cadell & Davis, Strand. (Original work published 1801)

Rapoport, J. L., Addington, A. M., Frangou, S., & Psych, M. R. (2005). The neurodevelopmental model of schizophrenia: Update 2005. *Molecular Psychiatry*, 10, 434–449.

Read, J., Van Os, J., Morrison, A. P., & Ross, C. A. (2005). Childhood trauma, psychosis and schizophrenia: A literature review with theoretical and clinical implications. *Acta Psychiatrica Scandinavica*, 112, 330–350.

Sander, W. (1868). Übereine spezielle form der primären verrücktheit [A special form of primary madness]. *Archiv für Psychiatrie und Nervenkrankheiten*, 1, 387–419.

Schiff, J. L. (with Schiff, A. W., Mellor, K., Schiff, E., Schiff, S., Richman, D., Fishman, J., & Momb, D.) (1975). *Cathexis Reader: Transactional Analysis Treatment of Psychosis*. New York, NY: Harper & Row.

Schneider, K. (1959). *Clinical Psychopathology* (5th ed.). New York, NY: Grune & Stratton.

Stuthridge, J. (2012). Traversing the fault lines: Trauma and enactment. *Transactional Analysis Journal*, 42, 238–251.

Szasz, T. (1961). *The Myth of Mental Illness: Foundations of a Theory of Personal Conduct*. New York, NY: Hoeber-Harper.

Szasz, T. (1976). *Schizophrenia: The Sacred Symbol of Psychiatry*. New York, NY: Basic

Books.

Weinberger, D. R. (1986). The pathogenesis of schizophrenia: A neurodevelopmental theory. In H. A. Nasrallah, & D. R. Weinberger (Eds.), *The Neurology of Schizophrenia* (pp. 387–405). Amsterdam: Elsevier.

Weinberger, D. R., & Marenco, S. (2003). Schizophrenia as a neurodevelopmental disorder. In D. R. Weinberger & S. R. Hirsch (Eds.), *Schizophrenia* (pp. 326–348). Oxford: Blackwell Science.

Woods, A. (2011). *The Sublime Object of Psychiatry: Schizophrenia in Clinical and Cultural Theory*. New York, NY: Oxford University Press.

World Health Organization (1992). *The ICD–10 Classification of Mental and Behavioral Disorders*. Geneva: WHO.

제3장

조현형 정신질환의 교류적 정신병리학

- 조현병의 정신 내적 갈등 모델: 오염, 교착상태, 공생
- 조현병의 관계적 외상 기반 모델
- 조현형 정신질환의 구조분석

◆ 조현병의 정신 내적 갈등 모델: 오염, 교착상태, 공생

에릭 번 주의의 메타심리학(Bernean metapsychology)은 인간 정신과 인간 정신병리학의 정신 내적 갈등 및 결핍 모델에 기인하는 이론적 요소를 포함한다. 한편으로, 구조적 갈등 모델은 두 자아상태 사이 또는 서로 다른 자아상태 사이의 **오염**(contamination)에 대한 에릭 번(Berne, 1975a [1961], p. 48)의 공식화에서 찾을 수 있다. 다른 한편으로, 교류분석에서 결핍 모델의 중요한 이론적 핵심은 에릭 번이 그의 구조 도형에서 **배제**(exclusion)(p. 46)로 정의한 것에서 분명하다. 실제로 에릭 번이 제안한 정신병리학의 고전적 구조 모델에는 갈등(conflict)과 결핍(deficit) 이론이 공존한다.

앞서 설명했듯이(1장 참조), 에릭 번의 교류분석 모델에서 갈등 관점에 기인하는 이론적 명제들과 정신병리학의 결핍 관점에 초점을 맞춘 이론적 명제들은 더 넓은 인문-실존 철학적 틀(humanistic-existential philosophical framework; 말 그대로 인문주의와 실존주의의 틀) 내에서 공통된 위치를 차지한다. 에릭 번의 이론 집성(theoretical corpus)의 대부분은 고전 신화에 대한 반복적인 언급에서 알 수 있듯이 그리스와 라틴 문화, 그리고 에릭 번이 자신의 운명을 스스로 만들지 못하는 비극적 인간에 대한 비전을 도출한 사르트르와 키르케고르 같은 작가들의 실존주의에서 직접적으로 영감을 얻었다.

에릭 번의 인간론은 존재의 시작부터 대타자에 대한 갈망에 의해 생물학적으로 깊숙이 소비되고, 많은 대타자의 존재(그뿐만 아니라 '현재' 부재)에 의해 자신의 정체성이 형성되며, 그 자신이 대타자의(of the Other), 대타자에 의한(by the Other), 대타자 안에서(in the Other) 자신을 통합하고 정의할 수 없는 이 넘치는 복수성(teeming plurality)이라는 인간 관계의 지속적인 서사에 적극적으로 관여하는 자신을 발견하게 된다. 이러한 관점에 따르면, 개인의 정신 내적이고 관계적인 삶과 그에 수반되는 기쁨과 고통은 중요한 대타자 및 외부 현실과의 실존적 거래의 실타래에서 펼쳐지는 것처럼 보인다. 거기서 자기 자신이 되어 감(여기서는 자율과 자아실현으로 이해됨)은 친밀의 교류, 즉 타자와 주변 현실에 열려 있으면서 동시에 그 둘의 경이로움과 신비를 포착하는 특별한 조건 없이는 고려될 수 없다.

다시 조현형 정신질환의 주제로 돌아가서, 정신질환에서 오염의 역할에 대해 광범위한 이론과 방법론이 에릭 번에 의해 개발되었지만, 그 이후로 에릭 번 및 에릭 번 이후의 교류분석에서 배제의 영향, 특히 조현병과 유사한 정신질환을 이해하는 데 대한 이론적 및 방법론적 발전은 거의 없었다. 이와는 대조적으로, 에릭 번 이후 교류분석의 정신병리 갈등 모델은 굴딩과 굴딩(Goulding & Goulding, 1976, 1979)의 교착상태 이론으로 대표되는 TA 이론과 방법론에 귀중한 공헌을 해 왔다.

교류분석 문헌에서 **교착상태**(impasse)라는 용어는 로버트 굴딩과 메리 굴딩(Goulding & Goulding, 1976, 1979)의 연구와 관련이 있다. 이들과 조기 추종자들(Mellor, 1980)은 교착상태를 정신 내적 현상, 즉 정신 발달의 여러 단계(P_2/C_2, P_1/C_1, P_0/C_0)에 있는 자아상태 간의 갈등으로 특징지었으며, 여기에서 **3급 교착상태, 2급 교착상태, 1급 교착상태**라는 용어가 유래했다. 이들은 게슈탈트 치료의 창시자 프리츠 펄스(Perls, 1969)가 개발한 게슈탈트 치료에서 파생된 기법을 사용하였으며, 이는 본질적으로 에릭 번의 이중오염에 대한 개념을 기반으로 한 정신병리학의 TA 구조 이론에 포함되었다(1장 참조).

굴딩 부부의 교착상태 이론은 **재결단 치료**라는 새로운 심리치료 개입 모델을 교류분석에 제공하였다. 그러나 이 접근법은 원래의 공식에서 내담자의 정신 내적 갈등의 해결은 그 사람의 성격 중 어른자아 분아가 내린 의식적인 결정에 근거하며, 상담사는 전체 치료 과정과 궁극적으로 내담자의 '변화(change)'를 위한 일종의 적극적인 촉진자라는 가정에 기초한다. 따라서 상담사의 역량과 내담자가 개인적인 책임을 질 수 있도록 적극적으로 돕는 상담사의 전문성에 많은 중점을 둔다. 이 치료법은 종종 고의적인 대립적 접근을 포함하며 치료 관계에서 전이 및 역전이를 다루는 것을 피한다.

좀 더 구체적으로, 조현병의 구조적 분석과 관련하여 굴딩과 굴딩(Goulding & Goulding, 1979, 2장)은 정신질환의 현상학을 설명하기 위해 복잡한 오염(삼중오염) 모델을 제안하였다. 제가 보기에 이 모델은 너무 단순해 보일 뿐만 아니라 방금 설명한 교착상태 이론에 근거하지도 않았다. 또한 이론적으로도 난해할 뿐만 아니라 다소 인상주의적인 도형이 된다. 결국 굴딩 부부는 조현성 내담자의 곤경에 대한 접근 방식에서 명확한 이론이나 일관된 방법론을 제시하지 못하였다.

교류분석의 재결단 치료 접근 방식은 나중에 정신역동적(psycho-dynamic) 교류분석의 추가 이론적 고려 사항과 방법론적 발전에 의해 수정되고 풍부해졌다. 특히 조현병 병리에 대한 분석적 이해와 관련하여 정신역동적 교류분석의 주창자들(Novellino, 1991, 2004a [1998], 2004b; Novellino & Moiso, 1990)은 원초적 몸-정서 자아상태 간의 근본적인 정신 내적 갈등이 정신질환의 구조적 조직의 기반에 있다는 생각을 뒷받침하는 구조 모델을 설명하였다. 이 저자들의 연구에서 자아상태 간의 구조적 갈등은 어린이자아의 내적 역학을 의미하며, 발달 정지 또는 자아/자아의 고착과 퇴행을 담당하는 2급 교착상태(P_1/C_1)의 존재로 더 정확하게 설명되거나 경우에 따라서는 1급 교착상태(P_0/C_0)로도 더 잘 설명된다([그림 3-1] 참조).

이러한 관점에 따르면, 조현병과 유사한 정신병적 구조는 **고태심리**(archeopsyche 또는 어린이자아상태(C_2) 간의 정신 내적 갈등[대상관계의 내면화에서 파생됨(Fairbairn, 1952)]이라는 측면에서 이해할 수 있다.

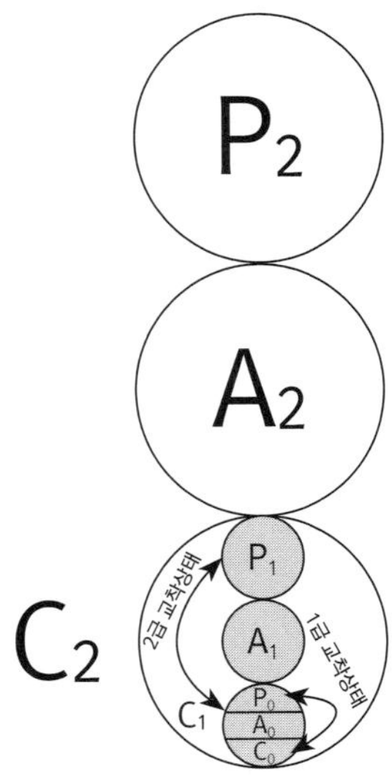

[그림 3-1] 조현병의 정신 내적 갈등 모델
(Goulding & Goulding, 1979; Mellor, 1980; Novellino, 1990, 1991, 2004a [1998], 2004b)

정신질환의 이해와 치료에 대한 또 다른 근본적인 공헌은 의심할 여지없이 쉬프(Schiff, 1975)와 그녀의 동료들의 연구이다. 쉬프주의 접근법은 조현병의 구체적인 의사소통 및 정신역동적 측면을 설명했으며, 다음과 같이 요약할 수 있다.

- **공생**(symbiosis): 의미 있는 타자에 대한 구조적 · 기능적 의존성이 해결되지 않은 오래된 공생 관계

- **수동성**(passivity): 에누리하기(discounting)를 통한 관계적인 의존성과 영속성의 행동적 표현
- **준거틀**(frame of reference): 정신 내적 세계와 관계적인 세계 사이의 타협점이자 실제 경계가 없는 상황에서 외부 현실에 대한 필터
- **재정의**(redefinition): 개인이 자신의 준거틀을 유지하고 자신의 각본을 수행하는 것으로, 원래 공생의 해결되지 않은 측면이 특징

쉬프(Schiff, 1975, 3장)와 그녀의 동료들이 배제의 과정에 관심을 기울였음에도 불구하고, 그녀의 정신질환의 구조 모델은 성격의 갈등 이론 안에서 개발되었다. 기본적으로 그녀는 조현병이 “어버이자아의 메시지 체계가 잠겨 있고, 어린이자아 적응이 그에 상응하며, 어른자아는 잘못된 정보를 가지고 있다는 특징이 있다.”(p. 74)고 썼다. 결과적으로 그녀의 이론의 초점은 어버이자아(P_2)의 독재적 역할과 어린이자아(C_2)의 과잉적응으로 인해 정신질환 내담자의 어른자아(A_2)가 (에누리와 재정의를 통해) 만연한 역기능적 현실 검사를 유발하는 데 있었다.

그러나 이 모델의 가장 중요한 역설 중 하나가 여기에서 발견될 수 있다. 구체적으로, 활동형 정신질환은 한편으로는 어린이자아의 표현으로 간주되지만 다른 한편으로는 그 병리가 마치 어른자아와 어린이자아가 정신질환을 앓은 동안에도 충분히 조직화된 자아 체계와 하위 체계로 구조화된 것처럼 (구조적 및 교류적 수준 모두에서) 취급된다.

또한 쉬프(Schiff, 1975, 6장)가 제시한 다양한 유형의 조현병에 대한 명료한 설명은 정신 내적 갈등과 자아 간 공생에 기초한 성격 모델 내에서 어떻게든 제약을 받는 조현병의 다양한 측면을 더욱 명확히 하는 데 어려움을 드러낸다는 점에 주목할 필요가 있다.

쉬프의 접근법에서 조현병의 정신병리학은 이론적 개념화(예: 준거틀, 이중오염, 재정의의 교류 등) 그리고 마음과 뇌에 대한 오래된 에너지 모델에 따라 해석되는데, 이는 이 장애의 다양한 임상 현상학이나 지난 수십 년간 정서 및 인지 신경과학, 유아 관찰 및 유아 연구, 정신장애에 대한 정신약리학 연구 분야에서 이루어진 과학적 발전과 일치하지 않았다.

좀 더 구체적으로 말하자면, 쉬프주의의 정신질환 이론은 조현병 병리의 독특한 특성을 적절히 인정하거나 설명하지 못하는 것 같다.

- 과거의 관계적 외상과 원초적 배제 사이의 상호작용
- 자아-자기 분열(ego-self fragmentation)과 소외(alienation)의 실존적 측면(예: 존재의 불확실성, 주체적인 상실감, 자신을 잃어버린 느낌, 감정적 위축 등)이 더 널리 퍼져 있다.
- 망상 및 환각의 절대적 확실성에 대한 주체적 감각이 강하다.
- 특정 정신병적 경험(예: 시각 및 촉각 환각, 수동성 현상, 긴장성 상태, 신체적 불안 등)의 각본규약 수준이다.
- 심각한 생각 장애로 인해 나타나는 개인적 서사의 혼란(예: 연상이 느슨해지거나, 생각 삽입, 생각 폐쇄, 생각 방송, 신조어 등)
- 자아의 경계가 없어 타자와 세상에 과도하게 노출되는 경우(타인 및 외부 현실에 대한 침입성 및 신체적 유착성)
- 조현성 내담자와의 지금-여기 관계에서 공생을 넘어 더 복잡한 전이적 및 역전이적 재연이 일어날 수 있다.

◆ 조현병의 관계적 외상 기반 모델

조현형 정신질환을 이해하는 데 도움이 되는 이인관계적인 관점을 확립하기 위한 전제는 (교류적 분석틀 안에 머물기 위해) 개념적 편견에서 비롯된 조건화 없이 정신질환 내담자의 고통에 대한 (지적이기 전에) 인간적 근접성의 원칙을 고수해야 한다. 이러한 태도는 "땅을 먼저 보고 지도를 보는 것이지 그 반대가 아니다."라는 에릭 번의 격언과 일치한다(Berne, 1975b [1972], p. 452).

실제로 조현병이라는 한정되지 않은 영역을 탐험하다 보면 관계적 외상, 정서적 식단의 근본적인 결핍, 자신의 존재 경험의 부재와 불연속성으로 점철된 역사를 지니고 있으며, 타자 및 세계와의 관계에서 실존적 위태로움(existential precariousness)과 즉각성(immediacy; 중재와 필터의 부재를 의미함)으로 가득 찬 사람들을 만나게 된다. 감당할 수 없는 정서에 압도당하고, 갑자기 자신의 생각이 고갈되고, 환각과 망상에 시달리며, 우발적인 시공간에서 튕겨져 나온 정신병자들은 말하는 몸으로 손을 뻗는 것처럼 보인다.

따라서 조현병의 세계를 바라보는 최신 지도는 조현병 경험의 주체적 특성을 고려해야 할 뿐만 아니라 분석가/상담사가 조현성 내담자를 1인칭으로 만날 수 있는 새로운 시각을 사용해야 한다.

캐리의 사례: 조현병으로 내담자에게 보이는 분열에 관한 에릭 번의 유산

에릭 번(Berne, 1969 [1957])은 『A Layman's Guide to Psychiatry & Psychoanalysis』에서 캐리의 사례를 설명하면서 조현병의 일부 임상 증상이 정신 내적 갈등 모델로 적절하게 설명되지 않는 중요한 단계를 설명하였다. 여기서 에릭 번의 조현병의 분열 모델의 싹을 찾을 수 있다.

> 캐리의 마음은 서로가 존재하지 않는 것처럼 행동하는 조각으로 잘려 나가는 것 외에도 다른 방식으로 분열되었다. 눈에 보이는 광경과 귀에 들리는 소리는 그의 감정에서 분리되어 현실이 정상적인 정서 반응을 불러일으키지 못하였다. …… 그의 감정은 주변에서 일어나는 일과 아무런 관련이 없는 것 같았다. 그의 마음은 말하자면 위아래로, 그리고 가로질러 두 갈래로 나뉘어 있었다. 이러한 분열은 중세 교회가 위아래로 갈라져 대분열(Great Schism)이라고 불렸던 것과 '편암(schist)이라고 불리는 특정 바위가 스트레스를 받으면 갈라지는 것을 연상시킨다. 이러한 광적인 정신의 분열은 우리가 그러한 모든 상태를 '분열증' 또는 '조현병'이라고 부르는 이유이기도 하다(pp. 188-189).

캐리의 사례에서 에릭 번(Berne, 1969 [1957])은 정신질환에서 두 가지 다른 유형의 병적 해리 가능성을 예상한 것으로 보이는데, 그는 수직 분열(vertical splitting)과 수평 분열(horizontal splitting)이라는 동사 분할하다(split)를 사용하였다. 정신질환의 수직 분열은 다양한 유형의 해리성 장애(dissociative disorders)[예: 해리성 정체감 장애(dissociative identity disorder), 편집증(paranoid) · 분열성(schizoid) · 경계성(borderline) 성격장애]의 영향을 받는 개인에게도 나타날 수 있다. 이러한 장애는 20세기 중반에 설리반(Sullivan, 1953), 시얼스(Searles, 1965 [1959]), 랭(Laing, 1959), 에릭 번(Berne, 1975a [1961]) 등 이전 저자들이 가성 신경증성 조현병(pseudoneurotic schizophrenia), 히스테리성 조현병(hysterical schizophrenia), 통원형 조현병(ambulatory schizophrenia), 해리성 조현병(dissociative schizophrenia)의 사례로 언급한 것과 분명히 일치한다. 전반적

으로 그들은 명백한 정체성 상태의 전환(명백한 해리성 장애)을 수반하는 많은 사례를 설명하였으며, 따라서 오늘날 일반적으로 조현병으로 분류되는 사람들보다 더 광범위한 개인 집단을 포함하였다.

이 수직 분열은 특정한 교대 양식을 갖는 해리 유형을 포함한다. 이는 클라인(Klein, 1997)의 양극성[bipolarity; 선-악(good-bad)]과 에릭 번(Berne, 1975b [1972], p. 134)의 상반된 자아상태[요정 대모(Fairy Godmother)와 마녀 엄마(Witch Mother)]의 분열과 직접적으로 관련이 있다. 일반적으로 자아에 대한 경험과 상대방에 대한 기대를 포함하여 개인의 정서 상태가 극적으로 전환되거나 변화하는 것을 포함한다.

아마도 편집성 조현병(paranoid schizophrenia)의 경우에 존재하는 교차적 자기상태(alternating self-state)로 전환하는 능력은 어느 정도 안정성과 조직성을 부여하여 더 심각한 형태의 조현병 유사 정신질환[schizophrenia-like psychoses; 예: 단순형(simplex), 무질서형(disorganized) 또는 파과형(hebephrenic), 긴장성(catatonic) 유형]에서 발견되는 자아 분열을 피할 수 있는 능력일 것이다.

에릭 번의 견해에 따르면, 조현병의 구조적 특징인 분열은 단순히 이론적 구성물이 아니라 발달 중인 개인이 과거에 겪은 실제 사건과 생애사적 타자와의 관계적인 경험을 의미한다. 건강한 발달과 비교하여 조현병 상태에서 병리적인 것은 개인의 자아 내에서 그러한 경험을 방어적으로 구획화한다는 것이다.

분열이 조현병의 구조적 병리와 관련이 있다는 내 견해를 강조하는 더 암묵적인 가정은 다양한 유형의 조현병 병리와 자아 발달 사이에 평행성이 있다는 것이다. 이는 유아기의 관계적인 어려움과 특정 유형의 정신질환의 구조적 병리 사이의 양방향 영향을 허용한다.

이와 관련하여 편집성 조현병의 자아는 더 심각한 유형의 조현병에 비해 발달적으로 더 성숙한 내부 조직에 도달하였다는 점이 관련성이 있어 보인다. 따라서 수직 분열은 내담자의 자아를 사고, 감정, 행동 및 몸의 경험의 두 가지 주요(즉, 서로 반대되는) 클러스터로 구획화하며, 각 클러스터는 자의식과 유사하다. 또한 편집성 조현병에서 2개의 반대되는 자아 사이의 분리는 결코 완전하지 않지만 내담자의 자아의 수직 분열이 클수록 정신질환이 더 심해진다. 반대로, 덜 분화된 형태의 조현병은 자아 구조가 덜 조직화되어 있어 여러 분열이 일어나기 쉬운 특징이 있다. 이러한 경우의 파편은 내적 일관성이 부족하여 통합성이 결여된다(이 장의 뒷부분에서 설명한다).

이러한 고려 사항은 편집증 아형(paranoid subtype)이 일반적으로 발병 연령이 늦은 반면, 단순형, 무질서형(또는 파과형), 긴장형 아형(catatonic subtypes)은 일반적으로 발병 시기가 더 빠르고 교활하다는 것을 보여 주는 초기 및 최근의 역학 관찰 결과에서도 확증된다(Beratis et al., 1994; Fenton & McGlashan, 1991; Kendler et al., 1984; Perälä, 2013; Sadock et al., 2015).

이러한 수직 분열은 원래 해리성 증상이 성격의 분리 또는 해리된 부분에 기인한다는 이론을 세운 자넷(Janet, 1974 [1889])에 의해 설명되었다. 이러한 심리적 구조에는 고유한 개인적 특성이 있으며, 자넷은 이를 공존하는 것으로 생각하였다. 이러한 특성은 무의식적 수준에서 동시에 사고하고 반응하지만 의식을 장악할 수도 있다(van der Hart & Friedman, 1989).

반면, 자넷의 연구에 영향을 받은 융(Jung, 1977 [1908])은 해리를 분열에 비유하였다.

> 우리는 프랑스 심리학에서 히스테리와 비슷한 개념, 즉 '해리(dissociation)'라는 개념을 이어받았다. 오늘날 이 용어는 '자기의 분열(splitting of the self)'을 의미한다. 히스테리는 주로 해리가 특징이며, 조발성 치매도 분열을 보이기 때문에 해리의 개념은 조현병의 개념과 '부딪히는' 것처럼 보인다(p. 335).

더 흥미로운 점은 정신분석학을 발전시키기 전 프로이트가 해리에 대한 자넷(Janet, 1920 [1907], 1974 [1889], 1977 [1901])의 개념을 사용하고 '이중 의식(double-conscience; 즉, 의식의 분열)'에 대한 브로이어의 관점을 히스테리 상태를 특징짓는 것으로 받아들였을 때(Breuer & Freud, 1955 [1895]) 자넷의 개념이 히스테리에 대한 프로이트의 원래 연구에 분명히 영향을 미쳤다는 점이다. 프로이트는 히스테리가 항상 생애사적 관계적 외상(historical relational trauma), 즉 어린 시절에 발생한 성적 학대에 기원을 두고 있다는 믿음에 기반한 모델을 열정적으로 추구하였다.

정신질환에서 수직 분열의 가능성에 대한 이러한 논의는 나중에 에릭 번(Berne, 1975a [1961])이 『Transactional Analysis in Psychotherapy』에서 자아상태의 고급 구조분석과 관련하여 브로이어와 프로이트(Breuer & Freud, 1955 [1895])의 최초의 전-정신분석적 연구를 인용하면서 다시 시작되었다. 이 짧지만 명확한 구절에서 그는 특히 자아상태의 형성과 그 대부분을 차지하는 전의식적 성격과 반드시 억압되지 않는 내재적인 무의식적 요소와 관련하여 인간 성격 연구에 대한 일종의 유사-프로이트주의 또는 신-자네주의적 임상 접근법으로서 교류분석을 암시적으로 언급하였다.

"그 당시에는 특히 설득력 있는 이유로 프로이트의 관심은 구조적 고려에서 정신역학 영역으로 전환되었고, 결국 임상적이기보다는 개념적인 구조적 계획으로 이어졌다."(Berne, 1975a [1961], p. 210) 그러나 자넷과는 달리, 그리고 정신분석적 전통에 더 충실했던 에릭 번은 정신병적 경험의 의미와 그것을 내담자의 개인사 및 생애 사건과 다시 연결하는 것의 치료적 가치를 강력하게 강조하였다.

또한 에릭 번이 정신질환에서 추가로 확인한 것은, 캐리의 사례 분석에서 알 수 있듯이 **수평 분열**이라고 할 수 있는 다른 형태의 분열이 공존한다는 것이었다. 이 개념은 조현병 현상에 대한 페어베언의 견해와 유사하며, 이는 에릭 번의 자아상태 이론의 정립과 어린이자아상태 속의 어버이자아에 대한 그의 고급 분석에 분명한 영향을 미쳤다(Berne, 1975b [1972]; Blackstone, 1993). 페어베언(Fairbairn, 1952)은 분열형 자기(즉, 분열된 자아)와 조현병을 이해하려면 히스테리에 대한 개념(즉, 신경증적 초자아에 기반한 정신역동학이 아니라 해리성 정신병리학)으로 돌아가야 한다고 제안하였다.

교류분석 내에서 분열증 과정에 대한 보다 경험적인 설명은 얼스킨(Erskine, 1993, 2001), 얼스킨 등(Erskine et al., 2001), 리틀(Little, 2001), 오라일리-냅(O'Reilly-Knapp, 2001), 욘테프(Yontef, 2001)의 연구에서 찾아볼 수 있다. 사실, 수평 분열은 어른자아상태 인식(A_1 또는 A_2)에 일부 경험적 정보가 제공되지 않는다는 점에서 억압의 개념과 유사하다. 그러나 조현병의 구조적 병리와 관련하여 여기에서 설명하는 수평 분열은 프로이트의 억압과는 본질적으로 구별된다. 이는 핵심 자아-자기의 응집력을 유지하기 위해 무의식적인 사고, 감정, 몸의 경험을 인식하지 못하도록 하는 것이다. 다시 말해, 이러한 형태의 분열은 신생 자기(emerging self)(C_1)가 그 사람이 명확하게 표현하거나 해결할 수 없는 초기에 지속되는 외상적 대상 분야-대상 및/또는 전-오이디푸스적 관계에 대처하기 위해 사용할 수 있는 보다 기본적인 전략이다.

타인과의 조기 관계적인 투쟁에 직면하여 발달 중인 아동이 말이나 이미지로 표현할 수 없는 것은 상징적 영역에서 조기에 탈구되고, 수평 분열을 통해 몸-정서적 경험 수준에서 잠자고 있을 수 있다. 나는 정신병적 붕괴가 심리적 및 신경생물학적 발달 단계(수태에서 3~4세까지)에서 아직 발달 중인 자아가 삽화(즉, 자서전적) 기억을 사용할 수 없는 초기에 있었던 의식적인 마음에서 수평 분리되었던 것을 신체 표면으로 가져온다고 생각한다. 따라서 이것은 무의식적인 하위 상징적 자료로서 아직 더 상징적인 조직이 필요하다. 정신질환에서 특이하게 보이는 것은 아직 조직화되지 않은 A_1, 즉 에릭 번의 꾀돌이자아(Little Professor)의 활동으로 인해 이 몸-정서적 자료가 무의식적이고 전의식적인 왜곡을 겪는다는 것이다. 이는 결과적으로 특정 형태의 망상 및 환각 현상으로 표현되는 타자들과 외부 현실과의 관계에서 잠재적으로 비정상적인 자기 경험을 생성할 수 있다(3장의 '조현형 정신질환의 구조분석' 참조).

전반적으로 조현병에서 어린이자아상태(C_2) 속의 수직적 및 수평 분열의 특이한 조합은 다음 부분에서 어린이자아-자기 분열로 구조적으로 정의될 독특한 유형의 자아/자기 병리를 나타내는 보다 만연하고 비응집적인 자기 경험 장애와 정신역동적으로 연결되어 있다.

원초적 배제와 자기 분열

이후 에릭 번(Berne, 1975a [1961])은 『Transactional Analysis in Psychotherapy』에서 더 이상 분열의 개념만을 언급하지 않고 보다 일반적으로 배제를 언급하였다. 그렇게 함으로써 그는 조현병의 구조적 병리와 정신병적 증상의 복잡하고 다양한 현상학을 설명하기 위해 분열(splitting), 해리(dissociation), 부정(denial), 소외(isolation), 폐쇄(withdrawal), 심지어 억압(repression)과 같은 다양한 정신역동적 과정을 수용하였다.

여기서 나는 정신병적 병리를 다른 관점에서 탐구하기 위해 어버이자아/어린이자아 오염을 무시하지 않고 자아 발달의 여러 단계에서 어버이자아의 배제에 더 중점을 두는 조현형 정신질환의 구조 모델을 검토할 것을 제안한다. 구체적으로 어버이자아의 배제는 발달 중인 아동과 아버지 및/또는 어머니 및/또는 개인의 삶에서 부모 역할을 수행한 다른 양육자($P_2-P_1-P_0$) 사이의 조기 및 전-자아적 조절되지 않은 다양한 외상 관계로 인해 정신병적 구조에서 확장되고 극도로 쇠약해진 결핍을 나타낸다($P_2-P_1-P_0$). 이는 에릭 번(Berne, 1975a [1961])이 정신질환과 관련하여 쓴 내용과 일치한다. 그 내용은 "부모의 상황은 다양하며 정신질환의 특정 형태를 결정하는 강력한 요인이다."(p. 139).

조현성 내담자의 주체적 드라마는 주로 어린이자아상태(즉, 자기)의 가장 깊은 구조를 포함하기 때문에 조현형 정신질환의 새로운 구조 모델은 자아를 구조적으로 포괄하는 성격의 교류분석 모델에 기반해야 한다. 이러한 모델은 특히 얼스킨과 트라우트만(Erskine & Trautmann, 1996), 얼스킨, 모어선드와 트라우트만(Erskine, Moursund, & Trautmann, 1999), 그리고 더 중요하게는 하가든과 실스(Hargaden & Sills, 2002, 2003)에 의해 설명된 2인 관계적(two-person relational) 교류분석 접근 방식에 의해 제공된다. 특히 하가든과 실스는 관계적인 교류분석에서 자기 이론을 위한 수단으로 자아상태의 고유한 구조 모델(Berne, 1975a [1961])을 사용했다.

하가든과 실스에 따르면, 아동의 정신 발달적 뿌리는 개인이 아직 '나'와 '너', '나'와 '나-아닌-타자'를 구별할 수 없는 발달 초기와 관련된 수많은 전-자아적 및 융합 상태의 과잉(plethora)에 기반한 일관된 자아 조직으로 연결되어 있는 것으로 보인다. 이러한 전-언어적 자아상태는 자아/자기 활성화 체계(systems of ego/self-activation)(Hine, 1997), 마음 상태(states of mind)(Allen, 2000), 자아/자기-상태(ego/self-states)(Hargaden & Sills, 2003) 등으로도 정의되어 왔으며, 경험의 무의식적, 잠재의식적, 전-상징적, 따라서 원초적 성격은 발달 중인 어린이자아상태의 끊임없는 구조적 조직에 기인한다. 환각 현상(Berne, 1975a [1961], p. 62)을 포함한 정신질환의 임상 증상을 설명하기 위해 에릭 번(Berne, 1975a [1961], p. 48, p. 55, p. 63, p. 145)이 처음 제안한 구조 모델이 어린이자아상태/자기구조(C_2)로 적절히 확장되어야 하며, 따라서 조기의 전-자아상태(P_1, A_1, C_1)뿐만 아니라 P_0, A_0, C_0로 확장되어야 한다.

내가 여기서 발표하는 논문은 조현병과 유사한 정신질환을 앓고 있는 성인 내담자를 대상으로 4년간의 강렬한 임상 경험과 연구를 바탕으로 작성되었으며, 그중 상당수가 첫 번째 정신병적 삽화를 경험한 내담자였다. 조현병 증후군의 발병에 다양한 심리사회적 · 유전적 · 생물학적 스트레스 매개 요인이 존재한다는 사실을 인정하면서도, 이러한 정신질환 내담자의 개인 및 정신과적 병력을 면밀히 분석한 결과, 아동기와 청소년기를 중요하면서 만성적으로 특징짓는 두 가지 종류의 근본적인 스트레스성 미세 환경 경험이 일관되게 밝혀졌다.

이 두 가지 유형의 외상 경험은 다음과 같이 분류할 수 있다.

- 초기에 지속된 학대 경험(다양한 형태의 병리적 공생에 노출된 신체적 · 언어적 · 정서적 · 성적 학대)
- 초기에 지속된 방임 경험(유기, 가정 내 방임, 노숙, 부모의 심각한 정신 및 행동 문제, 부모 간의 별거 및/또는 매우 적대적인 이혼, 잦은 거주지 변경, 어려운 위탁 보호 등)

또한 학대 및/또는 방임과 관련된 외상적 경험의 내용에 관계없이 조현형 정신질환의 유형은 아동과 부모 및/또는 주 양육자 간의 외상적 관계 경험의 시기와 정도에 따라 더 많이 결정된다. 부모로부터의 배제가 더 일찍 그리고 더 널리 퍼질수록 정신질환은 더 심각해진다.

구조적으로 급성 정신병적 상태는 다음과 같이 표현할 수 있다([그림 3-2]). 정신 발달의 여러 단계(P_2 및 P_1)에 있는 어버이자아상태가 배제되고 파편화된 어린이자아(C_2)가 존재하며, 어린이자아 속의 어린이자아(C_1)로부터 나오는 몸-정서적 자료는 새롭게 성찰하는 어른자아(A_1 및 A_2)에게 거의 제공되지 않는다. 결과적으로, 관계적인 재외상화(relational retraumatization)에 의해 구조적으로나 기능적으로 조기에 통합되지 않게 된다.

좀 더 구체적으로, [그림 3-2]에서 배제하는 어린이자아는 연속적이고 어두운 원형의 선(다른 선들과 비교하여)으로 표현되어 있는데, 이는 어린이자아상태의 경직된 방어와 그 경계의 경직성을 모두 나타낸다. 이러한 경직성은 정신질환 내담자의 어린이자아를 여러 개의 내적 경화증(internal scleroses)에 노출시키며, 그림에서 수직 연속선(P_{1+}와 P_{1-}를 나누는 선)과 수평선(P_1와 A_1, A_1와 C_1를 나누는 선)으로 표현되어 있다. 정신역동적 관점에서 볼 때, 어린이자아상태의 내적 경화는 앞서 논의한 바와 같이 각각 수직 및 수평으로 분열하는 과정에 해당한다('캐리의 사례: 조현병으로 인한 분열에 관한 에릭 번의 유산' 부분 참조).

또한 대문자 'A' 주위의 구체적인 파선은 관계적 및 비관계적 외상 경험이 진화하는 개인의 정신에 미치는 직접적인 영향으로 인해 인생의 조기 단계(즉, A_1 및 A_2)부터 반사적 어른자아상태의 발달과 통합이 부족함을 보여 준다.

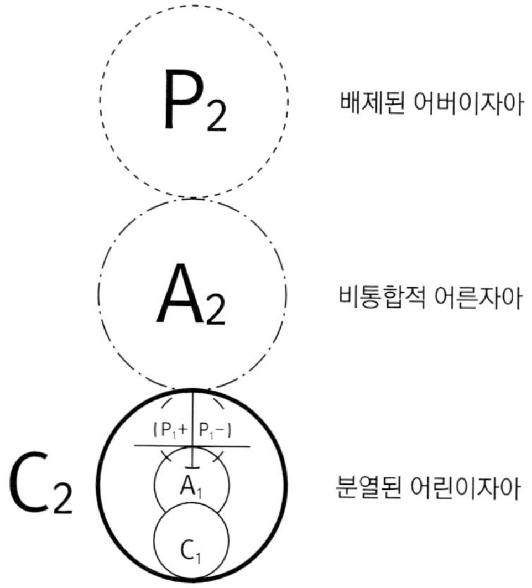

[그림 3-2] 활동성 조현병의 기본 구조

마지막으로, 배제된 어버이자아상태를 나타내는 원은 에릭 번의 원래 형태(Berne, 1975a [1961])에 따라 점선으로 표현된다. 실제로 조현병에서 어버이자아의 배제는 신생 자기와 참조 타자들(P_1) 사이의 조기 대상관계 영역 내에서 외상성 장애와 불연속성의 결과로 아동기와 청소년기 동안 발달하는 자아에 영향을 미치는 매우 초기의 다중 분열 과정의 종착점으로 간주된다.

이것은 "각각의 신경증 내담자뿐만 아니라 각각의 정신 결함, 만성 조현성 내담자 및 각각의 '미성숙한' 정신 경로에는 잘 형성된 어른자아가 있다."(p. 59)라는 에릭 번(Berne, 1975a [1961])의 단순한 견해와는 대조적이다. 대신, 애착 연구와 임상 연구는 모두 다른 관점을 가리킨다. 조기 및 만성 관계적 외상는 자기 서사를 형성하는 능력을 방해하여 자기 경험의 경직된 분할과 분열을 만들어 개인의 정신을 파편화한다. 이는 "달리 증명될 때까지는 어른자아라고 가정하자."(Tudor & Summers, 2014, p. 60)라는 모토가 간결하게(그리고 다소 낭만적으로) 주장하는 것처럼 잘 형성된 통합적 어른자아상태를 가정하거나, 더 나아가 우리가 "어른자아로 잉태되었다."(p. 56)고 가정하는 것은 뇌 발달과 심리치료적 의미에 대한 생물학적 연구 분야의 최근 발견과 과학적 진보에 비추어 더 이상 유지 가능한 입장이 아니라는 것을 의미한다. 보다 구체적으로, 여기서는 뇌 구조(해부학적 MRI 사용), 축삭 연결성[axonal connectivity; 확산텐서영상(Diffusion Tensor Imaging: DTI) 사용], 뇌 기능 및 관류(brain function and perfusion; fMRI 사용), 뉴런 밀도 및 신진대사[자기공명분광법(Magnetic Resonance Spectroscopy: MRS) 사용]에 대한 관련 정보를 제공하는 대규모 건강한 샘플을 장기간 추적하는 다중 모드 생체 내 영상 연구를 언급한다.

따라서 현재의 신경과학 연구와, 더 흥미롭게도 에릭 번(Berne, 1975a [1961])의 독창적인 후성 유전적 성격 이론과 더 일치하는 것은 어린이자아가 우리가 태어난 존재 내에 있는 분아(구조)라는 것이 나의 견해이다. 그리고 어린이자아는 수태 시부터 언어적, 감각적, 고도로 정서적인 교류와 몸짓, 그리고 신생 자기(C_0)와 유지 및 조절하는 타자(P_0) 사이의 행동적이고 유기적인(즉, 체액과 관련된) 교류의 신체 간 가닥(interbodily thread) 안에서만 통합된 몸-자기(A_0)로 존재하게 된다.

생물학적으로 볼 때, 통합된/통합하는 어른자아는 단순히 시간이 지나도 (해부학적으로도) 지속되는 완전히 형성된 (또는 잘 조직된) 생물학적 구조의 발달에만 해당하지 않다. 이는 또한 모든 뇌 영역에서 연결의 '싹트기(sprouting)'와 '가지치기(pruning)'라는 다소 복잡한 연령 및 단계별 '경험 기대(experience expectant)' 및 '경험 의존

(experience dependent)'(Greenough et al., 1987) 신경생물학적 역동적 과정과 더 관련이 있다. 따라서 이러한 과정은 유전적 요인과 환경적 요인의 지속적인 상호작용을 포함하며, 모두 함께 정상적인 뇌의 발달이 어떻게 질서정연하고 시간이 지남에 따라 규칙적인 양식을 따르는지를 보여 준다(Stiles & Jernigan, 2010).

가장 중요한 것은 발달심리학 및 신경과학에서 비롯된 이러한 현대적 관점에 따라, 출생 후 초기, 그리고 아동기와 청소년기 동안 타자와 관련된 개인의 특정 경험이 뇌의 진화하는 조직을 확립하는 데 필수적인 역할을 하는 것으로 보인다는 점이다. 피셔, 프렌켈, 놀, 베리와 요켈슨(Fisher, Frenkel, Noll, Berry, & Yockelson, 2016)은 발달 중인 아동과 돌보는 성인 사이의 이러한 관계적인 상호성의 경험을 언급하면서 **제공과 반환**(serve and return) 상호작용이라는 표현을 만들었다. "아동은 시선, 발성, 행동을 통해 상호작용을 시작할 때 자연스럽게 제공하고, 성인은 발달에 도움이 되는 방식으로 반응할 때 반환한다."(p. 4)

따라서 특히 초발 조현병(first-episode schizophrenia)에서 나타나는 파편화(fragmentation)는 생물학적으로 해부학적 및 기능적 수준에서 여러 (계통 발생학적으로도 다른) 뇌 구조의 일관된 조직이 점진적으로, 때로는 일시적으로 결여되는 것과 일치한다고 추론할 수 있다. 좀 더 심리적인 수준에서 보면, 해리를 포함한 다른 적응적 방어 대신에 반복적인 분열이 일어나고(Bromberg, 1998), 환경적 자원(예: 돌보는 성인과의 반응적 관계, 안전한 환경 등)이 발달 초기에 그리고 첫 번째 정신병적 붕괴까지 오랜 기간 동안 개인이 진정으로 이용할 수 없거나 중단된 경우 파편화가 일어날 수 있다. 따라서 정신질환은 결국 '충분히 건강한' 개인의 기능에서 알 수 있듯이 자아의 유동적인 복수의 상실, 따라서 그 사람의 자기 경험의 상실과 일치할 것이다.

◆ 조현형 정신질환의 구조분석

2차 구조분석의 관점에서 조현형 정신질환(schizophrenic psychosis)의 두 가지 기본 조직, 즉 (1) 편집성 정신질환(paranoid psychoses), (2) 조현형 정신질환(schizoid psychoses) 으로 구분된다. 두 가지의 구조도를 그리는 데 유용한 방법은 에릭 번(Berne, 1975a [1961])의 배제에 대한 은유적 정의, 즉 "배제는 편면 유리와 같다."(p. 66)를 사용하는 것이다.

편집성 정신질환

편집성 조현병(paranoid schizophrenia)에서는 주로 1명 이상의 부모 인물과의 외상적 대상관계(박해, 괴롭힘, 언어적 및/또는 신체적 폭력, 심리적 학대, 따라서 공생 관계)의 침전물이 주로 포함된 어버이자아(P_1)가 편면 유리를 통해 어린이자아(C_1)와 어른자아(A_1)을 내려다본다([그림 3-3]). 이 과정을 통해 편집성 조현병에서는 환각(hallucinations; 보통 시각적 및/또는 청각적), 박해망상(persecutory delusions), 자기참조(self-reference) 개념이 발생하지만, 다른 형태의 정신질환[양극성장애(bipolar disorders) 포함]에서도 발생할 수 있다([그림 3-3]).

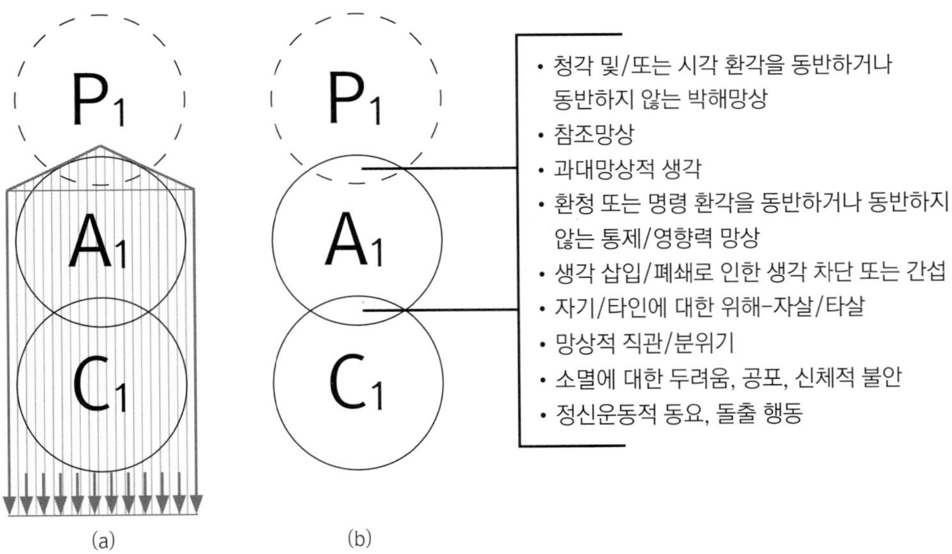

[그림 3-3] (a) 편집성 정신질환의 구조도, (b) 어린이(전)자아상태의 복잡한 배제와 오염의 결과로 인한 편집성 정신질환의 현상학

[그림 3-3]은 편집증 내담자의 어린이자아상태의 정신 내적 경험을 보여 준다. 이 그림의 주요 초점은 어버이자아의 원초적 배제 과정에 있으며, 이는 에릭 번의 도형(Berne, 1975a [1961])에 따라 이번에는 어린이자아상태 속의 어버이자아(P_1)를 중심으로 점선으로 표시된 원형 선으로 표현된다. 어버이자아의 배제에 의해 생성된 편면 유리의 효과는 아래쪽을 가리키는 어두운 화살표 집단으로 표현되어 어버이자아가 나머지 자아(A_1 및 C_1)에 지속적으로 미치는 불안한 영향력을 나타낸다. 어버이자아(P_1)의 원초적 배제 외에도, 이 그림은 정신병적 자아가 현실과 의미 있는 타자에

대해 갖는 변화된 지각을 설명하는 수반된 오염 과정(원들이 겹쳐져 있고, A_1의 P_1와 A_1의 C_1)을 보여 줌으로써 편집성 조현병에 전형적으로 다양한 정신병적 경험을 가져오는([그림 3-3b]에서 구체적으로 설명한 바와 같이) 것을 설명한다. 원초적 어른자아상태(A_1)는 연속적인 원형 선으로 표현되어 편집성 조현병에서보다 단편적이고 미분화된 형태의 정신질환에서 발견되는 것과 비교하여 어린이자아(C_2)의 자아 조직이 더 크다는 것을 나타낸다([그림 3-4] 참조).

편집증 내담자의 내면 세계는 이러한 구조적 표현을 바탕으로 하고, 대타자의 위협적인 시선과 박해적인 존재로부터 자신을 방어하려는 욕구를 중심으로 관계 세계가 전개된다. 박해하는 대타자에게 굴복하고 붕괴하는 괴로움에 대한 극단적인 해결책은 조현성 내담자가 대타자의 악의에 대해 확신하게 될 때까지 대타자를 끊임없이 의심하는 태도로 이어진다. 이것은 박해망상의 근거가 되는 편집증적 해결책을 나타낸다. 그 결과 원치 않을 뿐만 아니라 심지어 정신질환 내담자에게 속한 것으로 인식되지 않는 내적 대상 분아들(internal object parts)(P_{1-})을 타자에게 투사하게 된다.

편집증적 감정의 또 다른 현상학적 특징(주체적 경험에 근거한)은 외부 박해자에 대한 증오와 함께 진행되는 개인 자신의 핵심 자기(C_1)의 '고독한 결백(solitary innocence)'에 대한 자부심이 커지고 있다는 것이다. 편집성 자아(paranoid ego)의 과대망상적 비대를 발견하는 것은 비교적 흔하며, 이는 개인이 자신의 성격의 건강한 자기애적 발달을 차단하고 대신 결함 있는 자기애의 무의식적 표현으로 이어진다. 내가 보기에 편집증적 개인이 겪는 건강한 자기애의 결핍은 자기-아닌-타자(other-than-self; 배제하는 어버이자아)로 인식할 수 있는 생애사적 대타자의 진정한 반영이 없는 상태에서 자기 자아(배제하는 어린이자아)의 이상화된 핵심 분아들의 자기 참조성에 기인한다. 이런 식으로 정신병자의 핵심 자아는 두꺼워지는 동시에(C_1) 원초적 타자(현재의 의미 있는 타자들뿐만 아니라)와의 진정한 상호주체성과 친밀의 모든 가능성을 오염시킨다.

따라서 편집성 자아의 요새(fortress)는 대타자(배제하는 P_1)의 '현재적 부재(present absence)'로 인한 '완전한(full)' 공허(즉, 자아의 구성적 공허), 즉 자신을 방어하고 맞서야 할 뿐만 아니라 구제할 수 없이 빠져들어야 하는 대타자로부터 자신을 보호해야 하는 텅 빈 기초 위에 놓이기 시작한다.

조현형 정신질환

조현형 정신질환[schizoid psychoses; 즉, 단순형(simplex), 분열형(disorganized) 또는 파과형(hebephrenic), 긴장형(catatonic) 조현병]에서 주로 배제된 어버이자아(P_1)는 부성 인물 중 1명 또는 2명과 매우 역기능적이거나 혼란스러운 관계의 침전물(신체적/성적 학대, 정신적 장애, 방임, 무관심, 무능)을 가지고 있는데, 이는 마치 한쪽 유리잔이 거꾸로 뒤집어진 것과 같은 상황을 나타낸다. 이 경우, 겁에 질리고 괴로워하는 C_1은 상대적으로 덜 분화되고 발달이 덜 된 A_1가 있는 상태에서 어버이자아를 찾게 되는데, 이 경우 비교적 초기에 역기능적인 대상관계에 의해 충격을 받고 방어적으로 자신을 분리하게 된다([그림 3-4]). 이는 일반적으로 더 심각한 형태의 조현병과 유사한 정신질환(단순형, 무질서형 또는 파과형, 긴장형)에서 나타나는 현상이며, 그 현상은 [그림 3-4b]에 개략적으로 표현되어 있다.

[그림 3-4]에서 배제된 어린이자아 속의 어버이자아(P_1)는 일반적인 점선으로 표시되어 있는데, 이는 다시 한번 조현형 정신질환 내담자의 내면 세계가 중심을 이루는 지렛대 역할을 한다. 대체로 이 내면 세계는 신체 정서적 등록부에 따라 구조화된다. 그렇기 때문에 독자는 구조적 관점에서 이러한 유형의 조현형 정신질환에서 본질적으로 가장 활동적인 원형-자아적(proto-egoic) 구조인 잘 정의된 신체적 어린이자아(C_1)를 발견하게 될 것이다. 어버이자아를 배제함으로써 발생하는 거꾸로 된 편면 유리 효과는 조현형 정신질환의 비정상적인 (주로 몸-정서적) 경험([그림 3-4b])이 그럼에도 불구하고 여전히 결여된 내부 용기, 규범적이고 규제적인 자아 구조(배제하는 P_1)를 찾고 있음을 나타내기 위해 위를 가리키는 어두운 화살표 집단으로 표현되어 있다.

그 결과 편집성 조현병에서 발견되는 것과 비교하여 반영적 원초아(reflective primary ego)의 발달이 지연되는 것으로 보인다. 이 그림에서 어린이자아 속의 어른자아(A_1)가 파선(배제를 나타내는 점선과 형태가 다름)으로 표시된 것은 신경생물학적 수준에서도 참조 인물과 함께 발달적으로 지지적이지 않고 혼란스러운 대상관계로 인해 아직 충분히 조직화되거나 통합되지 않은 원형-정신적(protomental) 및 상호주체적 자아를 나타내기 위한 것이다.

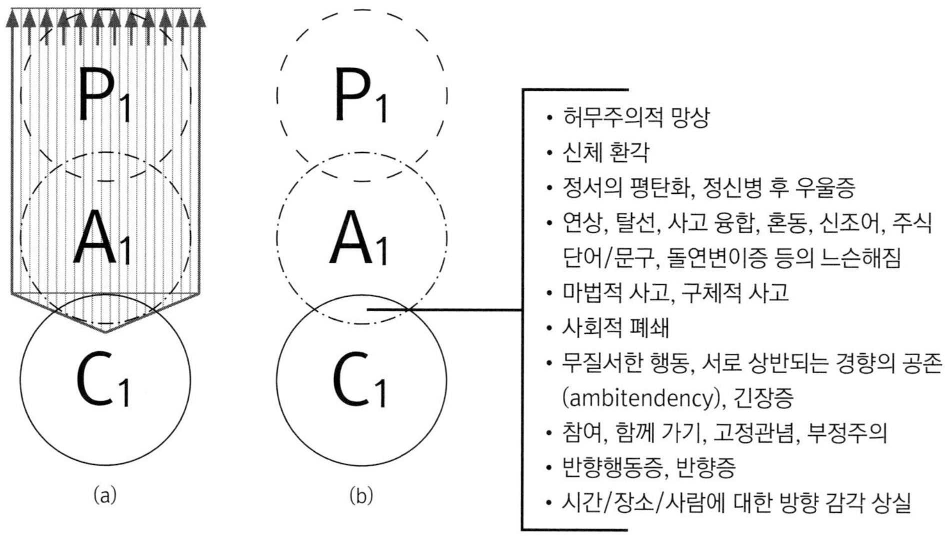

[그림 3-4] (a) 조현형 정신질환의 구조도, (b) 약화되거나 통합되지 않은 성인의 존재에서 어린이 (전)자아상태가 더 광범위하게 배제하는 결과로 나타나는 단순형 · 분열형 · 긴장형 조현병의 현상학

여기서 분열형(schizoid)이라는 용어는 이러한 유형의 정신질환을 일으키는 주요 동적 과정, 즉 수평 분열을 정확하게 지칭하기 위해 사용된다. 실제로 조현병과 관련된 조현병 성격장애(schizoidism)는 앞서 설명한 것처럼 일부 유형의 성격장애에서 발견되는 분열증과는 본질적으로 다르다. 다시 한번 강조하지만, 현상학적 관점을 통해 우리는 이러한 다른 형태의 자기 장애를 보이는 정신질환 내담자의 주체적인 경험을 조명할 수 있다.

실제로 편집증과 달리 정신병적 혼란의 경험에서 대타자는 조현성 내담자에게 본질적으로 해독할 수 없는 존재이다. 대타자 중에서 주체는 혼란스러운 부분이나 심리적으로 서로 멀리 떨어져 있는 부분만 포착할 수 있다. 따라서 조현형 정신질환의 자아는 도달할 수 없거나 심지어 부재하는 대타자를 향해 점차 다른 방향으로 흩어지는 상황에 처하기 시작한다. 대타자의 파편을 찾는 이 과정은 지속적인 삶의 경험의 희박함과 붕괴로 이어지며, 자아의 인지적 · 정서적 · 행동적 삶은 여러 지점에서 산산이 부서져 자아의 완전성과 정체성을 다시 한번 위협할 위험에 처하게 된다.

이 정신병적 분열(psychotic fragmentation)에 대한 극단적인 해결책은 이 경우 대타자(이것은 사실 조현병의 실존적 의미)가 우리를 찾고 궁극적으로 우리를 찾을 것이라는 희망으로 대타자 앞에서 자신의 자기를 숨기는 것이다. 이런 식으로, 그 사람의 신체 또는 그 일부가 정신을 숨기는 데 선호되는 피난처가 되어 정신 인생 자체가 신체로 '형상화'될 정도이다. 이를 위해 레스닉(Resnik, 2005)은 정신질환 내담자의 정신화되지 않거나 상징화되지 않은 경험을 자신의 신체 기관에 "내적 투사(internal projection)" (p. 92)하는 것에 대해 이야기했다. 더 최근에 롬바르디(Lombardi, 2016)는 정신질환 내담자들과의 작업에서 "자신의 신체로의 전이(transference onto one's own body)" (p. 49)라는 측면에서 유사한 과정을 설명하였다. 이로부터 아직 완전히 상실하지 않은 대타자의 관심과 사랑을 되찾기 위한 몸의 경험과 불치의 신체적 불만이 동시에 그리고 지속적으로 생산된다. 사실 자신의 몸에서 자아의 이러한 소외는 외부 관계의 세계에서 사람이 깊은 외로움과 고립이라는 현상학적 경험의 서곡이다. 신체적 내향성은 역설적이게도 우울증(정신병적 쇠약 후 흔한 경험)을 피하고 대타자의 충격적인 부재로 인해 죽지 않는 유일한 방법인 것 같다. 사실 그것은 (새로운) 대타자와의 관계에 대한 육화된 요구(incarnate demand)이다.

대상관계의 세계로부터의 이러한 폐쇄는 자아(또는 그 일부)에서 내면으로 향하는 일종의 탈출이기 때문에 처음에 신체가 제공한 은신처는 조만간 감옥이 되어 정신질환 내담자는 자신의 정신과 신체를 다른 곳, 즉 대타자(분석가 포함)의 정신과 신체로 대피시키려고 시도한다. 따라서 정신질환은 심리적 죽음에서 살아남기 위해 대타자의 제단에서 자신의 자아를 희생하는 결과를 낳았다. 생명을 보존하기 위해 자신의 몸에서 정신을 대피시키는 것(정신/신체의 수평적 분리)은 정신질환 내담자는 자신의 정신 상태(사고, 감정, 행동, 심지어 신체의 생리적 과정으로 구성)가 자신의 자기에서 비롯된 것인지 아니면 대타자의 개입/간섭의 결과인지 더 이상 알 수 없을 정도로 자아의 탈실체화를 경험하게 된다. 사고 인출이나 방송 경험, 수동성 현상, 통제 망상 등은 이러한 대타자의 집착과 침입 과정의 일부 예이다. 임상적 수준에서 볼 때, 이는 조현병 경험의 독특한 현상학적 특징을 나타낸다.

요약하면, 한편으로는 수직 분열에 더 취약한 편집성 조현성 내담자는 항상 박해로 인식되는 타자에 대한 융통성 없는 의심과 함께 자신의 무죄감을 강력하게 보존하는 일종의 '나쁜 의식(bad conscience)'으로 고통받는 경향이 있다. 반면에 조현형 정신질환 내담자는 수평 분열의 결과로 거의 무력하고 혼란스러운 감각-정서적 경험에 쉽게 압도되는 무의미한 신체 또는 다른 사람의 정신 및/또는 신체로 이동하거나 외부의 물리적 대상이나 다양한 요소 및 자연의 힘에 자신을 배치하면서 감각적 신체와 거리를 두는 경향이 있는 실체화된 정신을 남긴다.

명확성을 위해 정신질환은 주로 외상에 기반한 구조적 배제의 특정 유형과 관련하여 두 가지 집단으로 분류되었다. 실제로 여기서 제안한 두 가지 구조 모델은 정신질환 내담자의 아동기와 청소년기 경험에 따라 다양한 방식으로 결합될 수 있다. 따라서 두 모델은 서로 겹쳐서 정신질환에 대한 특정 임상적 그림을 만들 수 있다.

결론적으로, 보다 구조적인 수준에서 보면 편집성 정신질환과 조현형 정신질환 모두 결국 관계적 (재)외상의 결과로 불안정하고 통합되지 않은 어른자아상태[또는 페어베언(Fairbairn, 1952)의 용어를 빌리면 '핵심 자아(central ego)']의 영향을 받아 영속화될 위험에 처하게 된다. 따라서 정신병적 과정에서의 자아는 궁극적으로 윌리엄 버틀러 예이츠(Yeats, 2008 [1920])의 표현을 빌리자면 '중심을 잡을 수 없는' 자아이다.

◆ 참고자료

Allen, J. R. (2000). Biology and transactional analysis II: A status report on neurodevelopment. *Transactional Analysis Journal*, 30, 260–269.

Beratis, S., Gabriel, J., & Hoidas, S. (1994). Age at onset in subtypes of schizophrenic disorders. *Schizophrenia Bulletin*, 20, 287–296.

Berne, E. (1969). *A Layman's Guide to Psychiatry and Psychoanalysis*. London: Andre Deutsch. (Original work published 1957)

Berne, E. (1975a). *Transactional Analysis in Psychotherapy: A Systematic Individual and Social Psychiatry*. London: Souvenir Press. (Original work published 1961)

Berne, E. (1975b). *What Do You Say after You Say Hello? The Psychology of Human Destiny*. London: Corgi. (Original work published 1972)

Blackstone, P. (1993). The dynamic child: Integration of secondorder structure, object relations, and self psychology. *Transactional Analysis Journal*, 23, 216–234.

Breuer, J., & Freud, S. (1955). Studies in hysteria. In J. Strachey (Ed. & Trans.), *The Standard Edition of the Complete Psychological Works of Sigmund Freud* (Vol. 2, pp. 1–335). London: Hogarth Press. (Original work published 1895)

Bromberg, P. M. (1998). *Standing in the Spaces: Essays on Clinical Process, Trauma and Dissociation*. Hillsdale, NJ: The Analytic Press.

Erskine, R. G. (1993). Inquiry, attunement, and involvement in the psychotherapy of dissociation. *Transactional Analysis Journal*, 23, 184–190.

Erskine, R. G. (2001). The schizoid process. *Transactional Analysis Journal*, 31, 4–6.

Erskine, R. G., & Trautmann, R. L. (1996). Methods of an integrative psychotherapy. *Transactional Analysis Journal*, 26, 316–328.

Erskine, R. G., Hargaden, H., Lynne, J., Little, R., O'Reilly-Knapp, M., Sills, C., & Yontef, G. (2001). Withdrawal, connection, and therapeutic touch: A roundtable on the schizoid process. *Transactional Analysis Journal*, 31, 24–32.

Erskine, R. G., Moursund, J. P., & Trautmann, R. L. (1999). *Beyond Empathy: A Therapy of Contact-in Relationship*. New York, NY: Brunner-Routledge.

Fairbairn, W. R. D. (1952). *An Object-relations Theory of the Personality*. New York, NY: Basic Books.

Fenton, W. S., & McGlashan, T. H. (1991). Natural history of schizophrenia subtypes: I. Longitudinal study of paranoid, hebephrenic, and undifferentiated schizophrenia. *Archives of General Psychiatry*, 48, 969–977.

Fisher, P. A., Frenkel, T. I., Noll, L. K., Berry, M., & Yockelson, M. (2016). Promoting healthy child development via a two-generation translational neuroscience framework: The filming interactions to nurture development video coaching program. *Child Development Perspectives*, 10, 251–256.

Goulding, M. M., & Goulding, R. L. (1979). *Changing Lives through Redecision Therapy*. New York, NY: Grove Press.

Goulding, R., & Goulding, M. (1976). Injunctions, decisions, and redecisions. *Transactional Analysis Journal*, 6, 41–48.

Greenough, W. T., Black, J. E., & Wallace, C. S. (1987). Experience and brain development. *Child Development*, 58, 539–559.

Hargaden, H., & Sills, C. (2002). *Transactional Analysis: A Relational Perspective*. Hove: Brunner-Routledge.

Hargaden, H., & Sills, C. (2003). Who am I for you? The child ego state and transferential domain. In H. Hargaden, & C. Sills (Eds.), *Ego states* (Key concepts in transactional analysis: Contemporary views) (pp. 185–200). London: Worth Publishing.

Hine, J. (1997). Mind structure and ego states. *Transactional Analysis Journal*, 27, 287–289.

Janet, P. (1920). *The Major Symptoms of Hysteria: Fifteen Lectures Given in the Medical School of Harvard University*. New York, NY: The Macmillan Company. (Original work published 1907)

Janet, P. (1974). *L'automatisme Psychologique* [*Psychological Automatism*]. Paris: Félix Alcan. (Original work published 1889)

Janet, P. (1977). *The Mental State of Hystericals*. Washington, DC: University Publications of America. (Original work published 1901)

Jung, C. G. (1977). On dementia praecox. In *The Symbolic Life: Miscellaneous Writings* (p. 335). London: Routledge & Kegan Paul. (Original work published 1908)

Kendler, K. S., Gruenberg, A. M., & Tsuang, M. T. (1984). Outcome of schizophrenic subtypes defined by four diagnostic systems. *Archives of General Psychiatry*, 41, 149–154.

Klein, M. (1997). Envy and gratitude. In M. Klein (Ed.), *Envy and Gratitude and Other Works, 1946–1963* (pp. 176–235). London: Vintage. (Original work published 1957)

Laing, R. D. (1959). *The Divided Self: An Existential Study in Sanity and Madness*. London: Penguin Books.

Little, R. (2001). Schizoid processes: Working with the defenses of the withdrawn child ego state. *Transactional Analysis Journal*, 31, 33–43.

Lombardi, R. (2016). *Metà prigioniero, metà alato: La dissociazione corpomente in psicoanalisi*. Turin: Bollati Boringheri. [Translated into English (trans. unknown): *Body-Mind Dissociation in Psychoanalysis: Development after Bion*. London: Routledge]

Mellor, K. (1980). Impasses: A developmental and structural understanding. *Transactional Analysis Journal*, 10, 213–220.

Novellino, M. (1990). Unconscious communication and interpretation in transactional analysis. *Transactional Analysis Journal*, 20, 168–172.

Novellino, M. (1991). *Psicologia clinica dell'io* [*Clinical Psychology of the Ego*]. Rome: Astrolabio.

Novellino, M. (2004a). *Approccio Clinico Dell'analisi Transazionale: Epistemologia, Metodologia e Psicopatologia Clinica* [*The Clinical Approach of Transactional Analysis: Epistemology,*

Methodology and Clinical Psychopathology]. Milan: Franco Angeli. (Original work published 1998)

Novellino, M. (2004b). *Psicoanalisi Transazionale* [*Transactional Psychoanalysis*]. Milan: Franco Angeli.

Novellino, M., & Moiso, C. (1990). The psychodynamic approach to transactional analysis. *Transactional Analysis Journal*, 20, 187–192.

O'Reilly-Knapp, M. (2001). Between two worlds: The encapsulated self. *Transactional Analysis Journal*, 31, 44–54.

Perälä, J. (2013). *Epidemiology of Psychotic Disorders*. Tampere: Juvenes Print, Finnish University Print.

Perls, F. S. (1969). *Gestalt Therapy Verbatim*. Lafayette, CA: Real People Press.

Resnik, S. (2005). *Glacial Times: A Journey through the World of Madness*. New York, NY: Routledge.

Sadock, B. J., Sadock, V. A., & Ruiz, P. (2015). *Kaplan & Sadock's Synopsis of Psychiatry: Behavioral Sciences/Clinical Psychiatry*. Philadelphia, PA: Wolters Kluwer.

Schiff, J. L. (with Schiff, A. W., Mellor, K., Schiff, E., Schiff, S., Richman, D., Fishman, J., & Momb, D.) (1975). *Cathexis Reader: Transactional Analysis Treatment of Psychosis*. New York, NY: Harper & Row.

Searles, H. F. (1965). The effort to drive the other person crazy: An element in the etiology and psychotherapy of schizophrenia. In H. F. Searles, *Collected Papers on Schizophrenia and Related Subjects* (pp. 254–283). London: Karnac Books. (Original work published in 1959)

Stiles, J., & Jernigan, T. L. (2010). The basics of brain development. *Neuropsychology Review*, 20, 327–348.

Sullivan, H. S. (1953). *The Interpersonal Theory of Schizophrenia*. New York, NY: Norton.

Tudor, K., & Summers, G. (2014). *Co-creative Transactional Analysis: Papers, Responses, Dialogues, and Developments*. London: Karnac Books.

van der Hart, O., & Friedman, B. (1989). A reader's guide to Pierre Janet on dissociation: A neglected intellectual heritage. *Dissociation*, 2, 3–16.

Yeats, W. B. (2008). *The Collected Poems of W. B. Yeats*. London: Wordsworth Poetry

Library. (Original work published 1920)

Yontef, G. (2001). Psychotherapy of schizoid process. *Transactional Analysis Journal*, 31, 7–23.

van der Hart, O., & Friedman, B. (1989). A reader's guide to Pierre Janet on dissociation: A neglected intellectual heritage. *Dissociation, 2*, 3–16.

제4장

소위 조현성 내담자와의 만남에서 전이와 역전이의 형태

◆재가치료 팀의 사례: 도전과 기회

2010년 10월부터 2015년 2월까지 런던 중심부 램버스(Lambeth)의 재가치료 팀에서 정신건강의학과 의사로 일하면서 나는 처음으로 수년에 걸쳐 정신질환 내담자들과 함께, 종종 조현병 병리가 시작될 때, 그리고 가족과 함께 그들의 집에서 직접 교류분석 작업을 수행할 수 있었다.

위기 해결 및 재가치료 팀(crisis resolution and home treatment teams; 국제 과학 문헌에서는 CRHT 또는 간단히 HT로 약칭)은 일반적으로 병원 입원이 필요한 급성 정신건강 위기를 겪고 있는 성인에게 서비스를 제공한다. 효과적인 CRHT 팀에는 일반적으로 정신건강의학과 의사, 정신건강 간호사, 지원 담당자, 사회복지사, 임상 심리학자가 포함된다. 이들은 신속한 평가를 제공하고, 가능하면 집에서 내담자를 돌보며, 병원에서 조기 퇴원할 수 있도록 돕는 것을 목표로 한다. 이를 통해 CRHT 팀은 일반적으로 24시간 이용 및 주 7일 가정 방문 서비스, 취사선택(gatekeeping) 기능(예: 입원 내담자 병상 접근 통제 및 입원 전 재가치료 적합성 평가), 일상적인 집안일과 책임에 대한 실질적인 도움을 제공함으로써 병원 치료에 대한 유효한 대안을 제시한다. 이들은 높은 수준의 임상적 · 심리사회적 개입과 다학제적 그리고 학제 간 태도를 제공한다(Burns et al., 2001; Heath, 2004; Johnson et al., 2008; Wheeler et al., 2015).

재가 환경에서는 개인 상담을 위해 하루에 한 번 이상 내담자를 만날 수 있을 뿐만 아니라 가족 구성원을 따로 만나거나 적절한 경우 내담자와 함께 만날 수 있었기 때문에 분석 환경의 강도를 변경할 수 있었다. 대부분의 경우, 이 심리치료 개입 기간은 일반적으로 재가치료에 할당되는 기간으로 약 6~8주 정도였다. 그러나 같은 기간 동안 나는 저녁과 주말에만 진행되는 파트타임 개인 임상 진료의 일환으로 램버스 자치구 외 런던의 다른 지역에서 온 정신질환 내담자들과 훨씬 더 긴 교류분석 치료를 진행할 수 있었다.

그 기간 동안 재가치료 팀에서 지속적으로 일하면서 조현병과 그 치료에 대한 나의 개념이 근본적으로 바뀌었고, 여기에는 교류분석적 관점도 포함되었다(Mellacqua, 2014). 나는 정신질환 내담자의 분석적 치료를 돕거나 방해하는 가족과 환경의 역할에 대한 폴 페데른(Federn, 1953 [1952])의 관찰이 지닌 진실을 충분히 이해할 수 있었다. "모든 정신질환은 의식적 또는 무의식적으로 가족 인생의 갈등이나 좌절에 초점을 맞추고 있다. 정신질환 내담자의 경우, 아동과 마찬가지로 정신분석의 결과는 환경의 도움에 크게 좌우된다."(p. 120)

이러한 고려에서 페데른(Federn, 1953 [1952])은 정신질환 내담자의 원가족과 가능하면 정신질환 내담자의 가장 친밀한 사회적 소집단(예: 배우자, 파트너, 자녀, 친한 친구, 동료 등)과의 **정신 위생** 작업에 초점을 맞추게 되었다. 조현병은 원초적 자기애(primary narcissism)에 대한 이차적 병리이기 때문에 프로이트 정신분석을 적용할 수 없다고 믿던 시절, 페데른은 조현성 내담자가 분석가와의 관계에서 긍정적인 전이의 가능성을 처음으로 명확히 인정하였다. 4장에서는 교류분석의 이론적 관점에서 이 주제를 다루고, 페데른이 원래 인정한 것과 함께 조현성 내담자가 의미 있는 타자, 무엇보다도 분석가에게 무의식적 전이를 할 가능성이 있음을 제안한다(4장의 '내담자 측에서' 부분 참조).

이런 내담자들의 다소 충격적인 과거와 상관없이, 어버이자아 교류-동경(yearning-for-the-Parent transactions)으로 형성된 의존적 전이(anaclitic transference)는 언젠가 자신의 혼란, 실존적 상실, 더 나아가 주체적 소외와 분열의 경험을 이해하도록 도와줄 새로운 대타자를 만날 것이라는 어린이자아상태의 확신에 기초한다. 크리스토퍼 볼라스(Bollas, 2013)의 다음 구절은 이러한 성찰을 반영한다. "이런 타자의 도래에 대한 무의식적인 믿음이 있을 뿐만 아니라, 그러한 타자를 찾으려는 탐색이 있을 것이며, 그 안에서 경직된 자아상태가 풀리고 개념화되고 마침내 이해될 수 있을 것이다." (p. 71)

사례 연구: 폴과 그의 가족

사례 축어록: 폴과 그의 가족

폴과 그의 가족과의 가정 상담에서 발췌한 다음 내용은 안심과 대타자의 이해를 갈망하는 주체적 고통의 의미를 몇 줄로 요약한 것이다.

P=폴, M=어머니, F=아버지

P : (떨리는 목소리로) …… 몸이 안 좋아요. 느낌이 안 좋아요 …… 나는 죽어 가고 있어요(소리 지르며 울음).

M: 나! 나! 나! 그리고 네 빌어먹을 질병들! 넌 항상 '나'라고 말하잖아! 우리한테서 원하는 게 뭐야, 폴?(역겨운 듯 콧방귀를 뀌며)

F : (침묵)

P : (양쪽 부모님에게 말하기) 내가 '나'라고 말할 때 '우리'라는 뜻인 거 아시죠? 나는 두 분과 함께 살고 있기 때문에 바로 거기에…… 있어요. 나는…… 원해요.

남: 그러니 '나'라는 말을 하지 마! "이걸 원해" "저걸 원해"라는 말은 그만둬……. 우리가 거기 있다면……. 우리가 거기에 있는 한…… 너는 어디로 갈 생각인 거야?

P : 살고 싶어요!

F : (침묵)

M: 어떻게? 친구들과 마약을 하면서? 정신병원을 들락날락하면서?

P : 그만! 그만! (관자놀이에 손을 대고)……. 의사에게 말할게요……. 의사 선생님, 부모님께 말씀하세요……. 난 아파요. 저분들이 날 죽이고 있어요!

사례 설명: 폴과 그의 가족

폴이 말하는 진실은 다음과 같다. "제가 '나'라고 말하는 것은 '우리'를 의미한다는 것을 당신은 알고 있어요." 따라서 조현병에서 자아의 고통은 내담자의 실제 삶에서 대타자의 물질적 존재 여부와 관계없이 항상 대타자와 함께 발생하는 고통이다. 조현병은 대타자가 주로 발달 초기부터 여러 차례, 그리고 충분히 오랜 기간 동안 젊은 이의 심리적 · 생물학적 탄생을 촉진하는 부담스러운 임무를 회피한 진짜 부모(또는 대리인)임을 보여 준다. 그 대신, 그 사람은 삶에 대한 괴로움, 죽음이 아니라 삶 자체를 뒷받침하는 미지의 것에 대한 멈출 수 없는 두려움의 먹잇감으로 남겨진다.

또한 대타자는 내면의 어버이자아이기도 하기 때문에 (침입성과 외상 및 독성 불일치로 인해) 내담자의 자아-몸과 심오한 실존적 고통의 일부가 된다. 궁극적으로, 대타자는 사회와 한 민족의 문화인 한 익명의 대타자이기도 하며, 따라서 잠재적으로 어디에나 존재하고 널리 퍼져 있으며, 정신적 죽음을 겪지 않고는 벗어날 수 없거나 영구적으로 고립될 수 없는 존재이기도 한다.

조현병은 예상치 못한 실존적 외상(existential traumas; 특히 정신적, 때로는 육체적 고통을 감당할 준비가 되지 않은 시기에)이 어떻게 대타자에 대한 우리의 흐릿한 인식을 혼란스럽게 만드는 상황에 놓이게 하는지를 알려 준다. 이러한 외상성 사건에는 갑작스러운 상실, 신체적 장애 또는 심각한 사고, 심지어 자연재해나 내전으로 인한 이주가 포함될 수 있다. 발달 중인 개인에게 실존적으로 훨씬 더 큰 충격을 주는 것은 충격적인 상황, 특히 어버이자아가 아직 심리적으로 구조화되지 않았거나 잘 내면화되지 않은 아동기와 청소년기에 장기간에 걸쳐 발생하는 경우 대타자의 부재 또는 불충분함이다. 우리가 무의식적으로 무조건적인 보살핌과 사랑을 기대했던 바로 그 어버이자아가 갑자기 그 어버이자아에 대한 우리의 믿음에 고정되어 그 정도의 고통 자체를 받아들이지 못하고, 우리가 견딜 수 있고 궁극적으로 받아들일 수 있는 형태로 고통을 억제하고 우리에게 돌려준다. 따라서 외상의 고통은 모두 우리 자신의 고통이다. 사실 우리 자신이 우리의 고통이자 불치병이며, 우리는 강렬하고 상충되는 질문의 소용돌이 속에서 길을 잃게 된다. "이건 불가능해!" "안 돼!"라고 우리는 외친다.

외상의 고통은 무엇보다도 대타자, 대타자의 실패, 대타자가 죽을 때까지 속죄해야 할 잘못으로 인해 발생한다. 하지만 대타자(Other)는 누구일까? 타자들은 모두 누구일까? 그렇다면 '나는 누구인가? 나라는 이 생명체는 누구의 것인가? 이 신체는 누구의 것인가?' 다시 말해, 사람은 궁극적으로 대타자를 자신의 자기의 신체적 확장, 물리적 생명체 또는 그 다중적 판본으로서의 이미지로 남게 된다.

조현병과 같은 병리로 향하는 개인은 투사적 동일시(projective identification)를 통해 대타자와의 완전한 유착을 이루지 못하거나, 분열 그리고 몸과 마음의 분열을 통해 대타자로부터의 완전한 소외를 이루지 못하는 등 두 가지 실존적 극단(existential extremes)에 직면하게 된다. 이러한 극단에서 사람은 자기와 대타자 모두에 대한 책임의 역사를 포기한다. 여기서 책임감이란 어려운 상황을 포함하여 발달 단계에 따라 타자 및 사회 전반과 관련하여 자신의 감각 및 몸의 경험, 정서, 정신적 이미지, 생각, 행동에 반응하는 방법을 아는 지속적인 능력을 의미한다.

존재론적으로 불안정하고 때로는 육체적 생존까지 위협받는 상황에서 자기와 타자에 대한 책임을 다하는 이 과업의 태생적 역설은 우리가 존재를 위해 싸우는 바로 그곳에 대체할 수 있는 대타자가 없다면 우리 모두는 죽고, 자신을 잃고, 산산이 부서져 미쳐 버릴 위험이 있다는 점이다.

따라서 조현형 정신질환의 드라마는 적어도 두 가지 기본적인 실존적 차원에서 전개된다. 한편으로, 어린이자아에 의해 시작된 원초적 배제의 과정은 정신질환 내담자의 자아를 정신 내적 차원과 관계적 차원 모두에서 항상 새로운 어버이자아를 필요로 하게 만든다. 다른 한편으로, 조현병에서 배제는 심리적 및 관계적 죽음에 반항하여 원래 대타자에게 보이지 않는 존재가 되어 중단된 정신적 삶을 다시 시작하려는 진정한 시도를 나타낸다. 이 반란은 항상 살아 있고 명확한 자아 경계가 없는 원초적 영역에서 아직 '우리'('나와 너' '나'와 '나-아닌-타자'의 의미에서)가 없는 개인적 '나'를 큰 소리로 고통스럽게 선언하려는 시도이다. 에릭 번(Berne, 1975a [1963], 1975c [1972])은 이 영역을 **원초적 각본규약**(primal protocol) 또는 **세포조직 수준의 경험**(tissue level of experience)이라고 불렀는데, 대타자와의 관계에서 가장 내밀한 정서(이 대타자가 아직 자기-아닌-타자로 인식되지 않을 때)가 작용하여 말없이 증오와 사랑, 공격과 포기, 죽음과 삶에 맞서 싸우는 곳이다. 코넬과 랜다이시(Cornell & Landaiche, 2006)가 제시한 각본규약에 대한 좀 더 신랄한 정의는 다음과 같다.

> 각본규약은 친밀한 관계에서 만지거나 촉발될 수 있는 비언어적인 몸의 경험의 핵심이다. 그러한 순간은 종종 희망과 두려움을 동시에 품고 있다. …… 각본규약은 개인의 자아감과 별개로 존재하는 것이 아니라 우리 각자의 관계적인 경험을 구성하는 바로 그 모형이다. 그것은 우리 몸과 자아로부터 분리될 수 없다(p. 204).

폴이 괴로움에 찬 목소리로 "내가 '나'라고 말할 때 '우리'를 의미한다는 것을 당신도 알고 있어요."라고 외치는 것도 바로 이런 이유 때문이다. 정신질환에 걸린 사람들이 "당신은 나에게 정말 누구입니까?" 따라서 "나는 당신에게 정말 누구입니까?"라고 끊임없이 그리고 다소 노골적으로 묻는 것처럼 보이는 것도 바로 이런 이유 때문이다. 이것은 아마도 우리에게 가장 위대한 진리이자 동시에 모든 인간이 성취해야 하는 가장 어려운 실존적 과제, 즉 진정으로 되고 싶어 하고 우리를 위해 거기에 있는 방법을 알고 있는 대타자[또는 분신(alter-ego)]가 없이 '자아'가 되는 불충분함을 상기시켜 준다.

용감한 분석가

폴은 나중에 독립적으로 살 수 있는 아파트를 구하려고 노력했다. 그 후에도 입원을 반복하고 부모님 집으로 돌아갔으며, 재발할 때마다 주체적인 차원에서 세상에서 '자신만의 장소(own place)'를 찾으려는 시도가 크게 실패한 것처럼 생각하며 살았다. 정신병적 붕괴가 일어날 때마다 그는 특히 부모를 핍박했고, 완전히 고립될 때까지

사회적 접촉을 점차 줄여 거의 모든 시간을 집에서 보냈다. 그가 가장 좋아하는 취미는 철학에 관한 책을 읽는 것이었고, 갈수록 비디오 게임을 하는 것이 되었다. 재가치료 팀과 함께 두 번째 작업을 통해 그는 마침내 지원되는 숙소를 구할 수 있었고 이후 정원사로서 취업에 점진적으로 통합되는 프로그램에 참여할 수 있었다.

나는 폴이 패딩턴의 재가치료 팀에 두 번째 입원한 직후, 비교적 정신적으로 안정된 시기를 보내고 있을 때 폴을 만났다. 그는 개인 치료 작업을 위해 내게 보내졌다. 당시 그는 정원사로 일한 지 약 8개월이 지났지만 부모님과의 연락을 모두 끊은 상태였다. 심리치료는 약 2년 동안 계속되었고, 그 기간 동안 나는 그가 매주(때로는 일주일에 세 번) 상담을 받을 수 있도록 했다. 같은 기간 동안 나는 폴의 주치의, 사회복지사, 고용주, 그리고 마지막으로 폴의 부모님도 참석하는 지역 다학제 공동체 정신건강 팀 회의에 폴과 함께 참석할 수 있었다. 나는 다른 사람들(주로 부모님)을 자신의 삶에 영구적으로 적대적이고 지칠 줄 모르는 박해자로 해석하는 폴의 기본적인 방식을 내가 '치료'했다고 생각하지는 않는다. 그러나 나는 폴이 비교적 길고 어려운 개인화 작업을 수행할 수 있도록 도왔다고 확신한다. 이는 우리가 수행한 분석 작업뿐만 아니라 폴이 자신과의 관계에서 '충분히 좋은 사람'이라고 판단한 여러 의미 있는 타자들과 교류할 수 있도록 한 다학제적 그리고 학제 간 노력 덕분에 가능했다. 조현성 내담자와 함께 일할 때 '충분히 훌륭하다'는 것은 자녀의 고통스러운 경험에 대한 친밀한 '직면(confrontation)'에 용감하게 초대하고, 다른 모든 사람과 마찬가지로 자신의 내적 이미지를 외부 현실, 즉 자기-아닌-타자의 심리적 현실에 적응할 수 있을 때까지 가장 진실한 열망을 격려하는 것을 의미한다.

이보다 더 나아가, 에릭 번의 견해에 따르면(Berne, 1975c [1972], pp. 305-307), 직면 상황에서 상담사의 긍정적인 태도는 상담사를 용감하게 만드는 요소이다. 그러나 정신질환 내담자와 함께 일하는 분석가에게 요구되는 용기는 에릭 번이 처음 상상했던 것보다 훨씬 더 광범위한 것으로 보인다. 그것은 비극적인 인생각본의 한계에 처한 정신질환 내담자를 다루는 것이 아니라 더 큰 비극, 즉 초창기부터 단편적인 각본규약으로 대체된 잘 형성된 인생각본의 부재를 파악하는 데 더 가깝다. 그럼에도 불구하고 용감한 분석가는 조현성 내담자를 정신 발달 과정에 따라 안내하는 주요 임무를 책임감 있게 수행하여 분석 작업과 분석 외적 경험을 통해 점점 더 일관된 자아의 서술을 재구성할 수 있도록 한다. 그런 다음 새로운 개인 역사와 진짜 경험한 삶의 수준으로 전환할 수 있다. 이런 점에서 나는 잉글리시(English, 1988)가 다음과 같이 제안한 것에 동의한다.

> [정신질환 내담자의] 상상력은 각본이 제공하는 구조 안에서 환상을 연결하고 조직화할 수 없기 때문에 무질서한 방식으로 거칠게 돌아다닌다. 아무리 부적절하고 무섭더라도 각본은 환상과 현실을 압도적이고 큰 방식으로 대비시키기보다는 작은 방식으로 대비시킬 수 있는 가능성을 제공한다(p. 297).

조현형 정신질환에 대한 결정론적이고 1인칭적인 관점의 다소 광기 어린 위험은 정신질환 내담자의 기준 수치가 내담자의 심리적 및 실존적 질병에 대해 구제할 수 없을 정도로 '유죄'라고 믿는 데 있다. 이러한 사고방식과는 대조적으로 에릭 번(Berne, 1970)은 아동의 정신-몸적 발달에 대한 부모의 영향에 대해 다음과 같이 말했다.

> 어버이자아의 프로그래밍은 부모에게서 얻은 프로그래밍에서 감염되었기 때문에 부모의 '잘못'이 아니며, 또한 자손의 외모는 단지 조상들로부터 전해진 유전자에 의한 것일 뿐인 것과 마찬가지이다(pp. 180-181).

부모의 영향에 기반한 조현성 정신병리의 인과 모델은 이론적 관점[현재 정신병적 장애에 대한 다인성 기원(multifactorial genesis)이 있다는 것이 과학적으로 인정됨]과 치료 및 예방의 관점에서 본질적으로 실용적인 수준 모두에서 다소 환원주의적이다. 그러나 이것은 어린이자아가 이미 직관, 원초적 이미지, 환상, 그리고 더 일반적으로는 주로 각본규약에 기반한 (무의식적인) 비효율적 몸-정서적 유형의 경험을 바탕으로 현실 감정을 가지고 있는 것처럼 보이지만, 개인이 아직 충분히 조직화된 어른자아가 되지 못한 심리 발달 초기의 성격 형성에 대한 부모의 영향을 줄이지는 못한다.

따라서 조현병에 대한 랭(Laing, 1959)의 관점에 따라 '부모의 잘못(parental fault)'에 대한 이야기에서 벗어나 각자의 부모(또는 양육자), 가족 구성원(형제, 자매, 파트너 등), 교사, 나아가 시민과 정치 지도자로서 서로에 대한 책임에 대해 생각해 볼 필요가 있다고 생각한다. 실제로 사회 전반에는 다른 사람들보다 정신생물학적 및 (다)외상성 인생 사건[(poly) traumatic life events]으로 인해 깊은 존재론적 불안정성(deep ontological precariousness)과 실존적 파편화(existential fragmentation)를 경험할 가능성이 높은 민감한 개인이 포함되어 있다. 그러나 이들 역시 넓은 의미에서 모든 가족,

사회, 공동체 삶의 필수적인 기반에 속한다.

임상 경험상 많은, 때로는 심각한 정신질환 내담자가 다발성 외상 병력이 있고 역기능 가정에서 태어났지만, 급성 발작이 있을 때 양육자가 함께 있었고 그 후 심리치료 중에 접근이 가능했을 때 나는 항상 이것이 장애가 아니라 도움이 된다고 생각하였다. 수년 동안 나는 또한 사례마다 다양한 이유(조직적인 어려움, 내담자 또는 양육자의 부재, 친척의 정신질환 유무, 법적 문제 등)로 보다 폭넓은 분석 작업을 위해 가족 구성원을 적극적으로 모집하는 것이 항상 가능하지는 않다는 것을 깨달았다. 즉, 정신질환 내담자의 가족 내에서 수행되는 정신 위생 작업에 관한 페데른(Federn, 1953 [1952])의 선구적인 논문에 따르면, 가능하다면 개별화에 대한 건강한 작업에서 내담자의 가족이나 간병인을 위한 합의된 정신교육 및 더 나아가 심리치료를 배제해서는 안 된다.

지금까지 논의한 이유로, 다른 순전히 신경생물학적 고려 사항을 제외하고, 항정신병 약물 자체가 조현병 치료에 '충분'하지 않다는 것도 분명하다. 항정신병 약물이 내담자의 정신병적 고통(편집증에서 몸-해리까지)을 줄이고 망상 및 환각 경험을 낮추는 데 도움이 되더라도 내담자에게 새로운 어버이자아가 되지는 못한다. 대신 분석가, 다른 정신건강전문가, 더 일반적으로는 가족, 더 넓은 의미에서 사회가 내담자에게 살과 피가 되는 대타자가 되어야 한다. 그들은 함께 정신질환을 가진 개인이 자신의 존재의 적나라함에 접근하고 용기 있고 책임감 있게 '충분히 좋은 개인(good-enough individual)'이 되기 위해 여전히 필요한 원초적 어버이자아를 구현할 수 있도록 도와야 한다(Samuels, 2016, p. 105).

◆ 내담자 측에서

전이 분석의 관계적인 접근법(Hargaden, 2005; Sills, 2011; Sills, 2002; Moiso, 1985)에 따르면, 조현성 내담자와의 치료적 만남은 그들의 생애사적 외상(historical trauma)이 전이 및 역전이의 형태로 다시 나타날 수 있는 결정적인 순간을 제공한다. 편집성 정신질환과 조현형 정신질환을 앞서 제시한 구분을 유지한다면, 이러한 개인과의 치료 관계에는 투사적 동일시(분열의 고통에 대한 편집적 해결에 기반한)와 조현병 전이(schizoid transference; 대타자와의 신체적 관계 가능성에 기반한)라는 두 가지 전이 양식이 존재한다는 것을 알 수 있다.

투사적 동일시

편집성 조현병에서 상담사에 대한 전이는 주로 **양가적 투사적 동일시**(ambivalent projective identification; 또는 **이상화-집착적 전이**)로 정의할 수 있는 과정을 통해 실현된다. 이 과정을 통해 내담자는 상담사를 포함한 대타자를 좋은 또는 나쁜 어버이자아로 경험하게 된다.

안타깝게도 다른 상황에서는 이러한 전이 과정의 결과로 내담자가 박해 대상관계를 내면화하여 자기 자신이나 상담사에게 투사함으로써 파생된 박해적 자기주체(persecutory selfobject; 또는 여러 개의 박해적 자기주체)를 행동으로 옮길 수 있다. 이는 자신과 타자에 대한 언어적 및/또는 신체적 공격적 행동과 같은 심리적 공격으로 이어진다.

조현형 정신질환의 이러한 현상학적 측면은 관계적 외상이 애착유형(attachment style)과 생물학적 및 신경학적 과정(Nijenhuis, 1999; Perry, 1999; Schore, 2003)에 미치는 영향을 반영하여 관계적인 희생자/공격자 입장(Howell, 2002; Howell & Blizard, 2009), 학대받는 어린이/학대자(Stuthridge, 2006), 적대적 전이(adversarial transference)(Hargaden & Sills, 2002)를 재현하고 구현하기도 한다.

다른 한편으로, 전이 과정의 이상화 대응은 자신의 자아의 이상화된 요소(배제하는)를 대타자(P_1)에 투사하는 것으로 이어지며, 편집증적 핵심 자기(C_1)의 비대화를 촉진하는 역할을 한다. 이러한 C_1의 경계 강화는 다시 한번 대타자가 자신의 조기 박해, 따라서 폭력적인 사랑과 증오에 전적으로 책임이 있는 것으로 인식되는 정신병적 분열에 대한 방어책으로 이해할 수 있다.

이와 관련하여 볼라스(Bollas, 1987)는 분석 환경에서의 투사적 식별을 이러한 용어로 정리하였다.

> 이 전이 태도(transference position)는 근본적으로 강렬한 불안에 의해 자아의 한 요소가 대상 속으로 대피하는 것이 특징이다. 반면에 투사된 요소들은 안전한 보관을 위해 수용자에게 배치된 자아의 가치 있는 부분일 수 있으며, 자기의 좋은 분아가 자기의 나쁜 분아로부터 살아남을 수 있도록 하는 자아의 분열이다(p. 244).

실제로 임상 연구에 따르면 편집증적 주체(paranoid subject)는 박해하는 대타자에 대한 방어뿐만 아니라 대타자에 대한 유사한 박해적 공격에도 매우 적극적으로 참여하며, 희생자에서 박해자, 박해자에서 희생자로 심리적 태도를 끝없이 번갈아 가며 변화하는 모습을 보인다.

편집증 해결 방법

대타자를 이상화하든 박해하든, 어느 쪽이든 편집증 내담자는 자신이 대타자의 악의적 관심의 우선적 대상이라는 사실을 받아들이게 된다. 대타자/세계의 편재하는 관심과 관련하여 편집증 내담자가 중심이 되는 태도는 박해망상(persecutory delusions)이라는 형태로 외부 위협을 망상적으로 구조화하게 된다.

더욱이 선한 대타자와 악한 대타자 사이의 어린이자아 속의 어버이자아(P_1)의 수직 분열과 그 사람의 핵심 자기로부터의 동시 추방(simultaneous expulsion)(P_1 배제)은 편집증적 개인이 자신의 자아의 구조적 '전체'에 대한 환상을 보존하기 위해 노력하면서 해체의 고통에 직면하는 주요 해결책이다. 이 관점에 따르면 편집성 자아는 발달 초기에 대타자를 내부에서 추방하며, 따라서 대타자는 배제되지만 구조적으로 완전히 상실되지는 않는다.

편집증 내담자는 대타자의 박해적인 상실에 대해 비탄과 슬픔으로 대응하지 않고, 대신 대타자, 즉 편재하고 전능하며 세상의 모든 선과 악이 그 위에 놓여 있는 것으로 인식되는 환각적 대타자(hallucinated Other)에 대해 폭력적인 반격(종종 자신과 타자에게 비극적인 결과를 초래함)을 가하는 것으로 대응한다. 이 박해적 대타자(persecutory Other)의 편재성(ubiquitousness)은 그 어버이자아의 본성에 의해 교류적으로 설명된다. 즉, 그것은 원초적 대상, 환경-(모)대타자[environment-(M)Other], 또는 세계-대타자(World-Other), 더 구조적인 용어로 정확하게는 P_1, 심지어 P_0로 경험된다.

대타자의 조기 상실에 대한 부정된(denied) 슬픔은 편집증적 경험의 가장 깊은 고통을 은폐한다. 즉, 편집증 내담자는 진정한 '대타자의 감각(sense of the Other)'에 접근하지 못하고 단순히 살아남기 위해 대타자와의 진정한 상호작용뿐만 아니라 자신의 자아를 통합할 수 있는 기회조차 포기한다.

조현병 전이

다시 말해, 조현병적 정신질환은 발달적으로 조기 형태의 조현병적 정신질환이며 다소 심한 유형으로는 긴장성 조현병(catatonic schizophrenia), 파과증[hebephrenic; 또는 무질서형(disorganized)] 조현병, 단순 조현병(simplex schizophrenia)이 있으며, 마지막 유형은 증상이 경미한 조현병성 조현병으로 미분화형 정신질환에 해당한다. 이러한 경우 상담사에게 전이가 없는 것으로 보인다. 이것은 실제로 개인과 부모 인물 사이의 생애사적 관계 결핍을 나타내는 현상학적 표식이다. 이것은 나중에 스투스리지(Stuthridge, 2006)가 설명한, 공허한 자녀/관여하지 않는 부모의 입장과 일치하여 정신병적 개인의 성격에서 구조화된다.

동시에, 이러한 전이 유형의 조현성 특성은 내담자가 신체 감각에 대한 집착이 증가함에 따라 임상적으로 분명해진다. 따라서 내담자의 어린이자아의 이러한 두려움으로 가득 찬 몸-정서적 상태는 본질적으로 전-언어적이며 종종 더 광범위한 자기 분열과 소멸에 대한 초기 비언어적 외상 경험과 밀접하게 관련되어 있다.

투사적 동일시(Klein, 1997; Ogden, 1992 [1982]) 및 변형적 전이(transformational transference)(Hargaden & Sills, 2002)와 유사하게, 조현성 내담자는 아기가 부모의 몸이나 장난감, 동물과 같은 물리적 대상에 전이하는 것처럼 자신의 신체적 불편함을 다른 사람(즉, 상담사) 또는 다른 신체나 대상에 전이하려고 한다.

나는 나중에 볼라스(Bollas, 1987)의 저서에서 공감을 불러일으키는 개념을 발견했는데, 그가 **추출적 내사**(extractive introjection)라고 부르는 개념이다. 내 생각에 이것은 내담자와 상담사 사이의 이러한 비언어적인 무의식적 역학 관계에 대한 이해를 증진하는 데 도움이 된다. 실제로 조현병 전이에서 나타나는 어버이자아에 대한 동경은 볼라스(Bollas, 1987)가 추출적 내사에 기인한 것과 동일한 '기생적(parasitical)' 특성을 가지고 있다. 이러한 경우 내담자는 "삶을 향상시키는 모든 것(파괴를 포함)이 분석가 내부에 있다고 가정하여 가능한 한 분석가와 가깝게 살도록 영감을 준다."(p. 164)

치료적 관점에서 훨씬 더 흥미로워 보이는 것은 새로운 대타자와의 이러한 암묵적이면서도 강력한 근접성이 잠재적으로 분석받는 두 사람으로 하여금 전례 없는 의존적인 경험을 할 수 있도록 준비시킨다는 점이다. 여기서는 이러한 전이의 무의식적 차원에 대해서만 간략하게 언급하고, 이에 대해서는 4장의 뒷부분에서 자세히 설명하겠다.

사실, 정신병적 폭풍에도 불구하고 지금-여기에서 대타자(상담사 포함)와의 새롭고 객관적인 관계를 갈망하는 자아의 일부가 있음을 인식하는 것이 조현병의 고통을 실제로 치료할 수 있게 한다. 정신질환 내담자의 고통을 들여다보는 이러한 방식은 솔직히 해석적이지 않더라도 주로 해석적인(그리고 상담사가 내담자에게 일방적으로 적용하는 경향이 있는) 분석적 입장에서 벗어나(예: Freud, 1963 [1917]; Jaspers, 1972 참조), 상담사가 내담자에게 적용하는 방향으로 나아갈 수 있게 해 준다. 상담사가 내담자의 주요 정신 발달 요구와 동기화하여 몸-정서적 수준에서 작업해야 하는 공동 창조적 방법론(이중인격적이거나 내담자와 상담사에 의해 공동 창조됨)을 지향한다.

건강염려증 붕괴와 자아의 조직(세포) 경험

지금까지 논의된 고려 사항을 바탕으로 조현성 내담자의 어린이자아(C_2)는 완전히 발달된 성인의 도움 없이 배제 과정의 지속적인 특성으로 인해 역설적으로 충분히 내면화, 통합 및 발달되지 않은 어버이자아를 찾고 있다고 말할 수 있다. 어린이자아는 파괴되는 것에 대한 두려움 때문에, 또는 충격적인 유기와 방임으로부터 신생 자기(C_0, C_1)를 보호하기 위한 방법으로 부모와 조기에 만성적으로 분리되어 왔다.

통합되지 않은 A_2가 있는 상태에서 꾀돌이자아(A_1)가 어느 정도 체계화된 망상이나 환각을 구성하여 현실을 이해하고 불안한 어린이자아(C_1)를 억제하면서 자기 경험을 재구성하려는 시도에 실패하면, 전체 어린이자아상태(C_2)의 구조적 붕괴가 뒤따를 가능성이 높다. 나는 이러한 어린이자아의 내적 과정을 어린이자아/자기의 **심기증 붕괴**(hypochondriacal collapse)라고 부르는데(Mellacqua, 2014), 이는 어린이자아/자기의 특이한 정신신체적 특성 때문이다.

여기서 사용되는 '심기증적'이라는 용어는 정신질환 내담자가 생명을 위협하거나 정체성을 위협하는 심각한 신체 질환에 걸린 것에 대해 경험하는 흔들리지 않는 불안에 집중하기 위해 정신신체적 스펙트럼을 좁혀서 사용한다. 정신질환을 경험하는 사람들은 종종 망상적 성격의 일련의 신념과 신체적 불만을 표현하는데, 이는 정신건강의학과적 무효화 상태인 심기증(hypochondriasis)과 유사한다.

이러한 정신병적 자아의 붕괴는 정신질환에서 **자기 성애**(autoeroticism)(Freud, 1958 [1905])와 **자폐증**(Bleuler, 1950 [1911])의 개념을 연상시키는데, 자기 성애는 자아 발달의 근본적인 자기애적 단계 측면에서, 자폐증은 현실에서 내면으로 폐쇄하는 자아의 적극적인 특성이며, 그리고 양쪽 모두 신체에 대한 성욕 및 정서적 투자이다. 이러한 붕괴는 교류분석 문헌에서 어린이자아의 일종의 **접기**[folding; 또는 **내면화**(introflection)]라고 불리는 것의 한 측면으로 간주될 수도 있다(Erskine, 2010, p. 12; Perls et al., 1951). 이러한 구조적 붕괴는 궁극적으로 에릭 번(Berne, 1975c [1972])이 인간 경험의 "세포조직 수준"(p. 111)이라고 불렀던 것과 울램스와 브라운(Woollama & Brown, 1978)이 나중에 '신체적 어린이자아'(C_1)로 정의한 것의 출현으로 이어질 것이다.

원초적 각본규약에 대한 에릭 번의 개념화와 경험의 세포조직 수준에 대한 그의 개념은 현재 암묵기억 또는 하위 상징적 조직으로 구성될 수 있다. 이는 현대 정신분석학, 인지 연구, 정서 신경과학, 신체 심리치료 분야에서 점점 더 많은 관심을 받고 있다(Anderson, 2008; Bucci, 1997a, 1997b; Ciompi, 1982, 2003; Cornell, 2015; Damasio, 1996 [1994], 1999; La Barre, 2001; Lemma, 2015; Mancia, 2007; Panksepp, 1998, 2009; Schore, 2003, 2012).

특히 부치(Bucci, 1997a, 1997b, 2008)는 감각적 · 운동적 · 본능적 · 정서적 경험을 말로 표현하는 과정에서 언어적(즉, 단어) 및 비언어적(즉, 이미지) 상징을 감각-정서적 및 신체적(즉, 하위 상징적) 정보에 연결하기 위해서는 **참조 과정**(referential process)이라고 부르는 과정을 거쳐야 한다는 이론을 세웠다.

대신, 조현병에서 볼 수 있듯이 어린이자아의 구조적 붕괴는 언어의 붕괴(파편화됨), 연상의 느슨함과 일관성 없는 생각, 몸-정서적 경험을 정신화하는 능력의 결함, 반사 기능의 심각한 조절 장애(Fonagy et al., 2002), 상징적인 것과 하위 상징적인 것의 분리로 이어진다(Bucci, 1997a). 어린이자아가 자신의 신체에 반영되는 이러한 현상은 임상적 수준에서 종종 허무주의적 망상 및 더 무효화되는 환각(시각 · 촉각 · 미각 · 후각 환각)의 발현과 일치하며, 이는 자기/자아 경계 부재의 징후(생각 삽입, 생각 폐쇄, 생각 방송)를 동반하여 타자 및 현실 세계로부터 방어적 소외와 소원함을 더욱 만연한 상태로 이어지게 된다.

정신질환 내담자와의 첫 임상 면담을 떠올려 보면 그들의 혼란스러운 얼굴, 움츠러들고 때로는 웅크린 몸, 긴 침묵, 그리고 무엇보다도 그들과 말로 소통할 수 없었던 기억이 아직도 생생하다. 그들이 눈에 보이는 고통의 늪에 빠진 상태를 줄이기 위해 말로 도와주고 싶은 마음이 간절했지만, 그들은 내 손이 닿지 않는 먼 곳에 있는 것처럼 보였다. 이런 모임에서 나는 점점 더 참을 수 없는 좌절감을 느꼈고, 약물 치료, 날씨, 스포츠와 관련된 주제로 돌아가서 급히 자리를 뜰 때가 많았다. 이런 일이 꽤 오랫동안 계속되다가 빅(Bick)과 앙지외(Anzieu), 그리고 나중에 가장 중요한 저자로 꼽

히는 레스닉과 볼라스와 같은 정신분석학자들의 연구를 접하게 되었다. 특히 '제2의 피부'에 대한 빅(Bick, 1968, 2002 [1986])의 개념과 '싸개'에 대한 앙지외(Anzieu, 1989)의 개념은 치료 관계의 신체적 차원을 지속적으로 언급하여 내 관심을 끌었다. 그래서 나는 이 내담자들과의 분석적 만남에 내재된 신체적 과정을 포함한 무의식적 과정에 대한 보다 체계적인 연구에 착수하게 되었다. 이 작가들의 책을 읽는 것과 병행하여, 나는 정신질환 내담자들과의 상담 시간에 거의 무한정 침묵하고 종종 불편한 자세를 유지하면서 신체적 통증, 얼굴 홍조, 겨드랑이 땀, 요추 부위의 고통스러운 경련, 이러한 몸의 경험과 자유롭게 연관된 이미지와 생각에 사로잡히는 내 자신을 발견하기 시작하였다. 처음에는 이 모든 것이 우리 사이에 어떤 언어적 교류도 없이 일어났다. 침묵이 나에 대한 의심을 키우는 심각한 형태의 편집성 정신질환으로 고통받는 내담자를 제외하고는 대부분의 다른 정신질환 내담자들이 나의 신체적 존재와 심지어 나의 긴 침묵을 어떻게 견뎌 내는지 알았다. 나는 이 내담자들이 어떻게든 방에서 다른 일이 일어나기를 기다리거나, 설명할 수 없는 일이 이미 일어나고 있다고 확신하거나, 몇 마디 말이라도 특별하고 즉시 명확하지 않은 방식으로 우리 사이에 흐를 수 있으며, 시간이 있고 궁극적으로 이것의 의미를 함께 파악하려는 욕구가 있다는 것을 점차 알아차렸다.

나중에 정신질환 내담자들과 더 집중적으로 일하기 시작했을 때, 무의식적 방어 기제로서 **제2의 피부** 과정(Bick, 1968, 2002 [1986])에 대한 빅의 설명은 그러한 내담자들을 전통적인 대화 치료에서 관계적으로 참여시키는 것이 왜 그리고 어떻게 그렇게 어려운지 이해하는 데 도움이 되었다. 빅은 피부의 기능을 일차적인 수용체(container)로 이해했다. 빅에 따르면 이러한 담는 기능의 내면화는 유아에게 신체 경계, 3차원, 구획화라는 원초적 개념을 제공하고, 동시에 심령적 용기, 즉 **심령적 싸개**(psychic envelope)라는 앙지외(Anzieu, 1989)의 더 유용한 은유를 사용한다. 이러한 요소들은 발달 중인 개인과 참조하는 타자 사이의 초기 대상관계에서 볼 수 있듯이 투사적 및 내재적 기제의 근본적인 선구자로 간주된다. 빅과 앙지외가 제안한 개념에 따르면, 어버이자아의 억제는 아기의 '심리적 피부(psychological skin)'의 성장을 지원하는 것이지만, 이러한 격리가 잘못되었을 때(예: 학대나 심각한 방임의 형태로 반복되는 관계적 외상의 결과) 아기는 해체를 방지하기 위해 의사 독립적인 형태의 자기 보호인 '제2의 피부' 방어에 의지할 수 있다. 유아의 조숙한 언어 발달, 자기 자신을 달래기 위해 자신의 목소리로 울음을 터뜨리는 것, 스트레스를 받을 때 몸을 단단히 움츠리는 근육의 긴장 등이 제2의 피부 방어 양식의 예이다.

정신병적 자아의 근본적인 괴로움에 대한 원초적 정신신체적 해결책의 예는 '경직된 어린이자아'의 징후로서 긴장성 내담자에서 볼 수 있다. 유아의 경우, 이러한 정신신체적 재연에는 경직된 근육과 신체 경직, 자아를 붙잡기 위한 방법으로 무생물을 붙잡는 고정된 시선, 숨을 참거나 감각을 닫는 것, 자기 진정의 방법으로 조숙하게 말하는 것 등이 포함될 수 있다. 이 모든 것은 언어적 교류에서 조기에 길을 잃은 꾀돌이자아(A_1)가 신체적 어린이자아(C_1)에게 자기 경험에 대한 신체적 서사를 재창조하게 하는 것처럼 일어난다.

실제로 정신질환 내담자는 실제 대상관계에 대한 결함 있는 능력을 다루는 방법으로 감각-정서적 경험과 신체적 감각을 과도하게 사용하는 경우가 많다(P_1 및 P_0 배제). 신체 기능에 대한 집착이 증가하면서 동반되는 정신병적 금단은 역설적으로 조기 관계적 외상으로 인해 손상되어 실제 회복 과정을 통해 작동할 수 없는 자아를 위한 일종의 약물 치료가 된다.

극심한 관계 결핍을 경험한 후 빈 공간을 채우려는 시도가 뒤따르는 경우가 많다. 이러한 상황에서는 향정신성 물질(psychotropic substances; 대마초, 암페타민, 코카인, 헤로인 등), 알코올, 심지어 다양한 문화적 함의를 지닌 강력한 어버이자아의 역할을 수행하는 전투적 노조나 종교 공동체에 대한 의사 활동적인 사회 참여가 결여된 P_0, P_1, P_2 기능의 일부를 형성할 수 있다. 이는 현실 세계에서 배제하는 어버이자아를 찾음으로써 자아 정체성을 구성하고 유지하려는 신생 자기(C_0 및 C_1)의 치열한 시도를 반영한다.

치료의 맥락에서 정신질환 내담자가 '제2의 피부'(Bick, 1968, 2002 [1986])를 사용하는 것은 상담사와의 신체적(몸-대-몸) 교류의 형태로 나타난다. 이러한 신체적 전이는 멜처(Meltzer, 1975)와 터스틴(Tustin, 1990)이 자폐증 내담자를 대상으로 한 연구에서 **유착적 동일시**(adhesive identification)라고 설명한 것과 유사하며, 레스닉(Resnik, 2005)이 정신질환에서 **신체적 동일시**(bodily identification)라고 언급한 것과도 유사한다. 이러한 유형의 교류는 대부분 무의식적 수준의 상호작용에서 발생하며(Cornell & Landaiche, 2008), 내담자와 상담사 모두 신체적 어린이자아에 적극적으로 참여한다(C_1 대 C_1 교류). 치료 관계에서 이러한 깊은 신체적 전이와 역전이의 현실로 인해 교류분석 임상의는 정신질환 내담자와의 TA 방법론을 중요한 영역, 특히 "원초적 이미지(primal images)"(Berne, 1975b [1961], p. 208; 1955/1977, 4장)와 "원초적 각본규약(primal protocol)"(Berne, 1975a [1963], pp. 218–219, p. 228; 1972/1975c, p. 123)과 관련된 영역에서 수정하도록 강요했다. 블룸(Bloom, 2006)이 제안하였듯이, "어떤 경우에는 오랫동안 유지되고 깊숙이 내재된 제2의 피부 과정이 정신적 사고와 이미지에 대한 보다 일반적인 정신분석적 탐구와 병행하는 그 자체의 무의식적 서술을 나타낸다고 제안할 수 있다"(p. 59)고 한다.

다시 말해, 정신질환 내담자들과 함께 일하면서 상담사와 내담자의 몸의 경험을 모두 포함하는 무의식-무의식 간 의사소통에 상담사가 얼마나 큰 중요성을 부여해야 하는지를 깨닫게 된다. 실제로 활동성 조현병을 앓고 있는 내담자와의 임상 작업을 통해 무의식은 언어일 뿐만 아니라 무엇보다도 자신과 타자에 대한 신체적 파악과 감각적 앎이라는 것을 알 수 있었다.

이와 관련하여, 나는 처음에 에릭 번(Berne, 1975b [1961], 1977 [1955])이 구상한 원초적 각본규약의 개념과 함께 볼라스(Bollas, 1987)가 개발한 **생각하지 않고 아는 것**(unthought known)이라는 개념이 방법론적으로, 특히 정신질환 내담자들과 훨씬 더 깊은 수준의 상호성에 초점을 맞추는 데 도움이 되는 매우 빛나는 개념이라는 것을 알게 되었다. 볼라스가 보기에 미처 생각하지 못한 것은 우리가 어느 정도는 '알고 있지만' 적어도 처음에는 말로 표현할 수 없는 것을 의미한다. 그러한 지식을 말로 표현할 수 없는 이유는 대타자성을 통해 자아가 형성되는 방식에 대한 그의 이해에서 드러난다.

> 자기의 개념은 우리 존재의 뚜렷하고 개별적인 경험을 감지하고, 느끼고, 관찰하고, 성찰하는 태도 또는 관점을 지칭해야 한다. 한 가지 중요한 관점은 우리를 경험하는 다른 사람을 통해 나온다(pp. 9-10).

볼라스(Bollas, 1987)는 또한 주체성의 형성은 사고나 언어가 발달하기 이전에 형성된 대상관계에 머물러 있다고 주장하였다. "대상에 대한 경험은 대상에 대한 앎에 선행한다."(p. 39) 볼라스에 따르면, 대타자에 의해 붙잡히고 대타자를 통해 변형되는 이러한 비인지적 경험은 "언어 이전의 자아 기억을 반복적으로 재연하는 대상 추구"(p. 16)의 한 형태를 구성한다.

분석적 관점에서 볼라스와 마찬가지로 인지 및 정서 신경과학 연구자인 쇼어(Schore, 2001)는 이러한 비언어적 상호성을 "언어적 신체 기반 대화"(p. 67)라는 관점에서 생각하였다.

그러나 내가 신체의 신체성과 분석 과정에서 신체의 혼란스럽고 유익한 역할에 가장 매료된 것은 이후 코넬(Cornell, 2008a, 2008b, 2015; Cornell & Landaiche, 2006)의 저서를 읽으면서부터였다. 코넬(Cornell, 2015)에게 치료 과정 자체는 "언어의 편안함과 친숙함으로는 쉽게 다가오지 않는 경험의 영역으로 들어가는, 종종 말이 없는 일종의 정신신체적 파트너십이 된다."(p. 44)고 말한다. 분석 과정에서 몸의 경험에 대한 그의 성찰은 내가 가장 불안정한 정신질환 내담자들과의 임상 작업에 점차 더 많이 관여하게 되면서 내게 가장 중요한 것으로 입증되었다. 실제로 이 장과 다음 장의 과제는 에릭 번의 이론과 방법론을 적절히 발전시킴으로써, 특히 정신질환으로 고통받는 사람들과의 분석 작업에서 교류분석가들이 어떻게 자신의 신체적 반응과 역전이 반응을 수용하는 방법을 배울 수 있는지 재고하도록 유도하는 것이다.

또한 내가 보기에 교류분석은 강력하게 연상시키는 어휘, 직관적인 도형, 보다 확실한 은유를 제공함으로써 정신분석과 신체 심리치료 분야에 정신 내적 과정과 대상관계에 대한 더 깊은 이해를 제공할 수 있다. 따라서 잠재적으로 조현병의 이해와 치료에 관한 다양한 치료적 접근법 간의 통합을 촉진할 수 있다.

◆ 상담사 측에서

일반적으로 모든 치료 관계에서 내담자에 의해 재연된 전이 역학은 분석가로부터 나오는 유사한 반전 역학과 연관되어 있다(Racker, 1957). 이를 위니컷(Winnicott, 1975)은 **객관적 역전이**(objective countertransference)라고 정의하였고, 클락슨(Clarkson, 1992)은 "심리치료사가 심리치료 관계에서 내담자의 투사, 성격, 행동에 대해 정확하고 객관적으로 반응하고 있음을 강조하는 것"을 목표로 하는 **반응적 역전이**(reactive countertransference)로 더 잘 표현하였다(p. 155).

이는 정신질환 내담자와의 작업에서 상담사가 상징, 이미지, 암시, 은유, 그리고 생각과 정서가 구체적이면서도 연약하고 불안정한 몸-정서적(따라서 원초적) 서술로 가득 찬 관계의 장에 즉시 투입될 때 분명하게 드러난다. 여기에는 찰나의 표정이나 목소리 톤과 리듬의 변화, 심지어 입고 있는 옷의 종류, 몸의 자세, 치료실 주변에 배치된 무생물까지 모두 분석 환경의 친밀한 일부가 되는 작은 몸짓이 포함될 수 있다.

실제로 정신병적 붕괴를 경험하는 개인의 분석가로서 우리는 주로 상상력과 신체적 등록을 통해 표현되는 다양한 하위 상징적 경험에 항상 몰입하게 된다. 따라서 정신질환 내담자와의 치료 관계에서 나타나는 역전이의 유형을 정의할 수 있으려면 내담자의 전이에 대한 분석가의 잠재의식적 · 무의식적 반응과 수용성을 보다 명확히 밝혀야 한다.

예를 들어, 초기에 가장 불안정한 정신질환 내담자들과 함께 일하면서 나는 내담자에게 무언가를 말하거나 분석 외적인 관심사로 주의를 돌리고, 오히려 내 몸의 불편함을 무시하려고 노력함으로써 방 안의 긴 침묵을 잠재우려는 강한 경향을 점차 더 잘 인식하게 되었다. 나는 적어도 처음에는 내담자들에게 말로 표현할 수 없는 고통에 대한 효과적인 치료법을 제공하지 못하였다. 슬프게도 나는 내담자들의 말을 듣지도 않았다.

나는 정기적인 슈퍼비전을 위해 정신분석 중심의 교류분석가를 찾았고, 폴 페데른, 윌프레드 비온(Wilfred Bion), 도널드 위니컷(Donald Winnicott)의 정신분석 작품과 폴 윌리엄스(Paul Williams), 살로몬 레스닉(Salomon Resnik), 안토니노 페로(Antonino Ferro), 리카르도 롬바르디(Riccardo Lombardi), 크리스토퍼 볼라스(Christopher Bollas), 윌리엄 코넬(William Cornell)과 같은 현대 작가들에 대한 관심으로 더욱 깊어졌다. 또한 정신질환 내담자를 대상으로 한 임상 작업에서 떠오르는 문제를 해결하기 위해 직관과 원초적 이미지에 관한 에릭 번의 첫 저술과 각본규약에 대한 그의 초기 개념을 다시 읽었다.

젊은 교류분석가이자 임상의인 내게 이 시기는 내 직업 생활에서 가장 흥미롭고 풍요로운 배움의 시기 중 하나였다. 정신질환 내담자들 앞에서 신체적 불편함을 반복적으로 경험하면서 나는 서서히 새로운 치료의 영역으로 진입할 수 있었다. 근본적으로 나는 심리치료사로서 처음으로 말이나 행동 없이도 내 자신의 몸의 경험을 분석 과정으로 끌어들이는 방법을 배웠다. 놀랍게도 내 정신질환 내담자들도 자연스럽게 그렇게 하였다. 그들은 언어적 교류를 요구하지 않았다. 만약 요구했다면 그것은 단순한 요구 그 이상이었다. 예를 들어, 편집증 내담자에게는 싸우거나 도망치거나 얼어붙으라는 것은 다소 노골적인 권유인 반면, 좀 더 위축된 정신질환 내담자에게는 내 말을 통해 어떻게든 '살려야 하는 것'처럼 보였다. 본질적으로, 그들의 몸과 몸짓은 내 신체 감각을 통해 무의식적인 정신에 영향을 미쳤고, 내 자신의 언어화되지 않은 신체 반응을 통해 점점 더 많은 것을 인식하고 동시에 불안해하였다. 그 후 이미지와 꿈이 반복적으로, 때로는 다소 야만적으로 떠오르면서 밤에, 치료회기 중에, 출퇴근하는 버스 안에서 내 무의식을 의식의 표면으로 드러내곤 하였다. 그러나 보다 일관성 있는 서술은 분석 여정의 훨씬 후반에 슈퍼비전의 도움 없이도 나올 수 있다.

의미는 보통 복잡한 감각, 몸-정서적 경험, 은유, 감각적(종종 침묵) 해석, 꿈 분석, 그리고 치료 환경 안팎에서 나타나는 다양한 상황 사이의 상징적 연결을 반복적으로 상호 공유한 후에야 뒤따라오게 된다.

보다 구체적으로 조현형 정신질환의 전이 분석과 관련하여, 다음 부분에서는 분석가의 각본규약 경험과 역전이 반응에 의해 역동적으로 정보를 얻고 형성될 때 전이의 본질을 보다 일반적으로 정의한 에릭 번(Berne, 1975c [1972], p. 392)이 언급한 "혼돈 상황(chaotic situation)"에 대한 다양한 이해 수준의 전개를 다룬다.

투사적 길항동일시

정신질환 내담자들을 대할 때 우리는 종종 선과 악, 구원과 멸망, 죽음과 삶이라는 근본적인 딜레마에 직면하게 되며, 더 심각하게는 이것과 저것 중 하나를 선택할 수 없는 상황에 처하기도 한다.

이러한 불가능성은 당연한 것으로 받아들여질 뿐만 아니라, 과거에 실제로 사랑과 증오를 [블레이크 씨의 경우처럼 극단적이고 왜곡되고 반복적인 외상을 겪은 경우라도(이 장의 '임상 사례' 참조)] 내담자는 아주 초기 정신 발달 시기에 경험했기 때문에, 즉 내담자에게는 피할 수 없는 상황에서 같은 주 양육자로부터 나올 수밖에 없는 것을 경험하였기 때문에 생애사적으로 뿌리가 깊다.

내담자로서든 상담사로서든 편집성 정신질환의 세계로 들어서는 순간, 우리는 존재와 정신 전기적 역사(잠재적으로 우리 각자의 인간성과 관련될 수 있는 역사)의 극복할 수 없는 극과 극을 마주하는 것 같다. 특히 정신질환 내담자를 치료하는 상담사로서 우리는 내담자를 구현함으로써 좋은 대타자와 나쁜 대타자, 사랑받는 자와 미움받는 자가 동시에 되는 경우가 거의 없고, 설령 있다 하더라도 아주 오랫동안 둘 중 하나만 되는 경우는 거의 없다. 항상 이 두 가지 존재는, 대조적인 정체성의 나눌 수 없는 배열 또는 서로 이질적인 정체성의 '일부'로 경험된다. 경우에 따라 이들은 서로 적대적인('너는 나의 천사' 또는 '너는 악마, 죽어야 해!') 존재이거나 누군가 또는 다른 존재(예: 국제 스파이 조직, 마피아 집단, 사악한 사이비 의료 전문가 조직, 경찰, 가족 음모 등)를 대신하여 사악하게 행동하는 개인으로 잘못 인식되는 마법의 실체 또는 영적 수준으로까지 승격되기도 한다.

이것이 바로 조현병의 감정과 사고 방식을 언급할 때 블로일러(Bleuler, 1950 [1911])

가 전문적으로 언급한 '병리적 양면성(pathological ambivalence)'이다. 즉, "상충되는 감정이나 생각이 서로 영향을 미치지 않고 나란히 흐르는 결과이다."(pp. 354-355) 그는 이어서 다음과 같이 덧붙였다.

> 건강한 사람에게도 모든 일에는 양면성이 있다. 장미에는 가시가 있다. 하지만 보통 사람들은 100번 중 99번은 두 가지 측면을 비교하고 긍정적인 가치에서 부정적인 것을 뺀다. 그는 가시가 있음에도 불구하고 장미를 높이 평가한다. 조현성 내담자는 연상 연결이 약해져 있어 문제의 여러 측면을 반드시 하나로 모으지 못한다. 그는 장미의 아름다움 때문에 장미를 사랑하고 가시 때문에 장미를 미워한다(pp. 374-375).

정신질환 내담자가 우리에게는 전이적 투사(긍정적이면서 동시에 부정적인)로써 그 사람의 내면 세계의 측면, 즉 우리의 세계가 되기도 하고 즉시 이해할 수 없는 세계를 우리에게 보여 준다. 그들은 또한 종종 서로 화해할 수 없는 정서적 및 인지적 경험과 관련된 불일치와 당혹감을 왜곡하면서 악화시키며, 따라서 덜 강렬하고 폭발적인 수준에서 던져지지만 '건강한' 것으로 추정되는 사람들의 주체적인 삶을 채색한다.

따라서 투사적 동일시는 그 기원과 그것이 기여하는 이중인격적 기여, 즉 주체(또는 내담자)와 원초적 대상(또는 중요한 대타자) 사이의 원초적이고 몸-정서적인 상호작용을 인정할 때에만 본질적으로 이해할 수 있다.

더욱이 멜라니 클라인(Klein, 1997)은 투사적 동일시를 분열의 한 형태로 간주하고 이것이 어떻게 역전이의 두 가지 분위기 정서에서 추론될 수 있는지 설명하면서 상담사가 이분법적인 역전이의 경험과 행동, 즉 '흑백논리'의 분위기와 '전부 또는 전무'의 강도에 직면하도록 유도한다는 점을 기억할 필요가 있다. 결과적으로, 내담자의 정서적 감정과 이분법(증오-사랑, 선-악, 박해-이상화)은 유사하게 이분법적이고 화해할 수 없으며 따라서 견딜 수 없는 정서의 급증과 대조를 이룬다. 분석가는 이러한 정서를 밖으로 내보냄으로써 내담자와 같은 방식으로 스스로를 해방시키려고 한다. 이러한 이유로 투사적 동일시[**투사적 길항동일시**(Grinberg, 1979)]에서 역전이는 분열과 이질적인 것의 의미를 갖게 된다. 분석가는 자신의 완전성에 대한 공격이나 병적 마비, 즉 외부에서 들어온 일종의 정신적 감염이 자신의 마음에 침투하여 체계적으로 확산되어 자아를 오염시키려는 위협으로 경험하게 된다.

투사적 동일시 개념이 원래 클라인(Klein, 1997)에 의해 정신 내적 방어 수단으로 확인되었고, 이후 이 분야의 유명한 저자들인 비온(Bion, 1984 [1967], 1977 [1962]), 그로츠타인(Grotstein, 1981, 2005), 오그던(Ogden, 1992 [1982])에 의해 내담자와 분석가 모두의 내면과 대인관계 세계 사이의 다리로 확장되었다.

투사적 길항동일시(projective counteridentification)는 편집증 내담자와의 어느 정도 그리고 종종 정상 참작을 거친 후에 마침내 점진적인 정서적 소원 상태로 이어질 수 있다. 그 결과 상담사는 치료 관계에서 방어적으로 거리를 둘 위험이 있으며, 종종 일방적인 해석의 메스를 사용할 때와 마찬가지로 자신의 경험과 내담자의 경험을 합리화하여 '전문가'의 역할과 동시에 자신과 내담자 및 타자의 안전에 대한 '통제자'의 역할을 다소 불안하게 수행하게 될 수 있다.

공격적 마비 역전이

정신질환 내담자가 급성 붕괴기에 있거나 특정 상황(예: 정신병원이나 교도소 내 치료 환경)에서 정신질환 내담자와의 관계에 균열이 보이기 시작하면 내담자뿐만 아니라 때로는 상담사의 심리적 · 신체적 완전성까지 위험에 빠뜨릴 수 있다.

정신질내담자와의 관계에서 특정 상황에서 불행히도 발생할 수 있는 자기 자신과 타자에 대한 공격성의 역학관계(대부분 약물 및/또는 알코올의 사용이나 남용으로 인해 복잡해짐)는 대타자(파트너, 가족, 사회 또는 의료 종사자, 상담사 자신)를 점진적으로 대상화하는 더 깊은 과정의 결과이다. 여기서 대상화(objectification)란 대타자를 일종의 이물질로 환원할 정도로 비인격화 또는 비인간화하여 생명이 없는 물체 수준으로 평평하게 만드는 것을 의미한다. 따라서 대타자는 내부에서 외부로 나가는 길을 막는 장애물, 걱정스러운 종양, 내담자의 주의를 폭력적으로 요구하는 자아의 초월적인 측면처럼 행동할 수 있다. 그것은 마치 준 충수돌기(또는 더 나은 표현으로는 정신 내적 탈장)처럼 외부로 돌출된 채 돌이킬 수 없는 상태로 남아 있다. 따라서 즉시 교활하고 사악하며 자신의 생명을 위협하는 것으로 간주되기 때문에 증오, 부정, 은폐, 심지어 절단에 취약하다.

조현성 내담자의 공격성을 자기애적 관점에서 볼 수도 있는데, 이 관점에 따르면 내담자는 분석가를 마치 내담자 자신의 자아의 연장선인 것처럼 취급한다(Spotnitz, 1985). 정신질환 내담자는 자신의 분열되고 동시에 부정된 부분을 통제할 수 없이 미워하고 공격하고 싶어 하는 것과 같은 이유로 상담사를 미워하고 (심지어 신체적으로) 공격하게 될 수 있다. 동일시 및 투사적 길항동일시의 관점에서 볼 때, 상담사와 조현성 내담자 사이의 관계 역학은 각자의 자아 경계가 분산되고 동시에 융합된 결과이다 (다음 부분에서 설명하는 더 심각한 형태의 정신질환에서 관찰되는 것과 같은 심리적 및 신체적 영향의 경험까지 포함). 따라서 공격적 통제 역전이의 특정 사례에서 상담사는(특히 정신질환 내담자와 오랫동안 일한 경험이 있고 종종 슈퍼비전의 도움을 받는 경우) 내담자가 고통받는 자신과 타자에 대해 동일한 수준과 종류의 공격성과 정서적 폭력을 느끼게 될 수 있다.

조현병 역전이

정신질환 내담자와의 치료회기가 반드시 역학 관계를 파악하고 이에 대응하거나 내담자와 상담사 모두에게 잠재적으로 위험한 행동을 보이는 현저한 공격성의 발현으로 끝나는 것은 아니다. 실제로 조현성 내담자가 자신의 내면 세계에 너무 몰두한 나머지 분석가를 별도의 대상 또는 '자기-아닌-타자'로 완전히, 또는 거의 완전히 인식하지 못하는 임상 상황은 무수히 많다. 내담자를 상담사와 거리를 두게 하는 대신, 주변 세계로부터 명백하게 폐쇄하는 이러한 과정[Freud(1963 [1917])는 전이의 부재라고 잘못 생각함]은 실제로 분석가를 내담자의 내면 세계로 강력하게 끌어당기는 결과를 낳았다. 이러한 매력의 징후는 내담자 자신의 자아 경계가 느슨해지면서(완전히 투과되어 상실될 정도로) 동시에 발생한다. 반면에 상담사는 자신의 의지와는 상관없이 점점 더 내담자의 자아-몸의 일부가 되고, 내담자와 마찬가지로 스스로 말하는 신체가 된다.

이러한 상황에서는 회의실(그리고 마찬가지로 치료 환경 자체)이 거의 참을 수 없는 긴 침묵으로 가득 차게 된다. 내담자나 분석가가 발음하는 몇 마디 단어는 긴 정적 사이에 멈춰 있고, 분석가는 여전히 내담자와 언어적 연결을 시도한다. 이러한 언어적 대화 시도는 종종 치료 부부를 다른 곳으로 데려가게 되는데, 그곳에서 내담자와 분석가 모두 놀랍게도 다른 변증법에 점점 더 몰입하게 되는 것을 발견한다. 이는 비언어적이고 감각적이며 본능적으로 매개되는 무의식적 의사소통으로, 일반적으로 신체 간 서술로 구성되며, 호흡, 자세의 미묘한 특징, 근육의 긴장, 음색은 물론 목소리의 크기와 리듬, 몸짓, 심지어 같은 치료회기와 다른 치료회기 사이의 의복과 외모(헤어스타일이나 머리색, 수염, 문신 등)의 사용에 근거해 특별한 기호학이 작용한다.

특히 자아 경계의 상실(또는 자기와 자기-아닌-타자 사이의 구분이 거의 사라진 상태)은 내담자에게 자아 붕괴에 대한 괴로움이 커지는 것으로 해석할 수 있다. 그렇기 때문에 내담자는 상담실에 있는 다른 모든 사물이나 현상뿐만 아니라 분석가에게도 거의 주의를 기울이지 않는 것처럼 보인다. 실제로 내담자가 외부 현실과 완전히 단절된 상태나 환각적 경험의 세계에 빠져 있는 것처럼 보이는 상황에서도, 대타자(주로 분석가)의 감각적 인식과 관계적(심지어 유희적) 참여를 구걸하는 유아적 어린이자아상태(C_1 및 C_0)가 여전히 존재하는 것으로 보인다. 다시 말해, 이 내담자들은 자신의 자아의 보다 핵심인 부분을 표면으로 끌어내는 내향성의 과정으로 인해 이제 살과 피가 된 정신의 적나라한 모습으로 상담사에게 달라붙는데, 에릭 번(Berne, 1975b [1961])은 이를 "어린이자아 속의 어린이자아"(C_1)라고 명명하였다. 이 신체적 어린이자아(Woollams & Brown, 1978)는 다감각적 경험이 풍부한 하위 상징적 등록부를 사용할 수 있으며, 신체를 대타자와의 원초적 접촉을 위한 구체적인 매체로 사용할 수 있다. 좀 더 일반적인 용어로 말하자면, 편집증 내담자에게 괴로움이 대타자에 대한 것이라면, 해리되고 소외된 조현성 내담자에게는 괴로움이 자신의 몸, 즉 (자신의 삶의 시작부터) 대타자의 흔적을 지울 수 없는 몸에 대한 것이 된다고 말할 수 있다.

내담자의 내향성 과정과 병행하여 상담사도 점진적으로 내면으로 향하는 것을 경험함으로써 자신의 전-언어적 · 신체적 어린이자아를 드러낸다. 이러한 방식으로 분석가는 비이미지뿐만 아니라 비생각에 대한 자신의 의식 영역에 침입하는 것을 경험하며, 때로는 강렬하고 때로는 지연되고 거의 항상 무의식적이며 항상 즉시 말로 번역할 수 없는 일련의 정서적 고통 상태와 함께 예상치 못한 다른 신체 감각과 단절되는 일련의 정서적 상태를 경험한다. 이는 분석가의 자아에 대한 주체적 경험의 연속성에서 의식과 무의식 모두에서 내적 지진이 몸-정신을 뒤흔든 것처럼 분석가가 인식하지 못하는 틈새 또는 균열이다.

병원과 같이 특히 급박한 환경에서 훨씬 더 혼란스러운 조현성 내담자와의 치료 작업은 임상적으로 현재의 분석 영역에서 부재와 관계적인 공백으로 해석되는 생애사적 대타자와의 비관계성에 대한 (상호)주체적 경험의 흔적을 담고 있다. 이러한 경우 현상학적 수준에서 분석가는 종종 내담자와 차가운 침묵 속에 빠져드는 자신을 발견한다. 나중에는 간헐적으로 분석 작업 중에 조잡한 생각과 정서, 때로는 신체적 학대에 대한 환상 및/또는 비뚤어진 성적 환상(깨어 있을 때와 꿈속의 침입 이미지 포함), 잠재적인 신체적 공격에 대한 반복적인 두려움(어떤 경우에는 나중에 실제 행동으로 이어짐), 자아의 비인격화, 탈현실화 및 분열과 같은 다소 불안한 경험까지 관련되어 분석가를 괴롭힐 수 있다. 이러한 경험의 전-언어적 · 무의식적 특성으로 인해 상담사는 치료 과정에서 어떤 파편화되고 분리된 측면이 자신의 개인사에 속하고 어떤 측면이 내담자의 개인사에 속하는지 거의 구별할 수 없다.

투사적 길항동일시에서와 마찬가지로, 이러한 방대한 전-언어적 경험 레퍼토리의 즉각성과 예기치 않음은 필연적으로 상담사가 정신적 · 관계적으로 재연하고 상징적으로 표현한 후에야 내담자의 마음과 몸에서 일어나는 과정을 반영하면서 자신 안에서 이러한 파편화되고 분리된 몸-정서적 상태를 점점 더 인식하게 된다. 종종 말보다는 이미지의 초기 등록을 통해, 정기적인 슈퍼비전의 도움으로, 그리고 이러한 내담자들과의 임상 작업에서 지칠 줄 모르는 신체적 상호 관계에 참여함으로써 가능하다.

의존성 역전이

의존성 역전이는 정신질환 내담자로부터 비롯된 새로운 원초적 어버이자아(P_1)를 찾기 위해 상담사가 직접적으로 반응하는 것이다. 의존성 역전이의 독특한 특징은 바로 지금-여기에서 정신질환 내담자의 정신 발달적 욕구를 충족시켜, 우리가 **성격적 성장**(personal growth)이라고 부르는 공동의 성숙 과정 안에서 현상적(몸-정서적, 인지적, 관계적) 차원과 현상학적(존재론적, 실존적) 차원을 재결합할 수 있게 하는 능력에 있다.

정신질환 내담자와의 작업에서 무의식적 전이-역전이의 역학은 (특히 초기 정신질환의 상황과 임상 증상 발병의 후속 조건에서) 종종 분석 부부를 부모-어린이 상호작용의 초기 단계로 되돌아가게 하며 (분명히 덜 구식인 상호작용 방식을 사용하지만) 내담자의 주요 요구 또는 갈망(에릭 번 주의의 정신생물학적 의미에서)에 전적으로 집중한다. 여기에는 인정에 대한 욕구, 접촉에 대한 욕구, 고통(정신적, 육체적)에 대한 완화 또는 위로, 영양에 대한 욕구, 보호에 대한 욕구, 그리고 마지막으로 친밀에 대한 욕구가 분명히 포함된다.

대부분의 경우 인정 갈망(Berne, 1975c [1972])은 인간 관계에 대한 에릭 번 교류 이론의 인식론적 축 중 하나를 구성한다. 이에 대한 증거는 관련된 개인의 자아상태에 대한 인식의 질과 수준에 관계없이 모든 교류는 필연적으로 상대방에 대한 어떤 종류의 인정을 수반한다는 사실에 있다(1장 참조). 이러한 인정 갈망[이 경우에는 대타자를 자신의 개성을 지닌 '자기-아닌-타자(other-than-self)'로서 인식하고, 주어진 것으로 받아들이고, 세상에 존재하는 것으로 이해하는 것이 초기에 만성적으로 무시, 지연, 우회, 변질되었다는 것은 종종 첫 만남부터 시선의 결여 또는 다른 곳을 향하는 시선(예: 조현성 내담자의 앞이나 내부를 향하는 시선)을 통해 직관할 수 있다.

정신질환 내담자를 분석하는 사람은 그 내담자의 이름을 부르는 것을 거의 포기하지 않으며, 마치 그 사람의 이름이 눈에 띄고, 관심을 받고, 특별한 존재로 인정받고자 하는 내담자의 일차적인 욕구를 충족시켜 주는 것처럼 회의 중에 여러 번 그렇게 한다. 치료 환경(병동, 길거리 등) 밖에서 우연히 내담자를 만났을 때에도 마찬가지로 강력한 인사 자극을 받게 되는데, 마치 내담자가 우리를 만나자마자 소심하게 빨리 알아봐 달라고 요청하는 것처럼, 예상치 못한 몸짓, 조용하지만 오래 머무르는 표정, 찡그린 얼굴, 순진한 미소, 심지어 욕설로 인사에 답하는 경우가 많다.

신체적 접촉은 정신질환 내담자가 상담사에게 보내는 또 다른 초대장이다. 임상 경험에 따르면 악수, 포옹, 심지어 신체에 대한 임상적 개입이나 의료 절차(예: 흉부 청진, 혈압 측정, 복부 촉진, 비뇨생식기 검사 등)에 관한 내담자의 단순한 요청도 경우에 따라서는 말로 하는 대화를 대체하고 상담사가 자신의 신체를 사용하여 내담자의 신체와 접촉하도록 유도할 수 있다. 다른 사람을 겨냥한 공격성조차도 상대방을 소멸시키려는 의도가 아니라면 관계적인 욕구, 특히 상대방과의 신체적 접촉에 대한 갈망에 기반한 정신 발달적 관점에 따라 유사하게 볼 수 있다. 이미 입증된 바와 같이, 중증 조현성 내담자의 정신 전기는 한편으로는 신체적 접촉을 매개로 한 부모의 충분한 보살핌을 다소 반복적으로 박탈하고, 다른 한편으로는 내담자의 신체에 남은 흔적(때로는 육안으로 여전히 볼 수 있는)을 통해 정신적 형태를 취한 외상 경험을 기록하는 경우가 많다(신체적 학대에서 성적 학대에 이르기까지). 따라서 상담사와의 신체적 접촉은 정신질환 내담자의 자아상에도 독특한 흔적을 남긴 내담자의 고통스러운 몸의 경험을 재활성화하여 자아상을 변형시킬 수 있으며, 대신 상담사에게 내담자의 주요 욕구, 즉 새로운 전-대상과 대상관계를 통해 충족되기를 바라는 욕구를 알려 주는 신체적 매개체가 될 수 있다.

상담사의 의존성 역전이는 조현형 정신질환 내담자가 겪고 있는 고통을 완화하기 위한 관계 역학 측면에서도 전개될 수 있다. 조현성 내담자의 핵심 통증은 내장 통증과 유사한 익명의 통증으로, 깊고 둔한 통증이다. 그것은 극심할 때에도 실존적 괴로움이 될 정도로 '대상의 공허'를 유지하는 삶의 고통이다. 생애사적 모체의 배제가 남긴 '대타자의 공백'은 자신의 자아를 비우는 것으로 이어진다. 구조적으로 교류분석의 관점에서 볼 때, 이러한 어버이자아의 배제 과정은 주로 어린이자아의 내적 일관성과 조직에 영향을 미친다. 이러한 어린이자아 속의 어버이자아의 점진적인 침식(P_1 및 P_0)은 내담자의 가장 깊은 자아 감각이 원초적 자아 경계 밖으로 누출되는 전제가 된다. 다시 말해, 어버이자아의 반복되는 원초적 배제는 궁극적으로 내담자의 핵심 자기의 '박탈'에 대한 책임이 있다. 어버이자아의 포함 및 유지 기능이 없는 그러한 **벌거벗은 자기**(C_1 및 C_0)는 자신의 몸에서 자신을 소외시키거나(앞서 아동의 저 연골 붕괴라고 하는 과정) 새로운 대타자의 신체 자아에서 피난처와 휴식을 찾는다.

따라서 레스닉(Resnik, 2005)은 조현병에서 자아는 '정신질환'이라는 단어의 어원을 대담하게 활용하여 "'정신, 생명의 숨결'을 의미하는 그리스어 정신(psyche)과 생동감을 의미하는 오시스(osis)에서 유래한다. 따라서 이 단어는 생동감, 생명을 움직이게 하는 것을 의미한다(p. 24)."라고 설명하면서 대타자를 향해(즉, 새로운 대타자를 향해), 새로운 삶을 향해 나아간다.

급성 상태, 예를 들어 마피아나 경찰의 추격에 대한 두려움으로 움츠러든 편집증 내담자, 밤중에 의사에게 성폭행당했다고 확신하여 절망에 빠진 파편화된 내담자, 단어 샐러드에 갇힌 흥분한 내담자와 마주했을 때 상담사의 충동은 괴로움을 진정시키는 것이다. 그 강도를 제거하고, 거의 자동적으로 돌보는 행동을 사용하고, 간단한 어휘와 따뜻한 목소리 톤으로 자신을 표현하고, 음색, 음량 및 리듬을 변경하여 언어조차도 소외된 정신병적 고통에 대한 반응으로 모성 언어 또는 **엄마가 아이에게 하는 말투**(motherese)(Fernald, 1984)를 거의 모방하는 것이다. 이와 관련하여 라캉(Lacan, 1998 [1972])은 활동형 정신질환에서 내담자가 말을 하지는 않지만 라랑그[Lalangue; 라캉이 단어의 상징적 구조에 아직 완전히 접근하지 못한 사람들, 즉 언어 이전 단계의 아동(infans)을 포함하는 원초적 형태의 음성 언어를 의미하기 위해 사용한 신조어]를 재현할 정도로 눈에 띄게 언어로 말하는 방식을 명쾌하게 설명하였다.

'먹이'에 대한 욕구는 언어라는 주제와도 관련이 있다. 임상에서 (외래 진료실이나 개인 진료실에서는 드물지만) 음식에 대한 망상이나 박해에 대한 생각 때문에 식이 제한을 하면서 비정상적인 섭식 행동을 고수하는 언어장애 내담자를 만날 수 있다(이 장의 뒷부분에 있는 '아베나' 부분 참조). 마찬가지로 고통으로 가득 차 있고 대상자를 신체적으로 위험에 빠뜨리는 이러한 상황에서는 의료 전문가로서 내담자에게 음식을 먹이고 싶은 충동을 억제하는 것이 거의 불가능하다. 이로 인해 내담자를 안심시키기 위해 밀봉된 음식과 음료를 구해 '안전하다'고 안심시키거나, 극단적인 경우 비경구 투여 방식으로 영양을 공급하거나 비위관 삽입을 위해 병원에 입원하는 등의 전략으로 이어질 수 있다.

상담사가 내담자에게 음식을 먹이는 방법으로써 내담자와 대화하고 싶은 욕구가 있는 경우처럼, 단어, 은유, 해석 및/또는 독서도 음식과 마찬가지이다. 전문의 수련 초기, 종종 정신질환을 동반한 중증 거식증 내담자의 병상 옆에서 임상 경험을 쌓으면서 이 어린 내담자들과의 관계에서 필요한 적절한 정서적 식단을 위해 음식의 칼로리가 아닌 말의 영양학적 가치를 이해할 수 있었다. 조현성 내담자들과 함께 일하면서 정신적 고통을 인식하고 치료하는 수단으로서 말의 치료적 가치를 다시금 발견했다고 자신 있게 말할 수 있다.

내담자와의 '영양가 있는' 관계를 촉진하기 위한 또 다른 역전이 수단은 보호에 대한 내담자의 욕구와 관련이 있다. 이러한 역전이는 종종 분석가가 정신질환 내담자를 사회적 환경의 위기와 위험뿐만 아니라 자신의 행동, 자신과 타자에게 잠재적으로 해를 끼칠 수 있는 행동(그로 인해 발생하는 사회적, 때로는 법적 영향)으로부터 '보호'하려는 경향으로 표현된다. 알코올 및 기타 약물 남용과 관련된 행동은 때때로 위험한 성적 행동(난잡함, 매춘, 무방비 성관계)과 관련(예: 사회경제적 박탈 상태)되어 어린 나이에 정신질환을 경험한 사람들에게서 흔히 나타난다. 내담자는 이러한 행동을 실존적 괴로움와 정신병적 분열 경험에 맞서기 위한 전략으로 사용할 수 있다(장기적으로는 종종 해롭지만). 이러한 행동은 의료 전문가에게 내담자가 정신적으로나 육체적으로 취약한 개인이라는 이미지를 심어 주어, 분석가에게 과잉 통제적이고 공생적인 행동(즉, 내담자의 참조 인물에 의해 이미 형성된 생애사적 역학 관계와 무의식적으로 공모한 결과)뿐만 아니라 선량한 부모가 자녀의 건강과 정신-몸적 완전성을 위해 규칙을 설정하려는 것처럼 경계와 행동 한계를 설정하려는 건전하고 보호적인 조치도 유도할 수 있다.

보호적 의존성 역전이의 덜 명시적인 변형은 교훈적 슈퍼비전의 맥락이나 임상 사례에 대한 토론 집단(주로 가정이나 병원에서 발생)에서 나타난다. 이러한 상황에서 분석가는 부모가 자신의 자녀에 대한 부정적인 의견이나 다소 유사한 공격을 받았을 때와 마찬가지로, 슈퍼바이저나 동료의 의견과 직접적인 해석으로부터 자신의 내담자 중 한 명의 행동을 '방어'하는 것처럼 보인다.

상담사가 내담자의 가족이 솔직히 기괴하지는 않더라도 매우 역기능적인 것으로 간주하는 정신질환 내담자의 행동을 정당화하는 자신을 발견하는 임상 상황에서도 비슷한 역학 관계를 볼 수 있다. 상담사는 가족에게 설명하여 안심하도록 돕고 내담자의 문제 행동에 대한 이해를 심어 주려고 노력할 수 있다.

마지막으로 프로이트(Freud, 1963 [1917])와 야스퍼스(Jaspers, 1972)가 적어도 처음에는 사실이라고 믿었던 것과는 달리, 정신질환 내담자는 상담사와의 관계에서 친밀을 갈망한다는 것이 상담사에게서 내담자에 대한 암묵적 사랑의 역전이적 감정이 나타나는 것을 통해 입증된다. 여기에는 내담자를 원하고, 만남을 기대하거나 추구하고, 내담자의 존재를 즐기고, 내담자에 대한 존경과 자부심을 느끼는 감정이 포함될 수 있다.

이러한 유형의 역전이의 무의식적 특성은 분석가가 취하는 역전이의 태도에서 볼 수 있는데, 분석가는 내담자의 관계적인 친밀에 대한 욕구를 의도적으로 충족시키고 영양을 공급할 수 있는 새로운 부모, 형이나 누나, 친척 또는 가까운 친구의 태도가 된다. 내담자는 연대순 나이에 관계없이 어린 시절, 또는 경우에 따라서는 성인의 문턱에 있는 청소년 시절의 경험을 가지고 있다(실제로 젊은 성인 내담자를 진료하는 임상에서는 종종 이러한 경우가 많음). 조현성 내담자의 과거 경험과 달리, 친밀에 기반한 의존성 역전이는 상담사에게 정신질환 내담자가 개별화를 향한 정신 발달 여정을 계속하기 위해 여전히 필요한 신뢰, 지지, 인간적 접촉, 안내, 장난기, 책임감을 관계에 가져올 수 있는 기회를 제공한다.

◆ 임상 사례

사례 연구: 블레이크

50대의 블레이크 씨는 17세부터 지역 정신건강 서비스에 잘 알려진 인물로, 박해에 대한 망상과 강력한 환청을 동반한 심각한 형태의 편집성 조현병을 앓고 있었으며 수년 동안 타자에게 폭력적인 행동을 저지르기도 하였다.

그의 의료 기록에 따르면, 그는 여러 차례 병원에 입원하였으며, 30세 무렵에는 전 여자 친구에게 칼로 폭력을 행사하려다 미수에 그친 정신병적 재발로 인해 보안이 강화된 법의학 정신병동에서 오랜 기간 지냈던 것으로 나타났다.

블레이크 씨는 어린 시절부터 아버지와 연락이 닿지 않았던 것으로 기록되어 있다.

블레이크 씨가 10대였을 때 카리브해 출신인 아버지는 해외로 이주했고 몇 년 후 사망했다. 블레이크는 만성 정신질환을 앓고 있던 어머니의 손에서만 자랐다. 그는 10대 시절의 대부분을 위탁 가정에서 보냈고, 그 기간 동안 학교에서 여교사 중 한 명을 겨냥한 언어적 공격성과 신체적 충동성을 보이며 처음으로 행동 문제가 나타났다.

내가 정신건강의학과 의사로 함께 일하던 재가치료 팀과 함께 정신건강의학과 치료를 계속하기 위해 병동에서 자택으로 옮긴 지 며칠 후 외래 진료실에서 그를 처음 만났다. 첫 만남에서 나는 그의 정신 상태를 간단히 평가한 후 소량의 혈액 샘플을 채취하여 그가 수년 동안 복용해 왔고 부분적으로나마 환각 경험을 조절하는 데 도움이 되었던 항정신병 약물인 클로자핀의 용량을 알아내는 것으로 상담의 범위를 제한하였다.

작은 정맥절개실에서 나는 여러 가닥으로 꼰 머리(dreadlocks)를 한 흑인 남성을 마주하였다. 그는 매우 어두운 선글라스를 쓰고 있었다. 키는 대략 186cm, 몸무게는 약 121kg이었다. 나는 그에게 자리에 앉으라고 했고, 샘플 채취를 위해 채취 튜브를 준비하는 동안 걱정스러운 기운이 서서히 방 안을 가득 채웠다. 역설적이게도 문제는 그의 거대한 체격이나 비교적 좁은 공간이 아니라, 긴 침묵으로 끊어지거나 거의 들리지 않을 정도의 낮은 목소리로 말하는 그의 묘한 유쾌함, 거의 끊이지 않는 킥킥거림이었다.

진료실에서 불편함을 느끼기 시작하였다. 갑자기 동작이 느려지고 반복적으로 움직이고, 긴장한 채로 장갑을 찾고, 바늘을 잡았지만 갑자기 손가락이 떨리기 시작하였고, 눈에 띄게 서툴렀다. 블레이크 씨를 등지고 있었지만 그의 시선의 무게가 나를 향해 있다는 것을 느꼈다. 객관적인 이유도 없이 그가 내게 가까이 다가오거나 뒤에서 공격할지도 모른다는 생각에 잠시 두려움이 엄습하였다. 여전히 내 뒤에서 내담자가 무언가를 속삭이는 소리가 들렸지만 내 귀에는 불분명한 소리와 울리는 소음으로 들렸다. 마침내 내 코 바로 밑에 있던 장갑을 찾았다. 나는 바늘을 빼고 새 바늘을 뽑았다. 나는 지혈대를 잡고 갑작스럽게 몸을 돌리고 내가 느끼지 못한 차분한 태도를 취하면서 그에게 물었다.

사례 축어록: 블레이크

P=내담자, T=상담사

T : "혈관이 좋나요?"

P : "매너가 좋으세요?"

T : "죄송한데, 뭐라고요?"

P : "나는 혈관이 좋고, 당신은 매너가 좋죠." 그가 말했다.

T : "네, 물론이죠." 긴장된 웃음이 저절로 터져 나왔다.

P : "헬리오스, 헤르메스, 아프로디테, 가이아, 아레스, 제우스, 크로노스, 천왕성, 명왕성……. 우리는 둘러싸여 있습니다. …… 136472 메이크 메이크……. 메이크 러브 메이크 러브……. 136472 사랑은 어디에 있습니까? 출산을 멈춰라……. 명왕성, 천왕성, 크로노스, 제우스, 아레스, 가이아, 아프로디테, 헤르메스, 헬리오스……. 136472 메이크 메이크……. 메이크 러브 메이크 러브……. 136472 사랑은 어디에 있습니까? 출산을 멈춰라……. 136472……. 사랑은 어디에 있습니까? 출산을 멈춰라."

사례 설명: 블레이크

그가 태양계에 관해 이야기하고 있다는 것을 이해하는 데 몇 분이 걸렸다. 블레이크 씨는 행성의 이름을 해당 그리스 신들의 이름으로 바꾸어 말하였고, 첫 만남이 있은 지 몇 주가 지난 후에야 그가 태양을 중심으로 한 여러 행성의 순서를 잘 알고 있다는 것을 깨달았다. 그뿐만 아니라 그는 '메이크메이크'가 10년 전에 발견된 왜소행성의 이름이며 136472라는 숫자가 어떻게 붙여졌는지 설명해 주었다. 그는 세상의 종말에 대해 이야기하였고, 외계인이 존재한다는 것은 의심의 여지가 없으며, 외계인이 보낸 메시지는 모든 인류와 내게도 관련되어 있다고 말하였다. 그는 눈에 띄게 환각 상태에 빠져, 마치 무언가를 듣고 그 메시지에 답하는 것처럼 모순된 웃음을 지었으며, 때로는 정형화된 방식으로 자신의 성기를 만지기도 하였다.

그 장면은 거의 초현실적이었다. 내가 "샘플을 채취하기 위해 가까이 다가가도 되나요?"라고 더듬거리며 물었지만, 그는 전혀 신경 쓰지 않고 맨팔을 내밀며 내내 긴장을 풀지 않은 채 "당신의 배율을 알려 줘요, 당신의 배율이 필요해요……."라고 덧붙였다.

그는 외계인이 있고 큰 폭발이 있었다는 말을 계속 반복하였다. 그러다 갑자기 내 휴대폰이 울리기 시작했다. "오, 이게 알람이야, 이게 알람이야." 그가 소리치기 시작하였다. 그는 일어서려고 하였다. 그러나 비록 나는 겁이 났을지라도 손을 움직여 그에게 침착하라고 지시하였다. 그 사이 수화기 너머에는 접수처에서 내담자가 아직 병실에서 나오지 않은 것을 보고 괜찮은지 확인하는 전화가 걸려 왔다. "네." 나는 긴장한 목소리로 "무사해요."라고 대답하였다.

블레이크 씨는 이미 의자에 다시 앉았다. 그는 잠시 나를 쳐다보더니 궁금한 표정으로 "스페인 사람인가요, 이탈리아 사람인가요?"라고 물었다. "누구요? 저요?" 나는 물었다. "네, 박사님, 억양이……. 당신은 스페인 사람인가요, 이탈리아 사람인가요?" 어떤 모호한 동기(무의식적이었을 것임)가 나로 하여금 "화성인, 블레이크 씨, 나는 화성인이에요."라고 진지하고 완전히 차분한 목소리로 대답하게 했는지는 모르겠다. 그리고 나는 이렇게 덧붙였다. "그들이 우주에서 전화했어요. 그들은 블레이크 씨가 이 폭발한 샘플을 채취할 의향이 있는지, 그리고 나중에 모퉁이 돌면 있는 쿠바 식당에서 카푸치노를 마실 것인지 묻고 있어요!"

방 안은 우레와 같은 억누를 수 없는 웃음소리로 가득 찼다. 그리고 나서야 안도의 한숨을 쉬기 시작하였다.

블레이크 씨는 내가 이탈리아의 어느 지역에서 왔는지 알고 싶어하였고, 이탈리아 마피아, 외계인의 존재에 대한 다양한 과학적 가설, 올림포스산의 신들에 대한 매우 명료한 토론으로 넘어가면서 신화에 대한 방대한 지식을 보여 줬다.

블레이크 씨의 괴롭히는 목소리는 시간이 지남에 따라 행성과 그리스 신의 형태를 취하는 전체 우주 발생론을 생성하였다. 블레이크 씨의 목소리, 그의 '지구에서의 사명', 그리고 그가 박해에서 살아남기 위해 무의식적으로 고안한 우주 창조 체계에 정말로 참여하고 싶다면 이것이 주로 나를 기다리고 있던 여정이라는 것이 나에게 곧 분명해졌다. 그리고 역설적으로 그것을 다른 사람들에게 전달하는 것이다.

재가치료의 일환으로 나는 거의 4개월 동안 일주일에 세 번 정도, 매번 40분에서 90분 정도 사무실에서 블레이크 씨를 다시 만날 수 있었다. 면담에서 블레이크 씨는 자신의 삶과 정신질환 경험에 대한 개인적인 이야기를 주로 어머니와의 관계를 중심으로 이야기하였는데, 그는 어머니를 극도로 학대하는 사람이며 자신도 조현병과 유사한 정신질환의 영향을 받았다고 설명하였다. 그의 어머니는 특히 집에 혼자 있을 때 누군가 자신을 해칠지도 모른다는 망상적인 두려움에 시달리며 그의 학교 등교를 자주 막았다. 그는 어머니의 말을 인용하며 "나는 어머니의 보디가드가 되었어요."라고 말한 적이 있다. 블레이크 씨는 10세 때까지 야뇨증이 있었고 때때로 잠꼬대를 하기도 했다. 그는 또한 어머니에게 벨트로 반복적으로 매를 맞았던 과거의 삽화를 기억하고 있었고, 시간이 지나면서 이에 대한 반응으로 성적으로 흥분하였다. 그는 어머니에게 당한 신체적 학대를 생각하면서 자위 행위를 하곤 하였는데, 이는 부분적으로 성적 정체성 장애로 이어졌다. 블레이크 씨는 또한 여자 친구와의 관계에 대해 이야기하면서 여자 친구가 자신을 이용하고 다른 남자와 자고 있기 때문에 그녀를 때렸다고 말하였다.

편집성 조현병의 구조도(3장의 그림 3.3)에 따르면, 블레이크 씨의 성격은 다음에서 비롯된 조기에 이루어진 장기간의 어버이자아의 배제를 반영하고 있었다. 이는 바로 ① 정서적이며 신체적으로 멀리 떨어져 있는 방임적인 아버지, ② 정서적이며 신체적으로 학대적이고 공생적인 어머니이다. 또한 어머니의 편집성 정신질환은 유년기와 청소년기 아들의 심리사회적 발달에 심각한 영향을 미쳤으며, 아버지는 혼란스러운 어머니를 억제하기 위한 궁극적인 전략으로 정서적 무관심과 정서적 위축, 비정상적인 성적 흥분, 정신운동적 동요, 나중에는 폭력으로 대응해 왔다.

블레이크 씨의 공격적이고 성적인 행동은 이후 다른 여성 인물(교사, 여자 친구, 정신건강전문가)에게도 박해적이고 적대적인 전이를 통해 확대되었다.

공생적으로 학대하는 어머니의 존재와 부성 어버이자아의 구조적 부재[라캉(Lacan, 1993 [1956], 2006 [1958])은 이를 '아버지 이름의 폐제(foreclosure of the name-of-the-father)' 또는 '부계 은유의 결여(lack of paternal metaphor)'라고 불렀다]가 결합되어 블레이크 씨 성격의 특별한 편집증적 구조를 구성하였다.

어린이자아에게 재외상을 주지 않기 위해 어버이자아의 배제(P_2 및 P_1)가 이루어졌음에도 불구하고, 블레이크 씨의 경우 배제하는 모성 어버이자아는 여전히 오염 과정을 통해 내담자의 내면 세계에 영향을 미칠 수 있었다. 이는 타자, 특히 여성에 대한 공격적이고 종종 성적으로 억제된 행동에 이어 경멸적인 목소리와 박해망상 형태의 2인칭 및 3인칭 환청으로 입증되었다.

수년에 걸쳐 블레이크 씨는 자신의 생각을 방해하고 심지어 폭력적인 행동의 원인이 어머니가 아니라 성간 우주에서 온 '외계인'이라는 망상 체계를 개발하였다. 그는 이 '사악한' 외계인들에 대한 깊은 두려움을 떨쳐 버릴 수 없었고, 거의 매일 자신에게 들려오는 여러 목소리와 '죽음의 메시지'를 그 원인으로 꼽았다. 그 결과 행성, 은하계, 세상의 기원과 종말에 대해 이야기하는 것은 다른 사람들에게는 광년이나 떨어져 있고 혼란스럽고 외계인처럼 보일지라도 그에게 '지상'의 대화 상대가 자신의 내면에 접근할 수 있도록 하는 방법이 되었다.

블레이크 씨가 램버스 재가치료 팀에서 마지막으로 퇴원한 후 나는 외래 대기실이나 그가 살던 브릭스턴 주변 거리에서 블레이크 씨를 자주 마주쳤다. 마주칠 때마다 그는 "아, 박사님! 우주에서 내게 전할 메시지가 있나요?"라고 물었다. 그의 질문에 미소가 곁들여질 때면 나는 그가 좋은 곳에 있다는 것을, 어른자아의 분아가 괴로워하는 어린이자아를 계속 지켜보고 있다는 것을 알 수 있었다. 그럴 때마다 나는 항상 그에게 "네, 물론이죠, 저쪽 모퉁이에 있는 쿠바인 가게에서 카푸치노 한잔 마실래요?"라고 대답했다. 일반적으로 그것은 블레이크 씨와 좀 더 비공식적인 자리에서 대화를 나누면서 그의 내면에 대해 이야기하고 그를 일상적인 현실에 조금씩 더 가까이 다가갈 수 있도록 하는 나의 방식이었다.

사례 연구: 아베나

아베나가 램버스 초발 병동의 급성 정신건강의학과 병동에 입원했을 때 그녀는 19세 정도였다. 당시 나는 교류분석 훈련 2년 차에 있었고, 아직 정신질환 내담자의 정신역동적 치료를 뒷받침하는 이론적 · 방법론적 개념을 제대로 이해하지 못하였다.

처음에 아베나는 공황 발작으로 보이는 증상이 최초로 나타난 후 고용주에 의해 지역 사고 및 응급(A&E) 부서로 이송되었다. 그녀는 약 3개월 전에 체중 감소와 관련된 불면증 문제로 지역 정신건강의학과 외래 진료를 받은 적이 한 번 있었을 뿐이었다. 그녀는 약 복용을 거부했고 이후 진료에도 참석하지 않았다. 그러나 아베나는 '뱃속에 뭔가 이상한 것이 있다'는 두려움과 관련된 괴로움에 휩싸여 혼란스러워 보이는 두 번째 급성 불안 증상을 겪은 후 다시 응급실로 이송된 후 정신건강의학과에 입원하여 보다 철저한 진단과 치료를 위한 평가를 받았다.

병동에서 아베나를 처음 만났을 때, 나는 중간 키에 매우 짧은 머리에 실제 나이보다 젊어 보이는 단정하지 않은 외모를 가진 흑인 여성을 마주했다. 그녀는 매우 넓은 검은색 바지와 할리퀸 무늬로 덮여 있고 색이 다소 바랜 상당히 기괴하고 더러운 블라우스를 입고 있었다. 그녀는 눈에 띄게 괴로움에 빠져 떨고 있었고 때때로 당황했다. 그녀의 커다란 입술은 거의 움직이지 않고 굳게 다물고 있었지만, 바닥을 응시하는 마스크 같은 얼굴에서 하얀 치아를 볼 수 있었다. 인터뷰는 그녀의 병실에서 두어 시간 동안 진행되었다. 면담 내내 내 시선을 사로잡고 호기심을 자극한 것은 아베나의 자세였다. 바닥에 있는 침대 한쪽에서 웅크린 채 마치 태아 자세를 취한 것처럼 보였고, 두 발은 바닥에 평평하게 딛고 무릎은 가슴까지 구부린 채 길고 가는 팔을 감싸고 있었다.

그녀를 입원시킨 의사와 병동 간호사들은 그녀의 영양 상태가 걱정스러웠고 며칠 동안 식사를 충분히 하지 않은 듯하다고 의심하였다. 그녀는 병원에 도착한 이후 음식에 손도 대지 않았고, 창턱에는 물 두 병과 코카콜라 한 병 등 최소 3개의 500밀리리터 병이 밀봉된 채로 놓여 있었고, 점심 쟁반이 놓여 있었다.

사례 축어록 1: 아베나

나는 그녀의 쇠약해진 모습을 보며 앞으로 며칠 동안 어떻게 하면 그녀를 가장 잘 도울 수 있을지 고민하였다. 나는 내 소개를 하고 즉시 우려를 표명하였다.

T=상담사

T: "안녕하세요, 아베나 씨. 내 이름은 제피로이고 이 부서에서 일하는 이탈리아 의사인데, 보통은 내담자들의 집에서 직접 내담자를 돌보고 있지요." (침묵)

T: "당신이 이탈리아에서 살았다는 것을 알고 있고, 아마도 이탈리아어로 더 잘 소통할 수 있을 것 같아서 연락을 드렸습니다. 이탈리아어로 이야기해도 될까요?" (침묵. 아베나는 눈을 깜빡이지 않은 채 아래를 응시하고 있었다.)

T: "현재 병원에서 안전하다는 것을 알려 드리고 싶어요. 지금은 오후 4시예요. 우리는 당신을 돕고 싶어서 여기 있어요. 여기 있는 누구도 당신을 해치려는 의도는 없어요." (더 침묵)

T: "우리는 무슨 일이 일어나고 있는지, 그리고 당신이 생각하고 느끼는 것을 우리와 공유할 의향이 있는지 이해하고자 해요." (내담자가 가만히 침묵을 지키는 동안 또 한 번 긴 침묵이 흘렀다.)

T: "지금 당신이 걱정돼요. 너무 야위고 탈수 증세가 있어 보여요."

사례 설명 1: 아베나

지루한 2시간이 지나고 나서야 나는 아베나에게서 내 직접적인 질문에 대해 어떤 형태로든 답변을 이끌어 내려는 시도를 조금씩 포기하였다.

하지만 그 젊은 내담자와의 만남에서 역설적인 무언가가 강력하게 내 관심을 끌었다. 그것은 믿을 수 없을 정도로 생생한 무언가였고, 그 순간부터 내가 많은 내담자의 정신병적 당혹감과 거의 극복할 수 없는 실존적 괴로움와 관계를 맺게 되는 과정을 대표적으로 보여 주었다. 그 무언가는 바로 내 몸이었다. 나는 예기치 않게 내 몸에 대해 과잉 의식을 갖게 되었다. 내 모든 움직임은 아베나에게 솔직히 위험하지는 않더라도 강력하게 미친 행동을 암시하는 것처럼 보였다. 원치 않았지만 내 몸이 아베나에게 무언가를 하고 있다는 것을 감지하였고, 동시에 아베나의 자세, 침묵, 얼굴, 몸 전체가 내게 직접적이고도 표현할 수 없는 영향을 미치는 것처럼 느껴졌다. 이 관계적인 현상에 이름을 붙이기까지 수년간의 임상 실습과 연구가 필요하였는데, 오늘날 나는 거의 우연히도 투사적 동일시 및 길항동일시, 더 나아가 신체적 전이 및 역전이로 인식하고 있다. 내 안에서 불안감이 고조되고, 견딜 수 없는 육체적 · 정신적 불편함이 느껴지고, 영혼이 불안해져서 마침내 완전히 일어서서 방에서 황급히 빠져나올 수밖에 없었다.

병동 동료들의 동의를 얻어 내 직속 슈퍼바이저는 내가 매일 병동에 가서 아베나와 어떤 형태로든 대화를 시도할 수 있도록 허락하였다. 다음 날 나는 내가 떠났을 때와 같은 자세로 있는 아베나를 발견하였다. 그러나 야간 당직 의사를 통해 내담자가 스스로 잠자리에 들었고, 침대에 같은 자세로 앉았으며, 밤새도록 같은 자세를 유지한 채 고집스럽게 깨어 있었다는 사실을 알 수 있었다. 따라서 다음 날 아침 내가 도착하기 전에 내담자가 바닥에 웅크린 자세를 다시 취한 것이 분명하였다. 나는 그녀의 행동을 누군가(아마도 나 자신)가 도착할 때까지 다시 기다리려는 (무의식적인) 욕망으로 해석하였다.

그녀의 아침 식사는 손대지 않은 채 창턱에 놓여 있었다. 나는 단호하게, 어쩌면 약간 자극적이기도 했지만 아무 말도 하지 않고 물 1병을 집어 들고 그녀 앞 바닥에 앉았다. 다시 한번 긴 침묵이 내 존재의 특별한 신체적 차원으로 들어가는 것을 예고하였고, 나중에 에릭 번의 각본규약과 세포조직 수준의 경험 개념에서 발견하였다. 그리고 바로 이 신체 간 경험으로 인해 나는 아베나가 자신을 둘러싸고 그린 경계, 특히 제한된 공간 안에 그녀의 몸을 일종의 살과 피 덩어리로 가두어 놓은 경계에 직면하고 있다는 것이 분명해졌다. 그러나 그 공간에서 나는 이제 그녀의 연약한 자아가 그녀의 여러 가지 색의 블라우스처럼 무수히 많은 색의 조각으로 파편화되어 갇혀 있는 것을 보았다. 이 자아는 그 연약함에도 불구하고 경직된 자세의 경계 안에서 용기와 억제(즉, 자아), 즉 하나가 될 수 있는 장소가 아닌 곳에서 외부에서 만져지고 볼 수 있는, 적어도 보고 싶고 이해하고자 하는 눈에는 보이는 내적 재구성을 이루려고 했다.

나는 그녀의 몸을 감싸고 있는 보이지 않는 경계를 뚫고 물병을 건네주려고 했고, 아베나가 갑자기 큰 소리로 울음을 터트리는 바람에 나는 가슴이 뛰었다. 거의 조건반사처럼 나는 물병을 그녀의 발에서 멀지 않은 바닥에 떨어뜨렸다. 그녀는 그것을 거칠게 잡고 이빨로 뚜껑을 풀고 격렬하게 비우기 시작하여 용기를 사방으로 흔들고 주변의 모든 것을 적시고 눈에 띄게 짜증을 내고 마침내 반쯤 비어 있는 용기를 내게 던졌다. 나는 그녀의 몸이 어떻게 말하는지 직감하기 시작했고 천천히 일어났다가 다시 앉았는데 이번에는 아침 식사에서 사과를 통째로 손에 들고 있었다. 이번에는 조용히, 일부러 사과를 발가락 근처에 다시 내려놓았는데, 그녀가 곧 내게 던질까 봐 약간 걱정스러웠다. 그리고 그 일은 계속해서 내 흥미를 자극했다. 아베나는 조심스럽게 사과를 입에 가져가 한입 베어 물고는 한 조각씩 뱉어 낸 다음, 병을 버렸을 때와 같은 방법으로 사과 속을 제거했다. 그러고는 바로 내게 던졌다.

아베나는 더 이상 내가 생각했던 것만큼 당황하지 않았다. 그녀는 언어장애가 아니라 다른 언어, 즉 몸의 언어를 사용하고 있었을 뿐이었다. 그녀 자신이 자신의 몸이었다. 그녀의 정신적 고통은 몸, 울음, 물, 침, 사과, 덩어리가 되었다. 비록 병실에 갇힌 세상이지만 익명의 대타자 앞에서, 전 세계가 지켜보는 가운데 그녀의 자아는 작은 물방울로, 조각과 덩어리로 축소되었다.

아무 생각 없이 본능적으로 물을 모아서 사과 조각을 하나씩 모았다. 그리고 여러 방향으로 퍼져 여러 조각으로 부서진 것처럼 보이는 것을 고치려는 예상치 못한 희망으로 인내심을 가지고 작업을 수행했다. 이 과정에서 나는 손을 사용하고 여러 번 몸을 구부렸다. 그것은 내가 즉흥적으로 행한 보상과 희망의 의식이었다. 아베나는 아무것도 신경 쓰지 않는 듯 가만히 있었다.

나는 거의 한 시간 동안 그녀 앞에 조용히 웅크리고 앉아 있었고, 내 앞에는 그녀 세계의 잔해가 조각난 채로 쌓여 있었다. 그러다가 점심 식사로 우유와 따뜻한 커피를 그릇에 담아 드리고 간호사들이 발 옆에 놓아 둔 사과 퓌레도 가져다주어야겠다고 생각하였다. 그렇게 해서 아베나는 그릇을 손에 들고 과일과 야채 퓌레, 수프, 국물, 그리고 물을 조금씩 먹기 시작했고, 마치 그 그릇에 뭔가 회복의 기운이 있는 것처럼, 환영하고 심지어는 신비롭고 통합적인 느낌을 받았다.

아베나가 이전에 살았던 램버스 자치구의 사회복지사로서 아베나의 초기 청소년기에 함께 일했던 한 사회복지사는 아베나의 이력에서 중요한 세부 사항을 파악할 수 있었다. 그것은 내가 처음에 생각했던 것보다 훨씬 더 충격적이었다. 아베나는 원래 가나 출신으로 약 15년 전에 리비아에서 이주선을 타고 이탈리아, 특히 시칠리아에 처음 상륙했다. 그녀는 사회복지기관의 보호를 받다가 마침내 시칠리아 내륙의 부유한 가정에 입양되었다. 그녀는 이탈리아어를 배울 수 있는 기회를 얻었고, 어렵지만 의무 교육을 마칠 수 있었다.

아베나의 개인사에 대한 설명은 처음에는 계속되는 돌연변이 증세와 상당히 빈번한 삽화로 인해 다소 드물었고, 이 기간 동안 그녀는 분명히 혼란스럽고 자신의 내면세계에 몰두하는 것처럼 보였다. 이러한 증상은 저용량 항정신병 약물과 가벼운 불면증 치료로 몇 주 동안 치료를 받은 후 점차 개선되었다.

그녀는 자신의 개인사에 대해 말하기를 꺼려했지만, 결국 양부모에 따르면 네 살 무렵에 자신을 '바다에 버렸다'는 친부모에 대한 기억이 전혀 없다고 밝혔다. 그녀는 열세 살 무렵에 양부모가 어떻게 헤어졌는지, 그리고 그 후 약 4년 동안 양어머니의 부모와 함께 살게 된 것에 대해 치료회기마다 조금씩 이야기하였다. 양부모의 별거는 상당한 갈등을 수반했고, 결국 아버지는 이탈리아 북부로 이사를 갔고 어머니는 팔레르모 근처에서 직장 동료와 관계를 시작하게 되었다. 시간이 지나면서 아베나와 양부모는 서로 연락이 끊겼다. 그 기간 동안 양부모의 '실종'에 대한 책임이 자신에게 있다고 믿거나, 양어머니의 부모가 이 '납치'에 '공모'했다는 생각 등 방해가 되는 기괴한 생각들이 떠오르기 시작했다. 상담하는 동안 그녀는 부모의 실종이 자신 때문이라고 계속 주장하였다. 시간이 지남에 따라 사기꾼들은 전화로 그녀를 찾아왔고, 나중에는 이메일로도 '진짜' 양부모라고 주장하였다. 그녀는 드물기는 하지만 이 '양부모로 추정되는 사람들'을 만나는 것을 주저하지 않았고, 주로 양부모의 집에서 만났다고 말한다. 그러나 그녀는 그때 그들이 무슨 이야기를 나눴는지 기억하지 못한다. 확실한 것은 그녀가 일자리를 찾고 영어를 배우기 위해 런던으로 이주할 때까지 몇 년 동안 '유괴의 비밀'을 숨기고 '정상적인 척'했다는 것이다. 병동에 입원하기 일주일 전까지만 해도 그녀는 런던의 한 이탈리아 피자집 체인점에서 캐셔로 일하고 있었다.

고용주가 아베나를 응급실로 데려가게 된 급성 장애의 상황을 제외하고는 최근 몇 달 동안 아베나에게 어떤 일이 있었는지 자세히 알 수 없었다.

사례 축어록 2: 아베나

세인트 토머스 병원의 응급실에서 의사에게 "뱃속에 뭔가 이상한 것이 있어요."라고 말한 적이 있다고 상기시키자, 갑자기 입원 며칠 전 자신의 뱃속에서 '말하는 소리'를 들었던 삽화를 기억하는 것 같았다.

P = 내담자, T = 상담사

T : "제가 제대로 이해했는지 모르겠어요. 배에서 꼬르륵 소리가 났다는 뜻인가요?"

P : “아니, 아니. 배가 말을 걸어요!”

T : “말하고 있나요?”

P : “네, 내 위장이 말하고 있고, 저만 들을 수 있어요.”

T : “그럼 무슨 말을 하는 거죠?”

P : “네, 위장이 말을 하는데 저만 들을 수 있어요.”

T : “그래서 무엇을 알려 주나요?”

(긴 침묵)

T : “뱃속에서 들리는 목소리가 아는 사람을 떠올리게 하나요?”

P : “아니요. 아무도 아닌 목소리예요.”

T : “목소리가 2개 이상이라고요? 모르는 목소리가 2개 이상이라고요?”

P : “네, 천 개의 목소리로 이루어진 뱃속이죠.” 그녀는 어색하게 웃습니다.

T : “그리고 그들이 당신에게 무슨 말을 하는지 모르시나요?”

P : “아니요 …….”

T : “즉, 아무 말도 하지 않거나 말하지 말라고 하는 건가요?”

P : “말을 하면 안 된다고 하더군요.” 그녀는 방 한구석으로 눈을 돌리며 말했다.

T : “침묵하는 것이 비밀을 밝히지 않는 것과 관련이 있다고 생각하세요?”

사례 설명 2: 아베나

조현형 정신질환의 구조적 도형과 일치하는 아베나의 정신질환은 근본적이고 초기에 충분한 부모 역할의 부재에 그 생애사적 (따라서 구조적) 뿌리를 두고 있으며, 어버이자아(P_0, P_1)의 원래 배제로 절정에 이르렀으며, 자기 경험을 언어적 및 신체적 행동으로 선택적으로 표현할 수 있었다. 사실, 그녀의 급성 정신질환 현상은 해리성 어린자아의 명확한 표현이었으며, 그녀는 입을 닫은 채 어버이자아의 부재에 대한 표현할 수 없는 비밀을 유지해야 했기 때문에 그녀의 ‘말하는 배(talking stomach)’에 대한 신체적 및 청각적 환각으로 구성되었다. 그러나 동시에 그녀의 어린이자아는 역설적으로 신체적 전이와 어버이자아 교류-동경(yearning-for-the-Parent transactions)을 통해 정서적 · 육체적 억제를 위해 새로운 대화 상대를 찾고 있었다. 그녀가 병원에 머무는 동안 다른 직원들은 그녀가 많은 안심과 애정, 보호를 원하는 작고 겁에 질린 아이처럼 보였기 때문에 종종 그녀를 돌보고 싶어 하는 강한 역전이의 감정을 경험했다는 점에 주목할 가치가 있다.

병원에서 그녀와 임상 대화를 나누고, 처음에는 재가치료 팀과 정기적인 치료회기를 가진 다음, 약 일 년 동안 매주 3회 외래 내담자 클리닉에서 신체 환각을 부분적으로만 인식하기 시작하면서 신체 환각이 자신의 내부 대상 세계와 자신의 과거 외상성 관계 경험의 직접적인 표현이라는 것을 인식하기 시작했다. 그녀의 어린이자아는 '말하는 배'의 경험이 자신의 정신적 고통의 구체화된 감각을 하나의 언어적 표현으로 나타내는 후자에 대한 신체적 서사를 만드는 것을 선호했다.

◆ 참고자료

Anderson, F. S. (2008). *Bodies in Treatment: The Unspoken Dimension*. New York, NY: The Analytic Press.

Anzieu, D. (1989). *The Skin Ego: A Psychoanalytic Approach to the Self*. New Haven, CT: Yale University Press.

Berne, E. (1970). *Sex in Human Loving*. New York, NY: Penguin Books.

Berne, E. (1975a). *The Structure and Dynamics of Organizations and Groups*. New York, NY: Grove Press. (Original work published 1963)

Berne, E. (1975b). *Transactional Analysis in Psychotherapy: A Systematic Individual and Social Psychiatry*. London: Souvenir Press. (Original work published 1961)

Berne, E. (1975c). *What Do You Say After You Say Hello? The Psychology of Human Destiny*. London: Corgi. (Original work published 1972)

Berne, E. (1977). Primal images and primal judgment. In E. Berne, & P. McCormick (Eds.), *Intuition and Ego States: The Origins of Transactional Analysis* (pp. 67–97). San Francisco, CA: TA Press. (Original work published 1955)

Bick, E. (1968). The experience of the skin in early object relations. *International Journal of Psychoanalysis*, 29, 484–486.

Bick, E. (2002). Further considerations on the function of the skin in early object relations. In A. Briggs (Ed.), *Surviving Space: Papers on Infant Observation* (pp. 60– 71). London: Karnac Books. (Original work published 1986)

Bion, W. R. (1977). *Learning from Experience*. London: William Heinemar. (Original work published 1962)

Bion, W. R. (1984). *Second Thoughts: Selected Papers on Psychoanalysis*. London: Karnac Books. (Original work published 1967)

Bleuler, E. (1950). *Dementia Praecox or the Group of Schizophrenias* (Monograph Series on Schizophrenia 1) (J. Zinkin, Trans.). New York, NY: International Universities Press. (Original work published 1911)

Bloom, K. (2006). *The Embodied Self: Movement and Psychoanalysis*. London: Karnac Books.

Bollas, C. (1987). *The Shadow of the Object: Psychoanalysis of the Unthought Known*. New York, NY: Columbia University Press.

Bollas, C. (2013). *Catch Them before They Fall: The Psychoanalysis of Breakdown*. London: Routledge.

Bucci, W. (1997a). *Psychoanalysis and Cognitive Science: A Multiple Code Theory*. New York, NY: Guilford Press.

Bucci, W. (1997b). Symptoms and symbols: A multiple code theory of somatization. *Psychoanalytic Inquiry, 17*, 151–172.

Bucci, W. (2008). The role of bodily experience in emotional organization: New perspectives on the multiple code theory. In F. S. Anderson (Ed.), *Bodies in Treatment: The Unspoken Dimension* (pp. 51–76). New York, NY: The Analytic Press.

Burns, T., Knapp, M., Catty, J., Healey, A., Henderson, J., Watt, H., & Wright, C. (2001). Home treatment for mental health problems: A systematic review. *Health Technology Assessment*, 5, 1–139.

Ciompi, L. (1982). *Affektlogik: Über die struktur der psyche und ihre entwicklung. Ein beitrag zur schizophrenieforschung. Stuttgart: Klett-Cotta*. [English version: *The Psyche and Schizophrenia: The Bond Between Affect and Logic* (D.L. Schneider, Trans.). Cambridge, MA, London: Harvard University Press, 1988]

Ciompi, L. (2003). Reflections on the role of emotions in consciousness and subjectivity, from the perspective of affect logic. *Consciousness and Emotion*, 4, 181–196.

Clarkson, P. (1992). *Transactional Analysis Psychotherapy: An Integrated Approach*. London: Routledge.

Cornell, W. F. (2008a). "My body is unhappy": Somatic foundations of script and script protocol. In W. F. Cornell, *Explorations in Transactional Analysis: The Meech Lake Papers* (pp. 159–170). Pleasanton, CA: TA Press.

Cornell, W. F. (2008b). Self in action: The bodily basis of self-organization. In F. S. Anderson (Ed.), *Bodies in Treatment: The Unspoken Dimension* (pp. 29–50). New York, NY: The Analytic Press.

Cornell, W. F. (2015). *Somatic Experience in Psychoanalysis and Psychotherapy: In the Expressive Language of the Living*. London: Routledge.

Cornell, W. F., & Hargaden, H. (2005). *From Transactions to Relations: The Emergence of a Relational Tradition in Transactional Analysis*. Chadlington: Haddon Press.

Cornell, W. F., & Landaiche, N. M., III (2006). Impasse and intimacy: Applying Berne's concept of script protocol. *Transactional Analysis Journal*, 36, 196–213.

Cornell, W. F., & Landaiche, N. M., III (2008). Nonconscious processes and self-development: Key concepts from Eric Berne and Christopher Bollas. *Transactional Analysis Journal*, 38, 200–218.

Damasio, A. (1996). *Descartes' Error: Emotion, Reason and the Human Brain*. New York, NY: Harper Collins. (Original work published 1994)

Damasio, A. (1999). *The Feeling of What Happens: Body and Emotions in the Making of Consciousness*. New York, NY: Harcourt Brace.

English, F. (1988). Whither scripts? *Transactional Analysis Journal*, 18, 294–303.

Erskine, R. G. (2010). Life scripts: Unconscious relational patterns and psychotherapeutic involvement. In R. G. Erskine (Ed.), *Life Scripts: A Transactional Analysis of Unconscious Relational Patterns* (pp. 1–28). London: Karnac Books.

Federn, P. (1953). *Ego Psychology and the Psychoses*. London: Imago Publishing. (Original work published 1952)

Fernald, A. (1984). The perceptual and affective salience of mothers' speech to infants. In L. Feagans, C. Garvey, & R. Golinkoff (Eds.), *The Origins and Growth of Communication* (pp. 5–29). Norwood, NJ: Ablex.

Fonagy, P., Gergely, G., Jurist, E. L., & Target, M. (2002). *Affect Regulation, Mentalization and the Development of the Self*. New York, NY: Other Press.

Fowlie, H., & Sills, C. (2011). *Relational Transactional Analysis: Principles in Practice*.

London: Karnac Books.

Freud, S. (1958). Three essays on the theory of sexuality. In J. Strachey (Ed. & Trans.), *The Standard Edition of the Complete Psychological Works of Sigmund Freud* (Vol. 7, pp. 123–245). London: Hogarth Press. (Original work published 1905)

Freud, S. (1963). Lecture XXVII: Transference. In J. Strachey (Ed. & Trans.), *The Standard Edition of the Complete Psychological Works of Sigmund Freud* (Vol. 16, pp. 431–447). London: Hogarth Press. (Original work published 1917)

Grinberg, L. (1979). Countertransference and projective counteridentification. *Contemporary Psychoanalysis*, 15, 226–247.

Grotstein, J. S. (1981). *Splitting and Projective Identification*. New York, NY: Jason Aronson.

Grotstein, J. S. (2005). Projective transidentification: An extension of the concept of projective identification. *International Journal of Psychoanalysis*, 86, 1051–1069.

Hargaden, H., & Sills, C. (2002). *Transactional Analysis: A Relational Perspective*. Hove: Brunner-Routledge.

Heath, D. S. (2004). *Home Treatment for Acute Mental Disorders: An Alternative to Hospitalization*. New York, NY: Routledge.

Howell, E. F. (2002). Back to the states: Victim and abuser states in borderline personality disorder. *Psychoanalytic Dialogues, 12*, 921–957.

Howell, E. F., & Blizard, R. A. (2009). Chronic relational trauma disorder: A new diagnostic scheme for borderline personality and the spectrum of dissociative disorders. In P. F. Dell & J. A. O'Neil (Eds.), *Dissociation and the Dissociative Disorders: DSM–V and Beyond* (pp. 495–510). New York, NY: Routledge.

Jaspers, K. (1972). *General Psychopathology*. Manchester: Manchester University Press.

Johnson, S., Needle, J., Bindman, J., & Thornicocroft, G. (2008). *Crisis Resolution and Home Treatment Teams in Mental Health*. Cambridge: Cambridge University Press.

Klein, M. (1997). Envy and gratitude. In M. Klein, *Envy and Gratitude and Other Works, 1946–1963* (pp. 176–235). London: Vintage. (Original work published 1957)

La Barre, F. (2001). *On Moving and being Moved: Nonverbal Behavior in Clinical Practice*. Hillsdale, NJ: The Analytic Press.

Lacan, J. (1993). *The Seminar of Jacques Lacan: The Psychoses, 1955–1956* (Book 3) (J. A. Miller, Ed., & R. Grigg, Trans.). New York, NY: Norton. (Original work published 1956)

Lacan, J. (1998). *On Feminine Sexuality: The Limits of Love and Knowledge, 1972–1973* (Book 20). (J. A. Miller, Ed., & B. Fink, Trans.). New York, NY: Norton. (Original work published 1972)

Lacan, J. (2006). On a question prior to any possible treatment of psychosis. In J. Lacan, J. A. Miller (Ed.), *Écrits: The First Complete Edition in English* (B. Fink, Trans.) (pp. 445–488). New York, NY: Norton. (Original work published 1958)

Laing, R. D. (1959). *The Divided Self: An Existential Study in Sanity and Madness*. London: Penguin Books.

Lemma, A. (2015). *Minding the Body: The Body in Psychoanalysis and Beyond*. London: Routledge.

Mancia, M. (2007). *Feeling the Words: Neuropsychoanalytic Understanding of Memory and the Unconscious*. London: Routledge.

Mellacqua, Z. (2014). Beyond symbiosis: The role of primal exclusion in schizophrenic psychosis. *Transactional Analysis Journal*, 44, 8–30.

Meltzer, D. (1975). Adhesive identification. *Contemporary Psychoanalysis*, 11, 289–310.

Moiso, C. (1985). Ego states and transference. *Transactional Analysis Journal*, 15, 194–201.

Nijenhuis, E. R. S. (1999). *Somatoform Dissociation: Phenomena, Measurement and Theoretical Issues*. Assen: Van Gorcum.

Ogden, T. (1992). *Projective Identification and Psychotherapeutic Technique*. London: Karnac Books. (Original work published 1982)

Panksepp, J. (1998). *Affective Neuroscience: The Foundations of Human and Animal Emotions*. New York, NY: Oxford University Press.

Panksepp, J. (2009). Brain emotional systems and qualities of emotional life: From animal models of affect to implications for psychotherapeutics. In D. Fosha, D. J. Siegel, & M. F. Solomon (Eds.), *The Healing Power of Emotions: Affective Neuroscience, Development, and Clinical Practice* (pp. 1–26). New York, NY: Norton.

Perls, F. S., Hefferline, R. F., & Goodman, P. (1951). *Gestalt Therapy: Excitement and*

Growth in the Human Personality. New York, NY: Julian Press.

Perry, B. D. (1999). The memory of states: How the brain stores and retrieves traumatic experience. In J. Goodwin & R. Attias (Eds.), *Splintered Reflections: Images of the Body in Treatment* (pp. 9–38). New York, NY: Basic Books.

Racker, H. (1957). The meanings and uses of countertransference. *Psychoanalytic Quarterly*, 26, 303–357.

Resnik, S. (2005). *Glacial Times: A Journey through the World of Madness*. New York, NY: Routledge.

Samuels, A. (2016). "I rebel, therefore we are" (Albert Camus): New political thinking on individual responsibility for group, society, culture, and planet. *Transactional Analysis Journal*, 46, 101–108.

Schore, A. N. (2001). Neurobiology, developmental psychology and psychoanalysis: Convergent findings on the subject of projective identification. In J. Edwards (Ed.), *Being Alive: Building on the Work Anne Alvarez* (pp. 57–74). London: Brunner-Routledge.

Schore, A. N. (2003). *Affect Regulation and Repair of the Self*. New York, NY: Norton.

Schore, A. N. (2012). *The Science of the Art of Psychotherapy*. New York, NY: Norton.

Spotnitz, H. (1985). *Modern Psychoanalysis of the Schizophrenic Patient: Theory of the Technique* (2nd ed.). New York, NY: Human Sciences Press.

Stuthridge, J. (2006). Inside out: A transactional analysis model of trauma. *Transactional Analysis Journal*, 36, 270–283.

Tustin, F. (1990). *The Protective Shell in Children and Adults*. London: Karnac Books.

Wheeler, C., Lloyd-Evans, B., Churchard, A., Fitzgerald, C., Fullarton, K., Mosse, L., & Johnson, S. (2015). Implementation of the crisis resolution team model in Adult mental health settings: A systematic review. *BioMed Central Psychiatry*, 15, 74.

Winnicott, D. W. (1975). Hate in the countertransference. In D. W. Winnicott, *Through Paediatrics to Psychoanalysis: Collected Papers* (pp. 194–203). New York, NY: Basic Books.

Woollams, S., & Brown, M. (1978). *Transactional Analysis*. Dexter, MI: Huron Valley Institute.

제5장

벌거벗은 자기

- 사례 연구: 제인
- 시간과 주체성
- 현재를 존중함(또는 현재 시간에 공간을 제공함)

건강한 발달에서 다소 역설적이게도 대타자는 개인의 자기가 형성되는 도가니이며, 그 안에서 개인의 자기가 형성된다. 실제로 대타자는 내면과 외면, 자연, 우주, 현실 전반에 걸쳐 존재한다. 자기는 대타자를 통해 그리고 대타자를 위해 존재한다. 그렇다면 대타자란 무엇일까? 그리고 결과적으로 자기란 누구인가? 그리고 이 둘은 왜 그렇게 밀접하게 연결되어 있을까?

대타자란 주로 다른 인간뿐만 아니라 다른 생명체, 심지어 물리적 물체나 장소, 성장하는 개인에게 무의식적으로 오래 지속되는 특별한 의미를 부여하는 자연의 요소도 포함한다. 이 특별하고 종종 지속되는 연결성은 자아가 성장하거나 소멸할 수 있게 하는 원동력이다. 그렇기 때문에 대타자는 궁극적으로 한편으로는 자기와 중요한 대타자 사이의 여러 특이한 관계를 발달하는 자아 내에서 무의식적으로 (내재화 및 동일시를 통해) 내면화하고, 다른 한편으로는 그러한 내적(즉, 정신 내적) 다중성의 흔적기관(vestigia; 즉, 생애사적 흔적)의 새로운 타자들(사람, 물리적 사물, 장소 등등)에 대한 자아 외부의 투사(본질적으로 전이를 통해)와 일치하게 된다. 대타자는 발달 과정에서 대타자가 자아와 맺는 여러 관계의 성격에 따라 자아에 대해 잠재적으로 조절 또는 역조절 기능을 수행한다.

교류분석적 관점에서 보면, 구조적으로 '진짜 자기(real self)'는 주로 어린이자아에서 비롯되고 어린이자아 안에 존재한다는 결론을 내릴 수 있다. 사실 어린이자아상태는 자궁 내 생명이 시작될 때부터 '대타자를-통한-나[me-through-the-Other(s)]'로 느껴지는 우리 성격의 일부이다(1장 참조). 따라서 자기는 자아보다 훨씬 자유로운 실체이며, 자아 내부와 자아를 통해 이동할 수 있다. 그러나 일관된 자기 감각을 갖는 경험은 자아 경계의 발달과 질에 따라 달라진다(Federn, 1953 [1952]).

이러한 사고 방식은 자기의 본질과 자아 사이에 분명한 차이가 있음을 시사한다. 자기는 무엇보다도 다른 사람들의 심리적 현실뿐만 아니라 동물, 구체적 사물, 장소, 자연 및 우주 일반의 심리적 현실을 포함하여 내부 및 외부 현실과 지속적으로 교환하는 자아의 다각적인 경험에 해당한다(Bollas, 2002 [1995], 2006 [1992]). 결과적으로,

자기는 (주체적) 정신의 '실제' 대표자로서 자아보다 확산되고 훨씬 더 큰 실체이다. 이와는 대조적으로, 자아는 본질적으로 일관된 복수의 상태(즉, 자아상태들)가 응축된 집합체이다. 따라서 자아는 여러 의식, 전의식, 무의식, 비의식 체계로 구성된 복잡한 복수의 몸-정신 상태이다. 자아의 주요 목표는 자아의 경계를 사용하여 자기 경험에 일관성과 조직을 제공하는 것이다. 교류분석 용어로 어른자아상태가 구어 및 내적 대화의 '나'(대명사)[즉, '의식 속 자아의 표상(representative of the ego in consciousness)' (Bollas, 2015, p. 189)]와 현상학적으로 동일시된다면 어린이자아상태는 '실제 자기' 또는 나 자신이다. 즉, 그것은 자신의 존재의 '서명(signature)'이며, 더 정확하게는 경험적 삶의 시작부터 생애사적 대타자 및 외부 현실과의 관계에서 자아의 대표자이다.

요약하자면, 어른자아의 점진적 과제는 통합(integration)인 반면, 어린이자아의 근본적인 목표는 자기 완벽(self-integrity), 즉 개별화이다.

에릭 번(Berne, 1975a [1961])은 정신병적 병리를 어른자아와 어린이자아, '나'와 '자기' 사이의 정확한 '경계'에 명확하고 의미 있게 배치했다. 따라서 그는 어른자아-어린이자아 경계, 즉 자아-자기 경계의 병리에서 정신질환의 증상적 징후가 파생된다고 추론했다.

> 어른자아와 어린이자아 사이의 경계에 병변(lesions)이 생기면 비현실감(feelings of unreality), 소외감(estrangement), 비인격화(depersonalization), 미시감(jamais vu), 기시감(déja vu), 그리고 잘 알려진 이미 이야기한(déja raconté)과 같은 유사 증상 등 '경계 증상(boundary symptoms)'이라고 할 수 있는 특별한 증상 집단이 나타날 수 있다. …… 어린이자아가 '진짜 자기'라면, 그들은 정신병적 배열(psychotic array)의 분아가 된다(pp. 63-64).

에릭 번의 가설과 달리, 나는 조현형 정신질환의 구조적 결정 요인이 어린이자아상태[여기서 **고유한 자기**(proper self)로 지정됨] 속의 경계 병리에 있다고 제안한다. 외상을 입었거나 아직 충분히 발달하지 않은 어른자아(비통합된 A_2)의 배제를 결정하는 것은 어린이자아의 외부 경계가 두꺼워지는 것(배제하는 어린이자아 또는 C_2)이다. 이는 결국 현실 검증에서 다소 광범위한 장애의 원인이 되고, 결국 자기가 외부 세계로부터 소외되는 데 기여한다.

동시에 어린이자아상태의 외부 경계가 배제를 통해 경직성이 증가하면 경계가 여러 부분이나 파편으로 쪼개질 때까지 '경계의 경화증(sclerosis of the boundary)' (Berne, 1975a [1961], p. 66)에 특히 취약해진다. 이러한 분열은 다른 이유 중에서도 어린이자아의 내부 경계가 분열되기 때문에 가능하다(이전 장에서 수직적 및 수평 분열과 파편화된 어린이자아의 관점에서 설명하였다). 따라서 조현병적 현상학[schizophrenic phenomenology; 망상(delusions), 환각(hallucinations), 현실감 상실(loss of a feeling of reality), 심기증적 붕괴(hypochondriacal collapse), 대타자에 대한 집착(adherence to the Other), 대타자로부터의 침입(intrusiveness from the Other) 등]을 구조적 관점에서 볼 수 있으며, 이 경우 경화증과 어린이자아상태 내부 경계의 다중 분열과도 관련이 있다.

이러한 분열은 아직 완전한 어른자아의 발달에 이르지 못한 정신질환 내담자의 정신 깊은 곳에 있는 것을 표면으로 드러낸다(전통적으로 교류분석에서는 삼원적 또는 다원적 성격으로 표현한다). 나는 이것을 **벌거벗은 자기**(naked self)의 심층(deep layer)이라고 부르며 정신건강, 특히 조현병 병리에서 이 자아의 본질과 기능을 설명하기 위해 다음과 같은 임상 사례를 제시한다.

◆ 사례 연구: 제인

간호사들이 제인의 집에서 제인에 대한 응급 평가를 수행하기 위해 나를 불렀을 때, 나는 조현형 정신질환의 두 번째 삽화를 겪고 있는 젊은 여성이 침실 바닥에서 완전히 벗은 채 괴로워하며 비명을 지르면서 떨고 자신의 소변으로 흠뻑 젖은 채로 있는 것을 발견했다. 제인은 방 한구석에 앉아 겁에 질린 표정이었다. 그녀의 머리는 좁은 어깨 사이에 거의 눌려 떨리는 'V'자 모양을 이루고 있었다. 정신적 고통을 불명료하게 표현하는 그녀의 울음소리는 마치 자신과 우리에게 자신의 존재에 대한 절박한 외침을 알리려는 듯 리듬감이 있었다.

제인과 대화를 나누는 것은 불가능했다. 다른 2명의 간호사가 도착해 그 장면을 지켜보면서 제인을 병원으로 이송하기 전에 내가 뭐라고 말하거나 진정제를 처방해 주기를 기다리고 있었다. 나는 제인 앞에서 침묵을 지켰고, 당황스럽고 불안했다. 그럼에도 불구하고 나는 마음 한구석에서 그녀의 말을 듣고 있었다. 나는 침대에서 시트를 걷어 내기로 결심하고 제인에게 다가가 제인의 어깨와 허리에 시트를 감았다. 그러고는 떨림이 멈출 때까지 그녀를 팔 사이에 껴안고 조심스럽게 안아 주었다. 샬롯 간호사는 내담자의 개인적인 욕구를 처리하기 위해 내담자를 화장실로 부드럽게 안내했다. 간단한 말로 제인을 안심시키는 간호사의 목소리가 들렸다. "이리 와요, 이리 와요, 걱정할 거 없어요." "괜찮아요, 내가 함께 있어요." "따뜻하고 좋은 욕조에 들어가요." "아무도 당신을 해치지 않을 거예요." 제인은 강압적인 치료 없이도 부드럽게 안심할 수 있었다. 제인은 램버스 병원으로 이송되어 약 두 달간 입원 치료를 받는 것을 수동적으로 받아들였다.

그 후 나는 제인을 다시는 만나지 못했지만 그녀의 집에서 본 장면은 내게 지울 수 없는 인상을 남겼다. 내 머릿속에는 엄청나게 긴 시간으로 기억되는 그 몇 분간의 만남을 떠올리며 제인의 어떤 모습, 누구의 모습, 어떤 부분이 나와 맞닥뜨렸는지 자문해 보았다. 위니컷(Winnicott, 1965)의 말을 빌리자면, 내가 본 것이 제인의 '가짜 자기'인지, 그렇다면 그녀가 추정하는 '진짜 자기'는 어떻게 된 것인지, 또는 반대로 내가 본 것이 그녀의 존재의 가장 진실한 부분인 '진짜 자기' 또는 에릭 번의 표현을 빌리자면 '**자연스러운 어린이자아**'였는지 스스로에게 물어보았다. 만약 그렇다면, 나는 참을 수 없는 괴로움을 끝내고 가짜 자기나 어느 정도 적응한 그녀의 어린이자아가 나타나기를 바랐다.

내가 실제로 경험한 것은 대타자를 필요로 하는 겁에 질려 울고 있는 어린아이를 마주했을 때 느낄 수밖에 없는 정서이다. 제인에게 적용하였을 때 위니컷의 진짜 자기와 가짜 자기의 구분(그리고 마찬가지로 에릭 번의 자연스러운 어린이자아와 적응한 어린이자아 사이의 구분)은 충분하지 않았다. 따라서 나는 조현병이 활동하는 동안 진짜 자기와 가짜 자기를 구별하는 것은 문제가 되지 않는다는 가설에 도달하였다. 정신병적 과정에서 분석가가 직면하는 것은 사실 정신질환을 가진 개인이 자기를 자기-아닌-타자(other-than-self)와 함께 융합되어 자아가 현실을 조작하기 위해 우선 자아 그 자체가 다시 확립되기를 기다리는 실존의 전-자아적(preegoic) 차원이다. 그리고 현실을 조작한다는 것은 대타자에 대한 비전이 자기-아닌-타자로 발전할 때까지 대타자의 현실을 먼저 위조하는 것을 의미한다. 사실 자연 또는 자유로운 어린이자아상태의 개념은 진짜 자기의 개념과 마찬가지로, 과거의 대타자(past Other), 현재의 대타자(present Other), 미래의 대타자(future Other)로 이해되는 대타자와의 핵심적 관계와는 별개의 것으로 간주될 수 있는 인간 존재의 본질이 어딘가에 존재한다는 것을 암시한다.

대신 여기서 논의한 정신 발달적 관점에 따라, 나는 인간의 정신이 처음에는 내적 조직이 결여된 혼란스러운 몸-정신 상태(즉, C_0 및 C_1)의 혼란스러운 다중성으로 구성된 비단일성으로 간주될 것을 제안한다. 건강한 발달에서 이러한 조기 내적 불연속성이 보다 일관된 구조로 조직화되는 것은 점진적으로 내면화된 통제적인 대타자들(즉, P_0 및 P_1)에 의해서만 가능하다. 나는 이 자아 구조의 최초 판본을 **가식 자아**(pretending ego)라고 부른다. 이는 어린이자아 속의 유아기적 어른자아 또는 어른자아(즉, A_0 및 A_1)로, 마치 '제대로 된(proper)' 성인들 사이에서 '작은 어른자아(little Adult)'인 것처럼 행동하고, 교류하고, 기준이 되는 타자의 특이한 관심을 끈다.

건강한 환경에서 성장하는 아이는 마침내 자신이 별개의 경험적 존재로 존재한다는 것을 발견하는 동시에 자신도 세상의 한 대상이라는 것을 인식하게 된다. 이는 고통스럽지만 유희적인 발견으로, 진화하는 자아가 전의식에 기반한 관계적인 입장을 취한 다음, 보다 의식적인 나-너 구분을 취하는 과정이다. 아이와 그의 참조 타자 사이의 이러한 자아 간 관계에서 최초의 심리게임과 심지어 각본에 따른 결정이 시작된다. 이처럼 가장하는 자아는 정신적 구조이자 관계적 경험이다. 정신적 구조로서 자아는 자기의 신생 감각의 연속성과 일관성을 경험하고, 관계적 차원에서는 민감하고 반응이 빠른 양육자와의 관계에서 제공되는 것과 같은 건강한 자기애적 감정의 원천이자 수혜자가 된다.

이와는 대조적으로, 조현병 병리는 다른 어떤 병리보다도 특히 정신병적 붕괴의 한가운데서 경험하는 통합되지 않은 자아에 대한 내담자의 감각이 척하는 자아에 대한 건강한 자기애적 투자의 부족과 밀접한 관련이 있다는 것을 보여 준다. 다시 말하지만, 이는 결함이 있는 내면화를 반영하거나 주로 방어적이고 따라서 적응적인 목적을 위해 대타자를 왜곡하여 표현하는 것을 의미할 수 있다. 이러한 정신역동적 과정은 앞서 어버이자아의 배제(들)의 관점에서 설명한 바 있다(3장 참조). 자기-아닌-타자(other-than-self)로서 대타자가 실제로 태어나지 않았기 때문에 어린아이의 자아는 다원적(P_1-A_1-C_1) 자아로 발달하는 데 실패한다. 그러나 이러한 실패는 주체가 대타자를 찾고 따라서 자신을 찾게 하기 때문에 치명적이지는 않다.

제인과의 만남은 제인이 무의식적으로 일종의 '환경 아기(environment baby)', 즉 호혜적인 관계에 있는 그녀-와-나(her-and-me) 존재가 유아적 차원의 존재라는 새로운 경험적 인식을 갖게 했다. 그녀의 **벌거벗은 자기**는 어떻게든 더 심오한 인식, 즉 생명과 타자에 대한 존재와 소속에 대한 더 급진적인 허락을 요구하고 있었다.

이 **벌거벗은 자기**는 **자연스러운 어린이자아** 및/또는 적응한 어린이자아의 성립과는 별개로 존재하므로, 무엇보다도 도덕적인(또는 어버이자아와 같은) 진짜 자기/가짜 자기로 구분되는 것을 피할 수 있다. **벌거벗은 자기**는 일생 동안 지속되는 심리적 실체이다. 그것은 중얼거리고, 더듬거리고, 비틀거리며, 위협을 받으면 쉽게 떨고 심지어 무너진다. 동시에 자신만의 관용구, 의도적인 몸짓 또는 아직 내딛지 않은 한 걸음, 덜 위태롭게 쉬고 살 수 있는 곳을 끊임없이 찾고 있다. 이런 식으로 행동함으로써 **벌거벗은 자기**는 내적 어버이자아의 도덕적 법칙에 저항하고 외부 현실에서 급격히 비틀거리며 어른을 쉽게 잃어버리거나 충분히 준비되지 않은 결과를 초래한다(A_0 및 A_1). 대타자는 자신의 실존적 고통, 심리적 죽음에 대한 두려움, 붕괴에 대한 두려움과 같은 삶에 대한 두려움을 존재하고 소화할 수 있도록 허락해 달라고 간청한다.

벌거벗은 자기는 무엇보다도 자신의 자아를 찾는 몸-자기(C_0)이다. 그것은 어린이자아의 생명력을 압축하여 대타자와 존재의 중요한 기반 또는 "안전과 공감적 조율 외에도 갈등, 공격성, 환상, 불안정 및 불확실성의 여지를 포함하는 깊이 관여하는 관계"를 공유한다(Cornell, 2015, p. 117).

자궁 내 생명이 시작될 때부터 **벌거벗은 자기**는 미래의 생존과 신체적 어린이자아(C_1)로서의 자신의 '탄생'을 위해 엄마의 몸(크고 근원적인 대타자로 간주)과 그녀의 몸-자아(모성 각본규약), 그리고 의미 있는 타자들의 몸-자아(아버지와 양육자의 부성 각본규약)에 의존한다. 이것은 신생아 출생의 첫 단계와 유아기의 시작을 거쳐 평생 동안 온전히 발달한다. **벌거벗은 자기**의 운명은 원초적 감각을 통해 자신의 몸과 대타자의 경계를 초월하고 자신의 내적 현실과 외적 현실, 유한한 것과 무한한 것과 동시에 돌이킬 수 없이 접촉하는 것이다. 따라서 **벌거벗은 자기**는 삶만큼이나 죽음에, 건강만큼이나 질병에, 창의성만큼이나 광기에, 온전함만큼이나 분열에, 재탄생만큼이나 붕괴에, 친밀만큼이나 혼란에 열려 있다. 따라서 **벌거벗은 자기**는 개인의 전 생애에 걸친 자아 발달 단계에 따라 생물학적, 심리적, 관계적, 심지어는 영적 표현으로 존재의 모든 잠재력을 구현한다.

이어지는 논의는 정신병적 과정에서 **벌거벗은 자기**의 운명과 조현병에 걸린 개인에 대한 치료 중에 그러한 **벌거벗은 자기**를 찾기 위해 열려 있는 길과 대신 열려야 하는 길에 관한 것이다.

◆ 시간과 주체성

자기 경험의 심각하고 명백한 장애를 동반한 정신병적 붕괴 상태(임상적으로 개인의 지적, 몸-정서적, 행동 및 사회적 관계 기능 영역에서 자아의 분열로 볼 수 있음)에는 종종 내담자의 "모르겠어요." 또는 "아무것도 아니예요."라는 말 뒤에 숨어 있는 공백, 불연속성, 예상치 못한 무언가가 있다. 사소한 일로 때문에 내담자의 평범하고 일상적인 삶의 흐름에 갑작스럽고 때로는 불길한 교란이 일어나고 그 경과가 극적으로 변화할 수 있다.

반면에 더 점진적으로 발병하는 정신질환의 경우, 예를 들어 미묘한 사고 장애와 다소 기괴한 행동 변화, 말의 주저함, 비정상적으로 느리거나 서투른 움직임, 자신과 외부 현실로부터 점점 더 멀어지는 느낌과 같은 교활한 모습 때문에 경고 신호를 인식하는 데 시간이 걸릴 수 있다. 결국에는 내담자의 가족, 친구, 지인이 항상 알아볼 수 없는 일종의 전-해리성 및 해리성 상태에 빠질 수 있다. 이러한 경우, 위기를 초래한 사건을 재구성하거나 내담자의 정신병력을 조사하는 것은 연기하거나, 가능하면 가족과 간병인, 적어도 개인의 과거와 최근 상황에 대한 추가 정보를 제공할 수 있는 사람에게 문의해야 한다.

활동형 정신질환이든 무증상 조현병이든, 교류분석가의 주된 임무는 위기에 처한 내담자를 현실에 적극적으로 근거를 두는 과정을 통해 안내하는 것이다. 따라서 분석 환경은 내담자의 삶에서 중요한 사건에 대해 주의 깊게 탐구하고 정서적으로 참여하는 데 도움이 되어야 하며, 개인 존재의 유동적인 연속성, 즉 에릭 번의 의미 있는 용어를 사용하자면 '진짜 자기'를 방해할 수 있는 모든 세부 사항에 주의를 기울여야 한다. 이 탐색 단계에서 분석가는 내담자의 역사를 탐색할 때 내담자의 정신적(꿈 포함), 관계적, 육체적, 심지어 영적 경험의 주체적 신뢰성과 현실과의 취약한 관계를 확인하면서 내담자의 주체성을 회복하도록 노력해야 한다.

활동형 정신질환 내담자와 치료 작업을 할 때 현실에 근거를 두려면 시공간적 방향을 사용하는 또 다른 방법이 필요한데, 이 경우 내담자의 최근 인생 사건을 (실제로는 시공간적으로) 적절한 순서로 배열하는 형태를 취한다. 위기 이전에 발생한 것으로 추정되는 '사건 없는 사건'에 대한 정보를 열심히 조사함으로써 상담사는 그 사람의 실제 삶의 상황, 유아기 및 청소년기 이전의 전의식적 · 무의식적 외상 기억과 얽혀 있는 상황과 관련된 의미를 재구성하고 분석할 수 있다. 유아기, 심지어 자궁 내 정신생물학적 발달까지 거슬러 올라가면 자기 자신과 타자, 그리고 삶 전반에 대한 지식에 대한 전-언어적 · 전조적 경험이 발생한다고 하는데, 이는 볼라스(Bollas, 1987)가 말한 "생각하지 않고 아는 것(unthought known)"이며, 교류분석에서 에릭 번이 처음에 "원초적 각본규약"이라고 정의한 것이다(Berne, 1975a [1961], 1975b [1972], 1977 [1966]).

현대의 임상 환경에서도 내담자가 자신의 외상적 각본규약 경험에 접근할 수 있는 기회를 빠른 입원과 적극적인 항정신병 약물 사용으로 빼앗기는 경우가 종종 있다. 이러한 관행으로 인해 내담자들은 첫 번째 정신병적 위기 이후에는 거의 접근하지 못하거나 심지어는 그 의미를 잃어버리는 경우가 많다. 이로 인해 많은 내담자가 자신의 비정상적인 경험(환각 포함)을 일관되게 서술하지 못하게 될 수 있으며 그러한 경험은 격렬한 생각의 폭격을 일으킨다. 내담자들의 점진적인 사고 및 행동의 일관성 결여는 종종 데-리라레[de-lirare(라틴어 delirāre에서 유래한 '데-'dē-와 리라(lira) '고랑(furrow)'의 합성어], 즉 자신의 생각에 대한 논리적-합리적 연관성의 '고랑에서 벗어나는 것(going off the furrow)'을 나타낸다.

이것이 대화 상대의 끊임없는 질문에 직면한 내담자의 선택적 돌연변이로 나타나든, 아니면 멈출 수 없는 논증에 빠지든[때로는 '단어 샐러드(word salad)'로 절정에 달하든], 그 결과는 '나는 더 이상 내가 누구인지 몰라요'라는 생각에서 비롯된 실존적 괴로움에 대처하기 위한 필사적인 시도일 뿐이다. 이들은 자신의 자기를 다른 곳으로 대피시키는데, 지금은 자신의 몸 속에, 지금은 대타자의 몸 속에, 이제는 대타자의 몸 속에 들어간다. 내담자의 내적 고통에 대한 이러한 형언할 수 없는 경험은 처음에는 다감각(예: 시각, 촉각, 심지어 후각) 환각의 형태로 신체적으로 표현되지만 곧 공황 상황의 특징을 획득한다. 이는 내담자의 신체 움직임에도 영향을 미치는 경향이 있는데, 이러한 움직임은 마치 외부의 힘이나 존재(상담사 포함)가 지시하거나 원격으로 제어하는 것처럼 내담자 자신의 의지와는 무관하게 일어나는 것으로 경험된다. 자아경계의 병리와 그 취약성 증가에서 비롯되는 정신병적 영향의 동일한 과정에 의해 생각도 다른 곳에 배치되거나(생각 인출, 생각 방송), 자신의 머리 밖에서 오는 것처럼 보이거나(생각 삽입 및 텔레파시), 그렇지 않으면 자신의 마음의 외계인 식민지가 된다. 나는 이를 '아무도 없는 생각(no-body thoughts)', 즉 실의에 빠진 생각 또는 몸-정서적 삶에서 분리될 위험이 있지만 개인의 삶의 첫 단계로 거슬러 올라가는 원초적인 실존적 의미로 가득 찬 생각'이라고 한다.

분석의 이 시점에서 상담사는 분석 자체의 방향과 내담자의 미래 삶의 질에 영향을 미칠 수 있는 치료적 선택을 할 수도 있고 하지 않을 수도 있다. 상담사는 단순히 개인의 정신병적 경험에 공감하는 대신, 내담자와 함께 내담자의 현재 위기의 명백한 이해 불가능성을 다루려면 새로운 의미를 재구성하기 위해 개인의 정신병적 전기의 각본규약 측면을 위험하게 재편집하는 것을 용감하게 선택할 수 있다. 이러한 종류의 치료적 선택은 교류분석가의 직관 기능으로, 원래 에릭 번이 제안한 것이며, 내담자의 어린이자아상태의 치료(돌봄과 치료가 함께 이해됨)를 주로 목표로 하는 그의 혼란 해소 방법론과도 밀접하게 연관되어 있다.

정신질환 내담자와의 작업에서 현실(즉, 내담자가 실제로 살아온 사건의 현실)에 근거를 두는 것은 시간이 걸리며, 다소 고정된 시간 경계(예: 약 50~60분)와 주당 치료회기의 다소 가변적인 빈도(교류분석에서 흔히 볼 수 있는 것뿐만 아니라 다양한 치료 접근법에 따라 다름)와 같은 치료의 일반적인 측면에 상당한 변화를 필요로 하는 경우가 종종 있다. 또한 이 접지 과정의 질은 상담사가 보여 주는 헌신 수준과 작업이 이루어지는 조직적 맥락의 유형(병원, 외래 진료소, 개인 진료소, 다학제 재가치료 팀의 일원 등)에 따라 달라진다. 결국 궁극적인 목표는 내담자의 곤경에 대한 상호(분석가와 내담자) 이해를 위한 최상의 조건을 조성하고, 내담자의 거의 불가능한 주체적 경험도 개인사를 통해, 그리고 삶의 현재 시간(분석적 및 분석 외적)에 집중함으로써 이해할 수 있다는 신뢰를 내담자에게 심어 줌으로써 분석 과정을 더 원활하게 하는 것이다.

시간을 공간에 위치시키기

정신질환 내담자를 현실로 돌아오게 하는 주요 치료 기법 중 하나는 현재의 정신병적 위기 이전의 사건을 시간순으로 정리할 수 있는 기회를 주는 것이다. 정신질환 전 단계, 초발 삽화 정신질환, 또는 현재의 위기가 일련의 긴 보상 해제 중 하나에 불과한 특정 만성 질환에 직면하든, 삶의 사건을 시간 순으로 정리하는 것은 내담자의 정신이 현실과 다시 접촉할 수 있는 초기 닻을 제공한다.

그러나 시간을 공간적 차원에 위치시키는 것은 정신질환 내담자와의 교류분석 치료를 시작할 때 항상 가능한 것은 아닌 치료 절차[나는 이를 **걸치기**(spanning)라고 부른다]이다. 일반적으로 어린이자아상태가 더 조직화되고 분화될수록 치료 초기부터 걸치기 과정을 달성할 수 있는 가능성이 높아진다. 이것은 분석적 및 분석 외적 과정 속의 전이 및 역전이의 역학에서 알 수 있듯이, 내면 부모적 전-대상들과 대상들(P_{1+}과 P_{1-}) 사이의 구별이 더 뚜렷할 때 편집증적 대상과의 작업에서 특히 분명해진다(4장 참조).

사례 연구: 존

예를 들어, 존은 자신의 생각이 이웃에 의해 통제되고 있다고 확신하였다. 그는 거실에 걸린 그림이 주기적으로 '비뚤어지는' 현상 때문에 이 사실을 알았다. 이것은 이웃이 초음파를 사용하여 자신의 마음을 방해하고 있다는 증거였다.

사례 축어록: 존

P=내담자, T=상담사

P: "라운지에서 TV를 보는 것을 오래전에 그만뒀지요."

T: "TV가 무슨 상관이죠?"

P: "제가 소파에 앉아 TV를 볼 때 초음파가 소파가 있는 벽을 통과해 제 뇌를 지배했기 때문이죠. 집중할 수 없다는 뜻이었죠. 항상 피곤하고 졸릴 뿐 아니라 TV에서 무슨 말을 하는지 더 이상 알아들을 수 없었어요. 이해하시겠어요?"

T: "그럼 그 이후로 TV를 완전히 꺼 버렸다는 뜻인가요?"

P: "네, 맞아요. 사실, 거실 소파를 계속 사용하려면, 옆집의 초음파가 스크린에 반사되어 내 생각을 계속 제어할 수 있을까 걱정되어 저는 전선을 뽑아야 했어요. 하지만 전기가 없으면 화면은 죽은 것이나 마찬가지예요."

T: "음, 말씀하신 내용 때문에 삶이 불편하셨나 보네요."

P: "불편해요? 라운지 전체에 초음파 빔이 비친 이후로 생각이 명확하지 않고 흐릿해졌어요."

T: "그러면 이 문제를 어떻게 해결하고 계세요?"

P: "저는 부엌에서 자요. 집안에서 초음파 빔의 경로에 들어가지 않는 유일한 장소이기 때문이죠."

T: "그렇다면 부엌에서 얼마나 오랫동안 잤는지요?"

P: "오늘을 포함하여 21일간. 정확히 3주 동안 ……. 멈추지 않고요."

T: "그런데 이 집에서 얼마나 오래 살았는지 궁금하네요?"

P: "아, 좋은 질문이네요." (내담자가 인상을 찌푸리며 생각하는 듯한 표정을 짓는 동안 침묵) "거의 2년 동안요, 네, 내가 스티븐턴 길로 이사한 것이 2012년 9월이었어요. 그러니 9월이면 2년이 되겠네요."

T: "그러면 이웃이 초음파로 당신의 생각을 조종하고 있다는 사실을 언제 알게 되었나요?"

P: "비뚤어진 사진에서 봤을 때요."

T : “네, 네, 이미 설명해 주셨어요. 그런데 사진의 위치는 언제 알았나요?”

P : “사실, 저는 사진들이 일직선이 아니라는 것을 항상 알고 있었어요. 이 집의 그림들은 항상 비뚤어져 있었어요.”

T : “그렇다면 이웃이 초음파를 통해 얼마나 오랫동안 당신의 생각을 방해하고 있다고 생각하는지 어떻게 알 수 있었나요?”

P : (침묵. 내담자가 눈에 띄게 변했다. 얼굴을 찡그리며 나를 바라보며 묻는다.) “혹시 뭔가 아는 게 있나요? 제 이웃들과 얘기해 보셨나요?”

T : “존, 나는 당신의 이웃이나 당신이 사는 집에 대해 전혀 알지 못하죠.”

P : “하지만 제 주소를 아신다는 것은 제가 어디에 사는지 정확히 알고 계시다는 뜻이죠.”

T : “존, 방금 당신이 당신의 주소를 상기시켜 줬어요. 우리가 만난 지 1달 정도밖에 안 되었어요.”

P : (그는 나를 의심스럽고 짜증스러운 표정으로 쳐다보더니 계속 말한다.) “사진은 항상 비뚤어져 있었고, 언제부터 초음파 때문에 비뚤어졌다고 생각하기 시작했는지 정확히 모르겠어요…….”

T : “다시 말해, 존, 당신은 그 집으로 이사 온 이후로 사진이 비뚤어져 있었고, 어느 시점에서 당신은 비뚤어진 사진과 옆집 아파트에서 나오는 초음파의 존재를 연결시켰다고 말하고 있지만, 당신은 계속해서 사진의 비뚤어진 위치에서 초음파의 존재를 항상 확인했다고 말하고 있어요……. 무슨 말인지 이해가 되나요?”

P : “네, 네……. 알겠습니다.” 그는 나를 사려 깊게 바라본다.

T : “무슨 생각을 하고 계신가요?”

P : “이웃들이 내가 그곳에 발을 들인 첫날부터 초음파로 저를 통제하고 있었을지도 모른다는 생각이 들었어요! 젠장! 이 빌어먹을 곳에서 나가야 해요!”

T : “존, 사실을 일어난 순서대로 정리하는 것이 매우 중요하죠.”

P : “네, 하지만 제가 더 이상 아무것도 이해하지 못하는 것은 그들의 잘못이라고 말했잖아요.”

T : “다른 질문 하나 해도 될까요, 존?”

P : “네……. 물론이죠.”

T : “이웃이 어떤 식으로든 방해한다고 생각해서 집을 옮긴 적이 있나요?”

P : “어떻게 아세요?”

T : “뭘 알아요?”

P : “다른 이웃과도 문제가 있었다고요?”

T : “저는 그저 당신의 생각과 정서, 그리고 사건들이 일어난 순서대로 따라가고 있을

뿐이에요, 존. 저는 단지 당신이 얼마나 오랫동안 이웃과 다른 사람들의 간섭을 받아 왔는지 이해하려고 하는 것뿐이에요."

P : "네, 전에도 그런 일이 있었어요. 스티븐턴 길로 이사하기 전 6개월 만에 다른 집을 떠났어요."

T : "존, 혹시라도 문제가 이 집이나 저 집, 이 이웃이나 저 이웃과 관련이 있는 것이 아니라 당신 안에 평화롭게 살지 못하게 하는 무언가가 있을 가능성은 없나요?"

P : "아니요, 절대 아니예요. 제게는 다른 사람들이 문제죠. 하지만 누구보다 제 이웃이 문제죠."

T : "당신은 매우 솔직하군요. 그렇기 때문에 이 치료를 함께 하기 위해서는 저 역시 조만간 당신에게 문제가 될 수 있다는 것을 명심해 주시면 좋겠지만, 저는 당신의 이웃들처럼 되고 싶지 않아요, 알겠어요?"

P : 그는 나를 쳐다보더니 "그래요, 당신이 저를 도와주러 왔다는 사실을 기억해서 잃어버리지 않도록 해야죠."라고 덧붙였다.

사례 설명: 존

존의 사례는 적절한 안내를 받으면 편집증 내담자가 위기 이전의 중요한 사건에 대한 세부 정보를 제공할 때 종종 '명료'해지지만, 그중 일부는 망상적 의미로 빠르게 주입되어 자신의 정신적, 심지어 신체적 완전성이 위험에 처했다고 느낄 때까지 주요 관심사를 유발한다는 것을 시사한다. 과거에서 현재에서 미래로, 또는 그 반대로 물리적 시간(범위)의 공간에 있는 것처럼 이동할 수 있는 시간틀(time framework)의 관점에서 사건을 조사하면 상담사는 어린이자아의 오염 제거와 혼란 해소를 목표로 하는 치료 기법을 사용하여 다소 체계적인 방식으로 분석을 진행할 수 있다(Berne, 1975a [1961], 1977 [1966]).

반면에 내담자의 경험에 대한 신체적·비언어적 기록이 우세한 분열형 정신질환(fragmentary psychosis)의 경우, 상담사는 필연적으로 내담자 자기의 초기 및 원시정신적 상태에 직면하게 된다. 이러한 경우 걸치기(spanning)는 분석 후반부까지 연기된다. 초기에는 (앞서 설명한 것처럼) 내담자와 상담사 모두에게 불안정할 수 있는 새로운 몸-정서적 경험을 억제하기 위해 치료 환경 내에서 최상의 조건을 만드는 데 주로 집중하는 것이 더 도움이 된다. 이러한 경우 약물 치료는 정신병적 고통을 줄이는 데 도움이 될 수 있지만, 개인을 괴롭히고 자아를 분열시키는 분열 경험의 다감각적 특성을 소멸시키지 않도록 하는 방식으로 사용하는 것이 가장 좋다. 이러한 상황에서 분석가는 종종 스스로 몸-정서적 변형(metamorphosis)을 겪어야 하며, 육체적 현실뿐만 아니라 심령적 감각이 강화된 거의 형언할 수 없는 고도의 정서적 관계 경험을 적극적으로 수용하게 된다.

시간의 공간적 차원을 회복함으로써(또는 실제로는 '처음' '지금' '그때'를 통해 사건을 연결함으로써) 내담자는 자신의 역사, 자신의 사고, 감정, 환상, 몸-정서적 상태 및 외상성 사건[traumatic event; 즉, 실존적 불연속성(existential discontinuity)]과 관련된 행동의 역사에 대한 인식을 발전시켜 자신의 자아 경험에 영향을 미칠 수 있다(Winnicott, 1990 [1986]). 걸치기는 향후 자신의 정신 전기를 재편집하기 위한 기초를 구축하기 전에 이러한 내담자들이 자신의 진짜 경험 또는 '진짜' 자기가 살았던 경험에 대한 인식을 발전시킬 수 있게 해 준다. 메를로-퐁티(Merleau-Ponty, 1986 [1945])는 "우리는 시간을 주체로서, 주체를 시간으로서 이해해야 한다."(p. 422)고 명쾌하게 말했다.

결국 상담사는 걸치기 과정을 통해 내담자들이 자신의 원초적 욕구, 즉 생각하고, 느끼고, 행동하고, 책임감 있게 행동할 수 있는 인간으로서 보고, 듣고, 받아들여지는 것, 즉 의식적이든 아니든 자신의 의지를 의도적으로 발휘하여 정신적 고통에도 불구하고 자신의 운명에 대해 계속 대답할 수 있는 능력으로 이해되는 후자를 인식하도록 돕고, 이를 통해 충족할 수 있도록 돕는 것이다.

시간을 장소나 상황에 맞게 배치하기

사례 축어록: 앨리스

맥락화(contextualization) 과정은 정신질환 내담자가 서술한 최근 또는 과거의 특정 경험적 사건을 내담자가 중요한 정서적 가치를 부여한 적극적인 사회관계적인 맥락에 배치하는 것을 목표로 한다.

P=내담자, T=상담사

P : "대학에서 길을 잃었죠, 네, 처음부터 길을 잃었죠."

T : "앨리스, '길을 잃었다'는 말은 '혼란스러워졌다'는 뜻인가요?"

P : "네……. 아니요……. '길을 잃었다'는 뜻이에요, 알겠어요? 길을 잃었어요. 어딘가에서 길을 잃은 적이 있나요?" 짜증을 내며 말했다. (잠시 멈추고 더 기다린다.) "모교 복도에서 길을 잃었어요." …… (그러고 계속 중얼거림) "모교……. 모

교……. 모교."

T : "누군가에게 지배당하고 있다는 느낌이 대학 시절 볼로냐에서 시작된 것 같다는 뜻인가요?"

P : "네, 정말 그렇게 생각해요……. (긴 멈춤)……. 밤낮으로 공부하고, 공부하고, 공부하고, 공부했지만……. 시험은 안 봤어요……. 시험이 무서웠어요……. 나는 이 저주받은 '미라 대학'이 무서웠어요."

사례 설명: 앨리스

이 짧은 발췌문에서 알 수 있듯이, 보다 조직화된 자아를 가진 편집성 정신질환의 경우, 붕괴를 촉발하는 요인 중에는 망상적인 방식으로 의미를 해석할 수는 있지만 그 사람이 설명할 수 있는 심각한 관계 단절이 있는 경우가 많다(예: 핵가족과의 이별, 새로운 도시로의 이사, 대학 시험을 치르지 못함, 가족 또는 고용주와의 분쟁, 연애 관계 또는 오랜 우정의 종식 등).

나는 앨리스가 모교인 볼로냐 대학교를 처음 접했을 때 사용한 단어의 상상력 넘치는 의미에 감탄했다. 그녀는 이 단어를 '양육하는 어머니(nurturing mother)'라는 뜻의 새로운 '모교(Alma Mater)'와의 일종의 '저주받은' 관계라고 몇 마디로 설명하였다. 앨리스의 실존적 경험의 경우 맥락은 다를 수 있지만, 정신병적 위기의 가장자리에 있는 편집성 조현성 내담자가 어떻게 자신의 내적 어버이자아, 즉 발달 초기에 배제하는 부모의 권위의 원초적 이미지(부모 이미지: imago parentis)를 반영할 수 있는 특정한 실제 인물이나 규범적 제도에 대한 사회적 표상에 강제로 대항하는지를 명확히 보여 주기 때문에 내게 상징적인 것이었다. 다시 말해, 이러한 상황은 개인에게 성인 세계로부터 '새로운' 대타자를 소개하는 사회적-관계적 상황으로, 유아기의 원초적 대상 및 전-대상관계(P_1 및 P_0)에서 격렬하게 촉발된 정서적 경험을 강력하고 충격적으로 상기시키는 경험이다. 라캉이 말하는 이 "극적 결합(dramatic conjunction)"(Lacan, 1977 [1958])은 현재와 개인의 과거를 융합하는 정신질환의 기원이 되는 지점이다.

따라서 편집증 내담자의 서술은 이러한 관계적인 드라마, 즉 억압되지 않았을 수 있는 무의식적 의미의 예기치 못한 전조(무의식적 수준에서 발달의 상징적 · 원초적 경험에 부착되어 있기 때문에)와 아직 의식화되지는 않았지만 분석적 관계 안에서 내담자와 상담사가 현재에 재구성하게 될 의미의 예기치 못한 전조에 초점을 맞추고 있다.

정신병적 발병 또는 무증상 형태의 조현병의 경우(예를 들어, 몸-해리 현상학이 더 널리 퍼진 자아 분열과 함께 우세한 경우) 적어도 초기에는 명확한 촉발 사건을 찾는 것이

거의 불가능하다. 분석가와의 접촉이 정신병적 위기를 유발할 수 있는 유일하게 인식 가능한 관계적 사건인 것처럼 내담자의 가족이 얼마나 관여했는지에 관계없이 이러한 경우가 있다. 분석 치료가 유발 요인이 아닌 경우, 다른 관계적인 상황, 심지어 상당히 무해해 보이는 상황도 내담자를 활동형 정신질환으로 악화시킬 수 있다. 예를 들어, 한 번 이상의 주치의 방문(예: 신체적 불만으로 인한), 교육 또는 직업 심리학자와의 한 번 이상의 상담, 영적 가이드와의 만남 등이다.

임상에서 마주치는 매우 흔한 상황 중 하나는, 특히 초발 정신병적 삽화를 경험했거나 정신질환으로 이행할 위험이 높은 것으로 간주되는 내담자들과 함께 일하는 사람들에게는, 아직 청소년기이거나 성인의 문턱에 있는, 걱정과 고통의 원천이 본질적으로 자신의 신체인 내담자를 만나는 것이다. 사춘기를 겪는 내담자들 중 자신의 자아상에 대한 우려, 정신-몸의 경험에 대한 불만, 실제 신체 기형의 증상, 성 정체성(남성, 여성 등) 측면에서 자신을 정의하는 데 어려움을 겪거나, 음식과 관련하여 비정상적인 행동을 보이거나, 때로는 근본적인 섭식 장애의 경고 징후를 보이거나, 심지어 신체적 결함을 교정하고 있다고 확신하여 성형 수술에 의지하는 경우를 만나는 것은 드문 일이 아니다. 이러한 종류의 신체적 불쾌감은 정신질환이 아닌 사람에게는 심각한 결함으로 보일 수 있고 심지어 신체 건강과 관련하여 걱정스러운 위험으로 보일 수 있지만, 조현성 내담자에게는 이러한 고통의 경험이 자신의 정체성에 대한 강력한 위협으로 확대된다. 이로 인해 '나는 누구인가?' '너는 누구인가?' '이 신체는 누구의 것인가?'라는 보다 근본적인 질문으로 되돌아가게 된다.

사례 축어록: 크리스

다시 말해, 일부 정신질환의 징후가 보이는 내담자뿐만 아니라 실제 정신병적 붕괴를 경험하는 사람들의 경우, 그들의 존재에 대한 전이 드라마가 펼쳐지는 극장은 (초기 유아기처럼) 신체 자체로 돌아간다. 그리고 이것은 또한 청소년기와 초기 성인기에 전형적으로 나타나는 신경 발달 및 호르몬을 포함한 중요한 신체적 변화로 인해 발생하며 단순히 실존적 시계가 아닌 더 긴급한 생물학적 시계에 의해 조절된다.

P=내담자, T=상담사

P : "아직 눈치채지 못하셨나요?"

T : "뭘 알아챘어요?"

P : "내 턱, 여기 아래쪽은 보이지 않을 수도 있어요.……. 톱니바퀴처럼……. 위아래로……. 위아래로……." (손가락 2개로 자신의 턱을 만지며 입을 천천히 벌렸다가 닫는다.)

T : (의사처럼 체크리스트를 제시하고 물어보려고 최대한 노력한다.) "제가 알기로는 지금 말씀하신 문제를 일으킬 수 있는 약을 복용하고 계시지는 않으신 것 같은데요. 씹거나 삼키는 데 문제가 있거나 편두통을 전혀 앓고 있나요?"

P : "아니요, 담당 주치의가 신체적 문제를 배제했어요."

T : "하지만 그럼에도 불구하고, 크리스, 턱에 이상한 느낌이 계속 드네요."

P : "돌이에요.……. 느껴져요?" (그는 자신의 턱을 여러 번 만지고 겁에 질린 채로 모든 단어를 발음하면서 덧붙이다.) "돌처럼 차갑고 단단해요."

사례 설명: 크리스

크리스의 괴로움은 자신의 자아의 유한성, 즉 차갑고 석화되어 거의 죽어 버린 자신의 존재에 대한 지각과 관련된 괴로움이다. 이 시나리오에서 정신질환 내담자의 심리적 자아는 돌처럼 딱딱한 육체적 존재가 된다. 그리고 돌처럼 오래된 긴장, 생애사적 스트레스 요인, 심지어 과거의 관계적 외상의 구체화를 통해 자신의 균열을 드러내는 정신병적 자아는 새로운 압력과 가능한 골절에 여전히 취약한 상태로 돌아간다. 하지만 이것은 "느껴져요?"(즉, "만져 봐요! 내가 어떻게 변했는지 느껴 봐요!" "나는 지금 누구인가요?")라는 질문에서 크리스가 대타자에게 간절히 호소하고, 회복을 추구하고, 새로운 자기 경험의 조직을 찾고 있음을 알 수 있다. 크리스는 자신의 심리적 자아가 자신의 신체(이 경우 턱)로 이주하는(또는 통과하는) 것을 느끼며, 이 통과 과정에서 심리적 · 신체적 경험의 수준에서 (가로)지르기를 느끼기 때문에 이 호소가 괴롭다. 이로부터 석화와 그에 따른 산산조각을 통한 실존적 소멸이라는 거의 극복할 수 없는 괴로움이 발생한다. 그러나 이러한 분열은 또한 투사의 길을 열어 신체적 전이를 가능하게 한다. 따라서 정신병적 자아는 다른 신체, 다른 대타자(이 경우 상담사)를 향한 개방과 자극을 발견하게 된다.

크리스와 같은 개인의 경우, 이러한 신체적 동일시는 자아를 출생한 후뿐만 아니라 자궁 내 경험에 뿌리를 둔 심령(psyche)의 가장 최초의 정신적 경험과 접촉하게 한다. 이는 근본적으로 자신의 자아가 대타자의 신체에 둥지를 틀고, 대타자가 자신의 신체 자아에 둥지를 트는 것을 확립한다. 이 불가분의 결합, 정신적 생명의 근원으로서 '표현할 수 없는' 이 결합은 정신질환 내담자들이 겪는 육화된 진실이다. 이들에게 자신의 신체적 유한성을 인정하면서 자신의 몸의 경계에 부딪힌다는 것은 대타자의 결과로서 존재하고, 대타자를 위해 존재하며, 궁극적으로 대타자에도 불구하고 존재한다는 근원적 결핍의 불안한 경험을 다시 느끼는 것을 의미한다.

따라서 신체 내에는 다시 대타자, 즉 정신질환 내담자가 '충분하지 않다'고 간주한 원래의 대타자, 침입하고 공생하는(일부 불행한 경우에는 학대하는) 대타자 또는 실제로 부재하고 몸-정서적 수준에서 접근할 수 없는 대타자에 대한 괴로움이 있다. 이 대타자는 단편적인 해리에 의존하지 않고는 분리하거나 개별화할 수 없는, 그래서 자신의 핵심 자기를 다른 곳으로 옮기는 것이 불가능한 대타자이다. 아베나의 경우(4장 참조)또는 방금 설명한 크리스의 경우처럼 이 '다른 곳'은 내담자들의 이야기에서 자신의 신체 또는 더 자주 감각 기관, 괄약근, 위, 기관, 머리의 특정 측면, 근골격계 관절 등과 같은 신체의 일부가 된다. 그러나 정신질환자가 갈망하는 이 '다른 곳(elsewhere)'은 또한 분열의 괴로움를 담고 가장 기본적인 존재 형태로 내담자의 신체적 자기의 경험을 재구성하는 새로운 보조적 몸-자아의 역할을 할 수 있을 것이라는 잠정적인 희망에서 육체-대타자, 즉 살과 피를 가진 분신(alter ego; 분석가를 포함)이다.

분석가와의 관계에서 내담자의 존재에 대한 이러한 언어적 맥락은 원초적 각본규약의 분석 환경에서의 재편집이나 다름없다. 정신질환 내담자와의 분석 작업은 필연적으로 분석 자체의 진행을 위해 분석가의 각본규약 경험이 내담자와 함께 살아온 신체적 환경의 필수적인 부분으로 요구되는 근본적인 역할의 (재)발견을 초래한다. 이러한 신체 간 환경이 있어야 다음 부분에서 설명하는 육체화(corporealization)의 후속적이고 때로는 동시적인 과정이 가능하다.

◆ 현재를 존중함(또는 현재 시간에 공간을 제공함)

치료 환경에 대한 정신역동적 관점에서 볼 때, 명확한 시공간적 경계를 유지하는 것은 분석 공간을 분석적 경험이 펼쳐질 수 있는 특별한 용기(container)로 만드는 데 도움이 된다. 정신질환 내담자, 심지어 아주 어린 정신질환 내담자와의 임상 경험(급성 정신병동에서든 집중적인 재가치료 환경에서든, 조현형 정신질환의 첫 증상을 보이는 내담자를 돌보는 전문가인 임상의의 세심한 감독하에 다학제적 작업을 포함)을 통해 나는 그러한 내담자들에게 (공공 및 민간 부문의 외래 내담자 클리닉에서처럼) 심리치료계약에서 통상적으로 제공되는 것보다 더 길고 집중적인 교류분석회기에 전념할 수 있게 되었다.

조현형 정신질환의 교류분석적 정신병리에 관한 중요한 연구(Mellacqua, 2014)를 만들어 낸 이 작업 방식은 볼라스(Bollas, 2013)가 그의 저서 『그들을 잡아 줘, 떨어지기 전에: 붕괴에 대한 정신분석(Catch Them Before They Fall: The Psychoanalysis of Breakdown)』에서 발전시킨 개념에서 거의 독특하지만 강력한 공명을 발견했다. 이 책에서 그는 "무엇보다도 무너지는 내담자에게는 시간이 필요하다."(p. 75)라고 대담하게 주장한다. 내가 '대담하게'라는 말을 덧붙인 이유는 일반적인 분석 환경에서 전통적인 정신분석가와 교류분석가(주당 치료회기의 길이와 빈도가 다르고 분석 작업이 집단인지 개인인지에 따라 다르지만)는 상당히 표준화된 공간과 시간을 가지고 있기 때문이다.

볼라스가 말하는 시간은 주로 개인의 시간, 특히 정신병적 개인의 시간으로, "과거는 꿈이고" "미래는 블랙홀로만 존재하며" "자기는 끊임없이 깨어 있는 현재를 살려고 하는"(Bollas, 2013, p. 78) 영원한 현재이다.

이 시점(내담자의 주체성의 지점, 에릭 번에 따르면 어린이자아가 그 자체를 현상학적으로 표현하는 지점)에서부터 분석 환경은 시간적 왜곡을 겪어야 정신질환 내담자의 주체적 시간에 더 많은 공간(따라서 더 많은 연대기적 시간)을 부여할 수 있다. '현재를 존중한다'는 것은 분석회기의 시간에 통상적으로 주어지는 시간적 공간(시간 범위)을 의도적으로 확장하는 것을 의미한다. 예를 들어, 여러 시간으로 확장하거나, 같은 날의 여러 시간으로 분산하거나, 볼라스(2013, 2015)의 경험처럼 하루 전체를 채우거나 여러 날에 걸쳐 연속적으로 반복할 수 있다. 마찬가지로, 분석 작업도 제한적으로 이루어질 수 있으며, 재활 또는 법의학 환경과 같이 병원에 입원하거나 장기 입원을 하는 경우와 같이 ¼ 또는 30분씩 매일 여러 치료회기로 나눌 수도 있다.

분석 환경의 이러한 현저한 왜곡은 필연적으로 상담사뿐만 아니라 상담사가 근무하는 조직의 입장에서도 특별한 유연성을 요구하며, 많은 경우 이는 실용적이지도 않고 가능하지도 않다.

그러나 분석적 환경을 정신질환 내담자의 주체성에 개방하는 것은 자아의 경험적 분열을 신속하게 회복할 뿐만 아니라 공간적 정렬과 시간적 통합에 대한 공동의 관심을 촉진하여 궁극적으로 자기 경험의 통합을 촉진할 수 있는 귀중한 기회이다.

◆ 참고자료

Berne, E. (1975a). *Transactional Analysis in Psychotherapy: A Systematic Individual and Social Psychiatry*. London: Souvenir Press. (Original work published 1961)

Berne, E. (1975b). *What Do You Say after You Say Hello? The Psychology of Human Destiny*. London: Corgi. (Original work published 1972)

Berne, E. (1977). *Principles of Group Treatment*. New York: Grove Press. (Original work published 1966)

Bollas, C. (1987). *The Shadow of the Object: Psychoanalysis of the Unthought Known*. New York, NY: Columbia University Press.

Bollas, C. (2002). What is this thing called self? In C. Bollas, *Cracking Up: The Work of Unconscious Experience* (pp. 146–179). London: Routledge. (Original work published 1995)

Bollas, C. (2006). Aspects of self experiencing. In C. Bollas, *Being a Character: Psychoanalysis and Self Experience* (pp. 11–32). London: Routledge. (Original work published 1992)

Bollas, C. (2013). *Catch Them before They Fall: The Psychoanalysis of Breakdown*. London: Routledge.

Bollas, C. (2015). *When the Sun Bursts: The Enigma of Schizophrenia*. New Haven, CT: Yale University Press.

Cornell, W. F. (2015). *Somatic Experience in Psychoanalysis and Psychotherapy: In the Expressive Language of the Living*. London: Routledge.

Federn, P. (1953). *Ego Psychology and the Psychoses*. London: Imago Publishing. (Original work published 1952)

Lacan, J. (1977). On a question prior to any possible treatment of psychosis. In J. Lacan, & J. A. Miller (Eds.), *Écrits: The First Complete Edition in English* (B. Fink, Trans.). New York, NY: Norton. (Original work published 1958)

Mellacqua, Z. (2014). Beyond symbiosis: The role of primal exclusion in schizophrenic psychosis. *Transactional Analysis Journal*, 44, 8–30.

Merleau-Ponty, M. (1986). *The Phenomenology of Perception* (C. Smith, Trans.). London:

Routledge & Kegan Paul. (Original work published 1945)

Winnicott, D. W. (1965). *The Maturational Processes and the Facilitating Environment: Studies in a Theory of Emotional Development*. Madison, CT: International Universities Press.

Winnicott, D. W. (1990). *Home is Where We Start from: Essays by a Psychoanalyst*. London: Penguin Book. (Original work published 1986)

제6장

행동하는 몸: 조현병의 각본규약 분석

- 현실 감지
- 손길
- 눈길과 원초적 이미징
- 경청
- 미각과 후각

◆ 현실 감지

현실 검증하기(reality festing)가 어른자아상태의 탁월한 작업이라면, 감각을 통한 현실 경험(내가 **현실 감지**라고 부르는 것)은 어린이자아의 특권이다. 어린이자아의 주된 관심은 전달 가능한 의미의 언어적 공식화가 아니라 자기의 경험을 생생하게 조직하는 것이다.

정신질환 내담자와 함께 일할 때 가장 먼저 해야 할 일은 내담자가 감각의 경계 내에서 자기 경험과 타자 및 외부 세계에 대한 경험을 다시 조직화할 수 있도록 현실(자신의 신체 현실 포함)에 대한 다감각적 조율 과정을 지원하는 것이다. 가필드(Garfield, 2009 [2005])는 이를 정신질환 내담자에 대한 분석 작업에 적용하여 "분석가는 ……. 내담자 자신의 잃어버린 눈, 귀, 손의 역할을 한다. 상담사는 어떤 면에서 내담자 경험의 살아 있는 일부가 된다."(p. ix)라고 표현하였다.

따라서 자아의 피할 수 없는 상호 신체적 · 관계적 특성으로 인해 핵심 자기가 주인이 아닌 자아 공간에 거주할 수 있게 되는 것은 자신의 감각의 한계를 (재)발견함으로써 가능해진다. 분석을 통해 정신질환이 있는 개인은 대개 자신의 감각적 한계를 경험하는 동시에 자신의 한계와 관련하여 구축할 수 있는 감각과 의미(또한 신체적)와 씨름하는 불안한 태도에 놓이게 된다. 이 제안에서 나는 생물학적으로 매개된 어떤 것과 어떤 사람에 대한 경험을 형성하는 임계치로 이해되는 **감각적 한계**(sensorial limit)와 관계적으로 매개된 임계치로 이해되는 **성격적 경계**(personal boundary)를 구분하여, 어떤 것 또는 어떤 사람이 나에게 나-아닌-타자로서 명백하게 드러나는 임계치로 이해한다.

정신적으로 건강한 개인이 자아 경계를 발견하는 것은 대타자와의 반복적이고 감각적인 접촉(또는 충격)을 통해 이루어질 수 있다. 대타자는 관계에 침입하거나 완전히 물러나지 않고, 이러한 접촉에도 불구하고 끊임없이 드나드는 대타자이며, 개인에 의해 변형되고 변형되는 것을 아낌없이 허용함으로써 개인으로서의 자신의 변형과 변화를 상호적으로 지지하는 대타자이다. 따라서 개인적 경계라는 개념은 대타자가 개인의 자아에 남긴 흔적을 유지한다. 다시 말해, 자아 경계는 생애사적 대타자의 기억을 그대로 보존하기 때문에 존재하는 것이다. 정신질환 내담자들과 함께 일할 때 현대의 교류분석이 직면하는 과제는 주로 내담자의 정신이 아니라 몸, 다감각성(몸짓, 움직임, 원초적 이미지, 꿈)에서 생애사적 대타자의 기억을 회복하고, 치료와 치료 외적 관계의 현재 현실에서 자기, 현재-대타자, 세계에 대한 새로운 지각을 형성할 수 있도록 하는 것이다.

◆ 손길

개인의 정신-몸 발달의 초기 단계에서 활동하는 심리적 과정[프로이트(Freud, 1958a [1911])가 **원초적 과정**(primary process)이라는 용어로 묶고, 에릭 번(Berne, 1975b [1972])이 자아의 **세포조직적 경험**(tissue experiences)이라는 붉은 이미지로 다시 포착]은 신체와 분리될 수 없으며 피부를 포함한 신체 표면과 근육 조직으로 퍼져 나간다. 이런 식으로 신생 자기는 한편으로는 이 신체 접속기(bodily interface), 즉 내적 심령 세계와 외적 현실, 자기와 자기-아닌-타자(other-than-self)를 분리하는 동시에 조직화하는 이 조직적 한계에 의해 정의되고 다른 한편으로는 기능적으로 활성화된다. 피부 체계의 이중 구조[해부학적으로 진피(깊은 부분)와 표피(표면 부분)로 분리되어 있음]에서 기능하는 **피부-자아**(skin-Ego)(Anzieu, 1989)의 발달은 대타자, 즉 신체적이며 정신적인 삶의 시작부터 피부-대타자로서 세포조직 수준에서 지각되는 대타자와의 상호 교류 없이는 일어날 수 없다.

신생아기와 영아기 동안 영아와 주 양육자 사이의 촉각적 상호작용은 한편으로는 대타자(P_0)의 조직 확장에 대한 무의식적 내면화를 촉진하고, 다른 한편으로는 신체 간 전-대상 상태(interbody preobject states)(C_0)(태아기에도)의 전조화(태아기에도)가 신체 간 핵심 자기(A_0)의 대체로 무의식적인 표상으로 합쳐지는 것을 촉진한다. 이후의 촉각적 교류는 다감각(예: 시각, 구강, 후각) 경험에 의해 뒷받침되며, 충분한 일차적 참조 인물을 통해 유아는 자신의 입체성을 지닌 신체적 어린이자아로서 자신을 발견할 수 있게 된다(C_1). 이것은 울램스와 브라운(Woollams & Brown, 1978)이 말하는 신체적 대타자와 구별되는 의미의 신체적 어린이자아로, 원초적 대상관계의 원초적 표상[primal representation; 원초적 이마고(primal imago)]으로 내면화될 수 있다(P_1).

아동과 양육자 사이의 이러한 심오한 조기 교류는 또한 자기의 핵심 경험 또는 각본규약(Berne, 1975a [1961], 1975b [1972], 1977b [1966])의 하위 상징적 기반(Bucci, 1997, 2008, 2011)[동시에 신체적 및 (원시)정신적(Bion, 1961)]을 형성한다. 이 각본규약에서 개인은 부치(Bucci, 1997)의 용어로 논리적 병렬성을 계속 사용하여 보다 명확한 '상징적 비언어적' 서술[원초적 이미지, 각본사본(palimpsest) 및 꿈 활동에 의해 제공됨]과 일반적으로 자아, 타자 및 삶의 경험에 대한 '언어 상징적' 서술(즉, 각본)을 구성할 수 있다.

나는 주로 임상에서 일하고 이탈리아 남부에서 태어나고 자랐으며 대부분 전문 교육을 받은 교류분석가로서, 정기적으로 내담자를 만진다. 특히 심리치료 시에는 보통 각 치료회기가 끝날 때마다 악수를 하거나 적어도 내담자에게 악수할 것을 제안한다. 내가 신체 심리치료에 대한 훈련을 받지 않았기 때문에 방법론적으로 볼 때 치료관계의 질이 떨어지거나 내담자가 치료를 중단하거나 여러 번의 슈퍼비전 치료회기가 필요할 정도로 치명적인 치료회기로 이어진 경우가 있었다.

그럼에도 불구하고, 정신질환 내담자들과 집중적으로 일하고 수년간의 귀중한 슈퍼비전을 통해 나는 분석 환경과 의료-정신건강의학과 환경(병원 또는 내담자의 집)에서 접촉을 통한 신체적 교류의 중요성을 '피부로' 체험하였다. 나는 특히 정신질환 내담자들과의 정기적인 '접촉'을 통해 자연스럽게 내 자신의 살아 있는 몸의 실체를 (재)발견하게 되었다고 생각한다. 그 결과, 상담사로서 나는 정신의학과 교류분석을 수련할 때보다 신체에 더 집중하게 되었다. 나는 빅(Bick, 1968, 2002 [1986]), 앙지외(Anzieu, 1989), 맥두걸(McDougall, 1989, 1995), 레스닉(Resnik, 2001 [1972], 2002 [1986], 2005, 2007 [1982]), 베네데티(Benedetti, 1997 [1992]), 블룸(Bloom, 2006), 그리고 최근에는 렘마(Lemma, 2015), 코넬(Cornell, 2015), 볼라스(Bollas, 2015) 같은 저자들의 중요한 연구를 읽으면서 임상 실습에서 이러한 개인적인 '신체 지향성(body orientation)'에 대한 인정과 지지가 증가하고 있다는 것을 알았다.

특히 코넬(Cornell, 2015)은 치료에서 신체를 사용하는 것이 반드시 상담사와 내담자 간의 신체적 접촉과 동의어는 아니라고 썼다. 치료 환경에서 하나 이상의 촉각적 경험이 발생하면(말과 마찬가지로) 다양한 방식으로, 다양한 관계 수준에서 표현되고 이해되고 교환되어 실제 신체적 교류로 발전할 수 있다. 이는 특히 조현형 정신질환이 시작될 때 내담자의 촉각 경험에 대한 특별한 감수성(분석적 및 초분석적)이 상담사에게 요구되는 내담자와의 치료 작업에서 매우 중요하다.

나의 임상 경험상 정신질환 내담자의 촉각 경험에 대한 접근 방식은 현상학적(즉, 내담자가 주체적인 신체 경험을 현재에 다시 살면서 받아들이는 것을 목표로 함) 또는 분석적[즉, 현재 치료 관계에서 (재)구성되고 함께 구성되는 이러한 신체 경험의 의미를 탐구하는 것을 목표로 함]이다. 이는 내담자의 과거 의미 있는 타자와의 관계 역사(신체적 관계도 포함)에 대한 인식과 함께 이루어진다.

분석회기 중에 의도적으로 신체적 접촉을 하는 것과 관련해서는 내담자에게 미리 알리고 동의를 구한 후 진행하는 것이 가장 좋다. 그러나 나는 정신질환 내담자를 대상으로 한 임상 작업에서 이 절차를 거의 사용하지 않았으며, 먼저 내담자와 치료적 라포를 형성하지 않고는 사용하지 않았다.

한 가지 가능한 시나리오는 내담자가 자신의 실제 몸의 경험과 관련하여 극도로 양극화되어 원초적 이미지에 기반한 상징적 등록부(register; 예: 보다 명확한 언어적 및 인지적 차원)에 대한 모든 접근이 금지되는 경우이다. 그러면 상담사는 필연적으로 내담자와 비언어적 · 원시정신적 수준에서 관계를 맺도록 초대받게 된다.

예를 들어, 나는 샐리가 처음 병동에 입원하고 몇 시간 후에 만났다. 그녀는 20대에 처음으로 정신병적 쇠약을 경험하고 있었다. 샐리의 룸메이트인 동료 학생은 샐리의 심리적 상태가 점점 악화되는 것을 발견하고 응급 서비스를 불렀다. 샐리는 점점 더 산만해지고 집중력이 떨어졌으며, 최근 며칠 동안 침실로 숨어들고 말을 하지 않고 식사도 하지 않고 자신을 돌보지 않았다. 샐리의 부모님은 샐리가 입원했을 때 스페인에서 휴가 중이었다.

병실에서 샐리는 다소 기괴한 행동으로 인해 많은 전문가의 관심과 주목을 끌었다. 병실에서 처음으로 샐리 혼자 있는 모습을 보았을 때 나는 그녀와 언어적 소통을 할 수 없었다. 샐리는 맨발인 채로 있었고, 공허한 표정을 지었고, 고개를 약간 숙이고 거의 대각선으로 앞으로 숙인 채 허공을 응시하고 있었으며, 주변에서 무슨 일이 일어나고 있는지, 지금 누가 함께 있는지, 누가 자신에게 무슨 말을 하고 있는지도 무시하는 것처럼 보였다. 샐리는 보거나 이해하기 쉽지 않은 매우 개인적인 것에 몰두하고 있었지만 그녀의 신체는 가만히 있지 않았다. 메를로-퐁티(Merleau-Ponty, 1986 [1945])는 신체가 어떻게 "존재를 실현하고 그 실재이기 때문에 존재를 상징하게 되는가"(p. 164)에 대해 언급하였다.

샐리는 작고 빠른 발걸음으로 방의 정확한 둘레를 추적하는 데 많은 시간을 보냈는데, 그중 한쪽 벽을 제외하고는 보이지 않는 벽이었지만, 같은 장소에서 규칙적으로 움직였기 때문에 나의 눈에 바로 띄었다. 샐리의 정신은 마치 움직이는 신체처럼 보였고, 보이지 않는 것, 표현할 수 없는 것, 파악할 수 없는 것을 담아내려는 듯 끈질기게 규칙적인 궤적을 드러냈다. 나는 샐리가 시간의 흐름을 인지하고 있는지조차 의심스러웠다. 샐리에게는 시간이나 날짜를 알려 주는 시계나 휴대폰 같은 보조 도구가 없었기 때문이다. 그 방에서 반쯤 어둠이 깔린 공간에서 샐리는 내게는 분명하지 않은 새로운 공간과 시간의 좌표를 만들어 내고 있는 것처럼 보였다. 역설적이게도 내가 실제로 느끼기 시작한 것은 마치 그 방의 모든 것이 관성에 의해 일어난 것처럼, 나조차도 관성에 의해 그곳에 도착한 것처럼, 그 안의 세계는 모두 평등하고, 반복적이며, 평평하고, 항상 같은 것처럼 느껴지는 관성의 상승이었다. 거의 30분 동안 그곳에 머물렀을 때, 나는 점점 커지는 괴로움와 함께 일종의 '정신적 취기(mental inebriation)'를 느끼게 되었다.

샐리의 행동에서 위협적인 것을 감지하지 못한 나는 '그녀의' 방의 경계에 물리적으로 들어가야겠다는 생각이 들었다. 나는 침대에서 멀지 않은 그녀의 계단 한가운데에 작은 공간을 차지하면서 조용히 이 작업을 수행하였다. 몇 분이 지났다. 우리 둘다 아무 말도 하지 않았다. 어느 시점에서 나는 떠나는 척을 했고, 그제야 그녀는 내가 가는 것에 화가 난 듯 그녀의 경계에서 벗어나 나에게 다가왔다. 나는 멈추고 그녀의 행동을 계속 관찰하였다. 그녀는 내 엉덩이에 부드럽게 부딪힐 때까지 내게 가까이 다가왔다. 그러자 내가 그녀의 방에 들어간 후 처음으로 그녀가 고개를 들어 나와 잠깐 눈을 마주쳤다. 이 무의식적인 교감을 통해 나와 샐리 사이에는 몸짓과 행동, 그리고 이제는 눈빛으로 소통하는 방식이 시작되었다.

샐리는 거의 4개월을 병원에서 보냈고, 저용량의 항정신병 약물을 마지못해 받아들였다. 우리의 만남은 계속되었고, 거의 2주 후 나는 샐리가 나와 성관계를 가졌다고 강력하게 주장하는 에로틱한 투영의 대상이 되었다. 어느 시점에서 그녀는 심지어 '우리 아들'을 기대하고 있다고 주장하였다. 몇 달 동안 나는 내담자의 신체적 전이를 억제하고 이해하기 위해 감독에 참여하면서 동시에 우리 둘의 몸의 경험에 대한 호기심에 집중하는 태도를 유지해야 했다.

외래 내담자 자격으로 약 2년 동안 샐리와 짧지만 강렬한 심리치료를 진행하면서, 특히 정신질환이 시작될 때 이러한 내담자들에 대한 임상 경험을 통해 나는 모든 신체 접촉, 특히 직접적인 신체 접촉을 기반으로 하는 모든 물리적 접촉은 상담사가 사전에 적절하게 고려해야 한다고 믿게 되었다. 이는 두 가지 이유 때문인데, 하나는 이들이 겪는 고통의 유형을 고려할 때 중요한 윤리적 함의가 있기 때문이다. 한편으로는 이러한 내담자 중 상당수가 실제 신체적 · 성적 학대를 포함한 다외상성 병력을 가지고 있다. 다른 한편으로, 이러한 내담자 중 일부는 초기 유아기부터 사춘기까지 신체가 공생적 가치를 지닌 관계 역학(반드시 학대적일 필요는 없음)과 주 양육자와의 인간 간 접촉의 극적인 박탈을 모두 표현하는 주요 무대가 되어 왔다. 어느 경우든, 신체에 '감금'된 정신질환 내담자의 경우 직접적인 신체 접촉을 통해 신체적 재외상에 노출될 위험이 있다. 이는 명확하고 언어화할 수 있는 자료가 없는 상황에서 정신-몸적 의존의 원초적 상태(퇴행과 융합)로 되돌아갈 수 있다.

그럼에도 불구하고, 신체적 '접촉하기'와 관련된 작업의 치료적 요소는 이 과정이 종종 조현성 내담자가 합의된 정서 억제를 반드시 필요로 하는 실제 및 과거의 강렬한 정서 상태를 '접촉'하도록 유도한다는 사실로 구성된다. 이로부터 신체 경험과 이해할 수 있는 정서 상태 사이에 새로운 신체적 관계[몸-정서적 연결(somatic-affective bridging)]를 형성할 수 있는 가능성이 생긴다.

◆ 눈길과 원초적 이미징

관계적인 삶의 기원으로부터 엄마, 아빠(또는 주 양육자)와 갓난아기 사이의 불가피한 외모 교환은 핵심 자기가 대타자에게 보이는 대상이자 대타자를 '바라보는' 주체로서 성장할 수 있게 해 준다. 이러한 고려는 다음과 같은 관찰을 안내한다. 거의 정상적인 발달 과정에서 대타자를 먼저 보지 않고는 자신을 볼 수 없으며, 대타자의 관찰을 먼저 받지 않고는 자신을 보거나 느끼지 못하며, 대타자의 배려 없이는 인정받고 사랑받는다고 느낄 수 없다. 즉, 바라봄은 성찰에 선행하며, 따라서 서로를 독특하고 반복할 수 없는 주체로 인식하게 되는 개인 간의 친밀과 상호 인정[에릭 번 주의의 긍정성(OK-ness)으로 이해되기도 함]에 기여한다. 분석 과정에서 성찰의 역할을 근거로 위니컷(Winnicott, 1971)은 심리치료에 대해 다음과 같이 명확하게 설명하였다.

> 눈에 보이는 것을 반영하는 얼굴의 복잡한 파생물. 나는 내 작업을 이런 식으로 생각하고, 이 작업을 충분히 잘 해내면 내담자가 자신의 자기를 찾고 실존을 느낄 수 있을 거라고 생각한다(p. 117).

정신질환 내담자와의 분석적 관계는 다른 개인과의 관계보다 더욱이 분석가와 내담자 간의 상호 반영하기(mirroring)를 보장하고 장려하기 위해 물리적 환경에서 가능한 최상의 조건을 유지해야 한다. 실제적인 측면에서, 이는 (정신분석적 분위기가 분명한) 소파보다는 (집단 환경에서처럼) 의자나 소파를 서로 마주보게 배치하거나 원형으로 배치하는 것을 체계적으로 사용하는 것으로 해석할 수 있다. 이 방법론적 가정은 특히 이 문제에 대한 에릭 번(Berne, 1977b [1966])의 생각에 가까운데, 눈맞춤은 내담자와 분석가 모두의 표상적 내면 세계(무의식 및 비의식)로 들어가는 또 다른 문이라고 주장한다. 즉, 시선의 교환은 최초의 세포조직 및 다감각 경험과 함께 어린이자아상태(즉, 생애사적으로 의미 있는 대타자와의 관계에서 자신을 형성하는 유아기 자기) 경험의 기초이기 때문에 상담사와 정신질환 내담자 사이의 눈맞춤을 통해 현상학적으로 관찰할 수 있는 신체적 교류는 전이와 역전이의 또 다른 강력한 측면을 형성한다는 것이다. 따라서 해석적 가설의 공동 구성에 기반한 후속 분석 작업에 유용한 정보를 제공한다.

임상에서 정신질환 내담자의 소외 수준은 시선이 향하는 방향과 상담사를 포함한 다른 사람과의 관계에서 시선이 **사회적 거울**(social mirror)로 작용하는 능력(또는 그렇지 않은 능력)을 통해 확인할 수 있다. 정신질환 내담자의 시선은 흔히 '고정된 시선(fixed look)' '공허한 시선(empty look)' '음침한 시선(sullen look)' '회피하는 시선(averted look)', 심지어 '멍한 시선(absent look)'이라고 불린다. 이는 조현성 내담자의 경험에서 얼굴 표정이 말로 표현할 수 있는 것보다 더 많은 것을 전달한다는 것을 반영한다.

앞서 언급했듯이, 에릭 번(Berne, 1975a [1961])은 시각적 은유를 사용하였는데, 나는 이를 유지 및 확장하여 "편면 유리(one-way glass)"(p. 66)처럼 경험하는 어버이자아의 배제 과정을 설명하였다. 이것은 대타자(상담사 포함)에 대한 정신질환 내담자의 주체적 경험을 '편면 유리'의 이쪽과 저쪽에 번갈아 가며, 한편으로는 편집증에서처럼 눈, 렌즈 또는 스크린 역할을 할 수 있고, 다른 한편으로는 필터, 마스크, 심지어 보호막 역할을 할 수 있다는 측면에서 시각적으로 의미 있는 방식으로 설명한다(분열성 조현병에서처럼).

두 경우 모두 자아의 한 부분에서 다른 부분으로(P_1에서 C_1로) 또는 그 반대로 (C_1에서 P_1로) '시선'의 편면성은 분석 환경 내에서 상담사를 향한 편면 시선으로 내담자에게 번역된다. 상담사의 임무는 이러한 **시각적 불협화음**(visual disattunement)을 분석적 관계 내에서 다시 제시함으로써 내담자가 고통스럽고 경우에 따라서는 눈이 멀어지더라도 상담사의 눈을 통해, 따라서 시야를 통해 점진적으로 대타자의 시야를 회복할 수 있도록 해결하는 것이다. 이러한 이유로 내담자가 자신의 **시각적 능력**(visual ability)을 재사용하는 것은 신체적 과정인 동시에 관계적 과정이기도 하다. 이 과정을 통해 내담자의 자아는 현실감을 확장하고 상담사와의 실제적이고 현실적인 관계를 통해 자아와 대타자에 대한 새로운 인식에 접근할 수 있다. 눈을 통한 자아의 이러한 감각적 확장은 심리적 발달의 초기 단계와 관련된 몸-정서적 상태를 재활성화하며(Bion, 1984 [1967]), 정신질환 내담자의 정체감에는 반드시 퇴행적이지 않고 잠재적으로 진보적인 영향을 미친다. 이는 성인 정신질환 내담자뿐만 아니라 특정 형태의 청소년 정신병적 붕괴에서도 마찬가지인 것으로 보인다(Lombardi & Pola, 2010).

이러한 이유로 분석 치료의 시작은 대타자 없이는 연약하고 동시에 혼자서 대타자를 필요로 하는 그(녀) 자신을 '인식'하기 시작하면서 수반되는 증오와 괴로움와 혼합된 깊은 실존적 고통(신체적, 정신적 모두)의 급증을 유발하는 방아쇠 역할을 할 수 있다. 프랑스 철학자 장 폴 사르트르(Jean Paul Sartre, 1992 [1943])는 "대타자는 나를 바라보며 내 존재의 비밀을 간직하고 있으며, 내가 무엇인지 알고 있다. 따라서 내 존재의 심오한 의미는 내 외부에 있다(p. 363)."라는 말로 대타자의 시선(동시에 개인의 정체성의 근간)이 지닌 이 불안한 특성을 요약했다고 말한다.

예를 들어, 편집성 조현병의 경우, 내담자는 종종 시야에서 사라지는 대타자, 즉 볼 수는 있지만 보이지 않는 불투명한 대타자(이로부터 에릭 번의 배제를 **편면 유리**로 보는 관념이 나옴, Berne, 1975a [1961], p. 66)에서 이제는 상담사를 포함한 모든 사람의 눈을 통해 그 존재가 다중적으로 편재하는(ubiquitous) 대타자로 끊임없이 감시당하는 느낌을 받는다.

사례 연구: 블레이크

사례 축어록: 블레이크

4장에서 설명한 블레이크 씨의 사례로 돌아가서, 그는 항상 매우 어두운 렌즈가 달린 검은색 선글라스를 쓰고 심리치료 회기에 오곤 했다. 런던에 햇볕이 전혀 들지 않는 것은 아니지만, 치료실 밖에서도 선글라스를 착용하는 사람이 많지 않을 정도로 화창한 날이 드물기 때문이다. 하지만 블레이크 씨는 낮이든 밤이든 집을 나설 때마다 선글라스를 착용하는 데 익숙하였다.

P=내담자, T=상담사

T : "집을 나서면 거의 자동으로 선글라스를 착용할 정도로 습관이 된 것 같네요."
내담자가 고개를 내게로 향한 채 침묵한다.

T : "궁금한 점은……."
"선생님, 이걸 쓰고 어디 가겠어요?"라고 말하는 내담자의 얼굴에서 보일 듯 말 듯 미소가 어렸다.

T : "글쎄요, 적어도 이 방에서 이렇게 어두운 선글라스를 착용한 사람은 드물 것 같은데요."

P : "제 눈은 이제 어둠에 익숙해졌어요. 이곳의 빛은 매우 강렬해요. 이곳은 모든 것이 매우 강렬하고 제게는 공격적이에요."

T : "아마도 제가 당신에게 매우 강렬하다는 말씀이신가요? 이 치료회기에서 제게 '공격당했다'고 느낀다는 건가요?"
그는 온화한 미소를 지었다. 그러더니 갑자기 선들라서를 벗고 주먹에 꼭 쥐더니 생각에 잠긴 표정으로 "여기 뭔가 이상한 게 있어요!"라고 말한다.
나는 가만히 있었다. 잠시 침묵의 시간을 가졌다. 그런 다음, 침착하게 그에게 "지금까지는 치료 중에 선글라스를 쓰는 것이 이상하고 어색하게 느껴졌어요."라고 말한다.
그는 묘한 미소를 지으며 갑자기 안경을 얼굴로 들어 올려 다시 착용한다.

T : "블레이크 씨, 당신의 눈을 직접 볼 수 없다는 것이 제게는 낯설어요. 저와 대화하는 동안 당신이 무슨 생각을 하는지, 어떤 정서를 느끼는지 이해하기 위해 당신의 표정을 볼 수 없고, 마치 당신이 저를 계속 주시하고 있는 것처럼 느껴지는 것이 이상해요. …… 이것이 기본적으로 제가 불편함을 느끼는 이유지요."

T : "블레이크, 당신의 눈을 직접 쳐다볼 수 없다는 게 제게는 낯설어요. 당신이 나에게 말하는 동안 당신이 무슨 생각을 하는지, 무엇을 느끼는지 이해하기 위해 당신의 표정을 보지 못한 채, 마치 당신이 저를 끊임없이 관찰하는 것처럼 당신에게 보이는 나 자신(자기)을 느끼는 것은 이상해요. …… 기본적으로 이것이 제가 불편한 이유예요."

사례 설명: 블레이크

잠시 침묵이 흐른 후 그는 신경질적으로 자신의 코를 만지며 "네."라고 대답하였다.

그러고는 "그냥 생각해 보세요, 선생님. 전 매일 그런 기분이 들어요." 블레이크 씨는 원초적 대타자의 시선, 특히 모성 인물과의 전-대상과 대상관계에서 침입성 및 불가해성과 관련된 고통을 일찍이 경험하였다. 역설적이게도 그가 선글라스를 썼다는 사실 덕분에 나는 타자와의 관계에서 그 자신의 주체적 태도를 실험할 수 있었다. 대신, 우리의 치료회기는 그의 눈에 직접 빛을 비추었다. 그는 다시 한번 대타자의 침투에 의해 침입당하고 눈이 멀게 될까 봐 두려워서, 동시에 유아기 때와는 '다른' 현실, 즉 다른 눈으로 새로운 시각으로 보는 현실을 보는 것에 대한 두려움 때문에 그것을 드러내고 싶어 하지 않았다.

더욱이 블레이크 씨의 상태는 그러한 개인이 초기 발달 단계에서 정신-몸적 생존을 위해 도달하는 편집증적 해결책이 어떻게 자신의 자기 정체감의 발전에 장애물이 되는지, 그 확장은 배제하는 원초적 대타자의 대면(reinclusion)을 포함한다는 것을 보여 준다. 편집증 내담자의 박해 상태는 상담사와의 관계가 특히 강렬하고, 때로는 도덕적 수준에서 터무니없고 몸-정서적 수준에서 위협적이라고 느낄 때 대타자(상담사 포함)에 대한 증오를 실제로 표출하는 것(관계에서 벗어나려는 듯 폭발적인 언어적, 때로는 신체적 공격성 포함)으로 절정에 달할 수 있다.

반면, 해리성 또는 분열성 조현병의 경우, 상대방의 시선을 피하지 않으면서 상대방의 존재를 피하거나 상대방이 보지 않을 때 상대방을 '염탐하는(spying)' 것은 정신질환 내담자가 자신의 연약함과 외로움의 발견, 그리고 관련된 실존적 고통을 회피할 수 있게 해 주며, 이는 모두 상대방(상담사 포함)과 분리되어 있음을 깨닫는 것과 관련이 있다.

예를 들어, 인도 출신의 40대 여성인 아니샤는 캠버웰 지역에서 10년 동안 자신이 소유한 작은 아파트에서 살고 있었다. 아니샤는 지역 정신건강의학과 서비스에 알려진 지 10년이 채 되지 않았으며, 주로 간이 조현병의 진단 기준에 부합하는 무증상 조현병의 형태로 알려져 있었다. 그녀는 정신건강의학과 전문의에 의해 집중적인 정신건강의학과 재가치료 개입을 위해 우리 팀에 의뢰되었고, 그녀의 손주들이 그녀의 심리 상태 악화를 발견한 후 우리 팀에 연락을 취하였다. 아니샤의 가족은 일반의에게 아니샤가 더 이상 전화를 받지 않고, 스스로 약을 중단하였으며, 집안과 개인 위생을 소홀히 하고, 다른 무엇보다도 매우 무거운 트롤리를 끌고 먼 거리를 걸어 다니는 모습이 주변에서 자주 목격되었다고 보고하였다.

정신건강의학과 병동에 강제 입원할 수도 있는 상황이었지만, 내담자는 조금도 주저하지 않고 내가 정신건강의학과 의사로 근무하던 램버스 재가치료 팀의 재가치료를 자발적으로 받아들였다. 나는 아니샤와 치료 관계를 빠르게 구축할 수 있었고, 매일 가정 방문을 하기로 합의하였다. 내가 겪은 가장 큰 어려움은 회의에 대한 그녀의 일반적인 태도였다. 그녀는 나와 저녁에 간호사들이 그녀의 집에 접근하는 것을 허용했지만 몇 마디만 교환한 다음, 긴 침묵이 이어졌다. 내가 떠나기 직전 작별 인사를 하는 순간까지 이런 일이 매일 반복되었다. 또한 그녀는 모든 약물 치료와 혈액 검사나 혈압 측정과 같은 간단한 의료 검사도 거부하였다.

아니샤와 언어적 의사소통을 유지하는 것이 거의 불가능했기 때문에 팀 전체가 특히 힘든 상황이었다. 나도 아니샤와 면담을 하는 동안 여러 번 무력감을 느끼고 거의 생각할 수 없는 상태에 빠졌지만, 처음부터 내 눈길을 사로잡은 것은 그녀의 시선, 아니 시선의 부재였다. 그녀가 현관문을 열고 나를 들여보내는 순간부터 그녀의 얼굴은 계속 바닥을 향하고 있었다. 또 한 가지 특이한 점은 그녀가 끌고 다니는 카트였는데, 중간 크기의 검은색 카트는 아니샤가 힘차게 밀면서 바닥을 질주할 때 바퀴가 내는 소음을 통해 그 무거운 무게가 분명히 느껴졌다. 또한 그녀의 집에 들어올 때는 일종의 의식이 있었다. 먼저, 트롤리가 문 가까이 다가오는 소리가 들리면 미국식 억양으로 "안녕하세요."라는 낮은 말과 함께 열쇠로 문이 열리고, 우리는 역시 열쇠로 잠긴 두 번째 문을 통해 거실로 걸어 들어갔다. 그녀는 항상 트롤리를 끌고 뒤로 걸어가면서 우리 뒤에 있는 두 문을 모두 닫았다. 마지막으로, 그녀는 나를 거실의 맞은편에 있는 팔걸이가 없는 안락의자에 앉으라고 권유하였다. 그런 다음 침묵하였다. 방이 어느 정도 보였지만 우리는 또한 어둑어둑한 가운데 있었다.

사례 연구: 아니샤

사례 축어록: 아니샤

어느 날 나는 그녀의 집에 무심코 도착하였고, 의례적인 인사를 나눈 후 "사진 정말 멋지네요, 아니샤. 중요한 의식을 찍은 사진인가요?"로 대화를 시작하였다.

P=내담자, T=상담사

P : "네, 프린스턴에서 수강한 과목의 최종 논문을 제출할 때였어요."

T : "프린스턴에서요? 미국에서요?"

P : "네."

T : "와, 그래서 미국식 억양이 있다는 것을 바로 알았어요. 프린스턴에서 어떤 과목을 공부하셨나요?"

P : "인도 문학 강의예요 ……. 영어 및 비교연구 분야에서요."

T : "음, 어떻게 진행됐어요?" 나는 떨리는 목소리로 물었다.

P : "선생님, 나를 믿지 않으시죠?"

T : "무슨 말이에요, 왜 당신을 내가 믿지 않는다는 거지요?"

P : "스튜어트 박사님은 내가 프린스턴에서 공부했다고 말했을 때 내 얼굴에 대고 웃었어요."

T : "음……. 그런 명문 대학에서 공부하는 것은 흔한 일이 아니죠."

P : "저쪽, 커튼 근처를 보세요."

T : "어디?"

P : "이번에는 일어나서 창문으로 가셔야 할 것 같아요." 나는 일어나서 조심스럽게 창문으로 다가간다. "여기, 오른쪽이라고 하셨죠?"

P : "네, 보이세요?"

T : "와, 이건 학사 학위증이에요!"

P : "네." 그녀가 기뻐하며 대답하였다.

T : "축하해요, 아니샤. 부모님이 자랑스러워하셨을 거예요." 긴 침묵이 이어진다.

T : "사진에 있는 분들이 부모님이세요?"

P : "어떤 사진? 가운 입은 사진?"

T : "네, 그거요."

P : "아니요……. 그들은 단지 내 코스에서 만난 2명의 동료일 뿐이에요."

T : "아, 그렇군요. 당신보다 훨씬 나이가 많아 보이네요."

P : "네, 맞아요. 구석에 있는 작은 테이블에 부모님 사진이 있어요."

T : 나는 약간 혼란스러워하며 돌아서려고 했다. "어디요?"

P : "오른쪽에 있어요."

T : "아, 바로 여기 있네요, 못 봤어요."

P : "사람들은 보지만 보지 못해요." …… 잠시 멈춘 후 "대신 왼쪽으로 돌아서면 저 아래 검은 책장 위에 있어요."라고 덧붙였다.

T : "네?"

P : "보이세요? 맨 아래에서 위로 올라간 첫 번째 선반에 책이 있는데, 보여요?"

T : "아, 네." 나는 책꽂이 쪽으로 가서 허리를 굽혔다. "여기 이거요?" 내가 손을 뻗어 먼지가 쌓인 책을 잡으려고……. "음, 타고르의『Hungry Stones』?"

P : "네, 타고르요. 그를 아세요?"

T : "아니요, 타고르에 대해 알고 있지만 작가가 아닌 시인으로 알고 있다는 의미에서 그렇지요."

P : 그녀의 시선이 아래를 향하고 다시 침묵한다. 그런 다음, 그녀는 "시간이 별로 없어요. 다시 공부하러 가야 해요."

T : "무슨 말이에요? 공부요?"

P : "네, 물론이죠. 새 시험을 준비 중이에요."

T : "아……. 조금 헷갈려요……. 이미 마쳤다고 생각했어요……."

P : "프린스턴에서 문학 공부를 완성하고 있어요."

T : "아, 알았어요." 나는 망설이면서 말했다.

P : "아니요, 당신은 이해 못하세요. 시간만 낭비하고 있잖아요."

T : "미안해요, 귀찮게 하고 싶지 않았어요……. 그냥 생각하기에는……. 현재 무엇을 공부하고 있는지 물어봐도 될까요?"

P : "다음에 다시 얘기하죠."

사례 설명: 아니샤

그녀는 갑자기 일어나서 이미 들어 올린 트롤리의 손잡이를 단호하게 잡고 정문 쪽으로 끌고 갔다. 그 상황에서 나는 아니샤를 따라 문 앞까지 갈 수밖에 없었고, 그녀와 헤어져야 한다는 사실을 받아들이고 다음 날 만나기로 약속하였다.

그 면담에서 내가 한 말, 더 나아가 내가 한 말의 **방식**이 결국 아니샤를 심하게 자극하여 우리의 의사소통이 단절될 정도에 이르렀던 것은 분명하다. 사실, 그날 아니샤의 집을 떠난 후에야 우리 사이에 다른 일이 있었던 것 같았다. 나는 신체 전이를 통해 무의식적으로 내담자에게 **눈을 빌려주었고**, 거의 전지전능하고 혼란스러운 방식으로 그녀가 내가 보기를 원하는 것, 즉 그녀가 2명의 코스 동료들과 함께 졸업식장에서 찍은 사진, 학위증, 부모님 사진, 타고르의 책 등 그녀의 내면 세계의 소중하고 다소 동떨어진 구석을 볼 수 있게 해 준 것이다.

다른 한편으로, 그녀가 내가 보기를 바라는 것을 볼 때 내가 보여 준 모든 불확실성, 그녀의 이야기의 진실에 대한 내 목소리에 스며든 모든 작은 의심은 어떤 식으로든 상상의 세계인 그 세계의 벽을 흔들었다. 아니샤는 20년 넘게 자신을 영원한 학생이라고 느꼈고 여전히 명문인 프린스턴 대학교에서 시험을 치르려고 하였다. 그녀에게 매우 사적인 이 경험은 일종의 '비밀스러운 삶'이 되어 그녀를 내면으로부터 사로

잡았고, 이후 사회, 직장, 가족 등 현실 인생의 실패로부터 정서적으로 거리를 두게 하였다. 이런 이유로 그녀는 항상 다른 곳으로 시선을 돌렸고, 자신이 마지막으로 살아 있다고 느꼈던, 무언가에 만족했거나 누군가에게 중요한 존재였던 세계로 영원히 돌아가기 위해 떠날 것만 같았다. 따라서 나의 존재는 그녀의 내면 세계, 즉 나를 포함한 다른 사람들로부터 그녀를 보호하는 상상의 존재에 대한 잠재적 위협이었고, 그 시선 속에서 그녀는 자신의 연약함과 깊은 외로움을 발견할 위험이 있었다.

이와는 대조적으로, 다른 상황에서 정신질환 내담자가 상담사와 맺는 시선은 '행복한'(happy; 상대방을 행복하게 할 뿐만 아니라 스스로도 행복을 느낄 수 있음)과 '다른 곳으로 향하다'[(to be directed elsewhere; di(s)와 vertere가 합해진 라틴어 divertere에서 유래한 '돌리다(turn away)'라는 의미로]라는 이중의 의미를 지닌 분석적 관계에서 벗어나 '전환된(diverted)' 시선이다. 정신질환 내담자들의 '전환된' 시선이 돌아가는 이 분석 외적 공간은 사실 강한 몸-정서적 에너지로 충전된 과거의 시각적, 때로는 다감각적 경험의 파편들이 살아 있는 마음속 공간이다. 이러한 정신적 이미지(지각적 특성으로 인해 기억 속의 일반 이미지와 구별되며, 유아기의 대상관계로 즉시 되돌아가게 하는 이미지)에 대해 에릭 번(Berne, 1977a [1955], 4장)은 **원초적 이미지**(primal images)라고 불렀다. 또한 그는 원초적 이미지가 시각 이외의 다른 감각 영역에도 존재할 수 있다고 설명하였다(Berne, 1977a [1955], p. 70). 그의 정의에 따르면, 이는 특히 앙지외(Anzieu, 1989, 1990 [1987])의 **심리적 싸개**(psychic envelope) 개념에 가까운 것으로 보인다. 이들은 부치(1997)가 말한 하위 상징과 상징-비언어 사이의 경계에 위치한다. 에릭 번(Berne, 1977a [1955])은 "원초적 이미지는 대인관계의 전-상징적 표현이며, 이 연구는 정신병리학의 특정 중요한 영역으로 직접 연결된다."(p. 67)고 썼다.

임상에서 정신질환 내담자는 눈을 뜨고 꿈을 꾸는 것처럼 일종의 내부 장면에 몰두하는 것처럼 보일 수 있으며, 이는 얼굴과 입의 미세한 움직임, 반사신경의 출현(예: 빨기), 괄약근(항문, 요도) 통제력 상실, 간혹 거의 들리지 않는 단어 또는 구절 조각을 말하는 등의 전형적인 행동과 관련이 있을 수 있다.

사례 연구: 미구엘

사례 축어록: 미구엘

여기서는 파과성 조현병을 앓고 있는 20대 내담자 미구엘과의 심리치료 사례 중 일부를 소개하겠다. 미구엘은 어머니가 심장마비로 갑자기 사망한 지 몇 달 후부터 시작된 점진적인 사회적 고립, 잦은 야뇨증, 비논리적인 사고로 정신 상태가 악화되어 개인 정신건강의학과 의사에게 소개를 받아 나에게 의뢰되었다. 모든 치료회기에는 내담자 어머니의 여동생인 이모가 함께했다.

일주일에 두 번의 치료회기에 걸쳐 진행된 치료의 첫 주 동안, 치료회기의 특정 시점에 나는 그가 시각적 환각 중 하나에 특히 몰입하는 것을 발견했다. 그 시점에서 그는 일반적으로 눈에 띄게 산만해 보였다.

P=내담자, T=상담사

P : "하하……. 네……. 하하……." 이유도 모른 채 웃고 있다.

T : "뭐가 웃겨요, 미구엘?" 잠시 침묵이 흐른 후 그는 조용히 웃었다. "하하……. 네. 하하……." 그는 거의 기계적으로 팔을 들어 올리더니 갑자기 의자 옆구리에 매달려 떨어졌다. 그는 내가 거기 있다는 것을 거의 알아차리지 못한 것 같았다. 그의 시선은 마치 내 오른쪽 어딘가에 놓인 영화 스크린 앞에 있는 것처럼 무언가 또는 그를 즐겁게 해 주는 듯한 누군가로부터 멀어졌다.

T : "저도 같이 웃고 싶어요." 나는 막연하게 재미있다는 듯이 덧붙였다. 그러자 그는 나를 흘깃흘깃 쳐다보더니 거의 정신이 나간 듯 깊은 목소리로 "미키 마우스……. 하하……. 미키 마우스……."라고 말하였다.

T : "아 미키 마우스……. 내가 알아들었나요? 미키 마우스를 보고 있나요?"

P : "당신 재밌어요……. 하하하……. 당신은 나를 미키 마우스로 만들어요."라고 말하며 이번에는 인상적인 포르투갈 억양으로 말하여 대화가 더욱 재미있게 진행되었다.

T : "아, 이거 좋네요." 나는 호기심에 대답한 후 "그럼, 어떻게 하면 미키 마우스가 될 수 있을까요?"라고 덧붙였다.

P : "코요, 선생님, 죄송해요. 그래요? 당신 코가 생쥐 코 같아요."

사례 설명: 미구엘

그러고 나서 그는 통제할 수 없을 정도로 웃기 시작하였고, 의자에서 어색하게 몸을 계속 뒤척이다가 갑자기 자신도 모르게 오줌을 싸기 시작하였다. 나는 믿을 수 없었다. 하지만 바로 치료실에서 일어난 일이었다. 그의 바지 다리에서 엄청나게 강한 냄새가 나는 소변이 흘러나오기 시작하였고, 가랑이 부분이 유난히 축축하게 젖어 있었다. 그 순간부터 미구엘은 눈에 띄게 불안해하며 무슨 일이 일어났는지 반복해서 사과를 하더니 완전히 말을 잃고 의자에 거의 마비된 채 바닥을 향해 고정된 시선으로 앉아 내 앞에서 매우 부끄러워하였다.

나는 그를 여러 번 안심시켰고, 우리는 서로 치료회기를 종료하기로 결정하였다. 대기실에 있던 이모에게 즉시 도움을 요청하였고, 이모는 재빨리 미구엘을 화장실로 데려가 몸을 씻을 수 있도록 도와주었다. 이모의 요청에 따라 미구엘은 그 불행한 일이 불필요하게 반복되지 않도록 패드를 착용하고 다음 치료회기에 참석하였다. 그럼에도 불구하고 요실금 증상은 이후 치료회기에서도 계속 발생하였다.

분석 과정에서 미구엘은 어렸을 때, 특히 5세 무렵에 어머니로부터 방에 여러 시간 동안 '버려졌다(abandoned)'는 말을 이모로부터 들었고, 종종 밤늦게까지 TV를 보기 위해 방에 방치되었다는 이야기를 들었다. 당시 정기적으로 집을 방문하던 이모는 미구엘이 소변에 젖은 기저귀를 차고 방에 있는 것을 여러 번 발견하였다. 미키 마우스는 그가 가장 좋아하는 만화였다. 이스트 런던에 있는 그의 집에는 월트 디즈니의 미키 마우스 관련 만화책이 가득 있었다. 미구엘은 어머니가 수년에 걸쳐 선물로 준 잡지였기 때문에 이 컬렉션에 대한 애착이 강하였다.

상담이 진행되면서 우리는 미키 마우스의 '환상(visions)'을 몇 번이고 반복해서 마주쳤고, 그 상상의 장면에 유아기의 전조가 보였으며, 어떤 식으로든 현실을 방해할 수 있는 상상의 내면 세계로 내담자가 점진적으로 폐쇄되는 것과 연관되어 있다는 것이 점점 더 분명해졌다. 미구엘이 아직 어렸을 때 혼자서 보낸, 심지어 개인적인 필요조차도 완전히 무시당한 오랜, 어쩌면 아주 오랜 기간은 그의 어머니가 집에 '많은 손님들(many visitors)'을 초대했기 때문이었다. 이때 어머니는 아들이 방에서 나오는 것을 금지하였고, 미구엘이 너무 오래 혼자 있는 것이 무섭다고 말하자 화를 내며 "착하게 굴고 미키 마우스와 놀아라."라고 말하였다.

미구엘의 이모는 그것이 아마도 미구엘과 그의 어머니가 영국에 도착한 후 가장 힘든 시기 중 하나였을 것이라고 확인하였다. 미구엘의 아버지는 그녀의 임신을 결코 받아들이지 않았고 미구엘이 태어나기 몇 달 전에 그녀를 떠났다. 미구엘의 어머니는 이제 막 두 살이 된 아들과 함께 런던에서 멀지 않은 레딩으로 이사하였다. 일자리를 구할 수 없게 된 미구엘의 어머니는 거의 3년 동안 생계를 유지하기 위해 매춘부로 일하였고, 그녀는 아들과 함께 사는 아파트에서 '고객'을 만났다. 내담자의 어머니가 매춘과 알코올 남용의 블랙홀에서 벗어나려는 동력을 찾고 지역 회사의 청소부로 작은 일을 시작하기 시작한 것은 여동생이 도착했을 때였다. 하지만 미구엘은 학습 장애가 있어서 초등학교에 다니는 동안 특별한 도움을 주는 교사가 필요하였다. 그도 지적장애라는 의혹은 이후 확인되지 않았다. 환각 현상과 만화 속 캐릭터가 살고 있는 환상의 세계로의 폐쇄를 특징으로 하는 최초의 정신병적 증상은 그의 정신병력이 시작된 나이인 12세쯤에 나타났다.

여기서 미구엘의 이야기를 설명한 이유는 첫째, 원초적 이미지와 생리적 흥분에 취약한 신체의 정확한 영역, 즉 유아기 동안 **사회적 표현**(social expression)을 위해 자아에 의해 모집된 소위 '성감대(erogenous zones)'(Freud, 1958b [1905])와의 연관성에 대한 에릭 번의 조기 및 모범적인 관찰을 강력하게 주목하기 때문이다. 이것은 무엇보다도 "대상관계에서 깊고 지속적인 유아기적 특성"의 존재에 대한 신빙성을 제공한다(Berne, 1977a [1955], p. 67).

미구엘과의 첫 번째 치료 단계에서 나는 현재 미구엘이 어머니의 죽음뿐만 아니라 어머니에 대한 분노나 심지어는 표현하지 못한 슬픔으로 인해 큰 괴로움을 느끼는 것을 관찰하였다. 요도 괄약근의 통제할 수 없는 방출은 아마도 미구엘에게 어머니와의 대상관계에서 분노와 반대와 같은 표현할 수 없는 정서가 일차적으로 사회적 표현을 하는 통로가 되었을 것이다. 이번에도 그의 어머니는 현실의 차원에서 그를 영구적으로 버렸지만, 그의 미키 마우스는 유아기 동안 반복적이고 충격적인 어머니의 부재에서와 마찬가지로 부모를 실제로 잃은 고통스러운 경험에서 벗어날 수 있도록 (이번에는 심지어 부정할 수도 있다.) 미키 마우스는 그를 허용하였다. 그뿐만 아니라 치료실은 그의 유아기 방과 마찬가지로 미구엘과 내게 해체와 심리적 소멸의 정신병적 공포로부터 피난처가 될 수 있는 환상의 세계가 될 위험이 있었다. 사실, 나는 미구엘에 의해 전능하게 미키 마우스의 모습으로 그의 내면 세계로 포섭된 것이나 다름없었다.

이 현실과의 해리 상태에서 내담자가 미키 마우스와 전능하게 동일시하는 방법, 즉 '미키'와 '미구엘'이 다른 어떤 것과도 별개로 동일한 어근과 의미적 의미를 갖는 방법을 관찰하는 것도 여기에서 유용하다. 동시에 미구엘은 이러한 동일시의 산물을 나에게 대대적으로 투사하여 내재와 투사(내재적 동일시 및 투사적 동일시)를 끊임없이 오가게 했다. 게다가, 만화 속 미키 마우스 캐릭터의 거의 3차원적인 묘사는 내담자의 내재적 동일시와 투사적 동일시의 세계를 식민지화하고 어떤 식으로든 변화시킬 수 있다는 점에서 비온(Bion, 1957)의 **기괴한 대상**(bizarre object)의 개념을 떠올리게 한다. 말하자면, 미키 마우스의 애니메이션 영화뿐만 아니라 만화는 내담자의 정신병적 경험에 자신의 성격의 유아적 특성 일부를 주입하고 미구엘에 의해 외부로 투사되었다.

분석회기 동안 통제할 수 없는 배뇨가 수반되는 행동은 치료 동맹에 대한 신체적 종류의 해리 공격으로 보였다. 마치 내담자가 무의식적으로 나에게 미키 마우스가 되라고 강요하는 것에 대한 나의 초기 저항을 직감한 것 같았다. 미구엘은 자신의 정서에 이름을 붙이거나 자신의 내적 상태에 대해 말로 표현할 수 있는 의미를 찾을 수 없었지만, 동시에 자신을 어떤 형태의 새로운 인식으로 이끌 수 있는 분석 과정에 저항하는 것처럼 보였고, 그것은 그에게 두려운 형태였다. 그는 언어를 행동으로 사용하였고(나를 향해 "넌 나를 웃겨, 미키 마우스."라고 말한 것에서 알 수 있듯이), 내 사무실에서 소변을 보는 행동을 언어로 표현하였다. 그렇게 함으로써 그는 원래 어머니를 향한 해리된 공격성을 신체적 전이를 통해 전달하였다.

내담자에 의해 공개적으로 전달되지 않을 때, 원초적 이미지["정신건강의학과 의사와 어떤 유아적 관계에 있는 내담자, 또는 어쨌든 어떤 사람과의 관계에 있는 내담자의 그림"(Berne, 1977a [1955], p. 91)으로 이해됨]에 대한 접근은 상담사의 직관 기능이다. 미구엘과의 작업에서 알 수 있듯이, 상담사의 직관은 내담자의 전이의 측면에 상대적이기 때문에 상담사는 종종 (슈퍼비전에서도) 특히 혼란스럽고 자신의 주요 전-대상 및 대상관계와 관련하여 유사하게 고통스러운 (하위 상징적인) 역전이 경험과 특히 충돌할 위험이 있는 일련의 시각 및 다감각 경험을 처리하는 자신을 발견한다. 이러한 이유로 에릭 번은 "직관의 가장 신비로운 표현은 유아기 경험에 기초하기 때문에 직관에 대해 폄하할 수 없으며, 그런 이유로 직관을 존중하면서도 조심스럽게 다루어야 한다."(p. 96)고 조언하였다.

요약하면, 상담사가 내담자의 **원초적 이미지**(primal imaging)에 적극적으로 참여하는 방법론적 가정은 상담사가 그(녀)의 몸-정서적 역전이의 필수적인 부분으로써 신체적 이미지["생각하는 괄약근(thinking sphincter)"(Berne, 1975b [1972], p. 357)]에 대한 임상적 직관과 생각들을 각본규약(즉, 하위 상징적) 도구와 같은 그(녀)의 몸-정서적 역전이의 필수적인 부분으로 유지함으로써, 상담사는 분석 관계의 지금-여기에서 나타나는 신체적 교류의 분석에 적극적으로 참여할 수 있다.

◆ 경청

일반적으로 구어(spoken language)를 주로 사용하는 다른 형태의 심리치료와 마찬가지로, 교류분석에서도 단어의 사용은 치료 진행의 핵심이다. 그러나 일부 치료법이 달성하는 소위 '말하기 치료(talking cure)'가 아닌, 결국 TA는 무엇보다도 '경청 치료(listening cure)'이다.

에릭 번(Berne, 1975b [1972], pp. 359-364)은 1장 전체를 '듣는 방법'에 할애하였다. 그는 평소와 같이 내담자의 각본에 접근할 수 있는 청각적 단서의 목록을 가능한 한 철저하게 제시하려고 노력하였다. 나는 여기서 에릭 번의 사상을 비판적으로 수정하려는 것이 아니라, 분석 과정에서 상담사의 적극적 경청에 관한 기본적인 방법론적 입장을 회복하고자 한다. 특히 에릭 번은 "어른자아[분석가]는 내담자가 말하는 내용에 귀를 기울이는 반면, 꾀돌이자아는 그[내담자]가 말하는 방식에 귀를 기울인다."(p. 361)고 언급하였다.

에릭 번이 좋은 경청자의 기본 요건으로 본 이 **청각적 조율**(acoustic attunement)은 활동형 정신질환 내담자와의 작업에서 필수 불가결한 요소이다. 급성 정신병 상태에서 상담사를 포함한 상대방의 말을 경청하는 주된(유일한 방법은 아니지만) 방법은 그(녀)의 어린이자아와 함께하는 것이다.

임상 상황에서 상담사의 목소리 억양, 음량 및 리듬, 언어적 교류의 타이밍, 심지어(때로는 특히) 시각적 교환이 없는 경우에도 정신질환 내담자가 치료 중에 특히 주의를 기울이는 소리 중 하나이다. 내담자의 내적인 청각적 성향은 아동자아의 가장 핵심인 측면에서 비롯된 것으로, 상담사를 다시 한번 주 양육자(어머니 및/또는 아버지 및/또는 의미 있는 타자)와 신생아의 원래 부부가 살았던 것과 유사한 관계로 초대한다고 말할 수 있다. 이와 관련하여 사바디니(Sabbadini, 2014)는 다음과 같이 썼다.

> 반영하기(mirroring)의 또 다른 측면은 위니컷(Winnicott, 1967)이 설명한 시각적 측면과 유사하게 아이의 목소리, 소리, 소음이 반사되는 것인데, 이 과정을 '메아리'라고 부를 것을 제안한다. ……. 메아리가 일어나기 위해서는 양육자의 공감적이고 포용력 있는 목소리가 아이의 목소리에 없어서는 안 될 울림판, 즉 공명상자 역할을 해야 한다(p. 126).

이러한 고려 사항은 주 양육자와 신생아 사이의 가장 초기적이고 중요한 관계 경험이 고도로 청각적인 특성을 갖는다는 크레메리우스(Cremerius, 1969)와 앙지외(Anzieu, 1989) 등의 조기 저자들의 여러 작품에 반영되어 있다. "소리 공간은 최초의 정신적 공간이다."(Anzieu, 1989, p. 170).

앞서 설명한 아니샤의 첫 가정 방문은 에릭 번이 경청의 예술에서 기대했던 것과는 정반대의 방향으로 진행되었다. 아니샤는 자신의 고립과 실존적 고통의 현실에 대해 '장님'처럼 보였을 뿐만 아니라, 나 역시 그녀의 내면에서 들려오는 호소에 대해 부분적으로 '귀머거리'가 되어 있었다. 이러한 상황은 나의 청각적 **불협화음**(misattunement)이 그녀가 말하는 진실을 거부하는 것 이상으로 그녀의 진실성에 대한 진정한 위협으로 인식될 정도에 이르렀다. 그 결과 앞서 설명한 대로 비록 미미하고 연약하기는 했지만 초기의 관계적인 조화가 갑자기 깨지고, 예상치 못한, 어쩌면 두려웠을지도 모르는 의사소통의 단절이 발생하였다. 이는 주로 내가 어른자아로 아니샤가 말하고자 하는 내용에 관심을 가졌지만, 아니샤는 내가 그녀의 어린이자아의 말을 듣고 반응하는 방식에 집중하였기 때문에 발생하였다.

그러나 상담사가 조현성 내담자와의 관계에서 좋은 경청자인 경우, 상담사는 그(녀)의 어린이자아의 제안을 듣고 어른자아가 실제 아이와 대화하는 방식으로 빠르게 이야기하도록 허용한다. 이러한 상황에서 상담사는 덜 거칠고 부드러운 목소리 톤이나 낮은 음조를 선호하고, 내담자의 신호나 찡그린 표정에 주의를 기울일 수 있도록 말의 리듬을 느리게 하며, 대화가 천천히 전개되도록 평소보다 더 많은 충전(filler) 단어("어" "아" "음" "와우" 등)를 사용하는 경향이 있다. 이렇게 하면 내담자가 말하는 내용에 대한 암묵적인 이해, 놀라움(장난스러움), 권유 또는 진정한 관심을 강화할 수 있으며, 때로는 상담사가 완전히 침묵을 지키고 있을 때에도 계속 말을 이어 갈 수 있다. 청각적 조율의 이러한 특별한 측면은 내담자가 말을 할 뿐만 아니라 단순한 소리[경우에 따라서는 기괴하거나 무서운 소리(금속성, 동물성 소음 등)까지]를 내고, 그 소리를 멈추고, 듣고, 심지어 즐기고, 궁극적으로 그 소리를 자신의 것으로 인식할 수 있도록 하는 일종의 음향적 유지(acoustic holding)를 구성하는 요소이다.

사례 연구: 네이선

사례 축어록: 네이선

소말리아 출신 부모의 아들이지만 런던의 사우스워크 자치구에서 태어나고 자란 미대생인 네이선은 상담 중에 이상한 방식으로 한숨을 쉬었다. 사실 이 한숨은 거의 무의식적으로 공기를 빨아들이는 것 같은 억압된 한숨이었는데, 거의 조용하고 항상 가슴이 약간 떨리는 듯한 느낌이었다. 이것은 빠른 경보의 순간처럼 보였고 처음부터 나는 그것들이 두려움이라는 정서적인 의미를 부여하였다. 특히 흥미로운 점은 치료회기가 진행되는 동안 예측할 수 없다는 점인데, 그런 한숨을 기다리는 불편한 기대감으로 이어졌고, 어떤 상황에서는 나도 비슷한 방식으로 갑자기 거의 알아차리지 못할 정도로 뛰기도 하였다. 처음에는 이런 지속적이고 짜증 나는 반수면 상태를 피하기 위해 이 현상을 무시하기로 의도적으로 결정했는데, 얼마 후 네이선이 치료회기 중에 내가 정기적으로 가지고 다니는 500밀리리터짜리 탄산수 병을 다루는 방식이 특히 걱정스럽다고 말해 주었다.

P=내담자, T=상담사

T: "이 탄산수병에 대해 걱정되는 점이 무엇인가요?"

P: "뚜껑을 닫을 때 너무 꽉 닫아서 그래요."

T: "네……. 공기가 빠져나가지 않도록 그렇게 하는 거죠."

긴 멈춤. 그때 나는 그가 상담 중에 한숨을 쉬는 것을 본 적이 있다고 말하였고, 그가 무언가 걱정하거나 두려워하는 것인지 궁금하였다. 그러자 그는 두려운 표정으로 나를 쳐다보며 "어떻게 알아요?"라고 말하였다.

T: "뭘 알아요?" 나는 의심스럽게 말하였다.

P: "어떻게 내 생각을 읽을 수 있죠?"

사례 설명: 네이선

탄산수 병이라는 구체적인 대상을 은유로 사용하여(8장의 '예시' 부분 참조) 나에 대한 네이선의 인식(그리고 더 넓은 의미에서 치료에 대한 인식)에 대해 이야기한 후, 나는 그에게 내가 그의 생각을 읽을 수 있다고 확신하는지, 그리고 내가 공기처럼 병 안에서 그 생각을 포착할 수 있다고 믿는지 물어보려고 노력하였다. 비슷한 수준의 우려로 그는 내 가설에 동의하였을 뿐만 아니라 내가 병을 입에 가까이 대고 한 모금씩 아주 천천히 뚜껑을 여는 방식은 내가 병의 공기 속에 갇힌 그의 '마지막 생각'을 흡입하고 이미 '희석된' 그 생각을 삼키는 방법을 보여 준다고 말하였다. 나는 네이선의 괴로움에 찬 계시에 어리둥절했고, 정신분석 문학에서 투사적 및 내재적 동일시가 의미하는 바에 대한 훌륭한 설명으로 그것들을 모았는데, 네이선의 경우 그의 생각을 읽고 훔치는 정신병적 경험의 근저에 있다고 생각하였다.

분석이 진행되면서 네이선은 어렸을 때 당시 벽돌공이었던 아버지가 퇴근 후 화가 난 채(아마도 이미 취한 상태였을 것이다) 집으로 돌아와 저녁 식사 시간에 취할 때까지 질 낮은 와인을 마시기 시작한 것을 종종 목격했다는 사실도 기억해 냈다. 어머니가 조금이라도 불만을 표시하면 두 사람 사이에 다툼이 벌어지고, 그 다툼은 아버지가 어머니를 향해 신체적 폭력을 행사하는 것이었는데 절정에 달할 정도로 폭력적이었기 때문에 네이선은 형언할 수 없는 고통에 시달렸다. 네이선은 아버지의 강박적인 음주를 가족들이 가난해지는 것에 대한 아버지의 분노, 그리고 당시 아버지가 직장, 가족, 삶 전반에 대해 느꼈을 정서와 상반되는 모든 생각에 대한 비유적인 '살인'과 연관지었다.

이 예는 내담자의 원초적 각본규약이 분석적 관계에서 어떻게 여전히 일종의 잔향적 반복 주제(leitmotif)로써 '재음향(re-sounds)'되는지, 치료가 가능하게 하는 감각적, 정서적 유지의 도움으로 보다 명료한 것으로 발전할 수 있는 잠재력을 가지고 있는지를 보여 준다. 이 파장에 있을 때, 상담사는 내담자가 새로운 대타자로서의 역할에서 상담사의 말을 듣고자 하는 욕구를 키우거나 내담자가 그 순간 자신의 말에 귀 기울이도록 자극하기 위해 무의식적 가치를 지닌 각본규약 역전이를 재연할 수 있으며, 종종 완전한 인식 없이 그렇게 하기도 한다. 이 목표는 시간이 지남에 따라 내담자가 자신의 몸에서 나는 소리, 심지어 거의 지각할 수 없는 소리까지(네이선의 경우처럼), 그 소리에서 발생하는 정서와 그와 관련된 생각에 집중하게 하는 것이다. 감각을 통해 진행하는 이러한 방식을 통해 상담사는 조현성 내담자가 자신의 다양한 삶의 경험에 대해 점점 더 일관된 서술을 개발할 때까지 체계적으로 자신을 돌보는 새롭고 전례 없는 방법을 장려할 수 있다.

정신질환 내담자들과 함께 일하다 보면 반복적이고 때로는 지칠 정도로 긴 침묵의 시간이 부족하지는 않다. 이러한 침묵은 치료실에 강력하게 스며들어 분석가가 조심스럽게, 그리고 방법론적 차원에서 용기를 내어 교류적 의미를 분석적으로 이해하려고 시도할 때 직면하는 가장 큰 도전 중 하나가 된다. 나는 일반적으로 프로이트

(Freud, 1953 [1900])가 처음 제안한 **자유연상**(Freie Einfälle)에 기초한 분석 작업에 대한 일종의 저항으로 침묵을 (초기에 전이와 역전이에서 발생한 것과 유사하게) 일방적으로 간주하는 고전적인 정신분석학적 개념에서 벗어나는 이론적 전환을 선호한다. 대신 나는 침묵을 관계적인 교환 안에서만 존재하는 교류적 현상으로 간주한다. 이런 식으로 침묵, 적어도 정신질환 내담자들과 상담할 때 경험하는 침묵은 에릭 번이 제안한 것보다 더 구체적인 종류의 이중교류, 즉 사회적 수준과 심리적 수준이 모두 일치하는 이중교류로 더 자주 이해될 수 있다. 이 결과, 조현성 내담자와의 작업에서 침묵 교류의 강력한 혼란이 발생하며, 이는 이러한 교류가 특히 몽환적인 소재에 가깝게 보이는 이유를 설명할 수 있다.

이를 염두에 두고, 사회적 메시지와 이중교류의 심리적 메시지가 일치할 때 의사소통은 신체적 관계 내에서만 계속될 수 있다는 새로운 교류적 의사소통의 규칙을 가정하는 것이 합리적이다. 이는 '관계의 장(relational field)' 또는 몽환적이고 원시정신의 사고라는 개념에 더 가깝다. 조현성 내담자의 침묵을 통해 전달되는 심리적(따라서 사회적) 내용에 접근하는 것은 분석가의 꾀돌이자아, 즉 그들의 원초적 이미지와 판단을 위한 작업이다(Berne, 1977a [1955], 4장). 여기에는 그들의 "생각하는 괄약근"(Berne, 1975b [1972], p. 357), 직관, 각본규약이 포함되며, 이로부터 내담자들과의 심오한 분석 작업에서 그들의 재능과 저주받은 무능력이 비롯된다.

방법론적으로 말하자면, 이 **청각적 탐색** 영역에서 상담사의 주된 임무는 그 순간 내담자가 침묵하는 이유를 내담자와 함께 명확히 하고, 상담사의 다른 감각, 원초적 이미지, 체감적 경험, 침묵이 불러일으킨 정서적 인상 등을 통해 상담사 자신의 몸에서 나오는 모든 신호를 한데 모으는 것이다.

사례 연구: 베로니크

다음 임상 사례는 코트디부아르 출신의 20세가 조금 넘은 내담자 베로니크에 대한 짧은 교류분석 치료의 일부로, 베로니크는 분명하게 분열된 상태로 병원에서 몇 달 동안 다학제적 환경에서 치료를 받았다. 조직적인 이유로 베로니크가 받은 치료는 제한된 기간(즉, 입원 기간)에 걸쳐 거의 매일의 치료회기로 구성되었다. 여기에는 더 심각한 정신병적 고통의 삽화를 억제하기 위해, 그리고 이미 약 3주 동안 지속되어 병동의 간호사와 의사들이 내담자를 핍박하는 경험을 하게 만든 불면증을 치료하기 위해 향정신성 약물을 적극적으로 사용한 것이 포함되었다.

어느 여름날 아침, 나는 혼자 사무실에 앉아 내담자 보고서를 작성하는 데 집중하고 있었는데, 베로니크가 갑자기 방으로 들어와 한 손으로 손잡이를 꽉 잡고 문을 쾅 닫았다. 밖에서는 간호사가 현장으로 달려와 베로니크에게 들어갈 수 있게 해 달라고 애원하는 소리가 들렸다. 내담자는 여전히 잠옷 차림이었다. 헐렁한 상의를 입은 내담자의 가슴에는 커다란 커피색 고리 모양이 선명하게 보였고, 유두의 끝부분이 도드라지게 보였다. 그녀는 또다시 잠 못 이루는 밤을 보낸 후 피곤한 기색이 역력한 얼굴로 침묵을 지켰다. 그녀는 나를 바라보면서 눈물을 흘리며 분노에 찬 목소리로 "괴물, 그게 바로 너야, 괴물!"이라고 소리쳤다. 그제서야 베로니크는 문고리를 꽉 쥐고 있던 손을 풀었고, 간호사가 방으로 들어올 수 있었다. 그 사이 베로니크는 조심스럽게 책상 앞 의자에 앉았다. 그녀는 나를 계속 쳐다보았지만 갑자기 참회하는 듯한 표정을 지었다. 그녀는 계속해서 내게 모욕을 퍼부었고, 심지어 잠옷의 얼룩이 내 '더러운 정액'과 관련이 있다고 주장하면서 차분하지만 비난하는 어조로 "이 못생긴 똥덩어리야, 네가 날 어떻게 더럽게 만들었는지 봐."라고 반복하면서 계속 상의의 얼룩을 가리켰다.

이것은 조현형 정신질환이 제기하는 어려움 중 하나인 관계의 에로티시즘을 보여준다. 나는 베로니크가 다른 내담자와의 성적 환상에 대해 여러 번, 때로는 아주 노골적으로 이야기했던 집중적인 1일 미팅이 끝난 후 약 일주일 동안 예기치 않게 결근한 것이 이 화를 불러일으킨 것 같다는 생각을 해 봤다. 베로니크의 비난은 이제 내게 육체적으로 '침해당했다'는 그녀의 인식에 집중되어 있었고, 그녀의 마음속에는 매우 생생하게 남아 있었다. 나는 이것을 다시 한번 머릿속에서 그녀의 여성 성적 취향(female sexuality)의 각성에서 비롯된 강력한 위협에 대한 방어와 동시에, 우리의 담론에서 비롯된 그녀의 고독과 남성과 다른 사람들에게 흔들리지 않는 두려움에 대한 진보적 인식으로 해석했다. 동시에 여기에 설명된 삽화에서 나에 대한 공개적인 공격은 다른 무엇보다도 나와 밀접한 관계를 유지하려는 절박함에서 비롯된, 또 다른 시도라는 느낌을 받았다. 베로니크는 병원에 입원해 있는 동안 하루에도 몇 번씩 잦은 대화와 만남으로 인해 점점 더 현실처럼 느껴지는 우리 사이의 연애를 상상할 정도로 나와 '특별한' 관계를 만들고자 하는 강한 성향을 보였다. 내가 갑자기 일주일 동안 자리를 비운 사이, 그녀는 고백의 순수성과 순결성, 그리고 나에 대한 가장 내밀한 환상이 '침해당했다'고 느꼈다. 결국 그녀는 내가 예상치 못한 부재로 인해 '더럽혀졌다'

고 느꼈고, 거부당하고, 경멸당했다고 느꼈다.

상담이 진행되면서 나는 안도감과 함께 베로니크가 원하는 것이 바로 이것, 즉 내가 그녀에게 더 명확해지고, 덜 '더러워지고', 즉 나의 지적인 해석으로 덜 혼탁하고 덜 수수께끼 같은 존재가 되고, 그녀의 가장 내밀한 환상에 더 열려 있다는 것을 점점 더 깊이 깨닫게 되었다. 나는 그녀가 갑자기 자신이 외롭고 연약하다고 인식하면서 자신의 말에 귀 기울여 줄 뿐만 아니라 위로를 받고 싶어하는 절박한 마음을 읽게 되었다. 그녀는 궁극적으로 내담자로서가 아니라 성숙한 여성으로서 인정받고 사랑받기를 원했다.

베로니크와 함께한 이 삽화는 내담자가 말한 특정 외설적 단어에 기인한 이미지, 즉 페렌치(Ferenczi)가 '외설적 언어 이미지(obscene verbal images)'라고 부르는 이미지의 연상력을 보여 준다.

> 외설적인 단어는 듣는 사람으로 하여금 그 단어가 나타내는 대상, 즉 성기나 성기능을 실제로 상상하게 하는 독특한 힘을 가지고 있다. …… 따라서 이러한 단어는 청자로 하여금 퇴행적이고 환각적인 방식으로 기억의 그림을 되살리도록 강요하는 힘을 가지고 있다. …… 외설적 언어 이미지는 모든 억압된 자료와 마찬가지로 더 원초적인 유형의 상상력의 특성을 유지한다(Ferenczi: Berne, 1977a [1955], pp. 70-71 인용).

베로니크의 경우, 그녀가 말로 표현한 외설적인 말은 나에게 거슬리고, 더 미묘하게는 후각적 성적 이미지(특히 땀과 정자)를 불러일으켜 엄청난 당혹감과 함께 일종의 혐오감을 불러일으켰다. 이는 어린이자아에 의한 인식 행위(주로 다감각 및 공감각)의 교차 양식(즉, 하나 이상의 감각 양식에 속함) 특성을 확인하고 따라서 신체적 자아의 정신-생리학적 활동에 의한 것이다.

조현성 내담자는 또한 다른 사람보다 목소리를 더 잘 듣는데, 이는 치료 중 일부 침묵의 이유를 더 잘 설명해 준다. 다른 감각 경험과 마찬가지로, 조현형 정신질환의 청각 경험을 환각(hallucinations), 유사 환각(pseudohallucinations), 환각증(hallucinosis) 및 환각(illusions)의 범주로 구분하여 설명하는 방대한 문헌이 존재한다. 이 문헌은 설명적 정신병리학 및 현상학적 정신병리학의 주제이다. 따라서 독자, 더 나아가 심리상담사는 조현형 정신질환의 현상학에 관한 기존 문헌을 참조하는 것이 좋다.

에릭 번이 처음 제안한 정신질환의 구조적 분석에서 시각 및 청각 환각(후자는 임상에서 가장 흔하게 접하는 환각)은 주로 원초적 질서 구조의 오염에 기인하며 일반적으로 어버이자아상태(P_2) 및/또는 어린이자아상태(C_2)에서 비롯된다. 여기서 제안된 이론(3장 참조)은 이러한 환각적 경험(망상의 경우와 마찬가지로)에 대한 관심의 영역을 자기(Mellacqua, 2014)로, 따라서 어린이자아의 내적 경험과 교류 과정으로 이동시킨다. 이것은 자신의 감각적 및 신체적 자기의 현실, 자신이 '느끼는' 한 자신이 무엇인지 포함하여 **현실에 대한 사람의 느낌**이 존재하는 곳이다. 볼라스(Bollas, 2015)는 "실제로 목소리는 어린이 자기의 뚜렷한 분아에서 비롯된다."(p. 105)라고 썼을 때 이와 유사하게 주장하였다. 이 외에도 조현성 내담자의 반복되는 환청 경험은 다른 감각 기관과 관련된 감각 경험에서 발생하는 것과 유사하게 분열, 투사 및 도입의 규칙을 따른다. "자기의 거부된 부분(repudiated portion[s] of the self)"(pp. 105-106)으로서 이러한 목소리는 외부 세계의 물리적 대상에 서식할 수 있으므로 겉보기에 무생물(예: 집, 휴대폰 등), 자연적 특징(예: 강, 식물 등) 등에 기인할 수 있다. 환각(환청뿐만 아니라)을 자아-동조적(ego-syntonic)으로 만들며, 즉 내담자가 자신의 자아를 둘러싼 물리적 현실에서 지각될 수 있다고 기만적으로 믿는 경험으로 만드는 것은 자기 참조성(self-referentiality; 정신질환 내담자에게 반복적으로 참조되는 사실)의 특성 때문이다. 환각의 이러한 환상적 특성을 해체한다는 것은 볼라스(Bollas, 2015)가 말한 것처럼 단일 자아의 환상적 특성을 약화시키는 것을 의미한다. 따라서 환각 경험에 대한 분석 작업(종종 어느 정도 구조화된 망상을 동반하는 경우가 많음)은 상담사가 조현성 내담자와 함께 경험하는 가장 어려운 작업 중 하나이지만, 인간적인 측면에서는 가장 매력적인 작업이기도 하다.

사례 연구: 마르코

사례 축어록: 마르코

45세의 마르코는 만성적인 형태의 파과성 조현병을 앓고 있었는데, 병동 구석에 다리를 꼬고 혼자 앉아 있는 모습이 자주 목격되었다. 자세히 관찰해 보니 오른쪽 집게 손가락으로 왼쪽 무릎 높이에 펜을 대고 '글씨'를 쓰고 있는 것을 볼 수 있었다. 이것은 그가 어떤 문구나 생각을 떠올리며 일종의 내면의 세계에 몰두하는 것처럼 보였던 행동 중 하나였다. 어느 날 '보이지 않는 글쓰기(invisible writing)'라는 다소 기괴한 활동에 대해 더 자세히 알고 싶은 호기심이 생겨 조심스럽게 그에게 다가가 대화를 시도하였다.

P=내담자, T=상담사

T : "안녕, 마르코."

P : "안녕하세요"

T : "집중하고 계신 것 같은데요, 무엇을 하고 있는지 물어봐도 될까요?"

P : "안 보여요? 글 쓰고 있어요." 그는 개의치 않고 (undisturbed) 손가락으로 실제 글씨를 쓰는 동작을 계속하였다.

나는 거의 1분 동안 조용히 서서 마르코가 하는 동작에서 어떤 단어를 찾아내려고 노력하였지만 도무지 알아볼 수 없었다. 어느 순간 나는 "무슨 글자인지 물어봐도 될까요?"라고 물었다.

잠시 멈춘 후, 그는 "Prudenza, Pazienza, Speranza"[즉, 주의, 인내, 희망]라고 속삭였다.

T : "아 ……. 그게 뭐죠? 뭐라고 했나요?"

P : "데토. 마토. 모토." [말했다. 미쳤다. 죽었다.]

나는 약간 의아해하다가 "운율 좋아하나요?"라고 덧붙였다.

P : "네."

T : "마르코, Prudenza, Pazienza, Speranza[주의, 인내, 희망]를 썼는데 이 단어가 당신에게 어떤 의미가 있는지 궁금하네요."

(침묵.)

T : "혹시 스스로에게 조심하고 인내심을 가져야 하며 희망을 가져야 한다고 말하고 있는 것은 아닌가요? 아니면 다른 사람들에게도……. 무슨 말인지 이해하시나요?"

P : "네, 나를 위한 글이에요. 주의, 인내, 희망." 그 시점에서 그는 실제로 보이지 않는 글씨를 중단하고 "저에게 도움이 돼요. 데토. 마토. 모르토." [말했다. 미쳤다. 죽었다]

T : "그래서 그렇게 쓰는 거예요? 손가락으로 그렇게 써요? 당신만을 위한 건가요?"

P : "말을 못하면 글을 써야죠." 그는 고개를 들어 거의 두려운 듯 나를 쳐다보다가 시선을 돌리고 다시 글을 쓰면서 이렇게 덧붙였다. "봤어요? 난 글을 쓰지요. 나에 대해 쓴다고요."

사례 설명: 마르코

마르코가 자기 자신을 '쓰기' 위해 떠났을 때 실제로 무엇을 하고 있었는지 설명하기 위해 이와 같은 추가 면담이 여러 번 필요하였다. 수년에 걸쳐, 그것이 그가 "개자식"이라고 반복해서 말하고 "닥쳐"라고 끈질기게 명령하는 '그의 머릿속에서 들리는 목소리'를 처리할 수 있는 유일한 방법이었다. "닥쳐, 이 개자식아." 그들이 그에게 말하였다. "닥쳐!" 그래서 어느 날 그는 자기가 말을 할 수 없다면 반드시 글을 쓸 수 있을 것이라고 스스로에게 다짐하였고, 그래서 그가 '특별한' 도구인 손가락으로 목소리를 속이는 방법을 찾았다는 것을 아무도 모를 것이라고 생각하였다. '보이지 않는' 잉크를 사용하고 목소리가 말하는 내용에 비해 오해의 소지가 있고 모호한 내용을 쓰기도 한다. 그래서 그는 "주의, 인내, 희망"이라고 썼다.

병동에 머무는 동안 상담이 진행되면서 마르코는 정확한 숫자는 알 수 없었지만 머릿속에서 들리는 목소리가 2개 이상이라는 사실을 분명히 밝혔다. 그가 몸에 반복적으로 쓰던 단어들은 그에게 '목소리의 부정성에 대처하는' 수단이며, 심지어 자신의 생각을 보이지 않게 하고 자신을 숨기는 방법이 되었다. 그는 자신의 '특별한 글'에 대해 나와 이야기할수록 점점 더 괴로워하였다. 그는 목소리가 자신에게 나쁜 일을 하라고 명령할까 봐 두려웠지만, 실제로 그런 일은 일어나지 않았다. 사실 그는 이러한 목소리의 출처를 조사하기 위한 간단한 질문을 통해 초등학교 시절의 충격적인 삽화를 기억해 낼 수 있었다. 당시 마르코는 학교에서 다른 학생들로부터 언어적, 심지어 신체적 학대(현재 우리가 괴롭힘이라고 부르는 것)의 희생자였다. 또한 마르코는 어머니가 10대 때 자신을 낳았고, 알제리 이민자인 아버지를 전혀 알지 못한다는 사실도 알고 있었다. 따라서 마르코의 머릿속에서 들리는 부정적인 목소리는 주로 마르코의 개인적 역사와 학교 입학 첫해에 겪은 연속적인 외상 경험과 관련이 있었다. 이러한 경험들은 그의 존재론적 취약성을 강화하고 증폭시켰고, 궁극적으로 그의 핵심 자기의 분열된 일부가 되었다. 그런 다음, 그들은 어린이자아상태에 의해 방어적으로 투사되었지만 여전히 비하적이고 횡포적인 목소리의 형태로 반복적이고 침입적으로 돌아올 수 있었다.

이러한 임상 사례에서 알 수 있듯이, 이 상황에서 교류분석가의 주된 임무는 내담자의 청각적 경험을 공감적으로 이해하는 것 이상이다. 그 대신, 모든 원초적 이미지와 마찬가지로 몸-정서적 수준에서 강한 영향을 미치는 이러한 청각적 경험에 대해 내담자가 보다 성찰적으로 들을 수 있는 능력을 키우는 것이 목표이다. 다시 한번 상담사와 내담자 사이의 이러한 대화 과정을 이끄는 목표는 분석적인 치료이다. 지금-여기에서 내담자의 적극적인 참여로 목소리의 수(1개 이상), 내용(무슨 말을 하는지 또는 중얼거림이나 소음과 유사한 불명료한 목소리인지), 구조적 측면에서 목소리의 정체성 또는 기원(누군가에 대한 기억인지 또는 대상자의 과거에 있었던 일인지), 공간적 위치 및 근접성(머리 밖인지 머리 안인지, 멀리 있는지 가까이 있는지), 목소리가 발생하는 맥락(특정 사건이나 상황이 목소리를 유발하는지 여부), 자아와의 관계 유형(자비로운지 악의적인지 여부), 목소리의 몸-정서적 공명(괴로움, 공포, 행동적 공격성을 유발하는지, 반대로 위로, 안도, 평온함을 유발하는지 여부)을 조사하는 것이다.

이 접근법의 결과는 목소리가 자아와 이질적이라는 느낌을 점진적으로 약화시키고, 에릭 번의 입장에 따라 다양한 정신 상태에서 (환청의 경험을 통해서도) 볼 수 있는 자아의 본질적인 복수성에 대한 인식을 높이는 방향으로 내담자를 안내하는 것이다.

◆ 미각과 후각

생물학적 수준에서 미각과 후각은 일반적으로 서로 기능적으로 연결되어 있고, 임상 조건에서 (일부 예외를 제외하고) 불쾌한 후각 경험이 미각 반응 및/또는 다른 환각과 함께 내담자에게 보고되는 경우가 많기 때문에 여기서 미각과 후각을 함께 다루고 있다.

다음은 편집성 조현병 발병 가능성으로 이미 6개월 전부터 지역 정신건강의학과 서비스에 알려진 30세 내담자 소니아의 사례에 대한 간략한 설명이다. 그녀는 정신역동적 임상 심리학자의 감독하에 매주 주간 병원 치료를 받는 동안 심리치료 지원을 받기 위해 내게 보내졌다.

사례 연구: 소니아

소니아의 피해 증상은 몇 달 전부터 시작되었으며, 자신의 삶에 대한 남자 동료의 부정적인 간섭에 집중되어 있었다. 그는 직장에서나 다른 동료들이 있는 자리에서 내담자의 추정된 동성애 관계에 대해 반복적으로 암시한 것으로 보였다. 첫 번째 치료회기에서 소니아는 이 동료로부터 거의 매일 박해를 받는다고 말했지만 자신은 미혼이며 다른 여성과의 어떤 형태의 연애 관계도 거부했다고 말하였다. 그녀가 환각 경험을 하고 있는지는 확실하지 않았다.

사례 축어록: 소니아

이후 치료회기에서는 더 자세한 병력을 파악하고 치료 관계를 구축하는 데 중점을 두었다. 하지만 적어도 일 년 동안 매주 치료를 받으려는 나의 목표는 여섯 번째 치료회기에서 처음으로 중단되었다.

P=내담자, T=상담사

P: "당신은 우리 아버지처럼 술 냄새가 나요. 당신은 상담사로서 그리고 남자로서 나를 역겹게 해요. 으악!"

T: (침묵 후 분개한 어조로) "저는 치료회기 전에는 와인을 마시지 않는다는 것을 알아주셨으면 해요. 왜 제가 알코올 중독자라고 생각하시나요?"

P: "여기 보세요……. 방금 말씀하셨잖아요……. 정말 역겨워요!……. 더 이상 당신과 얘기하지 않을 거예요."

그 치료회기는 임상 슈퍼바이저와 함께 작업하는 주제가 되었는데, 슈퍼바이저는 먼저 나와 내담자의 언어적 교환(방금 설명한 대로)에 대해 이야기하고, 두 번째로 나에게 향하는 내담자의 '비난'에 대한 나의 인상, 특히 정서적 · 신체적 수준에 대해 이야기해 달라고 요청하였다. 그 후 그는 내가 왜 이 사건을 슈퍼바이저에게 맡기기로 결정하였는지 물어보았다. 다음은 그 슈퍼비전의 일부이다.

S=슈퍼바이저, T=상담사

S: "내담자의 감각적 경험에 대한 인상을 말해 주세요."

T: "이 치료회기에서 내담자는 환각 현상의 모든 특징을 가진 명확한 후각 감각을 보고한 것 같아요."

S: "음……. 내담자의 내면 세계나 주요 인물과의 관계의 질에 대해서는 아무것도 알려주지 않았어요." …… (침묵)

T: "환각은 대상 없는 지각이지요……." (약간 짜증 섞인 어조로)

S: "그럼에도 불구하고 주체의 인식은……."

T: "사실, 저는 그녀의 후각적 경험을 개인사와 분석적으로 연결해 보았지요."

S : "어떻게요?"

T : "내담자에게는 알코올 중독자인 아버지가 있었는데, 내담자가 열 살 정도였던, 저는 스물여섯 살 무렵이라고 믿는데, 교통사고로 젊을 때 돌아가셨던 것 같아요. 이전 치료회기에서 이 정보를 얻었어요."

S : "음…… 좋군……. 게다가, 내담자가 직접 말하길 당신이 자기 아버지를 생각나게 한다고 하더군요."

T : "네, 맞아요……. 와인 특유의 냄새와 관련된 내담자의 감각 지각이 아버지를 생각하게 만든 것이라고 생각했지요……. 그녀는 제게 너무 역겹다며 소리를 질렀어요……. 그녀의 부정적인 정서가 제게 전이된 것이었지요……."

S : "음……. 이것은 당신이 이미 지적인 결론을 내리고 있다는 것을 보여 주지만 아마도 타당할 것 같네요."

T : "이해가 안 돼요."

S : "요점은 이해가 먼저가 아니에요……. 하지만 당신이 그녀의 아버지처럼 냄새가 난다고 했을 때 어떤 느낌이 들었나요?"

T : "그녀가 저를 부당하게 공격하고 있다고 생각했어요. 저에 대한 증오와 혐오감을 느꼈어요 ……. 그리고 그녀의 아버지에 대한 혐오감도 분명했지요."

S : "무엇이든 할 수 있었다면 어떻게 하셨을까요?"

T : "할까요?"

S : "네, 그래요. 할 수 있었다면 어떻게 했을까요?" (잠시 생각한 후)

T : "글쎄요, 저는 반박했을 거예요. 나는 그 비난에 침범당했다고 느꼈어요……. 그녀도 제게 편집증적이라고 생각했어요."

S : "다른 사람들이 그녀와 함께하는 일……. 그들은 그녀와 멀리 떨어져 있어요……."

T : "네, 바로 그거예요……."

S : "그 후 어떻게 되었나요?"

T : "갑자기 치료회기를 중단하고 나가 버렸어요" …… (침묵)

S : "음……. 뭔가 빠진 부분이 있는 것 같지 않나요?"

T : "음……. 모르겠어요……."

S : "도대체 어떻게 알코올 냄새가 나는 거지요……."

T : "이봐, 또 시작이네요……. 대상 없는 인식……. 내 생각에 그녀는……. 내가 아버지처럼 와인 냄새가 난다는 환각에 빠진 것 같네요."

S : "내담자가 와인이 아니라……. 알코올…… 에 대해 이야기했다는 점을 알려 드리고 싶군요."

사례 설명: 소니아

'알코올'(내담자가 사용한)과 '와인'(내담자의 개인 병력 정보를 바탕으로 내가 사용한)이라는 용어의 혼용에 대한 슈퍼바이저의 지적에 잠시 혼란스러웠고 짜증도 났다.

내담자는 다음 두 번의 치료회기를 취소했지만, 여성 상담사에게 옮겨 달라고 요청하기 전까지 약 6개월 동안 계속 함께 작업하였다. 하지만 그녀와 함께 작업하는 동안 나는 내 슈퍼바이저의 직감을 확인할 수 있었다. 그녀의 아버지의 알코올 중독은 내가 생각했던 것보다 훨씬 더 심각했다. 소니아가 아직 어렸을 때 아버지는 마약과 알코올에 의존하는 젊은 남성이었고, 심지어 알코올 성분 탈취제와 애프터셰이브에 들어 있는 에틸알코올 액체를 마시기까지 하였다. 당시 나와 비슷한 나이인 비교적 젊은 나이에 아버지가 돌아가셨기 때문에 내담자가 내게 부정적인 전이를 할 가능성이 더 커졌다(당시 나는 아직 수련 중인 초급 상담사였다). 이 모든 상황에도 불구하고 민감한 피부를 위해 평소 사용하던 발삼(balsam)이 아닌 애프터셰이브를 사용한 것이 이 내담자와의 분석 치료 과정을 바꿀 수 있을 거라고는 상상도 못했을 것이다.

나는 소니아와의 후속 치료회기에서 미취학 연령의 그녀가 아버지의 품에 안겨서 그에게 키스하는 것을 피하려고 하는 내면의 환상에 충격을 받은 것을 아직도 생생하게 기억한다. 아마도 이것이 그녀가 강하고 메스꺼운 알코올 냄새를 견딜 수 없었던 이유였을 것이다. 다시 한번 이러한 유형의 상상은 원초적 이미지, 즉 "정신과 의사 또는 어쨌든 누군가와 유아적인 관계에 있는 내담자의 그림"의 특성을 가지고 있다(Berne, 1977a [1955], p. 91). 이것은 일종의 "후각적 관계"(Lemma, 2015, p. 20)로서, 신체적 전이를 통해 재현된(소니아가 치료회기에서 이야기한 다른 분석 외적 관계와 마찬가지로) 그녀의 대상(그리고 원한다면 전-대상) 관계의 본질에 대한 귀중한 정보를 제공하는 것이었다. 이것은 (상담사를 포함한) 남성 인물에게 그녀의 매력을 나타내는 동시에, 이러한 관계에 대한 그녀의 거부감을 나타내며, 그녀는 이러한 관계가 중독적이고 잠재적으로 매혹적이며 방해가 된다고 인식하였다.

나중에 소니아와의 작업에서 냄새를 기반으로 한 대타자(P_1)에 대한 내담자의 주체적 경험을 분석적 환경에서 환영하면서, 나는 실제로 평소 사용하는 발삼 애프터셰이브를 알코올 기반 애프터셰이브로 대체하였다. 이를 통해 내담자의 감각 기관 (현재뿐만 아니라 유아기 및 초기 청소년기에도) 자아를 위해 배치되어 자신의 신체적 정체성, 실제 의미 있는 타자와의 관계에서 거의 불가능한 정서, 심지어 자신의 성에 대한 인식을 발전시킬 수 있었다.

마지막으로, 이 사건은 당시 슈퍼바이저의 추천을 통해 정신분석학자 디디에 앙지외(Anzieu, 1989, 1990 [1987])의 연구와 그의 **피부-자아** 및 심리적 싸개 개념을 공식적으로 소개해 주었다. 시간이 지나면서 나는 원초적 이미지, 특히 냄새에 대한 에릭 번(Berne, 1977a [1955], 1975b [1972], pp. 291−294)의 보다 강력하고 선구적인 관찰과 그 사회적 중요성에 대한 가치를 발견하고 더욱 높이 평가하게 되었다. "냄새 이미지는 원초적 이미지의 특징이다. 미각, 또는 어쨌든 내적 감각도 마찬가지이다."(Berne, 1977a [1955], p. 77)

◆ 참고자료

Anzieu, D. (1989). *The Skin Ego: A Psychoanalytic Approach to the Self*. New Haven, CT: Yale University Press.

Anzieu, D. (1990). *Psychic Envelope*. London: Karnac Books. (Original work published 1987)

Benedetti, G. (1997). *La Psicoterapia Come Sfida Esistenziale [Psychotherapy as Existential Challenge]*. Milan: Cortina. (Original work published 1992)

Berne, E. (1975a). *Transactional Analysis in Psychotherapy: A Systematic Individual and Social Psychiatry*. London: Souvenir Press. (Original work published 1961)

Berne, E. (1975b). *What Do You Say after You Say Hello? The Psychology of Human Destiny*. London: Corgi. (Original work published 1972)

Berne, E. (1977a). Primal images and primal judgment. In E. Berne & P. McCormick (Eds.), *Intuition and Ego States: The Origins of Transactional Analysis*, (pp. 67−97). San Francisco, CA: TA Press. (Original work published 1955)

Berne, E. (1977b). *Principles of Group Treatment*. New York, NY: Grove Press. (Original work published 1966)

Bick, E. (1968). The experience of the skin in early object relations. *International Journal of Psychoanalysis*, 29, 484−486.

Bick, E. (2002). Further considerations on the function of the skin in early object relations. In A. Briggs (Ed.), *Surviving Space: Papers on Infant Observation* (pp. 60− 71).

London: Karnac Books. (Original work published 1986)

Bion, W. R. (1957). Differentiation of the psychotic from the non-psychotic. *International Journal of Psychoanalysis*, 38, 206–275.

Bion, W. R. (1961). *Experiences in Groups and Other Papers*. New York, NY: Basic Books.

Bion, W. R. (1984). *Second Thoughts: Selected Papers on Psychoanalysis*. London: Karnac Books. (Original work published 1967)

Bloom, K. (2006). *The Embodied Self: Movement and Psychoanalysis*. London: Karnac Books.

Bollas, C. (2015). *When the Sun Bursts: The Enigma of Schizophrenia*. New Haven, CT: Yale University Press.

Bucci, W. (1997). *Psychoanalysis and Cognitive Science: A Multiple Code Theory*. New York, NY: Guilford.

Bucci, W. (2008). The role of bodily experience in emotional organisation. In F. S. Anderson (Ed.), *Bodies in Treatment: The Unspoken Dimension* (pp. 51–76). New York, NY: The Analytic Press.

Bucci, W. (2011). The role of embodied communication in therapeutic change. In W. Tschachen & C. Bergoni (Eds.), *The Implications of Embodiment: Cognition and Communication* (pp. 209–229). Charlottesville, VA: Imprint-Academic.

Cornell, W. F. (2015). *Somatic Experience in Psychoanalysis and Psychotherapy: In the Expressive Language of the Living*. London: Routledge.

Cremerius, J. (1969). Schweigen als problem der psychoanalytischen technik [Silence as a problem of psychoanalytic technology]. *Jahrbuck der Psychoanalyse*, 6, 69–103.

Freud, S. (1953). The interpretation of dreams. In J. Strachey (Ed. & Trans.), *The standard Edition of the Complete Psychological Works of Sigmund Freud* (Vol. 4, pp. 1–338; Vol. 5, pp. 339–630). London: Hogarth Press. (Original work published 1900)

Freud, S. (1958a). Formulations on the two principles of mental functioning. In J. Strachey (Ed. & Trans.), *The Standard Edition of the Complete Psychological Works of Sigmund Freud* (Vol. 12, pp. 218–226). London: Hogarth Press. (Original work published 1911)

Freud, S. (1958b). Three essays on the theory of sexuality. In J. Strachey (Ed. & Trans.),

The Standard Edition of the Complete Psychological Works of Sigmund Freud (Vol. 7, pp. 123–245). London: Hogarth Press. (Original work published 1905)

Garfield, D. A. S. (2009). *Unbearable Affect: A Guide to the Psychotherapy of Psychosis*. London: Karnac Books. (Original work published 2005)

Lemma, A. (2015). *Minding the Body: The Body in Psychoanalysis and Beyond*. London: Routledge.

Lombardi, R., & Pola, M. (2010). The body, adolescence, and psychosis. *The International Journal of Psychoanalysis*, 91, 1419–1444.

McDougall, J. (1989). *Theaters of the Body: A Psychoanalytic Approach to Psychosomatic Illness*. New York, NY: Norton.

McDougall, J. (1995). *The Many Faces of Eros: A Psychoanalytic Exploration of Human Sexuality*. New York, NY: Norton.

Mellacqua, Z. (2014). Beyond symbiosis: The role of primal exclusions in schizophrenia psychosis. *Transactional Analysis Journal*, 44, 8–10.

Merleau-Ponty, M. (1986). *The Phenomenology of Perception* (C. Smith, Trans.). London: Routledge and Kegan Paul. (Original work published 1945)

Resnik, S. (2001). *Persona e Psicosi* [*Person and Psychosis*]. Turin: Einaudi. (Original work published 1972)

Resnik, S. (2002). *L'esperienza Psicotica* [*The Psychotic Experience*]. Turin: Bollati Boringheri. (Original work published 1986)

Resnik, S. (2005). *Glacial Times: A Journey through the World of Madness*. New York, NY: Routledge.

Resnik, S. (2007). *Il teatro del sogno* [*The theater of the dream*]. Turin, Italy: Bollati Boringheri. (Original work published 1982)

Sabbadini, A. (2014). *Boundaries and Bridges: Perspectives on Time and Space in Psychoanalysis*. London: Karnac Books.

Sarte, J. P. (1992). *Being and Nothingness: A Phenomenological Essay on Ontology* (H. E. Barnes, Trans.). New York, NY: Washington Square Press. (Original work published 1943)

Winnicott, W. D. (1971). *Playing and reality*. London: Tavistock.

Woollams, S., & Brown, M. (1978). *Transactional Analysis*. Dexter, MI: Huron Valley Institute.

제7장

정신질환에 직면한 역전이

- 몸-정서적 동화
- 몸-정서적 편향
- 신체 간 정서와 육체화
- 의존 교류와 몸-정서적 자기유도

여기서 역전이에 대한 논의는 분석가의 역전이는 분석 내 친밀한 관계에서 발생하는 무의식적 의사소통의 결과라는 점에서 내담자의 전이가 제공하는 정보의 영향과 간섭을 필연적으로 받는다는 원칙에서 출발한다. 그것은 항상 레스닉(Resnik, 2007 [1982])의 말을 빌리자면, 이중 관점(double perspective) 또는 이중 전이(double transference), 즉 이중 맥락(bipersonal context)이며, 따라서 **공동 책임**(joint responsibility)(p. 57)이다. 따라서 7장에서는 내담자와 분석가 모두에게 역전이의 치료적 역할을 확장하여 특히 조현병 및 더 일반적으로는 정신질환 수준의 자기 장애에 의해 영향을 받는 개인과의 작업에서 역전이의 사용을 설명한다.

◆ 몸-정서적 동화

분석적 관계에서 편집증 내담자는 자신의 통합되지 않은 내적 대상 세계의 이상화된 측면과 박해적 요소를 상담사에게 직접 투사하고, 상담사는 형언할 수 없는 괴로움, 비정상적인 근육 긴장, 심지어 몸의 막힘을 경험하게 된다. 이상화된 상황과 박해적인 상황 모두에서 역전이 행동이나 무행동은 상담사가 자신의 자기 통합과 직업적 정체성 발달 이전의 개인적 정체성에 대해 위협을 느끼는 이 불안한 태도에서 벗어나기 위한 어렵고 필사적인 시도를 나타낸다.

이상하게 보일지 모르지만, 정서적 경험의 측면에서 역전이의 결과는 항상 편집증 내담자가 투사적 전이(projective transference) 중에 경험하는 것과 정반대이다. 더 넓은 의미에서 이것은 내담자의 경험에 대해 상담사가 경험하는 역전이의 정보 제공 능력을 다시 한번 보여 준다(Racker, 1982 [1968]). 예를 들어, 내담자가 자신의 신념을 강하게 확신하는 경우 분석가는 자신의 추측과 의도에서 돌이킬 수 없는 실수를 저지른 것이 아닌가 하는 의심에 시달리고, 분석가가 자신의 행동을 특별히 통제하고 있다고 느끼는 경우 내담자는 길을 잃고 분석가의 자비에 달려 있다고 느끼며, 분석가가 공격성을 경험하는 경우 내담자는 위협을 느끼는 등의 역전이가 일어날 수 있다.

앞서 언급했듯이(4장의 '투사적 길항동일시' 부분 참조), 투사적 길항동일시는 치료 과정 초기에 너무 이른 지적 해석의 사용과 해리로 인해 상담사의 정서적 소외를 초래할 수도 있다. 상담사의 이러한 행동의 결과는 종종 치료 동맹의 붕괴와 심지어 치료의 조기 종결로 이어진다.

투사적 길항동일시(projective counteridentification)의 치료적 사용은 정신질환 내담자가 투사적 동일시 과정에서 하는 것처럼, 상담사가 분석적 관계에 의해 유발된 분열의 고통을 해결하기 위해 이 역전이 과정을 주로 사용하는 방어 수단이라는 것을 인식하는 데서 비롯된다. 결과적으로, 투사적 길항동일시는 방어 수단으로써 상담사가 내적 평형을 유지할 수 있게 해 주지만, 절차적으로 거의 마비에 가까운 대가를 치르게 된다. 그런 다음, 분석가의 임무는 편집증 내담자가 느끼는 증오(또는 반대로 자기 만족)와 동시에, 괴로움에 대한 정서적 경험을 **포함**하기 위해 길항동일시를 중단하는 것이다.

억제(containment)는 상담사가 내담자의 투사를 수동적으로 받아들이는 것으로 간주해서는 안 된다. 그 대신 상담사는 한편으로는 내담자가 원초적으로 배제하는 어버이자아를 분석 관계에 다시 포함시키기 위해 필요한 인간적인 따뜻함을 제공하고, 다른 한편으로는 무의식적으로 상담사에게 투사된 정서적 경험의 강도에 대한 신호를 (열 센서가 주는 것처럼) 수신하도록 유도된 정서를 제공하는 관계 체계이다.

그러나 관계적인 억제 그 자체로는 내담자의 투사적 동일시의 강도를 조절하기에 충분하지 않으며, 이는 정서적 과열로 이어져 상담사의 길항동일시를 유발하거나 강화할 위험이 있다. 따라서 분석 관계는 상담자가 일종의 가변적 내적 저항, 즉 내담자가 유발한 감정을 소멸시키거나 침묵시키지 않고 한 치료회기에서 다음 치료회기로 가변적으로 전환하는 방식으로 자신의 역전이를 사용하는 범위 내에서 변혁적 의미에서 지속되고 발전될 수 있다. 가필드(Garfield, 2009 [2005])는 효과적인 심리치료는 "처음부터 견딜 수 없는 것을 견딜 수 있게 만들어야 한다."(p. 154)고 말한다. 내가 **정서적 공동유도**(emotional coinduction)라고 부르는 이 치료 과정은 결과적으로 내담자가 자신을 방어하고 자기 자아의 분열된 부분을 의식적으로 재통합하기 위해 역설적으로 필요로 하는, 내담자가 유발한 정서적 경험에 대한 상담사의 상대적 '굴절성(refractoriness)'의 정도에 따라 달라진다. 따라서 정신질환에서 공동유도(coinduction)의 주요 치료 목표는 주로 수직적인 종류의 자아 분열 과정의 결과인 다중적이고 별개의 성격으로 작용하여 통합되지 않은 자아의 파편들을 통합하도록 장려하는 것이다(3장 참조).

사례 연구: 블레이크

사례 축어록: 블레이크

(4장에서 처음 설명한) 블레이크 씨는 우주의 기원과 빅뱅 이론이 어떻게 옳은지에 대한 일련의 단절된 생각들을 다시 한번 되짚어 보는 것으로 치료회기를 시작하였다. 반면에 나는 그가 고집스럽게 어두운 선글라스를 계속 쓰고 있어서 특히 짜증이 났다.

P = 내담자, T = 상담사

T : "언제쯤 선글라스를 쓰지 않고 치료회기를 진행할 계획인지 궁금하네요."

P : "쾅! 여기 있어요……. 어, 선생님?"

T : "무슨 뜻이죠?"

P : "쾅! 그렇게 일이 벌어지는 거죠!"

T : "우리 면담도 '쾅' 하는 폭발의 결과라고 생각하세요?"

P : "제피러스……. 당신은 행성이 아니잖아요."

T : "물론 아니죠. 그리스 발음이 마음에 들어요."

P : "당신은 바람, 모든 곳에 부는 바람이지요……. 제피러스……. 바이러스."

T : "바이러스? '바이러스'가 무슨 관련이 있나요?" 그 치료회기에서 블레이크 씨의 화법은 특히 난해했지만, 나는 점차 그의 화법의 주요 주제가 무엇인지 알게 되었다. 그것은 내가 가진 것으로 추정되는 치료 능력과 동시에 누군가의 건강을 위협할 수 있는 '전염성' 능력에 관한 것이었다(자신의 건강을 포함해서).

P = 내담자, T = 상담사

P : "당신은 나한테 계속 남아 있어요."

T : "우리 치료회기가 기억에 남는다는 뜻인가요? 한 치료회기와 다음 치료회기 사이를 어떻게 생각하세요?"

P : "나한테 계속 남아요. 내가 나한테 계속 남으라고 했잖아요!"

T : "음…… 내가 제대로 이해했다면, 내가 마치 피부에 달라붙는 바람처럼, 옷에 달라붙는 바람처럼……. 당신한테 붙어 있는 것 같다고 하셨는데, 그런가요?"

P : "여기저기 있을 수 있어요. 귀 뒤, 앞, 안쪽."

T : "귀에요?"

P : “네, 귀에 들리는 생각처럼 투명하게요.” (잠시 침묵한 후 다시 시작한다.) “당신은 정말 어디든 사람들을 따라갈 수 있나요?”

T : “음……. 당신을 미행하고 있다고 느낀다는 것인가요?”

P : “브릭스턴에서 자주 뵙는데……. 사실이에요.”

T : “아시다시피 나는 다양한 세상(실언: lapsus linguae)을 보지요. ……. 미안해요, 내담자분들께……. 나는 매일 다양한 내담자들을 만나고 있지요. 내가 자주 돌아다니는 건 사실이에요.”

P : 긴 멈춤. 그런 다음, 그는 “내담자가 자기 주치의 주위를 돌며 보호해 준다는 것은 놀라운 일이지요.”라고 덧붙였다.

T : “제가 있으면 안심할 수 있다는 말씀이신가요?” 다시 잠시 멈추고 다시 말하기 시작한다. “하지만 ’바이러스’라고도 했는데……. 내가 당신 건강에 위험할 수도 있다는 뜻인가요? 바이러스는 감염을 일으킬 수 있어요.”

이 임상 사례에서 알 수 있듯이, 편집증 내담자와 함께 일하는 교류분석가의 치료 목표는 주로 내담자로부터 분리되어 내담자에게 유발된 정서적 경험을 억제하고 점차 강도를 낮추어 내담자에게 회복시키는 것이다. 이를 통해 자아에 의해 무의식적으로 분리되고 추방된 정서적 경험을 점진적으로 재전유(reappropriation)하고 이러한 경험에 대한 정서적 조절을 작동 및 개발할 수 있다.

P=내담자, T=상담사

T : 이어서 말하길, “당신이 묘사하는 의사의 이미지는 항상 당신의 지역을 보호하고 안심시키기 위해 동분서주하는 의사의 모습인데, 마치 내가 그 의사가 된 것 같은 기분이 들어요. 마치 초능력을 가진 슈퍼히어로가 된 것 같은 기분이 들어요. 나는 어디에나 있고, 자유롭고, 바람처럼 투명하며, 다른 사람의 생각에도 영향을 미칠 수 있고, 따라서 여러분의 머릿속에도 들어갈 수 있어요. 하지만 동시에 나는 바이러스처럼 느껴지기도 해요. 뭔가 위험한 거죠. 눈에 보이지는 않지만 이번에는 사람들의 건강과 여러분의 건강에 피해를 줄 수 있어요.” 침묵. 내가 기다리는 동안 그가 고개를 흔들고 앉은 채로 앞으로 몸을 숙이는 것이 보였다.

T : “이쯤 되면 블레이크 씨도 나와 같은 생각이 드실지 궁금하네요. 즉, 만약…….”

P : “저랑 장난치지 마세요, 선생님.” 그가 말했고, 나는 그의 얼굴에서 암묵적인 동의를 암시하는 미소를 지었다가 갑자기 짜증을 내는 듯한 표정을 보았다.

T : 나는 잠시 침묵을 지키며 당황하고 그의 반응이 약간 두려웠다. 그런 다음, 침착하

게 다시 시작하면서 "나는 그저 내 자신이 되어서 당신의 말을 듣고 치료회기에서 당신이 말하는 것에 대해 내가 느끼고 생각하는 것을 솔직하게 말하려고 노력하고 있어요."라고 말한다.

사례 설명: 블레이크

볼라스(Bollas, 1987)가 분명히 말했듯이, "분석가는 자유롭게 불러일으키는 정서적 감수성을 키움으로써 자신의 직관, 정서, 지나가는 이미지, 환상을 통해 보고되는 자신의 내면으로부터의 소식을 환영한다. …… 내담자를 찾기 위해서는 우리 자신 안에서 내담자를 찾아야 한다."(p. 202)

정서적 전도성(emotive conductance)이 작동하면 내담자는 누군가에게 귀를 기울이고 있다고 느끼고 분석적 관계 내에서 점진적으로 정신질환에 따른 괴로움을 경험하게 된다. 이는 내담자가 삶의 다른 영역에서 큰 문제를 일으킬 수 있는 특별 분석 상황(extra-analytic situations)에서 이러한 경험이 나타날 가능성을 점차 줄여 준다. 그러나 분석적 관계 내에서 내담자는 에릭 번이 '꾀돌이자아'(A_1)라고 부르게 된 것을 영입함으로써 변혁적 경험에 더 개방적이 되고, 동시에 감각적, 몸-정서적 사고 경험을 시간이 지남에 따라 더욱 일관되고 성숙해지는 자아상태로 통합하게 된다.

◆ 몸-정서적 편향

정서적 편향(emotional deflection)은 상담사에 대한 적대적 전이가 있을 때, 특히 정신질환 내담자가 자해 또는 타자에 대한 공격적인 행동으로 전환할 위험이 높을 때 특히 중요하다. 이러한 상황은 정신병원, 법의학 정신과 병동, 재활 정신과 클리닉과 같은 제도적 심리치료 환경에서 더 자주 발생한다. 정서적 편향을 통해 상담사는 내담자가 유발하는 적대적 정서(일반적으로 지속적인 악의, 심지어 신체적 위협)을 거부하고 조용히 그 유도를 회피한다.

런던의 엘리펀트 앤 캐슬 지역에서 개인 임상 상담사로 일하던 시절, 나는 토요일 아침부터 내담자 2명을 진료하기 시작하였다. 그 당시 불편했던 점 중 하나는 비서를 구하기가 어려웠다는 점이다. 그래서 나는 토요일 내담자를 맞이하고 진료실을 열고 닫는 일을 혼자서 하기로 결심하였다. 그러던 어느 날 나는 이전에는 생각지도 못했던 방식으로 혼자서 사무실에서 종종 내담자들을 대상으로 심리치료를 하는 것이 얼마나 위험한 일인지 깨닫게 되었다.

토요일에 존에게 문을 열어 줬을 때, 나는 그가 눈에 띄게 긴장하고 경련을 일으킨다는 것을 바로 알아차렸다. 나는 문을 닫을 겨를도 없이 그가 내 사무실로 맹렬히 걸어오는 것을 보았다. 나는 그의 이름을 부르려 하였지만, 그는 갑자기 고개를 돌려 몇 미터 거리를 유지한 채 나를 향해 위협적으로 손가락질하며 "그러지 마! 감히!"라고 외치더니 말 그대로 내 방으로 돌진해 들어와 격렬하게 문을 닫아 버렸다.

사례 연구: 존

지금도 그 몇 분 동안 무슨 일이 있었는지 설명하기 어렵다. 존이 내 사무실에 머무는 시간이 매우 길어 보였다. 나는 두려움에 경직되었다. 존이 강한 정서에 휩싸여 정신적 동요가 심해지고 있다는 이미지가 떠올랐고, 동시에 그가 돌아와서 나를 물리적으로 공격할지도 모른다는 두려움도 들었다. 나는 머릿속으로 그의 과거에 대해 알고 있는 몇 가지 정보를 빠르게 검색하였다. 내가 아는 한 존은 실제로 다른 사람을 공격한 적이 없고, 마약이나 알코올 남용도 없었다는 사실을 알아냈다. 토요일 아침에 혼자 그를 만난 것이 얼마나 어리석은 일인가 하는 생각도 들었다. 하지만 점점 더 불편해지는 그 상황에서 나는 냉정함을 유지할 수 없었다. 형언할 수 없는 긴장감이 느껴졌다. 무의식적으로 전화기를 들고 전화번호부를 훑어보거나 비서나 경찰에 전화를 걸려고 서툴게 움직이고 있었다. 그러려면 시간이 얼마나 걸릴지도 생각하였다. 그냥 사무실을 나가서 밖에 나가 도움을 요청해야겠다는 생각이 들었다. 어떻게 해야 할지 몰랐다. 결국 나는 완전히 굳어 있었다. 몇 분이 지나서야 겨우 다리를 떨며 사무실 문에 다가가려 했지만, 사무실 문이 격렬하게 닫혀 버렸다.

사례 축어록: 존

P=내담자, T=상담사

T : "존? 무슨 일이에요? 제발 존……." 긴 침묵이 흐른 후 문 손잡이에 손을 대려고 했더니 존의 대답은 말 그대로 들어가지 말고 나가 있으라는 또 다른 외침이었다. 끝없는 침묵이 흐른 후, 나는 그가 "거짓말쟁이! 거짓말쟁이!"라고 하는 말을 들었다.

T : "존, 나는 당신을 돕기 위해 여기에 있어요."

P : "그만! 그만하라고 했잖아요!"

T : "존, 들어가게 해 주세요."

P : "내가 죽기를 바라는군요! 내가 그 똥통에서 죽길 바라는 거잖아요……. 난 쥐처럼 죽어 가고 있어요!"

T : "존, 들어가도 돼요?" 또다시 긴 침묵이 흘렀다. 내 다리가 매우 무거워졌다. 나는 여전히 겁이 났지만 점차 존이 내 사무실을 떠날 생각이 없다는 것을 깨달았다. 적어도 당장은 아니었다.

나는 그에게 우리 둘 중 누구도 다치는 것을 원하지 않고, 그의 분아가 이곳(치료실)을 싫어하고, 심지어 그것을 파괴할 준비가 되어 있다는 그의 반응이 두려웠다. 나는 그에게 초음파에 대한 그의 신념과 이웃에 대한 그의 신념에 의문을 제기했기 때문에 그의 분아는 아마도 나를 미워하였을 것이라고 말하였다(존의 사례가 처음 제시된 5장의 '시간을 공간에 위치시키기' 부분 참조). 그리고 마치 내 두려움이 그의 두려움을 악화시키고 그를 더 무질서하게 만드는 것처럼, 아마도 그의 또 다른 분아는 내가 그의 행동을 두려워한다는 사실을 견딜 수 없다고 생각했을 것이다. 그때 내가 그에게 말하지 않은 것은 그도 나만큼이나 두려웠고, 그가 내게 불러일으킨 엄청난 두려움은 그가 자신을 방어하고 있는 소멸에 대한 두려움과 같다는 것이었다. 마침내 사무실에 들어갔을 때, 실제로는 느끼지 못했던 해결책이었지만, 발코니 근처에서 존이 두 손 사이에 머리를 끼고 쓰러져 있는 것을 발견하였다.

P=내담자, T=상담사

T : "존, 제발."

P : "짐승!" 그가 소리쳤다. 그는 갑자기 돌아서서 뛰어 나가면서 내 엉덩이에 부딪쳤다. "짐승!" 그는 반복했다. 그때 거리에서 들려오는 소리가 방에 울려 퍼지는데, 존이 현관문을 열어 놓았다는 신호였다. 그것이 내가 존을 마지막으로 본 순간이었다. 하지만 그 문이 열려 있는 것을 보고 언젠가는 그가 다시 돌아올지도 모른다는, 적어도 조만간 그의 마음속에 작은 인식의 틈새가 열릴지도 모른다는, 그래서 누군가에게 다시 도움을 요청할지도 모른다는 희망을 오랫동안 품게 되었다.

사례 설명: 존

이러한 시나리오에서 상담사의 주된 목표는 내담자가 투사된 정서를 되찾고 자신의 정서로 인식하도록 유도하는 것이다. 이는 말처럼 쉬운 일이 아니다. 존의 사례는 내게 그 증거였다. 침묵이든 언어든 몸-정서적 편향은 내담자에게 정서적 반응성 [emotional responsiveness; 또는 순응성(compliance)]이 부족하거나 자신의 진실성에 대한 공격으로 인식될 위험이 더 크다. 이 점에 대해 셈라드와 반 부스커크(Semrad & Van Buskirk, 1969)는 다음과 같이 설득력 있게 설명하였다.

> 이 시점에서 취약한 자아에게 열려 있는 유일한 것은 자살(suicide), 타살(murder) 또는 정신질환(psychosis)뿐이다. 자살과 타살은 정서(특히 분노)의 극단적 표현이 행동으로 옮겨진 것이고, 정신질환은 정서에 의해 합리화된 부분적 억압, 즉 생명을 보존하기 위한 현실의 희생이다(p. 23).

따라서 정서적 편향은 개인의 정신 전기(psycho-biography), 이전 치료회기의 내용 및 치료 동맹 수준에 대한 지식이 있더라도 극도로 신중하게 사용해야 한다. 공개적으로 표현된 정서적 편향의 결과는 투사적 동일시가 강화될 수 있다. 이는 부정적인 박해 경험(증오와 정신-몸적 위협)뿐만 아니라 편집성 정신질환의 악화와 함께 전능한 종류의 이상화된 경험(의인화)을 상담사에게 투사하여 정신병적 영향, 비인격화 및 비현실화 경험을 발전시키는 것으로 이어진다. 이는 의료진과 간호사가 참여하는 다학제적 작업과 정신병적 분열과 정신운동의 동요(psychomotor agitation)를 줄이기 위한 정신약리학적 약물 처방이 거의 필수적인 극단적인 상황이다. 그래야만 내담자의 정서적 경험에 다시 조율하기 위한 방법으로 격리를 재사용하면서 분석 작업을 재개할 수 있다.

그러나 정서적 편향이 성공적으로 이루어지면 내담자뿐만 아니라 상담사도 자신(즉, 내담자와 상담사)이나 타자(보통 의미 있는 타자)에 대한 잠재적으로 위험한 행동을 유발할 수 있을 만큼 강렬한 정서가 있음에도 불구하고 자신과 타자의 정신-몸적 완전성(psycho-physical integrity)을 위한 합리적인 선택을 계속 생각할 수 있게 된다.

보다 유리한 결과는 내담자가 자기애적 방어 및 대상 관련 방어와 같이 보다 성숙한 방어기제를 사용하는 것이다. 이를 통해 내담자는 자신(즉, 내담자)의 자아에 속하는 정서적 경험과 상담사의 자아가 분리되어 있음을 점차 인식할 수 있다. 이는 특히 전이 및 역전이의 역학 관계에서 전이 및 역전이를 거울 전이/역전이, 이상화 전이/역전이, 쌍둥이 전이/역전이로 훌륭하게 분류한 코헛(Kohut, 1971)의 맥락에서 공감적 교류의 병행 사용을 점점 더 견딜 수 있는 덜 심각한 조현성 내담자에 대한 교류분석 치료의 유익한 발전이다(Hargaden Sills, & 2002, 8장).

사례 연구: 앨리스

사례 축어록: 앨리스

이러한 설명에 비추어, 대학 공부를 위해 런던으로 이주한 후 막연한 박해 경험으로 실존적 괴로움이 커진 젊은 학생 앨리스의 치료에서 발췌한 임상 사례를 소개한다(5장 '시간을 장소나 상황에 맞게 배치하기' 부분 참조).

P=내담자, T=상담사

P : "제 안에서 뭔가 잘못되었다는 결론에 도달했어요."

T : "그렇게 생각하는 데는 어떤 이유가 있나요?"

P : "저는 시험에 한 번도 합격한 적이 없고, 가족들이 내 학비와 집세를 계속 내주고 있으며, 사회적 관계를 맺을 수도 없고, 자주 만나거나 맥주 한잔하러 갈 수 있는 좋아하는 남학생은커녕 친구도 한 명 없어요."

T : "다시 말해, 앨리스, 당신은 패자라고 말하고 있는 거군요. 그리고 실제로 그런 일이 일어나고 있죠. 그래요, 당신은 패자예요."

P : 그녀는 당황한 표정으로 나를 쳐다보다가 더듬거리며 "그게 바로 그들이 말한 그거예요."라고 말했다.

T : "누가 그런 말을 하나요? 오늘은 저 말고요?" 침묵.

T : "목소리가 그렇게 말하나요?"

P : "무슨 목소리? 아니요, 그건……. (불분명한 말을 더듬으며)

T : "뭐라고 했지요?"

P : "왜요? 내가 무슨 말이라도 했나요?" 그녀는 놀란 표정을 지었다.

T : "속삭이는 걸 봤어요."

P : "아니요……. 모르겠어요……. 가족을 생각하고 있었어요."

T : "무슨 뜻이죠?"

P : "특히 어머니에 대해 생각하고 있었어요. 나와 내 능력에 대한 믿음을 잃고 계세요. 내게 그렇게 말씀하시죠."

T : 내담자가 환청을 듣고 있는 것인지, 아니면 가족이 평소에 하는 말을 보고 있는 것인지 아직 명확하지 않아서 나는 두 번째 가설을 선택하기로 하고 내담자에게 "지

금 말씀하시는 것은 가족들이 재정적인 희생을 감수하고 가시적인 결과를 기대하고 있다는 것을 이해한 것 같아요."라고 말하기로 했다.

P : "이해하다니 무슨 뜻이죠? 그들은 내가 어떤 사람인지 전혀 몰라요. 돈을 주긴 하지만 그게 부모가 딸을 위해 해야 할 일이 아닌가요?"

T : "정말요? 이게 '부모'가 해야 할 일인가요?"

P : "네, 하지만 그것뿐만 아니라……. (잠시 멈춤)
하지만 엄마가 당신에게 전화했나요?"

T : "누구요? 누가 저한테 전화한 것 같아요?"

P : "우리 엄마요."

T : "어머니요? 아뇨, 절대 아니에요."

P : "아, 잠시 엄마가 당신을 찾아온 줄 알았어요. 엄마는 이런 일들을 하고, 내 친구들에게도 했고, 학교 선생님들에게도 했어요……."

T : "당신의 가족으로부터 어떠한 전화도 받지 않았다는 점을 말씀드리고 싶어요. 이 방에서 일어나는 일에 대해, 특히 당신이 직접 관여하거나 당신의 동의 없이 가족에게 이야기하지 않도록 주의하고 있어요."

P : "어쨌든 그들이 내 삶에 부정적으로 간섭하고 있는 것은 분명해요……. 특히 지금처럼 집에서 멀리 떨어져 있을 때는 더욱 그래요."

T : "이해가 안 돼요. 어떻게 간섭하는 거죠?"

P : "그들은 항상 나와 함께 있어요……. 이것이 끔찍한 점이에요……. 그녀는 항상 내 머릿속에 있어요! 더는 참을 수 없어요!" 침묵. "그녀는 매일 전화를 걸어서 내가 무엇을 하고 있는지, 어디에 있었는지, 무엇을 공부하고 있는지, 밥은 먹었는지 등을 묻지요. 공부하고 있냐고요. 항상 공부하고 있어요. 그것으로 충분하지 않나요? 나는 대도시에 살고 있는데 대도시에서 혼자 사는 게 어떤 건지 전혀 모르잖아요."

T : "당신이 패자라는 사실이 지리와 관련이 있다는 말씀이세요? 이탈리아로 돌아가고 싶어요?"

P : "그럼 정말 내가 패자라고 생각하세요?"

T : "네, 물론이죠. 원하시면 다시 말씀드릴게요." (침묵)

T : "그래서요? 아무 말도 안 할 거예요?"

P : "뭐라고 해야 할지 모르겠네요. 당신은 당신이 여기서 이해받고 안전하다고 느낄 거라고 했잖아요." 이때 앨리스는 벙어리가 되어 나를 의아하게 바라보는 것 같았다.

T : "내면에 뭔가 문제가 있는 것 같다고 말씀하실 때 정말 멋지다고 생각했어요. 내 생각에 오늘 당신이 그런 말을 한 첫 번째일지도 모른다고, 당신 안에 뭔가 '잘못

된' 것이 있을지도 모른다고 말한 것 같아요. 당신은 항상 부모님, 친구, 모교의 문제점에 대해 이야기하잖아요……. 아마도 뭔가 변화하고 있을 것이고, 심리치료는 근본적으로 자신을 위해 노력하는 것이기 때문에 그것을 보여 주고 싶었어요."

사례 설명: 앨리스

이것은 확실히 우리 치료회기에서 어려운 과정이었지만, 나는 그녀가 자신이 무언가 '잘못'되었다는 것, 즉 정신질환이 일어나고 있다는 것을 인정하도록 돕기 위해 그녀가 '패자'라는 것을 인정하도록 하는 것이 필요하다고 느꼈다. 다시 말해, 나는 그녀가 도움이 필요하다는 것뿐만 아니라 정신건강을 개선하기 위해 치료실과 치료실 밖에서 더 책임감 있게 일할 수 있는 허가가 필요하다는 것을 받아들이게 만들 수 있었다.

이 임상 시나리오에서 알 수 있듯이 편집성 정신질환의 영향을 받는 대상자와의 작업은 특히 심리적 측면에서 비용이 많이 들고 때로는 신체적 측면에서 위험할 수 있다. 반면에 정신질환 전-단계에 있는 내담자 중에는 자존감을 높이고 실존적으로 불안정하며 자아 통합에 거의 도움이 되지 않는 경험에 대응하기 위한 공감적 개입에 호의적으로 반응하는 내담자도 있다.

이들은 편집증에서 어느 정도의 정신적 평형을 제공하는 엄격하고 취약한 방어력을 발견한 내담자이다. 편집증 세계의 내적 취약성은 사실 이러한 내담자와의 치료 관계에서 그(녀)의 의존성 역전이(anaclitic countertransference)의 질에서 알 수 있듯이 상담사도 조만간 느낄 수 있다.

◆ 신체 간 정서와 육체화

보다 파편화되고 거의 분화되지 않은 조현병 사례(즉, 분석 관계 내에서 주로 조현병-몸 전이를 사용하는 내담자)와 함께 작업하는 동안 발생하는 문제는 기본적으로 접근 방식의 문제이다. 그리고 우리의 방법은 시인 앨런 긴즈버그(Ginsberg, 1954)가 우아하게 제안하였듯이 '가장 순수한 고기(purest meat)'여야 하며, 내담자와의 관계에서 살아 있는 몸, 교섭하는 살이 되어야 한다. 따라서 분석가의 신체는 정신질환 내담자로 하여금 스스로 치료의 현장으로 나와 소통하도록 유도할 수밖에 없다. 분석가의 말조차도 육화 과정을 거쳐 정신질환 내담자의 원초적 욕구(단순한 언어적 욕구가 아닌)를 충족시킬 수 있는 살이 되고, 작은 조각이 되고, 한 입의 음식이 된다. 이러한 원초적 수준의 관계에서 분석가는 자신의 각본규약 의사소통에 대한 소유권을 되찾고 내담자를 이해하기 위한 '안내 도구(guiding tool)'(Heimann, 1950)로서 자신의 신체적 역전이를 사용하도록 요구받게 된다.

신체적 역전이는 상담사가 자신의 신체적 어린이자아[구조적 용어로, 자신의 신체적 어린이자아(C_1)]를 의식적이고 체계적인 방식으로 사용하여 자신의 신체에서 오는 정서적-감각적 경험에 대한 정보와 같은 성격의 어른자아 분아들(A_1, A_2)을 사용할 수 있도록 하는 것을 의미한다. 즉, 상담사는 개인 분석의 일부로서 그리고 임상 감독을 통해 자신의 몸을 (역사와 외상으로 가득 찬) 정신의 민감한 확장으로 인식하고 경험해야 한다. 이 신체는 다양한 형태의 감각 경험에 생물학적으로 새겨진 시간 경계 덕분에 물리적 공간을 점유할 수 있고, 시간을 지각할 수 있으며, **정서-행동**(e-motions; 즉, 정서를 담은 신체 행동)을 통해 사고할 수 있다. 이러한 관점에서 볼 때, 정신질환적 분열(psychotic fragmentation) 경험[함구증(mutism) 및 정신병적 무감각(psychotic stupor), 긴장증(catatonia), 정형화된 운동(stereotypical motor) 및 언어적 움직임(verbal movements), 조현병의 다른 형태의 신체적 · 정서적 부정성]은 공식 문헌에서 주로 설명하는 것처럼 적절한 '부정적 증상'이 아니다. 정신질환이 진행되는 과정에서의 '부정적 증상'은 내면 깊숙한 곳의 경이로움을 **겉으로 드러내지 않고** 유지한다. 그들은 내담자 정신의 무의식적이고 아직 의식적이지 않은 분아들의 불확실하고 진짜 벌거벗음(real nudity)을 나타낸다. 증상으로서, 그것들은 무언가를 나타내며, 더 구체적으로 말하자면 미지의 것, 미분화된 것, 상담사를 포함한 대타자, 아직 존재하지 않고 내담자의 마음속에 자기-아닌-타자로 형성되어 있는 대타자에 대한 신비, 심지어 두려움을 나타낸다.

분열성 정신질환에 걸린 내담자들과 함께 일할 때, 분석가는 내담자의 이성적 정신 활동과 신체의 물질성 사이의 불일치를 재빨리 알아차린다. 마치 한 측면이 다른 측면과 공존할 수 없는 것처럼, 언어적 등록부의 수축이 강력한 몸-정서적 경험의 급격한 확장과 균형을 이루거나 그 반대의 경우도 종종 있다. 이것은 관계 영역에서 내담자 내부의 수평 분열 과정을 반영한다. 그러나 상담사가 실제로 조현성 내담자의 해리 해결책을 경험하는 것은 바로 이러한 몸-해리 역전이(bodily-dissociative countertransference)의 분석 수준에서이다. 이러한 전이는 의식적이지는 않지만 분열에 대한 내담자의 고통을 분석가 자신의 신체의 민감한 구획이나 특정 기관으로 옮

김으로써 정서로 충전된다. 롬바르디(Lombardi, 2016)는 신체로의 전이라는 측면에서 역전이의 독특한 측면을 언급하였다. 신체적 역전이는 분석가가 자신의 신체로 전이하는 것에 해당하며, 이는 분석가가 자신의 신체에 점진적으로 접근하는 동안 분석 대상자와 동행하는 데 필요한 조건이다(p. 35).

예를 들어, 상담 중에 턱이 돌로 변했다는 생각에 사로잡힌 내담자 크리스(5장의 '시간을 장소나 상황에 맞게 배치하기' 부분 참조)는 불쾌한 신체 감각의 원인을 풀고 설명하기 위해 내가 수시로 제공한 다소 '지적인' 해석을 받아들이지 않는 것 같았다. 그 대신 미팅을 앞두고 하루 종일 지속되다가 저녁 늦게야 사라지는 긴장성 두통이 점점 더 심해졌다. 나는 일주일 동안 전반적으로 더 피곤해지기 시작했고, 치료회기 사이사이에 무엇이 나를 기다리고 있는지, 사무실에서 크리스를 다시 만나기까지 물리적으로 며칠밖에 남지 않았다는 생각을 하였다. 치료회기 중 내 말투가 점점 더 반복적이고 기계적으로 변해 가는 것 같았다. 마치 내 말이 점점 더 주저하고 느려지고 말하는 내용도 점점 더 불확실해지는 것 같았다. 그뿐만 아니라 내 정서는 마치 굳어진 것처럼 평평해 보였고, 이 분석적 관계가 시간이 지남에 따라 낡은 톱니바퀴처럼 조만간 '석화(petrified)'되어 내부가 닳고 서서히 녹슬어 버릴 것 같은 느낌이 들었다.

하지만 사실 이 참을 수 없는 관성(unbearable inertia)이라는 고통스러운 감정의 출현으로 인해 나는 크리스의 비슷한 고통스러운 괴로움에 접촉할 수 있었다. 그리고 그의 괴로움은 턱밑에 경직된 것처럼 보였지만 사실은 나와 우리의 분석적 관계를 겨냥한 것이었다. 그것은 나와 그의 언어적 교류의 무거움, 단조로운 고정관념을 드러내는 괴로움이었으며, 아마도 치료의 조기 종결에 대한 괴로움이자 더 넓은 의미에서 초기의 심리적 죽음에 대한 괴로움이었을 것이다. 이러한 유형의 정서적 경험은 크리스의 분석에서 돌아올 수 없는 지점을 의미하였다. 새로운 해석에 의존할 필요 없이 몇 번의 치료회기 만에 우리는 분석 관계에서 예상치 못한 강점을 발견하였는데, 마치 우리가 어디로 가고 있는지, 이제 공동 탐구를 어디로 이끌어야 할지 갑자기 알게 된 것처럼 말이다.

예를 들어, 크리스가 내 사무실에서 호흡하는 공기에 대한 도발에 놀랐던 적이 있다. "선생님, 여기 서재에 있으면 마치 분만실에 있는 것 같아요." 그리고 실제로 그 큰 사무실의 반대편 구석, 다행히도 커튼 뒤에 산부인과 소파가 있었다! 당시 나는 런던의 더 중심부에 있는 심리치료 작업에 더 적합한 다른 방의 임대료를 감당할 수 없었기 때문에 심리치료사보다 의사가 더 많이 일하는 공유 사무실에 있었다. "맞아요,

크리스, 심리치료는 어떤 면에서는 분만과 비슷하지만 가끔은 아이를 낳는 것이 얼마나 즐거운 일인지 잊어버리기도 해요." 우리는 둘 다 웃었다. 그 순간은 크리스와 내가 거의 치명적인 정체 상태에서 서서히 벗어나기 시작한 일련의 관계적 상황의 출발점이었다. 그 과정에서 우리 둘 다 '혼란된(confused)' 상태를 느낄 위험을 감수해야 했다. 그 대신 우리는 각자의 다른 성격의 구체적이고 자발적인 측면과 접촉하게 되었다.

크리스의 사례는 치료 목표를 위해 역전이를 사용하면 상담사가 (비록 즉각적으로 의식하지는 않지만) **신체 간 정서성**(interbodily emotionality), 즉 (자신과 다른 사람의) 신체 경험에 몰입한 느낌을 사용하여 정서화된 신체로 생각할 수 있게 하는[비온(Bion, 1977 [1962])을 따르기 위해] 방법을 보여 준다. 이 과정은 말처럼 쉽지 않다. 그럼에도 불구하고, 방법론적 관점에서 특히 유용해 보이는 것은 분석가가 자신의 신체 또는 신체 일부로 조현성 내담자의 참을 수 없는 정서, 따라서 그 사람의 생각하지 못한 정서를 담아내어 치료적 관계의 각본규약 수준에 접근하는 것이다.

내가 병동에서 처음 알게 된 젊은 여성 내담자 아베나와의 임상 작업에서 발췌한 또 다른 사례는 이에 대한 특정 영역의 예를 제공한다(4장의 '아베나' 부분 참조). 앞서 언급했듯이, 병동에서 처음 만났을 때 아베나는 거의 움직이지 않고 웅크린 자세로 고집스럽게 말을 하지 않은 채 대부분의 시간을 자신의 방에서 보냈다. 이러한 부동과 함구증의 관계적인 태도는 간헐적인 언어 표현(sporadic verbalizations)과 운동 고정관념(motor stereotypies)으로 가끔씩 변화할 뿐, 생각이나 정서에 대한 명확한 의미를 부여하는 것은 거의 불가능하였다. 내담자의 내면 세계는 해독할 수 없는 미분화(indecipherable undifferentiation)로 가득 차 있었고, 이는 내 자신의 정체성에 대한 인식도 오염시켰다. 나는 내 자신이 점점 더 평평해지고 대상화되는 것을 느꼈고, 마치 나 역시 방 안의 장식품에 불과한 것처럼 사회적 역할이나 치료적 기능조차 완전히 비워진 것처럼 느껴졌다. 당시 아베나와의 치료회기는 매주 임상 업무에 실망과 분노를 안겨 주었다. 나는 병적 공생(pathological symbiosis)의 혼란스럽고 분화되지 않은 소모증(marasmus) 속에 빠져들고 있는 것 같았고, 그럼에도 불구하고 그 공생 너머에서 강력한 무의식적인 무언가가 진행되고 있는 것 같았다. 이 표현할 수 없는 무언가는 분명 나와 아베나가 그 무정형의 심연에서 뚜렷한 개인적 실체(인격)로서, 광활한 바다의 작은 거품처럼 아무리 작고 많더라도, 경계에 의해, 일관된 의식의 한계(coherent limen)에 의해 폐쇄된 무한한 공허(infinitesimal voids)에서 벗어나 어느 정도 조직적이고 뚜렷한 자아상태의 시작을 형성하기 위한 치열한 시도와 관련이 있는 것이 분명하였다.

치료회기가 진행되면서 나는 놀랍게도 우리 관계에서 참신함과 차별성의 첫 번째 지점을 발견하였는데, 특히 아베나가 오랜 침묵을 깨고 상투적인 방식으로 "그럼, 이 올린 머리(quiff)를 자를까요?"라고 묻는 방식에서 놀라움을 금치 못하였다. "올린 머리?" 나는 혼자 생각하였다. "올린 머리가 무슨 소용이죠?" 때때로 상당히 정기적으로 발생하는 이 고정관념적인 교류에서 나는 새로운 것을 추론하였다. '내리라'는 요청, 즉 덜 거만해지라는 요청에 따라 올림머리를 자르고, 내 정력(virility)에 대한 아베나의 공격으로 힘을 빼고 치료회기 중에 덜 말하라(또는 생각하라는?)는 경고로 말을 조심하는 등의 작업을 수행하였다. 모두 그럴듯한 해석이었지만, 정기적인 슈퍼비전 덕분에 내담자에게 점점 더 적게 설명하는 방법을 배웠다. 성급한 해석을 하지 않고, 방어적인 합리화 기법을 포기하고, 아베나를 대신하여 정서나 생각을 언어화하는 것을 피하고, 대신 치료가 진행됨에 따라 새로운 존재 방식과 나와의 상호작용을 장난스럽게 탐색하려는 그녀의 주도성과 의지를 격려하는 것이 내가 그녀와 함께하는 방식이었다. 그래서 나는 언어적 · 비언어적 개입을 선택하였다. 그리고 어느 날은 "이 올림머리 좀 잘라 볼까요?"라는 끊임없는 질문에 "만져 볼래요?"라고 대답했다. 나의 요청을 '올린 머리'라는 주제에 대해 내가 머릿속으로 생각해 낸 그럴듯한 해석의 수만큼이나 여러 가지 차원에서 아베나의 돛에 바람을 불어넣었다. 하지만 그 후 아베나가 나를 대하는 태도에 변화가 생기기 시작하였다. 놀라움, 호기심, 미소, 심지어는 경이로움의 표정이 순간적으로 나타나기 시작하였다. 이는 우리가 아주 어린 아이들과 관계를 맺을 때 몰입하는 놀이와 탐험의 차원을 강력하게 반영한 것이지만, 우리가 '미니어처 속의 어른들(adults in miniature)'로 취급하여 그들이 우리와 별개의 사람으로 등장할 수 있게 하는 것이었다. 레스닉(Resnik, 2012 [1987])은 "축제와 재현의 개념, 따라서 연극과 관련된 삶의 우스꽝스러운 감각은 창조적 표현의 탁월함이며, 각자의 어른자아 안에 있는 어린이자아는 놀면서 자신을 '재창조'함으로써 창조한다." (p. 195)라고 썼을 때 이를 강화하는 것처럼 보였다.

크리스와 아베나의 사례에서 알 수 있듯이, 내담자가 다소 명시적인 방식으로 유도하는 자신의 신체 경험에 대한 몰입은 분석가가 특정 내부 인식(근육 긴장 상태, 장 운동, 심박수, 호흡 리듬 등) 또는 심지어 상담사 자신의 외모와 옷차림에 대한 과민 반응으로 해석된다. 이는 시간이 지남에 따라 기능적 신경생리 증상(운동 고정관념, 빈맥,

빠른 호흡 등)으로 이어질 수 있으며 실제 신체 장애(근육 경련, 빈뇨, 변비, 고혈압 등)로 이어질 수도 있다. 따라서 한편으로는 몸의 경험의 출현(때로는 교활한)이 분석가의 정신적 능력을 방해할 위험이 있지만, 다른 한편으로는 상담사가 그(녀)의 자아-몸에 대한 다감각적이고 잠재적인 지식을 구현하고 공유하며 내담자와 언어적 및/또는 비언어적 기록으로 소통할 수 있게 해 준다.

나는 자아가 구체화되는 후자의 과정을 **육체화**(corporealization)라고 부른다. 여기서 나는 기본적으로 자신의 **살아 있는 몸의 실재**(reality of one's own living body)에 근거를 두는 것, 즉 자신의 몸에 대한 직접적인 경험을 통해 '실재'가 되는 것을 의미한다. 그러나 이 과정을 어렵게 만드는 것은 우리 몸의 존재론적 특성이다. 사실, 신체는 대타자의 장소와 다름없다. 우리는 (자궁 내 발달 시기부터) 대타자의 몸 안에 살고 있으며, 태어날 때부터 우리의 신체는 곧 대타자가 방문하는 장소, 표현할 수 없는 열정과 고통, 무한한 정서, 원초적 이미지, 환각적 상태, 원초적 행동의 장소로서 연속적인 선-객체 관계의 현실로부터 우리를 더 가깝게 만들기도 하고 멀어지게 하기도 한다. 다시 말해, 신체화를 통해 내담자와 상담사가 확립한 몸-정서적 상태의 본질은 (분석적 관계의 지금-여기에 비해) 실제적인 것만큼이나 (동등한 일차적 인물과의 조기 관계에 비해) 전이적인 것이다.

이것이 육체화가 결코 쉬운 과정이 아닌 이유이기도 하다. 사실 이것은 보다 성숙하고 조직화된 자아(특히 상담사의 자아)에게는 불안한 경험이며, 그 결과 수많은 방어기제가 수반된다. 그럼에도 불구하고, 육체화는 우리 존재의 덧없음, 우리의 부족함(따라서 치유할 수 없는 의존성), 대타자의 분리성(따라서 그(녀)에 대한 우리의 개인적인 책임)에 더 가까이 다가가기 위해 필요하거나 오히려 우리를 되돌아보게 해 준다. 신체가 현실에 기반을 두는 것은 다시 한번 자아를 위한 과정이다. 그것은 아마도 내담자와 분석가 모두에게 가장 힘든 길, 즉 원초적 배제의 편면 거울을 통과하는 길일 것이다(Berne, 1975 [1961], p. 61; 이 책의 3장도 참조). 치료 과정으로서의 육체화는 궁극적으로 치료 과정을 새로운 관계성, 즉 자기와 자기-아닌-타자(other-than-self) 사이의 상호 분화로 초대함으로써 주로 어버이자아-대타자의 외상적 공백으로 인해 내담자에게 남겨진 소외의 경험을 극복하는 데 목적이 있다.

다시 말해, 신체는 '살아 있는 기억(living memory)'(Resnik, 2005)일 뿐만 아니라 지금-여기에 존재하며 상담사와 내담자 사이의 관계에서 상호적으로 자신을 제공한다. 프로이트의 주장과는 달리, 정신질환을 앓는 원초적 병적 자기애[내담자로 하여금 자기 자신과 자기애로 후퇴하고 결과적으로 대상 세계(상담사 포함)에 대한 포기로 이끄는]를 획득하는 대신 건강한 자기애적, 따라서 대상적 성격 발달에 필요한 존재론적 인식에 대한 현재의 필요를 자신의 몸을 통해 다시 제시한다. 밀너(Milner, 1987 [1977])의 말을 달리 표현하면, 정신질환 내담자가 치료 장면에서 신체를 드러내는 것은 "예상할 수 있듯이 세상과의 관계를 자기애적으로 빈곤하게 만드는 것이 아니라, 반대로 이 관계를 풍요롭게 만드는 것"(p. 282)으로 이어진다고 할 수 있다. 정신병적 개인의 특정한 실존적 조건(즉, 근본적으로 대타자와의 관계에서 '조각난' 개인으로 나오는 것)은 현재의 새로운 대타자(특히 상담사)와의 몸-정서적 관계(C_1)를 통해 이러한 분열을 해결하려는 자아의 긴장을 멈추기에 충분하지 않다.

같은 방식으로, 경험의 각본규약 등록부의 회복(recovery of the protocol register of experience)이라는 관점에서 볼 때, 상담사의 육체화는 자기애적 또는 심지어 융합적 종류의 역전이적 **재연**(enactment)에만 기인하는 것이 아니라(따라서 특정 유형의 병리학적 공생에 잘못 기인할 수 있는) 내담자가 무의식적으로 실현하려고 하는 '어버이자아 교류-동경(yearning-for-the-Parent transactions)'에 대한 치료적 반응이 되며, 그(녀)의 어린이자아상태에서 시작하여 생애사적으로 충족되지 않은 욕구를 실현하려고 한다.

◆ 의존 교류와 몸-정서적 자기유도

앞서 의존성 역전이가 정신질환 내담자가 원초적으로 배제된 어버이자아(P_1 또는 P_2)에 대한 '동경' 교류에 대한 상담사의 직접적인 반응이라고 설명하였다. 그러나 원초적 배제는 비언어적 각본규약 수준의 경험에서 발생하기 때문에, 의존성 역전이는 발달 과정에서 상담사의 어린이자아상태(C_2)의 무의식적 · 비의식적 활동의 표현이다. 더욱이, 원래의 대타자와의 관계에 대한 충격적인 (때로는 객관적인) 각인 때문에 내담자가 전이를 통해 유도하는 의존적 욕구(몸-정서적 의미가 회복 불가능하게 주입된)는 역설적으로 내담자 자신이 격렬하게 방어할 뿐만 아니라 그(즉, 내담자)도 민감하게 무의식적으로도 자각하고 있다. 따라서 의존성 역전이 역시 방어적 왜곡을 수반하며, 상담사는 내담자를 위한 치료적이고 진보적인 방식으로 분석 과정을 안내하기 위해 이를 해독하는 방법을 알아야 한다.

정신질환 내담자 및 그 가족들과 함께 일하면서 얻은 임상 경험은 친밀(따라서 사랑과 증오의, 삶과 죽음)의 법칙이 얼마나 어렵고 심지어 잔인한지를 보여 준다. 하지만 이러한 법칙은 우리 모두의 성장을 위해서도 필요하다. 이 법칙은 상담사가 유아나 사춘기 자녀에게 충분히 좋은 부모가 하는 것처럼 내담자에게 의도적인 관심과 무조건적이고 장기적인 집중(돌봄)을 취할 것을 요구한다. 이것은 상담사가 충분히 좋은 부모로 변장하여 현실에서 '충분히 좋은'이 무엇을 의미하는지 지적으로 알 수 없다는 것을 인식하고, 따라서 내담자가 분석적 만남의 메신저인 불확실한 것, 미지의 것, 신비에 대한 소명을 받아들인다는 것을 의미한다. 랭(Laing, 1959)은 "내담자를 하나로 묶고, 조각들이 함께 모여 조화를 이루도록 하는 주요 요인은 의사의(분석가를 의미하기도 하는) 사랑, 즉 내담자의 전인적 존재를 인정하고 아무 조건 없이 받아들이는 사랑이다."(p. 165)라고 단호하게 말하였다.

그러나 사랑하는 부모-자녀 관계와 분석가-내담자 관계의 근본적인 차이점은 후자의 치료 방향에 있다. 사실 내담자의 의존성 역전이를 통해 내담자의 충족되지 않은 의존적 욕구를 충족시키는 동시에, 의존성과 병적 공생의 관계를 피하는 것이 상담사의 책임이다. 정신질환 내담자와의 작업에서 의존성 역전이의 치료적 측면은 그 자체로 특정 관계, 즉 분석적 관계 내에서 발생하며, 특히 정신병적 쇠약으로 확인된 임상 병력이 있는 내담자와 함께 수행하는 경우 수년에 걸쳐 장기간의 참여가 필요한 경우가 많기 때문이다.

이를 염두에 두고 에릭 번(Berne, 1977 [1966])은 특히 활동기에 있는 조현형 정신질환 치료에 적절하다고 생각되는 개입의 종류에 대해 이야기하였다. "여기서 상담사는 짧거나 긴 기간 동안, 때로는 몇 년으로 연장되는 기간 동안 어른자아보다는 어버이자아로서 의도적으로 기능해야 할 수도 있다."(p. 248)

다음 단락에서는 조현성 내담자와의 치료 작업에서 실제 의존교류로 다시 고려할 수 있는 각 개입(즉, 지지, 안심, 권유, 설득)에 대해 에릭 번이 내린 정의를 설명한다. 정의와 함께 에릭 번의 관찰의 실체를 확인할 수 있는 임상 사례도 간략히 소개하겠다.

- **지지**(support): "이것은 단순한 스트로킹일 수 있으며, 그 내용은 재치만 있다면 상관없다. 그 내용이 적절히 허가적이거나 보호적일 경우 그 효과는 향상될 수 있다."(Berne, 1977 [1966], p. 248)

사례 연구: 블레이크

사례 축어록: 블레이크

특히 치료를 시작할 때 블레이크 씨를 가장 괴롭혔던 것은 그의 이야기를 오랫 동안, 그리고 실제로 몇 시간이라도 들을 수 있었다면 들을 준비가 되어 있지 않았다는 점이다. 나는 직감하였고, 그 자신도 여러 차례에 걸쳐 사람들이 자신의 자아의 분아가 빅뱅, 태양계의 행성, 올림푸스의 신들 등에 대해 그가 말한 모든 이야기를 흔들리지 않는 인내심과 관심으로 듣고 있다는 증거에 반항하였다고 분명하게 말하였다. 그는 편집증적인 태도가 나까지 포함하기 시작할 정도로 모든 관심을 받는 특이한 경험에 심하게 '혼란스러워'하였다.

P=내담자, T=상담사

P : "선생님, 농담하지 마세요. 전 이 심리게임이 싫어요."

T : "농담이 아니지요." 나는 그가 천천히 진정하는 모습을 지켜보았지만 그는 더 이상 아무 말도 하지 않고 침묵을 지켰다.

T : "당신의 말을 듣는 법을 배우고 싶어요. 하지만 동시에 이게 당신을 화나게 한다는 것도 알아요. 당신과 함께 있을 때 자신의 정서를 솔직하게 털어놓는 사람은 많지 않을 것 같아요."

P : "네, 아무도 없어요." 이 시점에서 그는 일어났다. 그는 단호하게 문으로 가서 떠나기 전에 돌아서서 "내일 볼까요?"라고 말했다.

T : "정말 떠나고 싶으세요? 아직 시간이 있어요."

P : "아니, 그만하면 됐어요. 내일이 더 좋아요."

T : "그럼 그렇게 하세요. 내일 뵙지요."

사례 설명: 블레이크

이 임상 사례는 역전이 자체가 정신질환 내담자의 의존적 욕구와 그 내용이 일치할 때 지지교류가 어떻게 치료 효과가 있는지를 보여 준다. 이러한 상황에서 상담사는 말이든 침묵이든 지지교류를 통해 내담자가 제공하는 몸-정서적 유도에 맞춰 정서적 분위기를 유지할 수 있다.

- 안심(reassurance): "어버이자아의 말투가 내용보다 더 중요할 수 있으며 내담자의

어린이자아가 노출되었다고 느끼면 안심하기 어렵다."(Berne, 1977 [1966], p. 248).

크리스의 사례로 돌아가서, 턱의 '석화(petrification)'와 관련된 그의 주된 신체적 집착은 내게 같은 고통을 경험할 수 있는 기회를 주었고, 이는 곧 우리 둘 다 할 말이 없어져 내담자와 분석가로서의 미래가 없는 상태로 만들었을지도 모른다.

치료회기가 한창 진행 중일 때 크리스가 두 안락의자 사이의 바닥을 뚫어져라 쳐다보고 있을 때 내가 이런 말을 하였다. "턱을 움직이지 않고 말하는 게 어떤 느낌인지 궁금하네요." 입술을 아주 쉽게 움직이긴 했지만 이를 악물고 이 말을 하였다. 크리스는 소심하게 시선을 들어 올렸고 나는 "크리스, 턱을 조이고 복화술사가 되어 봐요."라고 계속 말했다. 크리스의 괴로움이 그의 턱과 내 머릿속에 나타날 때마다 창의력과 건강한 유머로 전환할 수 있는 가능성을 발견하면서 다시 한번 우리는 함께 크게 웃었다. 이를 통해 우리의 불편함은 서서히 완화되었고, 대신 각자의 성격에서 감정과 생각의 목록(repertoire)이 확장되었다. 턱의 신체적 장애를 통해 크리스와 나는 우리 관계의 괴로움에 접근할 수 있었고, 크리스는 궁극적으로 자신의 정서와 단순히 자신이 되고자 하는 근본적인 욕구를 안심하고 인정받을 수 있었다.

이 임상 시나리오는 내담자가 상담사에게 유발한 몸-정서 상태의 강도가 현저히 높아진 상황에서 안심시키는 말이 치료 효과를 발휘하는 방법을 예시한다. 이러한 상황에서 상담사는 내담자의 역전이의 몸-정서적 내용에서 시작하여 유도된 몸-정서적 상태의 의존적 가치를 내담자에게 안심시킴으로써 이를 억제하고 강도를 감소시킨다.

- **개입으로서의 권유**(exhortation): 안심과 보완적인 역할을 하는 개입으로서, 경우에 따라서는 안심과 반대되는 역할을 하기도 한다. "권유은 어떤 상황에서는 내담자의 어린이자아의 순응을 통해 만족스러운 결과를 가져올 수 있다."(Berne, 1977 [1966], p. 249)

사례 연구: 아베나

사례 축어록: 아베나

제 머리 끝을 뒤집어 '올린 머리를 자르고 싶다'고 도발적으로 제안한 아베나에게 어느 날 나는 이런 식으로 다가가서 마침내 내 머리를 손으로 만져 보라고 권유했다.

P=내담자, T=상담사

T : "그래요? 일어나서 이리 와서 올린 머리를 만져 봐요!"

P : 그녀는 망설임도 없이 즐거운 표정으로 내게 다가와 오른손 손바닥을 정수리에 갖다 대며 "와, 정말 어렵네요!"라고 웃으며 말했다.

T : "왜 웃으세요?"

P : "이유 없어요, 이상하니까!" (혼자서 계속 웃으며)

T : "아베나에 대해 어떻게 생각하세요?"

P : "흥분돼요."

사례 설명: 아베나

그녀가 의미하는 바는 그녀가 내게 성적으로 매력을 느낀다는 것이었고, 그녀는 오르가즘처럼 경련을 일으키며 웃고 낄낄거리는 것으로 이를 표현하였다. 그 결과는 거의 극화된 캐리커처처럼 보였고, 부분적으로는 그녀의 성적 욕망과 자신을 에로틱한 몸(eroticized body)으로 인식하는 것에 대한 평가절하처럼 보였다. 이 경우 아베나를 대상으로 한 의존적 개입은 다른 사람들과 함께 그녀가 부분적으로 억압하고, 더 크게는 남성과의 실제 관계에서 만족시키려고 시도한 적이 없는 성적 경험을 신체적 · 정서적으로 인식하도록 권유하는 것을 목표로 하였다. 성에 대한 주제는 나중에 그녀 자신이 말하였듯이 남성과의 성적 결합에서 완전히 합쳐지고 '용해'되는 것에 대한 그녀의 엄청난 두려움 때문에 실제 삶의 경험이 아닌 '하나의 주제'였다.

권고가 올바르게 사용될 경우, 상담사는 내담자의 의존적 욕구를 확인하고 의존적 전이 과정에서 유도된 몸-정서적 상태의 강화를 분명히 장려한다. 보다 일반적으로, 권고의 목표는 하나 이상의 발달적 욕구를 충족시켜 내담자가 점진적으로 자아를 성숙시키고 한 사람으로서 개별화되도록 촉진하는 것이다. 그러나 에릭 번 자신은 권고의 주요 위험 중 하나는 상담사와의 의존적 관계를 강화하는 것이라고 지적하였다. 특히 조현성 내담자와의 작업에서 이는 상담사의 동일시, 즉 내담자에 대한 전능감을 강화하는 데 기여할 수 있다.

- 설득(persuasion): "거의 항상 강력한 유혹의 요소가 포함되어 있다. …… 상담사는 내담자가 순응의 대가로 무엇을 기대하는지 알고 있어야 하며, 궁극적인 결과에 대처할 준비가 되어 있어야 한다."(Berne, 1977 [1966], p. 249)

설득은 상담사가 내담자에게 과거 부모의 역할을 맡도록 약하게 유도할 때 특히 유용한 의존적 과정이다. 이는 분석가가 역전이를 통해 경험한 정서적 유도가 받아들여질 경우 내담자의 분열 방어를 강화하고 심지어 상담사에 대한 투사적 동일시를 강화할 위험이 있는 편집증 내담자에게서 종종 발생한다. 이러한 상황에서 분석가의 어려운 과제는 내담자를 분석가 자신에게 방어적으로 투사된 것과 동일한 전-대상 상태로 유도하는 것이다. 이러한 과정에는 어느 정도의 치료 동맹이 필요하므로 내담자의 '묵인(acquiescence)'을 통해 상담사는 내담자의 자아 통합을 위해 노력할 수 있다. 상담사에 의한 이러한 "암묵적으로 약속된 보상(implicitly promised recompense)"(Berne, 1977 [1966], p. 249)은 내담자가 자신의 자아에 해를 끼치고 의미 있는 타자를 선과 악으로 나누는 분열 투사를 점진적으로 재전유하는 것에 해당한다.

앨리스의 사례는 설득의 임상적 예를 보여 준다. 대학 시험에 응시하지 못한 것에 대한 그녀의 좌절감은 '엄마 대학(mummy university)'으로 대표되는 모성 **변형**(alter)(슈퍼)자아에 의해 삼켜지고 무력해진 내적 경험을 확대시켰다. 상담 중에 그녀는 나 역시 부모님(특히 어머니)의 전화 통화를 통해 원거리에서 통제되고 있으며, 따라서 우리의 분석 공간도 그러한 영향에 의해 오염되었다고 판단하였다. 여기에 보고된 개입은 앨리스가 관찰의 축을 자신과 우리 관계로 옮기도록 설득하여 자신의 지각의 힘과 책임을 회복하고 궁극적으로 존재론적 불확실성과 편집증이 커지는 삶의 시기에 대해 느끼고 생각하는 방식을 회복할 수 있도록 하려는 시도를 나타낸다.

예를 들어, 나는 "당신이 당신의 삶에서 일어나는 일의 중심에 있다는 것을 진지하게 고려해야 할 순간이 왔으며, 나는 당신의 거울이 될 뿐만 아니라 당신 자신의 경기장에 들어가서 이 싸움을 끝내기 위해 당신과 함께 당신의 적으로 추정되는 사람들과 맞서기 위해 여기에 있어요. 그래서 당신은 당신의 머릿속에서 느끼고 아마도 당신 주변의 외부에서도 감지할 수 있는, 당신이 산산이 부서지는 것을 보기만 기다리고 있는 일련의 관중들에게 작별 인사를 할 수 있어요."라고 말하였다. 잠시 침묵이 흐른 후 앨리스는 "전에는 심리치료가 이런 것이라고 생각해 본 적이 없었어요."라고 대답하였다.

설득이 유용한 또 다른 상황은 내담자가 역전이를 통해 상담사가 경험하지 못한 몸-정서적 경험을 필요로 할 때이다. 이러한 임상 시나리오는 해리 내담자에 대한 분석 작업에서 특히 흔하다. 상담사는 처음에 일종의 몸-정서적 자기유도를 통해 내담자의 전-대상 위치와 이상적인 새 부모의 위치를 번갈아 가며 맡게 될 수 있다. 자동유도(autoinduction)는 상담사의 어른자아(A_2)의 확실한 개입을 수반하기 때문에, 자동유도된 의존성 역전이는 처음에는 상담사의 어린이자아의 언어적 경험으로부터 진실하지 않거나 분리된 것처럼 보일 수 있다. 이러한 이유로 꾀돌이자아(A_1)의 직관에 의해 도움이 되지 않으면 몸-정서적 자동유도가 즉시 일어나지 않을 수 있다. 충족되기를 기대하는 의존적 욕구에 대한 지연된 설득은 이러한 경우 분석가가 노출되는 "궁극적 결과(ultimate consequences)"(Berne, 1977 [1966], p. 249) 중 하나, 즉 "그것을 제공하지 않은 것에 대해 높은 대가를 치르는"(p. 249) 결과를 일찍이 형성한다. 수행된 분석 작업과 치료 동맹의 질에 따라 지불해야 할 대가는 고장, 치료 중단, 자신의 한계에 대한 상호 인정, 더 성공적인 경우에는 치료 과정에 대한 상호 헌신에 이르기까지 다양한 형태를 취할 수 있다.

◆ 참고자료

Berne, E. (1975). *Transactional Analysis in Psychotherapy: A Systematic Individual and Social Psychiatry*. London: Souvenir Press. (Original work published 1961)

Berne, E. (1977). *Principles of Group Treatment*. New York, NY: Grove Press. (Original work published 1966)

Bion, W. R. (1977). *Learning from Experience*. London: William Heinemar. (Original work published 1962)

Bollas, C. (1987). *The Shadow of the Object: Psychoanalysis of the Unthought Known*. New York, NY: Columbia University Press.

Garfield, D. A. S. (2009). *Unbearable Affect: A Guide to the Psychotherapy of Psychosis*. London: Karnac Books. (Original work published 2005)

Ginsberg, A. (1954). *Collected Poems 1947-1997*. New York, NY: Harper Collins.

Hargaden, H., & Sills, C. (2002). *Transactional Analysis: A relational perspective*. Hove: Brunner-Routledge.

Heimann, P. (1950). On countertransference. *International Journal of Psychoanalysis*, 31, 81-84.

Kohut, H. (1971). *The Analysis of the Self: A Systematic Approach to the Psychoanalytic

Treatment of Narcissistic Personality Disorder. New York, NY: International Universities Press.

Laing, R. D. (1959). *The Divided self: An Existential Study in Sanity and Madness*. London: Penguin Books.

Lombardi, R. (2016). *Metà Prigioniero, Metà Alato: La Dissociazione Corpomente in Psicoanalisi*. Turin: Bollati Boringheri. [Translated into English (trans. unknown): *Body-mind Dissociation in Psychoanalysis: Development after Bion*. London: Routledge]

Milner, M. (1987). Winnicott and overlapping circles. In M. Milner, & D. Tuckett (Eds.), *The Suppressed Madness of Sane Men: Forty-four Years of Exploring Psychoanalysis*. London: Tavistock Publications. (Original work published 1977)

Racker, H. (1982). *Transference and Countertransference*. London: Maresfield Reprints. (Original work published 1968)

Resnik, S. (2005). *Glacial Times: A Journey Through the World of Madness*. New York: Routledge.

Resnik, S. (2007). *Il Teatro del Sogno* [*The Theater of the Dream*]. Turin: Bollati Boringheri. (Original work published 1982)

Resnik, S. (2012). *The Theatre of the Dream* (A. Sheridan, Trans.). London: Routledge. (Original work published 1987)

Semrad, E., & Van Buskirk, D. (1969). *Teaching Psychotherapy of Psychotic Patients*. New York, NY: Grune & Stratton.

제8장

치료적 교류

- 예시
- 감각적 해석
- 명료화

신체는 단순한 생물학적 실체나 "구체적인 원초적 대상"(Ferrari, 2004, p. 48) 그 이상이다. 그것은 또한 우리의 가장 원초적인 교류가 과거의 기준 수치와 관련하여 신체 간 교류가 이루어지는 실체이기도 하다. 에릭 번이 말한 어린이자아 속의 어린이자아(C_1)는 첫 번째 양육자와의 원초적인 신체 간 상태의 정신적 내면화이다. 이러한 유아기 어린이자아(C_1)는 태아기, 주산기, 유아기의 큰 대타자와 관련하여 다감각적 경험, 생각하지 않은 생각, 비언어적 정서, 다양한 형태의 행동과 몸짓이 어느 정도 일관성 있게 조직된 것에 해당한다. 또한 이러한 이유 때문에 신체적 어린이자아(C_1)의 원초적 표현에서 교류분석 용어로 구조적 표현을 발견하는 신체 간 경험은 매우 조기 유아기에 기반을 두고 전 생애 과정에서 계속 생존하고 변화한다.

정신질환 내담자와의 치료에서는 이러한 존재의 심층을 통과하여 무의식적 수준의 관계에서 왜곡을 마주하게 된다. 어린이자아 속의 어린이자아는 또한 과거의 중요한 대타자와의 몸-대-몸 교류(Mellacqua, 2014)에서 시작하여 각본규약과 후속 각본사본(palimpset)이 형성되는 대장간이다. C_1은 또한 우리 각자의 (반드시 억압된 것은 아니지만) 무의식에 새겨져 있는 자아의 근본적인 왜곡이 있는 곳이기도 하다. 결과적으로, 이것은 개인의 창의성과 직관의 장소이자 이후 정신-몸적 발달에 가장 널리 퍼진 병리적 왜곡이 발생할 수 있는 원초적 기반이기도 하다.

이러한 이유로 나는 신체적 교류가 원초적 각본규약(primal protocol), 즉 세포조직 수준의 경험을 직접적으로 표현하는 것이라고 생각한다. 이 수준은 우리 안에 잠자고 있을 수 있지만, 신체의 감각적인 경험을 통해 다시 깨어날 수 있다. 사실 신체는 특히 정신질환 내담자와의 관계에서 우리가 무시하는 경향이 있거나 (내담자들처럼) 방어적으로 자신을 분리하여 업무와 더 일반적으로 관계 생활에서 진정한 친밀을 해치는 진정한 '방 안의 코끼리(elephant in the room)'이다.

이 책에서 나는 특히 치료적으로 사용할 수 있는 신체적 교류의 하위 집단, 즉 **정서-행동적 교류**라고 부르는 집단을 언급한다. '정서-행동적'이라는 형용사를 사용함으로써 정신질환 내담자들과의 임상 작업에서 이러한 유형의 신체적 교류를 특정한 방식으로 치료적으로 사용하는 것을 정당화하려는 의도가 있다. 다시 말해, 신체적 교류는 말하거나 침묵하는 정서적 교류로서 임상적으로 사용될 수 있다. 이러한 치료적 교류에는 특히 앵글로색슨어에서 '움직인다'는 의미, 즉 '움직임이나 행동을 유도'하는 동시에 '강한 정서를 생성'한다는 이중적 의미를 지닌 특별한 '운동적' 특성이 부여된다.

우선, 정서-행동적 교류는 (분석가의 거의 독점적으로 어린이자아 상태인 출처와 정신질환 내담자의 거의 항상 통합되지 않은 어른자아와 함께 거의 변함없이 분열된 어린이자아를 대상으로 한다는 점을 제외하고는) 고전적인 '치료작업(therapeutic operations)'(Berne, 1977[1966], 11장)과 많은 측면에서 '공감교류(empathic transactions)'(Hargaden Sills, 2002, 8장)와 실질적으로 구별할 수 없다. 또한 이 둘은 다른 쪽에서 치료적 및 정서적 유도를 만들어내는 양면성(이 책의 7장에서 설명한 대로)에서 주목할 만한 '정서-행동적' 특성(즉, 공감만 하는 것이 아니라는 의미)이 다르다.

둘째, 이러한 치료적 교류를 '정서-행동적'이라는 형용사로 명시하기로 선택한 것은 내담자의 자기에 새로운 정신적 구조[일종의 재구성된 어린이자아상태(C_2)]를 부여하고, 결과적으로 정신질환적 자아가 더 명확하고 일관된 형태의 자아 통합(통합된 어른자아)과 주체적 분화(자기와 자기-아닌-타자)를 향해 진행하고 발전하도록 유도하는 데 수행하는 더 넓은 기능을 반영한다. 이러한 자아 구조화 및 재구조화[개인의 자기에 대한 보다 일관된 경험(즉, 덜 단편적인 경험), 따라서 한 사람으로서 개별화를 위한 길을 열어 주는] 작업은 자아가 이미 더 나은 내부 조직을 가지고 있는 것처럼 보이는 조현형 정신질환의 형태(예: 후기 발병 편집성 조현병)에서 더 효과적인 것으로 간주된다.

요약하자면, 정서-행동적 교류는 내담자가 나에게 무언가를 하고 내가 내담자에게 무언가를 한다는 의미에서 존재하지만, 상담사로서 나는 조만간 우리 중 적어도 1명에게, 그리고 가급적이면 2명 모두에게 회의가 진행되면서 실제로 우리가 서로에게 무엇을 하고 있는지에 대해 보고하는 방법을 알아낼 책임이 있다.

이러한 이유로, 분석가의 어른자아가 치료 과정 동안 (일반적으로 정기적인 슈퍼비전의 도움을 받아) 적극적으로 참여하여, 분석가의 어린이자아와 내담자의 어린이자아(또는 집단 치료에서처럼 2명 이상) 간의 의사소통이 실제로 이루어지고 치료적 만남이 지속되는 동안에도 계속 이루어지도록 보장하는 것이 좋다.

다음에서는 조현병 경험의 교류분석과 특히 관련이 있다고 생각되는 치료적 교류의 세 가지 주요 범주, 즉 예시, 해석, 명료화에 대해 설명한다.

◆ 예시

에릭 번(Berne, 1977 [1966], pp. 238-239)은 다른 치료 작업과 관련하여 삽화가 시작된 맥락의 역할(분석 관계의 '내부' 또는 '외부')과 그것이 사용되는 시간('즉각적' 또는 '원격')에 따라 다양한 유형의 예시를 기술하였다. 조현성 내담자와의 분석 작업에서 그림을 사용할 때 상담사는 그러한 개입이 내담자의 어린이자아에게 어떤 영향을 미칠지 아는 것이 중요하다. 이와 관련하여 에릭 번은 예시(illustration)를 통해 내담자의 어린이자아는 "웃을 수 있는 자유" "문자 그대로의 자유" "창의성에 대한 허가"(p. 239)를 스스로에게 허용한다고 언급하였다. 이러한 이유로 예시는 "유머러스하거나 적어도 생동감이 있어야 하며, 어린이자아뿐만 아니라 내담자의 어린이자아도 이해할 수 있어야 하므로 현명한 다섯 살짜리 아이도 이해할 수 있는 어휘로 표현되어야 한다."(p. 238)고 설명한다.

그러나 예시의 사용은 내담자가 고통받는 구조적 병리에 따라 정신질환 내담자의 어린이자아에게 전적으로 치료 효과가 없을 수 있다. 예를 들어, 편집증 내담자와의 작업에서 이러한 상태의 내담자의 C_1에 대해 부분적으로 배제하는 P_1(그리고 경우에 따라서는 P_2)의 여전히 활동적인 역할을 인정하라는 에릭 번의 권고는 여전히 유효하다. 결과적으로, 박해-이상화 전이에 의존하는 내담자를 위한 예시는 "어린이자아에 대한 명백한 유혹성 때문에 어버이자아에게 어느 정도 분노를 불러일으킬 수 있으며, 그러한 분노는 조만간 다루어져야 할 것이다."(Berne, 1977 [1966], p. 239)

다른 한편으로, 특히 해리성 정신질환 내담자에게 예시를 사용할 때 "[내담자의] 어린이자아의 분노는 특히 상처, 불의 또는 자신의 열등감을 수집하는 사람들에게서 그의 감정을 상하게 하기 때문에" 무시해서는 안 된다(Berne, 1977 [1966], p. 239). 분열형 정신질환 내담자의 경우, 어린이자아의 분노는 우울증이나 파편화의 고통이 다시 드러나는 형태로 나타날 수 있으며, 이 두 가지 모두 망상적 신념(망상)의 점진적 붕괴와 환각적 지각(환멸)의 정상화에서 비롯된다. 이러한 상황에서 상담사가 예시를 부적절하게 사용하면 배제된 어버이자아(P_1 및 P_2)가 어린이자아에게 제공한 보호(망상과 환각의 구성을 통해)가 위협받을 수 있다.

다음은 조현성 내담자를 대상으로 한 임상 작업에서 특히 유용하다고 여겨지는 두 가지 유형의 예시, 즉 은유와 풍자에 대한 설명이다. 내담자가 자발적으로 선택하거나 분석가가 권장하는 그림이나 그림 그리기뿐만 아니라 시, 음악 및/또는 분석 환경에서 탐색의 대상이 될 수 있는 활동과 같은 다른 형태의 창의적이고 예술적인 표현을 사용할 수 있다. 그러나 이 책에서는 치료적 예시의 예로서 은유와 풍자에만 초점을 맞추고, 조현성 내담자가 종종 제작하는 창의적 인공물의 치료적 활용에 대해서는 향후 심층 연구를 위해 남겨 두겠다.

은유

예시의 형태 중 은유는 아마도 내담자의 어린이자아를 정서적 수준에서 모집하는 데 가장 효과적일 것이다. 움베르트 에코는 언어 자체가 “본질적으로 은유적”이라고 말하였다(Eco & Paci, 1983, p. 218). 다시 말해, 은유는 확실히 어린이자아의 진정한 언어이다. 조현성 내담자와의 임상 작업에서 은유는 분석가가 어린이자아를 재구성하는 데, 즉 비통합과 해리(정서적/신체적, 정서적/인지적, 신체적/인지적) 과정으로 인해 자아가 분열되는 것을 해결하는 데 사용할 수 있는 치료 작업이다.

특히 의미론적 도구로서의 은유는 지적 수준에서 즉각적으로 조정될 수 없고 따라서 추상적 사고 수준에서 즉각적으로 이해할 수 없는 두 가지를 몇 개의 단어를 사용하여 유추적으로 병치할 수 있게 해 준다. 은유는 항상 인식과 함께 사용되는 것은 아니지만, 어떤 것의 의미(예를 들어, 외부 사건, 정신 내적 과정, 행동, 신체 감각 또는 주체가 방해가 된다고 간주하는 정서나 생각의 이유)를 설명하기 위해 동일한 은유를 공유하는 사람의 정서적 참여를 통해 첫 번째 것을 이해할 수 있는 다른 것을 사용하여 설명하는 데 사용된다. 분석가와 내담자 사이의 이러한 정서적 공유는 분석적 만남에서 공유되는 현실에 대한 초기 고정과 이것이 불러일으키는 다양한 의미를 촉진한다.

정신질환 내담자에 대한 나의 임상 경험을 통해 조현병에서 이러한 개인이 신체와 감각에 대한 은유에 의존하는 방식(하위 상징적 (신체적) 및 상징적인 비언어적(상상적, 그러나 이것뿐만 아니라) 경로를 통해)을 관찰하여 더 형식적이고 추상적인 구어와 같은 상징적 질서의 사용 결함을 대체하는 것이다. 하위 상징적 수준(특히 신체적)에 대한 의존은 그 안에서 상상과 사고 활동을 흡수할 수 있을 만큼 방대할 수 있기 때문에, 정서적 경험과 사고는 (긴장증의 극단적인 경우처럼) 정신 내적 및 관계적인 경험의 동결을 형성하는 지점까지 구체적인 대상이 된다. 동일한 과정을 통해 덜 극단적인 조건에서 붕괴된 조현성 내담자의 어린이자아상태는 뻣뻣하고 굳어질 위험이 있지만 그것의 경계를 부수고 흩어지게 할 위험도 있다. 즉, 말은 음식이 되기도 하지만 독이 되기도 하고, 생각은 물건이 되기도 하지만 무기가 되기도 하며, 감각은 수용체이지만 방어수단이 되기도 하고, 감정은 살아 있는 살이 되기도 하지만 상처를 입히기도 한다.

따라서 은유는 분석가가 현실과 상상의 미묘한 경계, 말로 설명할 수 있는 것(상징적)과 이미지(상징적, 비언어적) 또는 심지어 신체를 통한 설명이 필요한 것, 의식과 무의식(억압된 무의식 포함) 사이의 미묘한 경계에서 작동할 수 있는 세련된 치료 도구이다. 결과적으로, 최소한의 언어적 등록부를 사용하여 조현병의 전형적인 고통인 여러 곳의 분열(파편화)을 **두 번째 의도**(즉, 심층에서 표면으로)**로 치유**할 수 있다. 내가 이 치료 과정을 두 번째 의도에 의한 치유라고 정의하는 이유는 (반복할 가치가 있는) 은유의 일차적 목표는 경험의 공유와 공동의 언어적 의미가 발생할 수 있는 새롭고 직관적이며 언어 이전의 주체적 이해(A_1)를 촉진하기 위해 어린이자아의 가장 심층(C_1 및 C_0)을 정서적으로 모집하는 것이다.

사례 연구: 네이선

사례 축어록: 네이선

자신의 생각이 때때로 내 물병에 들어갈지도 모른다는 생각에 괴로워하던 내담자 네이선은 은유를 기반으로 한 예시를 통한 개입으로 점차 자신의 투사와 내사를 정확하게 되찾을 수 있었다.

P=내담자, T=상담사

T: "네이선, 당신은 이 병이 내 일부이고 내가 당신의 생각을 훔쳐서 여기(병을 보여주며) 가둘 수 있다고 생각하거나, 사실 공기나 물처럼 삼켜서 사라지게 할 수 있다고 생각하죠……."

P: "그런데 무슨 말씀이세요?"

T: "제가 내 뇌를 마셨다고 생각하시나요? 아니면 당신 뇌를 마신 건가요?"

P: "잘됐네요." 약간 굳은 미소를 지으며 말한다.

T: "그래서 당신이 한숨을 쉴 때 공기를 빨아들이는 게 보이나요? 내가 당신의 생각을 빼앗아 갈까 봐 두려워서 생각을 멈추려고 하는 건가요?"

사례 설명: 네이선

무슨 일이 일어나고 있는지에 대한 이 설명(구체적인 사물을 통한 생각 대신 은유를 통한 생각의 회복을 통해 도달한 것)은 그의 한숨을 완전히 멈추게 하지는 못하였다. 그 후의 치료회기에서는 술을 마시지 않았고, 심지어 물병을 테이블 위에 열어 둔 채로 내버려 두었지만 네이선은 자신의 생각이 그 물병에 담겨 있을지도 모른다는 생각에 계속 집착하였다. 그럼에도 불구하고, 나를 대하는 네이선의 태도에는 변화가 있었다. 그는 나와의 대화에서 의심을 덜 하고 말을 더 많이 하기 시작했고, 병의 은유에 따라 마음속이 '읽히는 느낌'이 들 정도로 생각을 빼앗긴 괴로움을 경험하였던 다른 많은 상황에 대해 내게 이야기할 수 있게 되었다. 예를 들어, 목적지로 가는 버스가 그가 서 있는 바로 그 지점에 정차하여 그의 코앞에서 문을 열어젖힌 적이 한두 번이 아니었다. 또는 대학에서 수학 교사가 "용기를 내세요!"라고 외쳤을 때였다. "증명을 아는 사람은 솔직하게 말하지 않으면 영원히 침묵할 것이다."라고 말하며 학생들에게 이미 알고 있는 정리(theorem)에 대해 말하라고 권유했던 일이다. 또는 여자 친구인 헬렌이 갑작스럽게 그에게 키스를 하며 "너는 내게 열린 책이야, 네이선"이라고 매혹적으로 말하였을 때이다.

은유의 궁극적인 목표는 상상을 현실로, 망상을 환각으로, 환각을 환상으로, 외부 세계를 내부 세계로(또는 그 반대로), 꿈을 기호(또는 신호)로, 광기를 창의력으로 되돌리기 위해 명백한 "조현병의 수수께끼"(Bollas, 2015)가 치료 관계의 변화하는 경험의 지금-여기에서 이해 가능성을 찾을 수 있을 때까지 분석 작업을 계속하는 것이다.

생각해 보면 이 책 자체는 감각과 신체를 사용하여 조현병 경험의 특히 복잡한 정신 내적 및 관계적 과정을 설명하고, 길고 지루한 설명이 필요없는 즉각적인 방식으로 표현하는 은유로 가득 차 있다. 특히 에릭 번이 배제를 "편면 유리"(Berne, 1975 [1961], p. 66)로 설명하기 위해 사용한 은유는 임상에서 직접 발생한 관점에서 조현형 정신질환의 구조적 정신병리를 설명하는 출발점이 되었다. 사실, 정서적 수준에서 특히 강력한 은유(에릭 번과 다른 많은 저자들이 사용)는 분석 및 치료 과정을 설명하기 위해 인간(또는 동물) 유기체의 신체, 오감 또는 생리적 활동을 다시 언급한다.

풍자

은유와 마찬가지로, 풍자는 예시의 범주에 속한다. 그러나 은유와는 달리, 상담사가 기표(signifier, 즉 이미지와 같은 비언어적 상징 대상)와 기의(signified, 즉 일반적으로 언어적 상징의 영역에 속하는 대상)를 의도적으로 병치하는 것으로 구성된다. 풍자는 또한 상상적이고 직관적인 언어적 수준(A_1의 전형)에서 행동함으로써 내담자의 어린이자아를 모집하지만, 더 광범위한 해석 작업으로 이어진다. 상담사는 풍자를 통해 내담자와 함께 구성한 더 높은 수준의 정교함, 즉 해석의 수용적 요소를 분석적 대화에 도입할 수 있다. 이로부터 우리는 풍자가 보다 지적인 경향을 띠는 내적 수준에서 작동하여 상담사와 내담자를 풍자 자체가 가리키는 특정 맥락(예: 가족적 맥락, 과거의 충격적인 사건, 업무 상황, 연애 관계 등)에 대한 탐구로 이끈다고 말할 수 있다.

이 도구는 상담사가 내담자의 가장 직관적이고 정서적인 부분(여전히 A_1 및 부분적으로 A_2)과의 수직적 의사소통(내적)을 계속 자극하면서 내담자와 인지적 수준에서 수평적으로 조율할 수 있기 때문에 합리화 방어를 사용하는 경향이 있는 "자기의 과잉 반사성(hyperreflexivity of the self)"(Sass & Parnas, 2003, p. 428)을 가진 정신질환 내담자와의 작업에서 특히 효과적이다(A_1 및 부분적으로는 C_1도 마찬가지).

따라서 우리는 풍자를 통해 상담사가 정신질환 내담자의 어린이자아에 대한 상처의 **일차적 의도**(primary intention, 즉 표면에서 깊이까지)가 치유를 목표로 한다고 말할 수 있다. 이 치료 과정을 일차적 의도에 의한 치유라고 정의하는 이유는 이 경우의 주요 목표가 증상, 기억, 꿈, 전이 및 역전이를 통해 C_1로부터 오는 몸-정서적 '생각하지 않고 아는(unthought known)'(Bollas, 1987) 정보를 점진적으로 재구성하고 자아 조직(A_2뿐만 아니라 C_2)에 통합할 수 있도록 A_1과 A_2를 적극적으로 모집하는 것이기 때문이다. 이는 보다 일관성 있고 구체적이고 실제적인 사회관계적인 맥락, 과거와 현재, 분석적 맥락과 초분석적 맥락과 연결된다.

사례 축어록: 아니샤

그런 의미에서 아니샤와의 교류에 대해 다시 한번 언급하고 싶다.

P=내담자, T=상담사

T: "지난주에 서가에 있던 타고르의 책은 어떻게 된 거죠?"

P: "치웠어요."

T: "버렸다고요?"

P: "물론 아니죠! 다른 곳에 뒀어요."

T: "어디?"

P: "내가 어디에 뒀을 것 같아요? 여기 있어요." (한 손의 손가락으로 카트를 가리키며)

T : “카트에 책을 넣는 건 아니겠죠?”

P : “안 그러면요?”

T : “쇼핑할 때 사용하는 줄 알았는데요.”

P : “쇼핑?” 킥킥거리며.

T : “네, 쇼핑할 때요. 버스나 지하철에서 가방을 들고 오르내리는 것보다 편해서 많은 사람들이 들고 다니죠.”

P : “글쎄요, 전 책을 먹으니 그렇게 말하죠.” 그녀는 자족하는 표정으로 말했다. 이 말에 우리는 둘 다 진심으로 웃었다.

T : “좋아요. 하지만 이 책들은 다 어디로 가져갈 건가요?”

P : “책이 많으면 어디로 가야 하나요, 박사님?”

T : “음…….”

P : “카네기 도서관을 아시나요?”

T : “버스 정류장이에요.”

P : “도서관이기도 하죠.”

T : “아, 그렇군요, 공부하러 가신다고요?”

P : “사람들이 나를 믿기 힘들어한다고 했잖아요. 당신도 다른 사람들과 똑같아요.”

T : “…… 때문이죠.”

P : “아니, 제발……. 제발……. 우리가 웃을까 봐 걱정돼요.”

T : “알았어요. 미안해요, 알았죠? 미안해요. 당신이 이 4개의 벽 밖에서 주변 사람들과 이야기하는 모습을 상상하는 게 정말 힘들다는 걸 인정해야겠어요.” 긴 침묵이 흘렀다.

P : “문제 없어요. 전 혼자가 아니니까요.”

T : “혼자가 아니라는 게 무슨 뜻이죠?”

P : “제 책과 내게 가장 소중한 모든 것이 있다.”

T : “그래서인지 얼마 전 저녁에 퇴근하면서 타고르의 책이 생각났어요.”

P : ‘헝그리 스톤’이라고 아니샤가 조용히 덧붙였다.

T : “정확히……. 그 제목에서 뭔가 특별한 것을 봤어요……. 당신과 관련된 것 같아요.”

P : “정말요?” 그녀가 호기심에 내게 물었다. 그리고는 “무슨 뜻이죠?”라고 덧붙였다.

T : “오늘 당신의 상황에 대해 생각해 봤는데……. 당신의 실존적 상태와 요즘 당신이 처한 상황에 대해 말이죠.”

P : “어떻게 생각하세요?”

T : “글쎄요, 아마도 생각이라기보다는…… 그래요, 당신에 대한 이미지일 수도 있고,

여기 이 방에 있는 당신과 내가 배고픈 돌, 굶주린 돌, 무언가에 굶주린 것처럼 보이는 이미지일 수도 있죠."

P : "표지만 보고 책을 판단할 수는 없죠." (침묵)

T : "좋은 말씀이에요. 하지만 제가 당신에게 묻고 싶은 게 바로 그거예요. 만약 당신이 자신의 이야기를 한번 하고 싶다면, 당신의 인생이라는 책에서 먼지를 털어 내고 나와 개인적인 것을 공유하는 데 동의해야 해요."

사례 설명: 아니샤

이 사소한 예시의 개입은 우리의 분석에서 돌이킬 수 없는 지점을 보여 준다. 이후 아니샤는 어렸을 때 떠났던 수많은 여행, 해외에서 다녔던 여러 학교, 아버지가 전 세계 여러 대사관에서 인도 외교관으로 근무하는 바람에 가족이 자주 이사하느라 끊어졌다가 다시 이어진 많은 우정 등 자신의 인생 전체를 이야기하였다. 그녀의 이야기를 들으며 나는 그녀의 삶 전체를 이미지로 보는 것 같았고, 마침내 시인 키츠(Keats, 1931 [1819])의 "어떤 가치가 있는 사람의 삶은 계속되는 풍자이다."(p. 327)라는 말의 진실을 보게 되었다.

풍자가 의도적인 방식으로 상징적 요소를 도입하더라도(이 경우 특히 암시적인 의미를 지닌 내담자 소유의 책 제목을 의도적으로 사용한 것에서 알 수 있듯이) 이러한 개입은 예시의 전형적인 "사고의 경제(economy of thought)"(Berne, 1977 [1966], p. 239) 원칙에 충실해야 한다. 그 목적은 내담자의 어린이자아의 무질서 수준에 대한 철학적 또는 형이상학적 논의를 하는 것이 아니라, 특정한 실제 상황과 관련하여 내담자 자신의 주체적 경험에 대한 의식적 책임을 부여하는 것을 바탕으로 어른자아 요소의 개입을 통해 어린이자아를 재구성하는 것이다. 아니샤의 경우, 치료의 목적은 부분적으로 그녀가 자신의 고립된 상태, 즉 자신을 겉보기에는 죽은 무게로, 실제로는 대타자를 갈망하는 돌로, 먼지(시간의 부동성의 표현)가 덮고 있는 돌로 축소시킨 것을 인식하게 하는 동시에, 드러내고 빛으로 가져오고 싶은 욕구를 보여 주고 지시하는 것이었다.

이러한 의미에서 풍자는 상담사가 과거, 현재, 미래에 대한 자신의 삶의 경험과 관련하여 내담자의 의도적인 사고를 자극할 뿐만 아니라 내담자의 정체성을 강화하고 분열의 고통과 만연한 존재론적 불안감으로부터 내담자를 보호하는 도구가 될 수 있다.

◆ 감각적 해석

분석가가 사용할 수 있는 치료 도구 중에서 해석은 정신병리의 핵심을 목표로 하는 데 가장 좋다. 사실 은유와 풍자를 통한 설명이 어린이자아상태의 상처에 대한 이차적 및 일차적 의도(즉, 깊이에서 표면으로 또는 그 반대로)에 의한 치유를 가능하게 한다면, 해석은 **삼차적 의도**(third intention)**에 의한 치유**, 즉 깊이에서 직접 또는 오히려 한 깊이에서 다음 깊이로 치유를 가능하게 한다고 말할 수 있다. 이런 식으로, 그것은 어린이자아의 구조적 병리를 목표로 하기 때문에 더 느리지만 더 예리하고, 다행스럽게도 결정적이다. "어린이자아는 자신의 과거 경험을 코드화된 형태로 상담사에게 제시하고, 상담사의 임무는 이를 해독하며 왜곡을 바로잡고 내담자가 경험을 재구성하도록 돕는 것이다."(Berne, 1977 [1966], pp. 242–243)

프로이트부터 시작된 정신분석학 전통에서 해석은 분석가가 내담자가 억압하고 있는 자료를 끄집어내거나 오히려 내담자의 무의식을 의식화시키는 도구이다. 이러한 이유로 임상 자료의 무의식적 내용과 관련된 해석 기법은 억압이 신경증적 자아의 구조적 병리뿐만 아니라 적응을 담당하는 정신역동적 기제(다른 어떤 것과는 별개로, 분열에 비해 발달적으로 더 성숙한 기제)로 간주되는 신경증적 병리의 치료에서 상당한 근거를 가지고 있다. 이와는 대조적으로, 정신병적 자아는 주로 신체적 · 다감각적 · 전-언어적 · 직관적 · 원초적 자아로, 원초적 배제에서 원부모와의 반복적인 관계적 외상(즉, P_0, P_1, 그리고 아마도 P_2 자아상태로 코딩된)으로 인한 끊임없는 분열의 괴로움에 대한 근본적인 해결책(편집증적이거나 해리성)을 발견한 조기 자아이다.

이러한 징후를 바탕으로 조현형 정신질환 치료에서 **감각적 해석**(sensate interpretations)이 수행하는 결정적인 역할이 명확해진다. 감각적 해석이란 내담자의 주체적 경험(내담자의 역사 및 분석 외적 현재에서 의미 있는 타자와의 관계에서도)을 분석가와 내담자가 현실감(Federn, 1953 [1952])에 근거하여 (재)구성하는 것, 즉, 이원적(또는 다원적) 분석 경험의 실체와 그것이 치료 관계에 있는 2명의(또는 그 이상) 참여자 간의 상호감각적, 상호신체적 경험으로부터 시작하여 치료회기 동안 어떻게 전개되는지를 의미한다. 이 주장에 따르면, 정신질환 치료에서 해석은 주로 아직 형성 중인 살아 있는 자료의 재구성이며, 억압된 자료의 (재)발견이 (적어도 처음에는) 아니다.

또한 감각적 해석은 본질적으로 전이에 대한 해석이 아니라 전이 속의 해석이며, 결과적으로 분석가가 경험하고 극화(또는 해석)한 모든 인지적 · 정서적 · 행동적 · 신체적 정보를 실제 역전이(즉, 분석적 만남의 지금-여기에서 일어나는 것처럼)에서 사용한다는 것을 따른다. 볼라스(Bollas, 2013)의 말을 빌리자면, 감각적 해석은 지성의 문제가 아니라 오히려 "정신이 정서적 경험과 통찰력을 더한 무의식적 작업을 통해 부호화된 응축을 정교화할 수 있도록 자료에 대한 진정한 몰입"(p. 86)과 관련이 있다고 할 수 있다.

특히 편집성 조현성 내담자의 경우, 상담사는 해석 작업을 음성 및 비언어적 교류로 수행할 수 있다. 첫 번째 경우, 편집증 내담자에게 환각 현상의 유무에 따른 박해적 또는 전능적 경험에 따라 새로운 지각적 선택을 제공한다. 두 번째 경우, 상담사는 분석가에게 분열되고 대규모로 투사되는 경험의 강도로 인해 내적 거리를 유지해야 하는 상황에서 무언의 해석(즉, 내담자에게 구두로 전달되지 않는)을 사용하는 경향이 있다. 또한 침묵은 내담자에게 고통의 경험에 대한 암묵적인 관계 억제를 제공한다. 또한 침묵은 상담사에게 그러한 해석을 공식화하는 데 필요한 반성적 공간을 제공한다.

다음 임상 발췌문(내담자와 상담사 간의 대화에서 말로 하는 개입과 구별되는)에서는 무언의 해석이 대괄호 안에 표시되어 있다.

사례 축어록: 블레이크

다시 블레이크 씨와 함께한다. 치료실에서도 선글라스를 착용하는 것에 대한 그의 무의식적인 고집이 다시 한 번 주요 논의 주제인 치료회기 중간에 내담자는 자신이 가장 좋아하는 후렴구를 다시 시작한다.

P=내담자, T=상담사

P: "헬리오스, 헤르메스, 아프로디테, 가이아, 아레스, 제우스, 크로노스, 천왕성, 명왕성……. 우리는 둘러싸여 있습니다. …… 136472 메이크 메이크……. 메이크 러브 메이크 러브……. 136472 사랑은 어디에 있습니까? 출산을 멈춰라……. 136472……. 사랑은 어디에 있습니까? 출산을 멈춰라."

T: 침묵 (그가 몸에서 나와 파편화되는 이 순간, 그의 자아는 많은 파편으로 축소되어 이 관계로부터 몇 광년 떨어진 먼 우주로 투사되고, 그것은 그의 눈처럼 육안으로는 보이지 않는 수많은 천체, 가려져서 보이지 않는 천체들이 되었다. 그의 자아의 파편은 우리로부터 몇 광년 떨어진 '성간 공간'의 어둠 속에서만 존재한다.)

P: "우리는 포위됐다. 명왕성, 천왕성, 크로노스, 제우스, 아레스, 가이아, 아프로디테, 헤르메스, 헬리오스……. 136472 메이크 메이크……. 메이크 러브 메이크 러브."

T : "왜 우리가 둘러싸여 있다고 말하나요?"

P : "우리는 둘러싸여 있습니다. 사랑은 어디에 있습니까? 출산을 멈춰라."

내담자의 눈을 볼 수 없기 때문에 나는 청각 채널뿐만 아니라 자세, 호흡, 목소리 등 나와 내담자의 신체적 감각에 집중할 수 있었다. 블레이크 씨의 목소리 톤은 다소 거칠고, 리듬이 유난히 집요하며, 종종 숨이 차는 것 같은 느낌으로 중단되기도 한다. 치료회기가 진행되면서 내 안에서 근육의 긴장이 커지는 것을 느꼈다. 마치 운동이나 경기에 앞서 준비 운동을 하는 것처럼 호흡도 얕아진다. 나는 속으로 두려움을 느끼기 시작하였는데, "우리는 둘러싸여 있습니다."라는 내담자의 말에서 거의 일종의 청각적 강화뿐만 아니라 이제 개인적으로 우려되는 고통스러운 무언가에 대한 명백한 확인을 발견한 확실한 두려움이다. 따라서 나는 그 순간 내담자로부터 오는 강한 고통의 경험에 대한 일종의 투사적 반동일화라고 생각한 것을 회피하기 위해 또 다른 내적 해석(침묵)으로 전환하였다.

P=내담자, T=상담사

T : 침묵. (당신은 분열된 느낌을 받는다. 당신은 원래의 분열을 되살리고 있다. 당신은 산산조각 나고 소멸되는 이 무서운 상태를 갖지 않기 위해 '출산을 멈춰라'를 선언하면서 차라리 태어나지 않는 것이 낫다는, 삶의 감각, 사랑의 감각이 어디에 있는지 궁금해한다. 당신은 당신보다 더 큰 두려움을 가지고 있고, 그것이 나에게 전달되고 있다. 그래, 나는 그것이 나에게로, 나에게로 오는 것을 느끼지만 그것은 당신의 것이다. 단지 당신은 그것을 인식하거나 되찾거나 소유하는 방법을 모른다) 행성 목록이 미친 듯이 반복되는 동안 나는 블레이크 씨에게 다음과 같이 음성으로 해석해 주었다. "당신은 우리가 만나는 공간에서 벗어나고 싶고, 아무도 육안으로 당신을 볼 수 없는 우주의 무한한 공간에서 자신을 잃고 싶고, 행성들은 어두운 안경 뒤에 숨겨진 눈처럼 당신으로부터 아주 먼 곳에 있는 파편들입니다. 당신은 다른 사람들로부터 몇 광년 떨어진 곳으로 갈 수 있는 방법을 찾았어요."

P : "인생은 내게 불공평하고 잔인했습니다."

T : "네, 그래서 삶의 의미가 어디에 있는지, 이 삶이 괴로움으로 가득 차 있으니 차라리 '출산을 멈추는 것이 낫지 않을까?' 하는 생각이 들죠. 많은 고통을 안고 세상에 온다면 사랑의 의미가 어디에 있는지 궁금하지요. 그리고 이 모든 것에서 나는 당신이 많은 두려움을 가지고 있다고 느끼지요. 당신은 당신의 파편들인 행성들이

모든 사람을 땅에 던지고, 그들이 돌아서서 당신과 우리에게 돌아와서 우리를 죽이는 것을 두려워하지요. 당신은 우주의 기원에 대해서만 이야기하는 것이 아니에요. 당신은 세상의 종말에 대해 이야기하고 있어요. 당신은 아마겟돈을 살고 있어요. 이 치료법은 여러분에게 아마겟돈처럼 보이지만, 나는 새로운 탈출구를 찾기 위해 여기 왔지만, 실제로는 성간 우주가 아닌 여기 지구, 즉 여러분과 아주 멀리 떨어져 있는 외부가 아닌 여러분 안에 있는 현실, 즉 내부 공간이라고 알려진 현실을 찾으러 왔어요."

사례 설명: 블레이크

상담이 진행되면서 나는 그에게 성간만큼 크고 무한한 공간이 존재하며 이 공간이 그와 나 사이의 분석적 공간이라는 것을 알려 주었다. 또한 그가 나를 두려워하기 때문에 이 공간이 그에게 얼마나 두려운 공간인지 설명하려고 노력하였다. 그 증거는 치료회기 중에 그의 행성 목록을 내 위에 토함으로써 나의 반사적인 활동에 대응하려는 그의 폭력적인 시도였다. 나는 또한 그가 이 행성들을 의인화되고 종종 서로 싸우는 그리스 신들과 연결한 것이 우연이 아니라고 그에게 말하였다. 나는 그가 이 행성들을 두려워하는 이유가 근본적으로 자신의 기괴한 부분과 다른 사람들의 미지의 '미친' 부분이기 때문이라고 여러 차례 해석해 주었다. 나는 또한 그가 과거에 의미 있는 타자, 특히 자신에게 폭력적이면서도 심각한 병을 앓고 있던 어머니를 두려워하였기 때문에 이런 일이 일어났을 가능성이 있다고 그에게 말하였다. 나는 그가 이렇게 사는 것이 두려워 빛보다 어둠을 더 좋아하였고, 그의 어두운 안경도 이를 잘 나타내며, 언젠가 그가 "브릭스턴은 어둠 속에서 더 생동감 있고 화려하다."며 낮보다 밤에 외출하는 것을 더 좋아한다고 말하였을 때 놀라지 않았다고 말하였다.

또한 구조적 관점에서 편집성 조현병은 자아 수준에서 더 조직화되고 발달된 것으로 간주되기 때문에 상담사는 설명, 비교 및 사양을 제공함으로써 내담자의 어른자아(A_1 및 종종 A_2)을 처음에 안정시킬 수 있다(Berne, 1977 [1966], 11장). 내담자의 어른자아에 대한 이러한 안정화 및 오염 제거 작업은 억압된 자료와 관련된 내용(따라서 비교적 더 성숙한 정신 발달 단계에 속함)에 대한 해석이나 전이에 대한 해석(이전 치료회기에서 내담자가 이야기한 생애사적 자료뿐만 아니라 분석 외적 자료를 사용하는)과 같은 보다 고전적인 해석에 기초한 어린이자아의 혼란 제거 작업의 길을 열어 줄 수 있다. 편집증 내담자와의 임상 작업에서 종종 발생하는 것은 해석이 정확하고 적절한 순간에 제공된 경우에도 그 결과가 항상 내담자에게 분열 및 투사적 동일시 과정을 해결하거나 끝내는 통찰력을 생성하는 것은 아니라는 점이다. 그러나 분석의 진행과 해석적 개입을 통해 볼 수 있는 효과는 분석가와 내담자 사이의 정서적 공명이 커진다는 것이다. 이러한 정서적 공명은 상호 경청을 통해 자신의 실존적 고통에 대한 진정한 이해라는, 내담자에게는 드문 경험이기 때문에 내담자 스스로가 소중하게 여기는 경험으로 이어진다. 이러한 방식으로 내담자는 자신에 대한 더 큰 인식의 과정으로 안내될 수 있으며, 이는 분열되어 원래 투사되었던 성격의 다양한 부분을 재적용하고 점진적으로 통합하는 것을 기반으로 한다.

사례 축어록: 네이선

반면에 해리성 조현병과 덜 조직화된 편집성 정신질환의 경우 감각적 해석은 무의식적일 뿐만 아니라 (수직 및 수평 분열의 방어 과정으로 인해) 비의식적인 경험, 즉 알고 있지만 아직 생각하지 않았고, 전-대상관계와 자아의 원초적 활동의 영역에서 초기 정신 발달기에 형성되었기 때문에 아직 언어화되지 않은 경험을 말로 표현하는 기능을 가지고 있다(Cardinal, 1983). 이러한 임상 시나리오에서 상담사는 내담자의 정신질환적 흐름을 따라가는 자신을 발견하게 되는데, 그것이 언어적으로 또는 침묵 속에서 공유되는 신체적 감각, 이미지 또는 감각적 경험(예: 환각 경험)이든, 강력한 전이 및 역전이의 역학으로 인해 상담사에게 직접 유도될 수 있거나 상담사가 참여하는 망상적 관념 및 관계적 경험이든 상관없다. 예를 들어, 다음과 같다.

P=내담자, T=상담사

T: "무슨 일이에요, 네이선?"

P: "아무것도."

T: "그래도 아무것도 아닌 것은 없어요." 침묵. "보시다시피 당신은 여전히 열려 있는 병을 쳐다보고 있네요."

P: "네."

T: "아직도 고민 중이신가요?"

P: "모르겠어요. 그런 것 같아요."

T: "그냥 목이 마르면 어쩌죠?"

P: "죄송한데, 뭐라고요? 목이 마르면?"

T: "그래요, 당신. 목 마르지 않으세요, 네이선?"

P: "여기서 술을 마시는 사람은 당신이에요."

T : “하지만 그렇다고 해서 목이 마르지 않다는 뜻은 아니에요. 그리고 내가 술을 마시고 있는데 당신이 거기 앉아서 보고 있다는 사실에 당신도 짜증이 났을 수도 있죠.”

P : “네, 조금은요.”

T : “목이 마르면 목마름을 느끼기 때문에 목마름에 대해 생각하는 것은 아무 소용이 없죠. 내가 이 병에 담아서 매번 훔쳐 가는 당신 생각의 ‘갈증’도 마찬가지예요. 누군가 항상 내 생각을 훔쳐 간다면 나는 매우 화가 날 것이고, 네이선, 나는 분노할 뿐만 아니라 무서워할 거예요. 나 역시도 만날 때마다 당신의 생각을 훔쳐 가는 것을 매우 피곤하고 우울한 일로 경험하고 있어요. 가끔은 당신도 당신 생각이 아닌 다른 생각에 목말라 있는지, 내가 당신과 함께 있을 때 내가 생각하고 느끼는 것에 목말라 있는지, 우리가 서로에 대해 생각하고 느끼는 것에 목말라 있는지 궁금해지기도 해요.” (침묵)

P : 그런 다음, 그는 불안하게 덧붙이다. “모르겠어요. 때때로 모든 것이 혼란스러워 보여요. 때때로 내가 당신에게 어떻게 보이는지 모르겠어요. 하지만 당신이 내가 화났다고 말하면. 즉, 화났다고 생각하지만…….”

T : “하지만?”

P : “모르겠어요. …… 우리 어떻게 할까요? 당신 말대로 목이 마르긴 하지만, 당신 생각도 있잖아요.”

T : “자, 그럼 다음 번에는 물 한 병 사서 마셔도 되겠네요. 어때요? 한 치료회기에 반 리터 정도면 충분할까요?”

P : 그는 나를 믿을 수 없다는 표정으로 쳐다보더니 “네, 일단 반 리터 정도는 괜찮아요.”라고 덧붙였다.

사례 설명: 네이선

이것이 레스닉(Resnik, 2001 [1972], pp. 221-222)이 정신질환 치료에서 해석의 사용을 설명한 방식이다. 나는 이러한 유형의 교감 속에서 우리가 사건의 증인이 될 수 있기 때문에 전이적 해석을 믿는다. 하지만 내담자의 입장에서는 ‘나는 치료회기에 참석하지 않았다’고 느낄 수 있다. 그들의 전이적 라포는 내가 목격자가 아닌 다른 장소에서 발생한다. 전이 수준에서 치료회기의 공간적 ‘모험’을 따라간다는 것은 공간을 회복하고 내담자와 분석가의 역할을 공식적으로 식별할 수 있는 분석틀의 경계로 되돌려 놓는 것을 의미하며, 가장 작은 변화가 분명하고 눈에 띄는 방식으로 이루어진다. 예를 들어, 내담자가 자신의 과거를 암시하며 어렸을 때 맞았다고 언급하는 경우,

내담자는 내가 목격하지 못한 경험을 언급하는 것이다. 그러나 내담자가 내게 말하는 방식이나 말로 나를 처벌하고 있다고 느낀다면, 나는 이것을 과거의 아이가 내 안에 존재하며 (내담자의 말로) 벌을 받고 있다는 의미로 해석할 것이다.

교류분석 용어로, 감각적 해석은 분석가에게 [현실의 차원(자신의 몸의 현실 포함)에서 어른자아의 손을 잡고] 내담자의 광기의 어둡고 고독한 심연에 '진짜' 몰입하게 하여, 이후 함께 다시 올라갈 수 있도록, 분석가와 내담자가 현실의 표면 또는 더 밝은 지평선을 향해 올라갈 수 있도록 돕는다. 따라서 이러한 경우, 감각적 해석은 분석회기 내에서 특정한 관계적인 상황이 상담사에게 부여하는 역할과 관련하여 전적으로 상담사가 연기하고, 인생하고, 극화한다.

예를 들어, 네이선은 다음 치료회기에 물 1병을 가져왔다. 이것은 곧 그의 일부가 되었고, 생각, 감각, 정서적 경험을 담은 반쯤 닫힌 용기가 되었으며, 내 것만큼이나 그의 것이 되어 그와 함께, 그리고 그의 안에 가지고 다니기 시작하였다. 이런 식으로 젖병에 대한 집착을 다루는 것은 이런 식으로 젖병에 대한 집착을 다루는 것은 (감각적인 해석 작업으로 인해) 젖병을 갈증을 해소하려는 욕구, 즉 유아기와 청소년기에 부모와의 관계에서 충족되지 못했던 원초적인 갈증(네이선이 5세 무렵에 격렬한 갈등 끝에 헤어진)을 해소하려는 욕구로 바꾸어 놓았다. 이러한 갈증과 연관된 증오와 절망의 정서는 그의 의식에 한 번도 떠오른 적이 없었고, 네이선은 그것들에 의해 소멸될까 두려워 여전히 자신을 방어하였다. 사실 그의 분석의 한 단계는 나를 향한 박해적인 종류의 강력한 투사 역학의 출현으로 인해 복잡한 것처럼 보였다. 그는 근본적으로 자신의 생각의 정당성(따라서 생각하는 존재로서의 정체성)을 인정받고자 하는 갈증과 함께, 아직 (전)형성 단계에 있는 자신의 자아 장치의 측면에 대해 어느 정도 '개방적'으로 보이고자 하는 갈증이 있었다. 그는 실제 부모님과 나를 포함하여 자신에게 정서적으로 중요한 대타자의 생각과 정서를 익사하지 않고(즉, '혼란'에 빠지지 않고) '한 모금 마실'(즉, 천천히 받아들이고 동화시킬) 필요가 있었다.

이처럼 조현성 내담자에 대한 분석 작업은 내담자의 겉으로 보기에 무의미하거나 망상적인 경험('오해의 소지가 있는'이라는 문자 그대로의 의미)에 대한 외부적이고 수동적인 관찰자가 되는 것이 아니라, 치료 관계의 지금-여기에서 계속 진화하는 이 공유된 경험의 흐름과 실타래를 만들기 위해 상식을 다시 찾고자 하는 능동적이고 현존하는 증인, 공동 참여자(즉, 이 경험에 공동 참여할 수 있는 의지 및 능력)가 되는 것이 중요하다.

◆ 명료화

에릭 번(Berne, 1977 [1966])의 개념화에서 명료화(crystallization)는 "상담사의 어른자아로부터 내담자의 어른자아에 대한 내담자의 입장을 진술하는 것"(p. 245)이다. 정신질환 내담자의 어른자아가 통합되지 않은 특수한 상태(외상을 입은 A_1와 불충분하게 조직된 A_2가 구조적으로 일치한다)에서 명료화는 내담자의 어른자아에게 정보를 제공(또는 반복)하고 어른자아에게 정보를 제공하는 것을 목표로 한다. 이것은 어른자아가 점진적인 (재)조직화를 구현하고 결과적으로 자아의 통합과 분화를 구현할 수 있도록 하는 변형 원리를 도입한다. 이러한 방식으로, 정신병적 쇠약에 빠진 내담자와의 작업에서 명료화는 치료 과정의 초기 단계뿐만 아니라 이후에도 예시와 해석의 개입과 함께 사용될 수 있다.

정신병적 붕괴의 한가운데서 명료화를 사용할 경우, 명료화는 내담자에게 무슨 일이 일어나고 있는지, 왜 지금 일어나고 있는 일이 내담자와 직접적으로 관련이 있는지, 상황을 바꾸기 위해 무엇을 할 수 있는지 알아야 하는 어른자아의 욕구를 충족시켜 준다. 어른자아(A_2)가 이성적으로 통제할 수 없을 정도로 강렬한 몸-정서적 경험으로 어려움을 겪고 있는 위기 내담자의 경우, 명료화는 임박한 분열의 고통에 대한 댐 역할을 하며, 내담자가 자신의 경험을 덜 불안한 관점에서 볼 수 있는 지적 개요를 제공함으로써 안도감을 제공한다. 이러한 경우 명료화는 설명의 형태를 취하며 내담자의 병력, 자신의 어린이자아가 겪고 있는 구조적 병리의 유형, 첫 번째 전이 및 역전이의 분석, 본질적으로 각본규약에 기반한 신체 간 경험의 성격에 대해 그 시점까지 수집된 정보를 바탕으로 치료계약을 더 잘 공식화할 수 있도록 한다.

나는 외할아버지와 어머니가 그랬던 것처럼 형사 변호사가 되고 싶다는 생각으로 볼로냐 법학부에 입학했다가 실패한 후 런던 킹스칼리지의 역사학 학위 과정에 등록한 젊은 이탈리아 대학생 앨리스와의 임상 작업으로 돌아왔다. 분석 작업의 어느 시점에서 앨리스는 자신의 학업과 치료의 어려움을 어머니의 부정적인 영향으로 거슬러 올라가야 한다고 다시 주장하였다.

사례 연구: 앨리스

여기에 설명된 치료회기는 크리스마스 연휴로 인해 잠시 중단되었다. 앨리스는 주로 학교 친구들을 만나기 위해 볼로냐로 돌아갔다. 그녀의 부모님은 이혼했고 아버지는 새로운 파트너와 함께 프랑스에서 약 2년 동안 살았다. 앨리스는 어머니와 함께 집에 있었음에도 불구하고 어머니와 함께 보낸 시간은 거의 없었다고 말했다. 앨리스는 어머니와 함께 집에서 저녁 식사를 하던 중 어머니가 와인에 진정제 한 방울을 타서 자신을 '독살'하려 했다는 놀라운 생각에 휩싸였다고 털어놓았다. 앨리스는 이 생각이 대부분 '기괴하다'고 생각하였지만, 크리스마스 이후에도 어머니의 모든 만남 초대를 일부러 거절하였으며, 결국 이탈리아에서 보낸 날들을 깊은 불만과 공부에 집중할 수 없는 날들로 가득 차 있었다고 고백하였다.

사례 축어록: 앨리스

여기에 설명된 치료회기 당시 앨리스는 혼란스러웠지만 피곤하지는 않았고, 중세 역사 과목의 에세이 마감일이 엄청나게 밀렸다고 말하였다.

P=내담자, T=상담사

P : "제 생각은 충분히 말씀드렸어요. 여기 오는 게 귀중한 시간을 낭비하는 것 같아요. 공부만 하면 돼요. 여기서는 시간만 낭비하고 있어요."

T : "공부가 분석을 배제하지 않아요, 앨리스."

P : "여기서 혼란스러워요……. 제 과거의 사건들이 너무 많이 나오고 있어요. 이미 시간을 낭비했어요. 이대로 가다가는 엄마나 당신뿐만 아니라 모든 사람의 눈에서 패자가 될 거예요."

T : "앨리스, 그럼 어떻게 할 건가요?"

P : "쉬지 않고 공부해야 해요. 어떤 대가를 치르더라도 이번엔 반드시 성공해야 해요."

T : "하루하루를 살아가는 방식만으로도 이미 비싼 대가를 치르고 있다고 생각하지 않으세요?"

P : "아마도요. 하지만 그건 당신 의견이고 틀릴 수도 있어요."

T : "물론이지요. 난 미래를 읽을 수 없어요, 앨리스. 하지만 당신의 미래는 고집스럽게 한 방향으로 가고 있는 것 같군요."

P : "저를 괴롭히는 이 부정적인 생각들을 떨쳐 버려야 해요." 긴 침묵이 이어진다. 그러자 앨리스가 다시 대화를 시작하며 눈물을 가득 머금은 채 낮은 목소리로 "더 이상 아무것도 이해가 안 돼요. 박사님, 미치겠어요."라고 덧붙인다.

T : "앨리스, 어려운 점은 이해에 있지 않아요. 모든 것을 바로 이해할 수는 없어요. 당

신의 진짜 어려움, 심지어 비극은 당신의 정서가 표현하는 것을 느끼고 싶지 않고, 당신의 몸이 당신에게 보여 주는 것을 보고 싶지 않다는 데 있어요. 당신은 시간이 없다고 계속 주장하고, 공부에 몰두하는 방식은 당신이 가족, 특히 어머니에 대해 느끼는 모든 좌절감과 증오를 당신이 아니라 어머니에게 돌리는 것을 가능하게 해요. 어머니에게 부여하는 점점 더 위협적인 역할은 이제 나와 이 치료에도 부여하고 있어요. 이것은 당신의 사고 방식에 결함을 만들고 있으며, 당신의 생각이 현실 수준에서 따르기 어려운 특정 경로를 취하고 있다는 징후가 있어요. 그런 다음, 자신을 보고 몸이 얇아지고 얼굴이 창백해지는 것을 보십시오. 이 모든 것은 당신의 진정한 야망과 삶에서 직면하는 한계와 좌절에도 불구하고 당신이 누구인지 인정받고 사랑받는 것과 같은 당신의 욕구를 해치는 일이 일어나고 있습니다."

사례 설명: 앨리스

이 명료화 과정 이후에 앨리스와 좀 더 이미 계약된 치료 회기를 시작할 수 있었다. 치료회기는 3년 동안 일주일에 1회 또는 2회 정도 정기적으로 진행되었다. 앨리스는 역사학 학위를 취득하고 중세사 연구 박사학위를 취득하기 위해 학업을 계속하기로 결정하였다. 마지막 치료회기에서 앨리스는 자신의 치료 과정을 되돌아보며 주로 어머니와의 관계를 중심으로 한 박해 경험에서 점진적으로 해방되는 모습을 보았다. 그녀는 자신의 내면과 관계 세계의 이러한 측면을 완전히 이질적인 것으로 믿지 않고 협상하고 통합하는 법을 배워 나가고 있었다. "마치 중세 시대처럼요." 그녀는 내게 "야만인의 침략이 점차 봉건 영주제와 최초의 공동체를 구성하는 데 자리를 내주었던 때와 비슷해요."라고 말하였다.

자아가 더 무질서한 조현성 내담자와의 작업에서 명료화는 '알파 기능(alpha function)'(Bion, 1977 [1962])으로 작용하며, 더 나아가 "자아가 이제 내부에서 지시를 받고 있는 과도기적 정신 대상"(Bollas, 2013, p. 88)으로 작용한다. 그것은 내담자의 꾀돌이자아(A_1)가 시간이 지남에 따라 자신의 신체적 어린이자아(C_1)(정서, 의존적 욕구, 환상, 꿈)의 작용과 감각적 경험뿐만 아니라 외상을 입은 원래의 어버이자아(P_1)의 유독성과 간섭에 대해 배우는 데 도움이 된다. 이런 식으로 에릭 번(Berne, 1975 [1961])은 다음과 같이 썼다.

> …… 고태적 자아상태(archaic ego state)가 깨어 있는 상태에서 완전히 생생하게 되살아나면, 내담자와 상담사는 이를 영구적으로 보관하여 상세하게 검사할 수 있다.

…. [그러면] (내담자의) 자아상태는 실제 아이처럼 취급될 수 있다. 그것은 꽃처럼 펼쳐져 내부 구조의 모든 복잡성을 드러낼 때까지 조심스럽게, 심지어 부드럽게 양육할 수 있다. 말하자면, 이전에는 관찰되지 않았던 특징이 완전히 인식될 때까지 손에서 뒤집어 볼 수 있다(p. 226).

사례 축어록: 샐리

다음은 샐리라는 내담자에 대한 과정 예시이다.

P=내담자, T=상담사

P : "좀 나아졌어요."

T : "알겠어요, 샐리."

P : "하지만 그들은 우리 아들을 데려갔어요."

T : "우리 아들은 아직 살아 있군요."

P : "당신이 그를 데려가도록 허락했어요."

T : "당신이 '우리 아들'이라고 부르는 건 환상이에요, 샐리. 마치 갓난아기처럼 생생하고 소중하고 연약해 보이지만 실재하는 것처럼 느껴질 정도로 생생한 환상이에요. '우리 아들'은 우리이고, 당신이 부르는 '우리 아들'은 이 만남의 잉태이며, 이 관계이며, 우리가 함께 돌보고 있는 거예요. 당신은 며칠 동안 맨발로 이 방을 조용히 돌아다니며 통제하고 싶지만 동시에 얼마나 오랫동안 내면에 공허함이 있었는지 알 수 없다는 것을 나타내지요. 저는 제 발걸음으로 이 공허함을 뚫고 몇 번이고 우리는 얼굴을 마주쳤고 그다음에는 말이 나왔어요. 당신은 이 예상치 못한 친밀 때문에 저를 미워했고, 당신의 일부는 여전히 저를 미워하고 있어요. 당신은 내면이 침해당했다고 느꼈어요. 당신은 당신의 공허함을 두려워하고 그것을 제한하려고 노력했어요. 궁극적으로, 비옥한 공허함이 존재하고 공허함이 다른 사람들을 빨아들일 수 있다는 것을 알고 있기 때문에 이제 당신은 공허함에서 우리를 내면과 몸에서 사로잡는 환상, 정서도 올 수 있다는 것도 알고 있어요. 공허함에서 꿈의 이미지와 심지어 다른 사람이 듣거나 말하고 싶지 않은 외설적인 단어도 태어나지요. 이 공허함을 통제하거나 억압하는 한, 어렸을 때처럼 다시는 시와 이야기를 쓰지 못할지도 모르지요. 이 병실처럼 고립된 곳에서 맨발로 돌아다니며 마치 수녀원의 수녀처럼 다른 사람들, 세상과 육체적으로나 정신적으로 멀리 떨어져 있지요."

사례 설명: 샐리

샐리는 내가 말한 모든 문장을 기록했지만, 그것을 습득하는 데 몇 주가 걸렸다. 샐리는 내가 자신을 강간하고, 정서적으로 학대하고, 자신의 뇌를 빨아들였다고 공개적으로 비난한 후, 자신과 내게 한 가지, 즉 자신이 나를 깊이 미워한다는 사실을 인정하였다. 한참이 지난 후에야 상담이 진행되면서 이 증오심이 무엇보다도 아직 명확하지 않은 무의식의 요소와 과거의 외상적 관계 경험과 관련된 것에서 비롯된 것임을 '알게' 되었다. 예를 들어, 아일랜드 출신의 어머니와 할머니로부터 받은 신중하고 지나치게 도덕적인 가톨릭의 가르침, 과거의 유일한 여성 인물과의 정서적 유대를 영구적으로 잃을지도 모른다는 끊임없는 두려움 때문에 순결을 잃는 것에 대한 공포, 남성과의 우호적인 관계조차 피하기 위해 대학 동료와의 첫 동성애 경험 등이 여기에 포함되었다.

명료화가 전체 치료 과정에 걸쳐 사용될 때, 그 임상적 목표는 조현성 내담자의 어른자아(A_1 및 A_2)가 어린이자아를 향해 진정한 개방을 일으킬 때까지 인식의 틈새(돌파구)를 열어 두고, 그 골절이나 상처를 과거의 외상적이고 여전히 생생한 경험을 돌볼 수 있는 '균열(fissures)'로 바꾸는 데 있다.

결론적으로, 에릭 번의 글쓰기 스타일과 일치하는 외과적 은유를 다시 한번 사용하려면 명료화는 어린이자아상태의 깊은 상처를 '포장'하는 동시에 '피말리는(draining)' 치료 수술과 같으며, 해석에서 발생하는 것처럼 제3의 의도에 의해 치유될 수 있도록 한다고 말할 수 있다.

◆ 참고자료

Berne, E. (1975). *Transactional Analysis in Psychotherapy: A Systematic Individual and Social Psychiatry*. London: Souvenir Press. (Original work published 1961).

Berne, E. (1977). *Principles of Group Treatment*. New York, NY: Grove Press. (Original work published 1966)

Bion, W. R. (1977). *Learning from Experience*. London: William Heinemar. (Original work published 1962)

Bollas, C. (1987). *The Shadow of the Object: Psychoanalysis of the Unthought Known*.

New York, NY: Columbia University Press.

Bollas, C. (2013). *Catch Them before They Fall: The Psychoanalysis of Breakdown*. London: Routledge.

Bollas, C. (2015). *When the Sun Bursts: The Enigma of Schizophrenia*. New Haven, CT: Yale University Press.

Cardinal, M. (1983). *The Words to Say It*. Cambridge, MA: Vanvactor & Goodheart.

Eco, U., & Paci, C. (1983). The scandal of metaphor: Metaphorology and semiotics. *Poetics Today*, 4, 217–257.

Federn, P. (1953). *Ego Psychology and the Psychoses*. London: Imago Publishing. (Original work published 1952)

Ferrari, B. (2004). *From the Eclipse of the Body to the Dawn of the Thought*. London: Free Association Books.

Hargaden, H., & Sills, C. (2002). *Transactional Analysis: A Relational Perspective*. Hove: Brunner-Routledge.

Keats, J. (1931). Letter to George and Georgiana Keats, 14 February–3 May 1819. In M. B. Forman (Ed.), *The Letters of John Keats* (Vol. 2, p. 327). London: Oxford University Press. (Original work published 1819)

Mellacqua, Z. (2014). Beyond symbiosis: The role of primal exclusion in schizophrenic psychosis. *Transactional Analysis Journal*, 44, 8–30.

Resnik, S. (2001). *Persona e Psicosi* [*Person and Psychosis*]. Turin: Einaudi. (Original work published 1972)

Sass, L. A., & Parnas, J. (2003). Schizophrenia, consciousness, and the self. *Schizophrenia Bulletin*, 29, 427–444.

제9장

꿈꾸는 현실

- 교류분석적 꿈의 해석
- 조현성 내담자의 꿈 분석
- 분석을 꿈꾸기

◆ 교류분석적 꿈의 해석

꿈 현상과 그 해석에 관한 에릭 번(Berne, 1969 [1957])의 중요한 고찰은 프로이트(Freud, 1953 [1900])의 획기적인 『꿈의 해석(The Interpretation of Dreams)』에 제시된 꿈 분석의 정신분석학적 모델에서 비롯된 것이 분명하다. 실제로 에릭 번(Berne, 1969 [1957], pp. 129-136)은 『A Layman's Guide to Psychiatry & Psychoanalysis』의 4장에서 사람들의 꿈이 무의식적 삶에 대한 열린 문이며, 꿈을 의미 있게 해석하기 위해서는 꿈꾼 사람의 자유로운 연상이 필요하다는 프로이트의 견해를 확인하였다. 에릭 번의 용어로 공식화된 것은 다음과 같다.

> 꿈은 가장된 소원 성취(wish fulfillments)이다. 우리는 꿈을 제대로 해석하기 위해서 꿈을 꾸는 사람의 연상 작용을 파악하는 것이 필요하며, 그러한 해석은 꿈을 '무의식으로 가는 고속도로(highroad to the unconscious)'라고 부를 정도로 꿈꾼 사람의 무의식적 소망을 드러낸다는 것을 살펴보았다(p. 135).

같은 장의 앞부분에서 무의식의 내용을 독자에게 제시하기 위해 에릭 번(Berne, 1969 [1957])은 무의식(unconscious)과 비(아직)의식[non(yet)conscious] 및 외부 현실과의 밀접한 관계에 대한 강력하고 간결하면서도 체계적인 이론을 제시하였다.

> 무의식의 내용은 주로 '어린 시절의 미완성 과업(unfinished business of childhood)과 그와 관련된 문제들로 구성된다. 여기에는 의식화되지는 않았지만 여전히 간접적으로 행동에 영향을 미칠 수 있는 긴장과, 한때 의식화되었지만 억압된 긴장이 포함된다. 이러한 긴장과 함께 그에 상응하는 이미지가 발견되는데, 어떤 것은 의식화되지 않았고 어떤 것은 의식 밖으로 밀려났다.
> 상상 혹은 환상은 무의식에게 실제 경험만큼이나 진짜이기 때문에 무의식의 많은

표상은 현실과 거의 관련이 없지만 현실만큼이나 영향력이 있다(pp. 127-128).

요약하면 에릭 번의 초기 공식에 따르면 꿈은 개인의 정신적 삶의 경험과 비(아직) 의식적 그리고/혹은 무의식적(방어기제와 생존결단의 결과로) 삶의 경험과의 접속을 유지한다.

또한 『A Layman's Guide to Psychiatry & Psychoanalysis』(Berne, 1969 [1957])에 나오는 긴장(또는 소원)의 개념은 결코 그 기원의 대상관계 모형에서 벗어난 배제적으로 정신 내적이고 고독한 사건으로 보이지 않는다. 이는 멜레거 씨의 꿈에 대한 에릭 번의 설명(pp. 129-136)에서 명확히 드러나며, 이후 에릭 번의 꿈에 대한 보다 대상 관련적인 관점을 소개한다.

방금 설명한 것과 밀접한 관련이 있는 에릭 번의 꿈에 대한 두 번째 이론은 『당신은 인사 후에 무슨 말을 하십니까?: 인간 운명의 심리학(What Do You Say After You Say Hello?)』에서 찾을 수 있다. 여기서 에릭 번(Berne, 1975 [1972], pp. 202-205)은 각본에 의한 꿈의 개념을 도입하고 유아기에 뿌리를 둔 동화 속 세계 이미지의 관점에서 꿈을 제시했다. 이후의 견해에서 특히 중요한 것은 꿈의 회화적 특성으로, 이를 통해 자기, 타자(상담사 포함), 일반적인 세계와의 관계에서 개인의 경험을 강력하게 재구성할 수 있다는 것이다. "각본에 의한 꿈(script-set dream)은 내담자가 말하자마자 많은 것들이 제자리에 놓이기 때문에 금방 알아볼 수 있다. 그림으로 보면 내담자의 삶의 행동 방식과 닮은 점이 없지만, 교류적으로는 정확한 복제품(exact replica)이다."(p. 204)

이 관점에 따르면, 내담자의 꿈은 분석회기의 지금-여기에서 그(녀)의 각본규약과 각본 장면의 전이-역전이를 통해(즉, 인생태도, 이면교류, 라켓 감정, 심리게임 등의 분석을 통해) 재연된 드라마로 볼 수 있다.

이 접근법의 인식론적 토대는 꿈, 신화, 성격 형성에 대한 칼 아브라함(Abraham, 1955 [1909])의 연구, 그리고 아동분석에서 꿈과 놀이에 대한 멜라니 클라인(Klein, 1975 [1961], 1997 [1932])의 접근법에서 비롯되었다. 특히 클라인의 관점에서 내담자의 꿈은 초기의 환상적 삶을 연상시키며, 원초적 대상과의 조기 관계에서 비롯된 무의식적 환상을 기반으로 한다. 페어베언(Fairbairn, 1952)도 꿈을 꿀 때 정신이 어떻게 작용하는지에 대한 그의 이론과 비슷한 맥락을 따랐다. 그는 꿈을 꿈꾸는 사람의 내면화된 대상의 다양한 부분을 극화한 것으로 간주하였으며, 이는 내담자의 내면과 관계 세계의 실제 상태를 함께 반영하는 인물, 장면 및 실제 대상관계(분석 관계 포함)의 형태를 취한다.

사실, 에릭 번(Berne, 1969 [1957], pp. 129~136)이 쓴 『A Layman's Guide to Psychiatry & Psychoanalysis』의 "사람들은 왜 꿈을 꾸는가?" 부분에는 꿈의 형성과 꿈의 기능에 대한 훨씬 덜 발전된 세 번째 이론이 포함되어 있다. 이 이론은 꿈이 "또 다른 기능을 가지고 있으며, 그것은 정서적 상처와 고통스러운 정서적 경험 후 마음을 치유하는 데 도움이 되는 것"(p. 135)이라고 주장한다. 이는 에릭 번이 전쟁 참전 용사의 외상 후 반복되는 꿈을 다소 독특한 방법론으로 해결한 사이먼 시푸스 씨의 사례(pp. 169-172)를 설명하는 데서 명확하게 드러난다. 실제로 이 접근법은 분석가가 내담자의 악몽에 내재된 억눌린 긴장을 해석하는 것이 아니라 '실행'하는 데 훨씬 더 적극적으로 참여하여 먼저 새로운 중요한 상대방 앞에서 재연하고, 그다음 풀어 주고, 마지막으로 완화시킬 수 있도록 하는 것으로 보인다.

더 중요한 것은 "사람들은 왜 꿈을 꾸는가?"에 대한 같은 부분에서 에릭 번(Berne, 1969 [1957])은 "개인이 기분이 좋아지기 위해서는 평범한 정서 경험조차도 꿈을 통해 어떤 식으로든 '소화'되어야 한다."(p. 136)고 덧붙였다. 꿈의 기능에 대한 이러한 견해는 꿈이 수면의 보호자(프로이트)일 뿐만 아니라 필요하고 치유적인 '소화(digestive)' 기능도 가지고 있다는 것을 시사한다. 여기서 흥미롭게도 에릭 번은 비온(Bion, 1977 [1962])이 정신적 삶의 **베타 요소**와 **알파 요소**를 훨씬 더 영향력 있게 구분한 것, 즉 꿈에서 상징적 표상에 도달하는 베타 요소[즉, "정서적 경험과 관련된 원초적 감각 인상" (p. 17)]가 알파 요소인 사고 가능한 경험과 반성적 사고가 되는 것을 예상한 듯하다.

모든 것을 고려할 때, 특히 조현성 내담자를 대상으로 한 임상 작업에서 꿈 해석 기술은 더 많은 인식론적 · 방법론적 고려가 필요하다.

◆ 조현성 내담자의 꿈 분석

조현병에서 꿈 분석이라는 주제에 접근하기 위해 정신질환 내담자의 꿈에 대한 나의 임상 연구를 반드시 참조할 것이다. 그러나 임상 자료를 자세히 살펴보기 전에 먼저 꿈 해석과 관련하여 에릭 번의 방법론적 고려 사항으로 돌아가서 직접적인 임상 실습이 어떻게 교류분석 이론에 더 많은 정보를 제공하고 조현성 내담자와의 꿈 작업에 대한 방법론적 접근을 풍부하게 할 수 있는지 살펴볼 것이다.

첫째, '고전적(classical, 즉 프로이트주의)' 기법에 따라 에릭 번(Berne, 1969 [1957])은 꿈 해석의 목적은 다음과 같다고 믿었다.

> 꿈에서 어떤 원초아의 긴장(Id tensions)이 표현되려고 하는지, 그 진정한 목표와 대상, 개인에게 어떤 의미가 있는지 알아보라. 이러한 요소를 꿈의 '잠재적 내용(latent content)'이라고 한다. 꿈꾼 사람이 경험하고 말하는 꿈 자체를 '명시적 내용(manifest content)'이라고 한다. 해석은 표면적 내용에서 잠재적 내용까지 거슬러 올라가려는 시도이다(p. 136).

에릭 번은 명시적 내용(즉, 내담자가 자신의 꿈에 대해 설명하는 내용)과 잠재적 내용(즉, 내담자의 무의식적인 정신적 삶에 대한 보다 진실한 표현으로 간주되는 내용)을 분리할 것을 명시적으로 제안하였지만, 정신질환 내담자들에 대한 나의 꿈 분석 실습은 다른 길을 걸어온 것 같다. 예를 들어, 앞서 설명한 내담자(5장 참조)로서 '돌 턱' 때문에 괴로워하던 크리스의 다음 꿈을 생각해 보겠다. 크리스는 몇 년 동안 꿈을 기억하지 못하였지만, 분석이 진행되면서 다시 꿈을 꾸기 시작하였다. 특히 여기에 설명된 꿈은 분석이 진행되는 동안 그에게 일어난 변화에 대한 그의 양면성을 상징적이고도 간결하게 보여 준다.

> 나는 딱딱한 치과 의자에 누워 있다. 내가 숨 쉬는 공기는 매우 습하고 방 구석에 수증기가 보인다. 어릴 적 치과 의사를 떠올리게 하는 창백한 얼굴에 온통 하얀 옷을 입은 젊은 남자가 내 입을 꼼꼼히 검사하기 위해 다가온다. 그는 눈부신 조명 아래서 눈을 감으라고 말한다. 그의 명령에 따라 나는 어렵게 입을 벌렸다. 매번 나를 긴장하게 만드는 드릴 소리가 들리지 않고 눈을 뜨게 만드는 부자연스러운 침묵이 들린다. 내 코 바로 위에는 김이 모락모락 나는 노란 만두를 찌르는 커다란 흰색 포크가 보였다. 나는 그 광경에 말 그대로 기절할 뻔했다. 나는 떨리는 목소리로 "잠깐만요, 이게 무슨 일이에요?"라고 물었다. 치과 의사는 내 병이 턱과 아무 관련이 없다고 말한다. "그럼 만두는 뭐예요?" 나는 괴로워하며 물었다. 하지만 그의 대답은 "먹어요, 신선한 파스타와 고기로 만든 거예요."였다.

크리스가 꾼 꿈의 내용은 주로 방 안의 눈부신 빛, 치과 의사의 옷부터 얼굴의 창백함, 들고 있는 포크의 색, 만두의 노란색과 뚜렷한 대비를 이루는 흰색, 주변의 습도와 증기, 예상치 못한 침묵 등 감각적 경험에 대한 꿈꾼 이의 일종의 과민증을 드러내는 몽환적인 언어로 구성되었다. 유난히 예민한 감각을 지닌 크리스의 이러한 이미지는 그가 분석회기에서 보여 준 지나치게 이성적이고 무뎌진 정서 반응과 대조를 이룬다.

또한 더욱 흥미로운 점은 크리스는 분석을 시작할 때 자신이 약 일 년 동안 턱에 대한 진정한 집착을 키워 왔다고 주장하였다. 그러나 이 꿈을 통해 그는 무엇보다도 어렸을 때부터 자신이 얼마나 괴로워했는지 인식할 수 있었다. 꿈속에서 하얀 옷을 입은 남자는 실제로 어린 시절의 치과 의사를 떠올리게 하였다. 크리스는 5세 무렵 말더듬증이 생겨 부모님이 언어치료사의 도움을 받아야 하였다. 말더듬은 해결되었지만 청소년기에 덜 눈에 띄는 형태로 다시 나타났다.

궁극적으로 전체적으로 볼 때, 꿈은 턱과 관련된 크리스의 심기증적 환상을 무너뜨리는 것을 보여 주었다. 사실, 크리스는 그의 정신적 불쾌감의 문제가 그의 머리(즉, 지능의 태도)에 있지 않은 것과 마찬가지로 턱에 있지 않다는 생각에 입이 떨리기까지 하였다. 오히려 그것은 꿈속의 만두처럼 공중에 떠 있는, 그 사이 어딘가에 있는 무언가에 있었다. 신체 망상(크리스는 자신의 조현병 상태를 설명하기 위한 사이비 과학적 가설로 어느 정도 무의식적으로 옹호하였던)은 그에게 통합된 자아의 모습만을 제공하였다. 그의 통일감의 조화를 항상 방해하는 것은 삐딱하게 움직이는 부서진 턱이었다. 분석 실험실(즉, 그가 꿈꾸던 치과 기공소)에서 자아는 잘못된 문제(턱)를 발견하였고, 감각의 대대적인 회복을 통해 대타자와의 관계에 대한 괴로움으로 만두처럼 '채워진' 자신의 '고기(meat)', 즉 자신의 정서를 재발견하였다.

이 임상 발췌문은 이론적 수준에서 크리스의 명시적 꿈이 꿈의 잠재적 내용과 어떻게 사실상(de facto) 겹치는지를 보여 주며, 부분적으로 꿈은 대부분 어린이자아상태의 언어를 통해 표현된다는 교류분석의 보다 일반적인 견해를 확증한다(Tangolo, 2015). 즉, 크리스가 말한 꿈은 그의 어린이자아의 직접적인 표현으로 보였고, 따라서 해석이 아닌 번역이 필요한 다른 언어를 사용하여 표현한 것이다. 사실 이 언어는 감각이 지배하는 서술로 내부적으로 구조화되어 있으며 주로 몸-정서적 수준에서 경험되는 언어였다. 또한 서술을 등장인물(즉, 내면화된 대상들/대타자 및 분아-대상들/분아-대타자)로 채워진 시각적 장면으로 발전시킬 수도 있고 그렇지 않을 수도 있다. 이 언어는 또한 물리적이지만 겉으로 보기에는 물리적이고 겉으로 보기에 무생물인 대상, 장소, 자연 요소, 동물 등으로만 구성된 익명의 장면으로 표현될 수도 있지만, 각각은 하나의 작가(즉, 보다 일관된 자기 감각)를 찾아다니는 것으로 표현될 수 있다.

따라서 정신질환 내담자를 대상으로 한 꿈 분석에 대한 이 최초의 방법론적 접근은 사람의 꿈을 '해석'한다는 것이 진정으로 무엇을 의미하는지에 대한 에릭 번(Berne, 1969 [1957])의 명확한 설명과 훨씬 더 일치하는 것으로 보인다.

> 꿈의 의미를 '알아내는 것(finding out)'이 중요하다고 생각하는 것은 일반적인 오류이다. 그렇지 않다. 그 의미를 느껴야 하고, 그 느낌을 그 사람의 과거와 현재의 다른 감정과 적절한 관점에 놓아야 해석의 목적인 근본적인 원초아 긴장을 변화시키는 데 효과를 발휘할 수 있다(pp. 136-137).

다시 말해, 에릭 번이 잠재적 내용이라고 정의한 것은 정신질환 내담자의 특정 꿈이 분석 관계의 지금-여기에서 전달하고자 하는 정서적 경험에서 비롯된 것이라고 제안한다. 내담자의 꿈의 서술와 운율에 구현된 이러한 정서적 경험은 반드시 또는 전적으로 외상성 기억과 연관된 것은 아니지만 내담자의 과거, 때로는 상담사의 과거와 강한 공명을 일으킬 수 있다. 더 중요한 것은 이러한 고려 사항에 따라 내담자의 꿈은 내담자와 상담사 모두가 참여할 수 있는 새로운 몸-정서적 경험의 형태를 취함으로써 새로운 의미를 재구성하는 데 적극적으로 기여한다는 것이다.

에릭 번(Berne, 1969 [1957])은 그의 저서에서 꿈 분석에 대한 두 번째 방법론적 단계를 제안하였다.

> 해석가는 꿈꾸는 사람이 자신의 시나리오를 쓴다는 점을 염두에 둔다. 꿈은 그 개인 마음의 유일한 산물이다. 어떤 시나리오의 작가와 마찬가지로, 그는 자신이 원하는 캐릭터를 넣고 마음대로 할 수 있다(p. 138).

그러나 이는 분석가가 내담자의 꿈에 등장하는 인물로 적극적으로 채용될 수 있다(뿐만 아니라 '위장'될 수도 있다)는 것을 의미한다. 즉, 내담자의 시나리오는 분석가를 포함한 실제 의미 있는 타자와의 관계만큼이나 내담자에 대해 많은 것을 알려 준다. 겉으로 드러나지는 않지만, 정신질환 내담자의 꿈 분석에서는 이러한 경향이 매우 두드러진다.

이에 이어, 이제 볼로냐를 떠나 런던으로 가서 새로운 역사학 학위 과정을 수강하던 젊은 내담자 앨리스가 꾼 꿈에 대해 설명하겠다(5장의 '시간을 장소나 상황에 맞게 배치하기' 부분도 참조).

> 어젯밤에 이상한 꿈을 꿨어요. 나는 부모님 집에 있었는데 부엌에 있었어요. 엄마 아빠가 또다시 격렬하게 싸우는 동안 나는 식탁 한구석에 무력하게 앉아 머리를 손으로 감싸고 있었어요. 내 주변에는 비명, 울음, 뺨 때리기, 침 뱉기 등 소음만 가득해요. 전화벨이 울려요. 나는 거실로 가서 전화를 받았어요. 내게 말하는 남자의 목소리가 들리지만 무슨 말인지 알아들을 수 없었어요. 오빠에 관한 이야기라는 것만 알 수 있었지요. 하지만 나는 형제가 없어요. 오빠가 무슨 말을 하는지 들을 수는 없지만 오빠의 목소리는 나를 안심시켰지요. 집안에 소음이 너무 심해요. 나는 재빨리 종이에 "화요일 오후 7시 30분"이라고 적습니다. 나는 집을 나서면서 '카사'(집) '카소'(상황) '오카시 오니'(행사)를 마음속으로 반복했어요. 이 단어들이 머릿속을 맴돌며 잠에서 깨어나죠.

앨리스가 내게 이 꿈을 이야기하는 동안 나는 앨리스가 꿈의 장면을 다시 재현하는 일반적인 청각적 감각에 즉시 충격을 받았다. 또한 그 꿈이 우리와 치료실의 소음과 얼마나 유사한지도 깨달았다. 실제로 앨리스는 우리 치료회기에서 놀라울 정도로 말이 많았던 것과는 달리 꿈에서는 말을 하지 않았다. 게다가 꿈속에서 앨리스는 고함, 격렬한 타격, 울음소리와 같은 소리에 둘러싸여 있는 것처럼 보였다. 마찬가지로 불분명한 소리와 '머릿속에서 들리는 목소리' 형태의 환청이 그녀의 내면에 때때로 침입하여 주변 환경과 나와의 관계에서 그녀의 주의를 분산시켰다. 다시 한번, 소리가 대화를 대신할 위험이 있었다. 그녀는 테이블 위로 고개를 숙이고 있었고 치료회기 중에도 종종 그런 식이었다. 하지만 앨리스는 깨어 있을 때보다 더 주의 깊게 내 말을 듣고 있었다. 앨리스는 꿈속에서 내 말을 듣고 있었다고 말하고 있었다. 그럼에도 불구하고, 우리는 여전히 그녀의 정서, 그녀의 마음과 위장이 어떻게 느끼는지에 대해 아무것도 알지 못하였다. 하지만 내 목소리는 그녀에게 없던 '오빠'의 목소리처럼 예상치 못한 위로와 안도감을 주었다. 이 목소리는 그녀의 내면에 닿았고, 가족의 혼란을 뚫고 그녀를 집 밖으로 데리고 나갔으며, 그 순간 실제로 집에 있었다는 예상치 못한 '카소'(상황)를, 더 일반적으로는 그 가족에서 태어났다는 '계기(occasione, 기회)'를 집을 떠나 다른 사람을 만나고 혼란에서 벗어나 새로운 친밀을 향해 나아갈 수 있는

'계기'로 바꾸어 놓았다. 앨리스가 자신의 꿈을 이야기한 직후에 인정했듯이 '7시 30분'은 우리가 화요일이 아닌 목요일에 만났지만 우리 치료회기의 일반적인 시간이었다.

여기서 우리는 본질적으로 조현병(조현성 장애뿐만 아니라)에서의 꿈 분석 방법론에 대한 두 번째 관점을 발견한다. 이 방법은 분석에서 지금-여기 전이와 역전이의 표현으로 꿈을 이해한다. 따라서 우리는 무의식의 지형에서 다시 한번 작동하고 있으며, 그 긴장은 꿈에서 "아직 완화되지 않았기 때문에 미완성 과업으로 표현되고 완화될 때까지 사라지지 않으며 진정한 목표와 대상을 통해 또는 대체물을 통해 지속적으로 완전하거나 부분적인 완화를 추구하고 있다."(Berne, 1969 [1957], p. 128)

앨리스와 나는 함께 꿈을 분석하면서 분석 환경에서 우리 관계의 질이 전환점에 도달했음을 인정하였다. 나는 내담자의 무의식에 적극적으로 포섭되어 예상치 못한 '오빠' 역할을 할 수 있었다(내담자가 외동딸이었음에도 불구하고). 그때부터 대부분의 치료 과정에서 나는 앨리스를 '만나고', 반복되는 위기 속에서 그녀의 끔찍한 정서를 공유하고 마침내 함께 극복할 수 있는, 새롭게 필요한 대타자가 되었다. 보다 대상과 관련된 관점에서 꿈 분석은 훨씬 더 큰 목적, 즉 "내담자가 자신의 과거와 현재의 정서적 경험을 대피하거나 그것에 자신을 죽이는 것과는 대조적으로, 그것과 함께 살아갈 수 있는 인간적 맥락을 만드는 것"(Ogden, 2005, p. 21)에 기여한다고 말할 수 있다.

정신질환은 일단 발병하면 무엇보다도 삶을 비인간화시키는 경향이 있다. 정신질환은 신체적 감각, 정서, 이미지, 생각을 개인의 내면에서 다른 곳으로 옮기고, 다른 사람과의 관계를 악화시키고, 의도와 사회적 행동을 약화시킴으로써 그렇게 한다. 가장 비극적인 상황에서 정신질환은 개인의 존재를 무의미하게 만든다. 정신질환에 걸리면 친밀한 관계의 역사가 사라지고, 따라서 친밀한 이야기를 할 수 없게 된다. 하지만 앨리스와 마찬가지로, 정신질환 내담자에게는 꿈을 통해 가장 친밀한 자아 및 의미 있는 타자와 정서적 접촉을 회복할 수 있는 특별한 조건이 제공되며, 가장 특별한 대타자는 분석 여정 내내 적극적인 경청자이자 인간적인 동반자인 상담사이다.

이런 식으로 정신질환 내담자는 가끔 꿈을 꾸는 사람으로서 가장 근본적이면서도 특이한 구체화된 마음을 가진 것으로 인식된다. 그(녀)는 분석 과정 자체를 통해 점진적으로 자신의 정신과 육체와 관련하여 살아 있는 인간으로서 존재할 수 있는 보호된 시간과 보호된 공간을 제공받게 된다. 다시 말해, 정신질환 내담자는 궁극적으로 자신의 몸을 단순히 무질서하고, 부패하고, 망가진 것, 심지어 죽은 것이 아니라 꿈꾸는 몸, 즉 자기 경험의 조잡한 덩어리와 타자를 참조하는 말없는 관련성의 내적 무의식

처리를 위해 살아 있는 용기로 인식하게 된다.

이것은 에릭 번(Berne, 1969 [1957])이 흥미롭게도 상상했던 것처럼 꿈의 세 번째 역할로 이어지며, 이는 정서를 '소화'하여 정신병적 쇠약으로부터 개인을 보호하는 데 특히 중요하다. "많은 정신질환은 장기간의 수면 부족이 선행되기 때문에 꿈을 꿀 기회가 부족하다. 그 결과 '소화되지 않은' 정서의 덩어리가 정신질환을 유발하는 데 어느 정도 영향을 미칠 수 있다."(p. 136)

그러나 에릭 번은 특히 정신질환 내담자들과의 임상 작업과 관련하여 꿈을 통해 이러한 정서의 소화 처리를 촉진하는 명확한 방법론을 강조하지 않았다. 대신 꿈의 소화 기능에 대한 그의 견해는 비온(Bion, 1977 [1962])의 『경험에서 배우기(Learning From Experience)』에서 더욱 확장되었고, 원래 비온은 **백일몽**이라는 개념을 통해 개인의 깨어 있는 삶까지 포함하도록 확장하였다.

> 수면 중에 발생하는 정서적 경험 …… 정서적 경험에 대한 지각은 두 경우 모두 알파 기능의 작업을 거쳐야 꿈의 생각에 사용될 수 있다는 점에서 깨어 있는 동안에 발생하는 정서적 경험과 다르지 않다. …… 내담자가 자신의 원시 감각적(raw sensory) 정서 경험을 알파 요소로 변환할 수 없다면 꿈을 꿀 수 없다. 알파 기능은 감각적 인상을 꿈에서 우리에게 익숙한 시각적 이미지, 즉 프로이트가 [분석이나 자기 분석으로 해석할 때] 잠재적 내용을 산출하는 것으로 간주하는 요소와 유사하고 실제로는 동일할 수 있는 알파 요소로 변환한다. ……. 알파 기능의 실패는 내담자가 꿈을 꿀 수 없으므로 잠을 잘 수 없음을 의미한다. 알파 기능이 [원시] 감각 인상……을 의식적인 [생각]과 꿈의 생각에 사용할 수 있게 하는 [점을 고려하면], 꿈을 꿀 수 없는 내담자는 잠을 잘 수 없고 깨어날 수 없다. 따라서 정신질환 내담자가 마치 이 상태에 있는 것처럼 행동하는 것은 임상적으로 볼 때 특이한 상태이다(pp. 6-7).

따라서 정신병리학의 교류분석 모델에서 구조적 병리에 대한 보다 일반적인 비온주의적 관점을 취한다면, 활동성 조현병에서 배제하는 어린이자아는 한편으로는 원초적으로 불안정한 알파 기능(즉, P_1 배제)이 있는 상태에서 베타 요소(C_1)를 꿈꾸며 도피하는 데 책임이 있다고 볼 수 있다. 반면, 조현성 내담자의 어린이자아는 알파 기능 자체가 충분히 발달하지 못한 결과(즉, 아직 통합되지 못하고 외상에 시달리는 A_1) 외부 현실과 실제 대상관계에서 오는 베타 요소들을 제대로 소화하지 못하는 불충분한 그

릇이 된다. 이 두 가지 측면을 함께 고려하면 내담자는 수면 중뿐만 아니라 깨어 있는 인생에서도 환각 경험과 비정상적인 생각(망상)을 경험하게 된다.

사례 연구: 네이선

사례 축어록: 네이선

조현병 증상을 보인 젊은 미대생 네이선(6장의 '경청' 부분 참조)과의 치료는 정신질환 내담자의 꿈 분석에 대한 새로운 관점을 제시하는 또 다른 임상 사례를 제시한다.

네이선은 이렇게 말하며 치료회기를 시작하였다.

P=내담자, T=상담사

P : "어젯밤 레스터 광장에서 당신을 봤어요."

T : "제가 어젯밤에 레스터 광장에 있었나요?" 나는 생각하였다.

사례 설명: 네이선

나는 내담자의 질문 같은 말에 너무 당황해서 상담 전날 밤에 시내에 가지 않았다는 것을 확신하기까지 몇 분 정도 시간이 필요하였다. 하지만 그동안 나는 잠시 시간을 내어 전날 내가 실제로 무엇을 하였는지 생각해 보려고 노력하였다. 그래서 전날 밤 외출한 이유를 물었더니 그는 "모르겠어요."라고 간단히 대답하였다. 마지막으로, 그는 집에서 하루 종일 플레이스테이션으로 게임을 하였다고 덧붙였다. 나는 내담자가 우리와의 만남을 꿈에서 본 것일지도 모른다는 가설을 세웠다. 그럼에도 불구하고, 그는 지하철역 근처 레스터 광장에서 나를 본 적이 있다고 계속 주장하였다. 그는 마침내 내가 새벽 1시에 외출한 것이 정말 이상하게 보였다고 덧붙였다. '와, 그건 말도 안 되는 소리지.'라고 나는 혼자 생각하였다. 하지만 정서적으로 나는 네이선이 나를 초대하는 장면, 즉 그와 내가 레스터 광장에서 우연히 만나는 장면 속에 내가 어떤 식으로든 들어와 있다고 느꼈다.

치료회기의 그 시점에서 나는 네이선이 '실제로' 겪은 경험이 아니라 꿈이라는 사실을 완전히 인식하지 못한 채 꿈을 이야기하고 있다는 것을 깨달았다. 그 결과, 나는 네이선이 틀렸다는 것을 보여 주기 위해 현실을 직시하는 대신 "음, 그럴 수도 있어요. 네, 저를 보셨을 수도 있죠. 사실, 레스터 광장은 제가 가장 좋아하는 지하철 역중 하나죠."라고 말했다. 그러자 그는 즉시 호기심 어린 표정으로 "정말요?"라고 물었다. 맞아요, 소호로 가거나 코벤트 가든의 좁은 거리를 거닐거나 내셔널 갤러리로 가기 위해 정기적으로 가는 지하철역이며, 레스터 광장 자체가 주말에 친구나 동료를 만나기 위한 단골 만남의 장소 중 하나라는 것은 말할 것도 없이 사실이라고 솔직하게 말하였다. 네이선은 침묵을 지키며 더욱 우울해진 표정으로 나를 바라보았다. 그때 나는 실제로 내게 일어났던, 그리고 그와 그 장소와 관련이 있는 다른 일에 그를 끌어들였다. "그거 알아요, 내가 지하철역에서 나왔을 때 바로 옆에 카스 아트 매장이 있었어요." "네, 알아요. 아주 좋은 가게죠." 그가 관심을 보이며 내게 말하였다. 나는 "미술과 디자인 용품을 파는 가게를 보거나 들어갈 때마다 당신의 그림에 대한 열정을 자주 생각해요."라고 말했다. "정말요?" 그가 놀란 표정으로 물었다. 나는 단호하게 그렇다고 대답하며 전날 만나지 못한 것이 아쉽다고 말하였다.

이 치료회기는 고독에 대한 그의 경험, 나를 포함한 제3자가 어떻게든 '끊임없이 감시하고 있다'는 생각이 저녁에 덜 불안하다는 점, 자신이 여전히 세상의 일부라고 느끼기 위해 밤에 집을 나와 낮에 특히 붐비는 장소에 가는 것을 선호한다는 점에 대해 이야기하는 것으로 끝났다.

다음 치료회기에서 그는 레스터 광장의 모습을 연필로 그린 그림을 가져왔다. 그는 그 그림이 나를 위한 것이라고 말하였다. 그리고 그것은 내가 소중히 간직하고 있는 작은 선물이다. 그에게는 내가 한 치료회기에서 다음 치료회기로 넘어갈 때마다 그를 생각하였다는 사실이 중요하였고, 내게는 한 인간으로서 그의 관심사, 취미, 예술적 열망을 떠올리게 하였다.

네이선의 경우, 그의 꿈은 분석적 쌍(analytic dyad)이 만들어 낸 공간, 특히 그의 C_1에서 파생된 전-자아적(preegoic) 상태 안에서 펼쳐지는 것처럼 보였다. 따라서 그의 꿈은 지적인 해석보다는 적극적인 소화가 필요한, 가공되지 않은 신선한 산물의 형태를 취하였다. 이러한 시나리오에서 분석가는 (크리스의 꿈에서처럼) 목격자나 (앨리스의 경우처럼) 참여자일 뿐만 아니라, 마치 내담자와 공동 작업을 하는 것처럼 자신의 백일몽을 가지고 꿈에 대해 행동한다. 다시 말해, 분석가는 내담자와 함께 현실의 한 차원으로 들어가서 영향을 미치는 존재가 되는 것이다. "분석가는 내담자가 혼자서는 꿈꿀 수 없는 꿈을 꾸는 데 참여한다."(Ogden, 2005, p. 5) 그러나 분석가에게 남아 있는 것은 에릭 번(Berne, 1969 [1957])의 견해에 따르면, 현실 이해를 통해 내담자를 안내하는 궁극적인 책임이다.

> 인생에서 가장 중요한 것 중 하나는 현실을 이해하고 현실에 맞게 우리의 이미지를 계속 바꾸는 것이다. 왜냐하면 우리의 행동과 감정을 결정하는 것은 우리의 이미지이며, 이미지가 정확할수록 행복이 다른 사람들에게 크게 좌우되는 끊임없이 변화하는 세상에서 행복을 얻고 행복을 유지하기가 더 쉬워지기 때문이다(p. 46).

'꿈꾸는 세계(dreamy world)'에 대한 네이선의 설명은 정신병적 분위기(활동성 조현병에서 일반적으로 발견되는)가 그 사람의 정서적으로 충전된 감각적 지각에서 비롯되며, 거의 항상 잠재적으로 모든 경험 대상에 대한 다소 무의식적인 일방적 해석과 결합된다는 견해를 더욱 확고히한다. 여기에는 자신의 신체와 신체 기능, 다른 사람의 말과 관찰 가능한 행동, 사물, 동물, 물리적(자연적) 및 사회적 사건, 꿈 등이 포함되며, 시간과 공간의 일반적인 범주에 관계없이 모든 것이 포함된다.

반대로, 여전히 내담자의 관점에서 볼 때 정신병적 위기를 극복하는 것은, 꿈 분석에서 펼쳐지는 여러 의미를 포함하여 일반적으로 '현실(reality)'이 진정으로 무엇인지 또는 무엇을 의미하는지 이해하는 것에 관한 것이 아니다. 대신 정신질환을 극복하는 것은 진정한 사람이 되는 것이며, 궁극적으로 개인이 내면 세계와 외부 세계, 그리고 각각의 복잡성과 무의식적 상호 관계라는 두 가지 주요 경험의 지속성을 발견(또는 재발견)하고 책임감 있게 대처하도록 이끄는 것이다. 이러한 발견은 대개 정신질환을 경험하는 내담자가 나중에 이 두 세계가 많은 대타자, 즉 자신이 속한 문화와 공동체에서 자신의 삶과 정신, 신체에 생애사적 흔적(historical traces)(심지어 상처까지)을 남길 수 있는 사람들에 의해 채워져 있다는 사실을 인정하는 것과 함께 이루어진다.

다시 말해, 정신질환의 세계는 어떤 형태의 진정한 변화도 거의 살아남을 수 없는 세계이기 때문에 진정한 사람이 된다는 것은 우리 안팎에서 대타자들[Other(s)]와 타자성(otherness)을 환영하는 것을 의미한다. 따라서 내담자와 분석가가 '함께 꿈을 꾸는' 것조차도 '나와 너'와 '우리'의 관계성을 형성하는 것이 분명하다. 즉, 2명 이상의 실제 사람이 치료적 만남의 지금-여기에서 함께 모이는 사이에 (신체적 · 심리적 · 관계적 · 사회적으로) 무언가가 분명하게 일어나고 있다는 것을 의미한다. 그러나 내가 보기에 함께 꿈을 꾸는 것은 오래된 긴장이 풀리고, 이전의 분열이 더 건설적인 미래 방향으로 나아갈 수 있는 길을 열어 주고, 새로운 정서가 교환되고, 새로운 의미가 만들어지고, 궁극적으로 분석 환경이 제공하는 공간과 시간 안에서 더 많은 인간성을 공유하고 이해하기 위해 분석가 자신과 내담자의 무의식을 모두 신뢰하는 데 많은 노력이 필요하다.

요약하면, 보다 일반적인 용어로 정신병적 과정에서 꿈을 해석하는 기술은 나타나는 꿈이 내담자에게 '진짜' 꿈이라는 근본적인 고려에서 출발한다. 두 번째 방법론적 단계는 전이 관계 내에서 분석가에게 무의식적으로 부여된 역할(예: 일부, 대상)이 내담자의 꿈에서 다시 극화될 때 역전이를 통해 정서적으로 관여하는 것이다. 조현성 내담자와의 꿈 작업에서 세 번째 방법론적 단계는 궁극적으로 분석가가 '내담자와 함께 꿈을 꾸는 것'을 요구한다(Ehebald, 1981). 여기에는 다소 1인칭적인 2인칭(또는 다인칭) 영역으로 들어가거나(Ferro, 1999), 무의식적인 주체 간 '분석적 제3자(analytic third)'(Ogden, 1994)와 접촉하는 것이 포함되는데, 여기서 아주 초기의 비(아직)의식적이고 무의식적인(오염과 배제를 통해) 기억이 내담자의 정서적 역사, 치료 과정의 역사, 분석회기의 현재에 따라 새로운 의미로 통합되는 것이다.

◆ 분석을 꿈꾸기

'분석을 꿈꾸기(dreaming the analysis)'에 의해, 나는 분석 치료 중에 나타나는 실제 꿈, 즉 정신질환 내담자나 분석가가 상대방이나 분석회기에 대해 꾸는 꿈을 환영하는 것을 나타낸다.

정신질환 내담자가 분석가에 대한 꿈을 꾸고 이를 치료실에서 이야기할 수 있게 되면, 나는 이를 분석 과정의 전환점, 즉 현실과 환상 사이의 새로운 심리적 공간이 만들어졌다고 생각한다. 나는 이것을 꿈꾸는 사람(내담자, 분석가 또는 둘 다)의 상상력이 자폐적 환상(autistic phantasy)을 대신하여 자아가 상상적으로 살아나고 새로운 의미 있는 타자 앞에서 자신의 목소리를 말할 수 있게 되는 과도기적 공간이라고 생각한다. 분석가는 내담자가 현실을 꿈꾸는 역량(치료적 만남에서 자기 자신과 타자의 현실을 포함)을 더욱 발전시켜 시각적 이미지를 통해 상징적으로 사고하기 시작(또는 지속)하도록 돕는 것이 책임이다.

사례 연구: 아니샤

사례 축어록: 아니샤

내가 그녀의 집을 방문하였을 때 아니샤(프린스턴에서 인도 문학 학위를 받은 인도 외교관의 딸로 앞서 설명한 내담자)는 예기치 않게 우리가 함께 일하게 될 새로운 국면을 예고하는 꿈을 이야기해 주었다.

P=내담자, T=상담사

P: "어젯밤에 우리 둘과 여우가 나오는 꿈을…… 꿨어요."

T: "여우요?"

P: "네."

T: "걱정하시는 것 같은데요, 맞나요?"

P: "인도 문화에서 꿈은 과거와 현재, 미래를 잇는 다리이자 그 사이에 있는 시간을 상징해요."

T: "와, 정말 멋진 개념이네요. 수백 년의 지혜가 담겨 있는 것 같아요." (긴 침묵)

T: "하지만 아니샤의 꿈은 무엇이었나요?"

P: "당신과 나는 여기, 내 집에 있어요. 이 방은 완전히 비어 있고 내 주변의 모든 것이 완전히 초현실적으로 보여요. 당신은 평소처럼 내 맞은편에 있는 저 안락의자에 지금 앉아 있어요. 하지만 우리는 혼자가 아니에요. 여우 한 마리가 방 안을 돌아다니다가 어느 순간 내 안락의자 쪽으로 다가와요. 나는 두려움에 떨었어요. 조용한 도약으로 여우는 나에게 달려들어 길들여진 늑대처럼 조용히 내 무릎에 앉았어요. 나는 눈을 감아요. 의자의 등받이를 타고 올라와 내 목에 살아 있는 털목도리처럼 자리 잡는 것이 느껴져요. 그 존재가 놀랍고 호기심이 생겨요. 얼굴 주위에 온기가 느껴져요. 눈을 떴을 때, 당신은 더 이상 거기에 있지 않고 떠났어요."

사례 설명: 아니샤

아니샤와 나는 즉시 꿈에 대한 수많은 해석적 제안의 희생양이 되었다. 가장 먼저 떠올랐고, 아니샤와 공유한 첫 번째 연상 작용은 여우와 늑대가 왠지 밤을 떠올리게 하고, 따라서 무의식적이고 꿈결 같은 야행성 존재의 차원을 연상시킨다는 사실과 관련이 있었다. 아니샤에게 여우는 직관, 예리함, 교활함의 화신이었다. 우리는 다른 측면에서 그것(여우)이 대낮에도 친밀과 어둑어둑한 분위기 속에서 감각, 시적 연상, 황

혼의 사진과 이미지로 이루어진 인상으로 구성된 우리 치료의 본질을 대표한다는 결론을 내렸다. 우리 둘 다 여우의, 말하자면 '길들여진' 태도가 불러일으키는 놀라움의 요소에 충격을 받았고, 아니샤는 생텍쥐페리의 『어린 왕자(The Little Prince)』(1995 [1943], p. 76)에서 여우에게 던지는 질문을 수사학적으로 되묻기도 했다. "길들인다는 게 무슨 뜻이죠?" 그리고 모든 것을 말하고 끝냈을 때, 그 순간까지의 우리의 분석은 일종의 상호적 길들이기(reciprocal taming)였으며, 그 결과로 연결이 이루어졌다.

그러나 아니샤의 꿈에 대한 이러한 분석에서 다루지 않은 것이 있었는데, 그것은 바로 아니샤가 자신의 이야기에서 언급했던 미래와의 시간적 연결이라는 요소였다. 그것은 인도 문화에서 꿈을 바라보는 시각과 관련된 단순한 문화적 차원을 제외하고는 그때까지 고려하지 않았던 것이었다. 사실 그 꿈은 약 6개월 후 스위스에서 커리어를 쌓을 수 있는 기회가 주어졌을 때 일어난 이별의 시작이었다. 그 꿈은 내가 현장에서 사라지는 것으로 끝났지만, 이제 아니샤의 옷과 자아의 일부가 된 여우라는 새로운 존재의 안락함으로 마무리되었다. 여우는 내면과 외부 세계, 어둠과 빛, 꿈과 현실, 과거와 현재를 잇는 다리 역할을 하였다. 우리는 이 꿈을 여러 번 되풀이하였고, 이 꿈은 마지막 치료회기까지 우리의 분석에 동행하며 계속 지켜보았다.

런던으로 돌아와 밤에 특정 도시 자치구 주변을 배회하는 여우를 마주칠 때마다 아니샤의 꿈과 그녀의 고난의 역사를 다시 떠올리지 않을 수 없다. 그리고 이런 상황에서 나는 아니샤 자신이 여우가 되어 길들일 다른 사람을 찾고 있다고 상상하기도 한다.

반면에 교류분석가로서 나는 정신질환 내담자 중 1명에 대한 꿈을 꿀 때마다 분석 환경에서 내담자에게 직접 그 경험을 전달하기 전에 슈퍼비전을 요청한다. 내가 이렇게 하는 이유는 두 가지이다. 첫째, 나는 종종 내담자와 상담하는 도중에 내담자, 내담자의 삶, 관계, 미래에 대한 백일몽을 꾸곤 한다. 둘째, 두 번째와 밀접한 관련이 있는 것은 정신질환 내담자에 대한 백일몽을 고백하는 것, 특히 그 꿈이 제대로 소화되지 않은 경우, 이미 연약한 내담자의 자아에 충격을 주고 무엇보다도 치료 동맹을 손상시킬 수 있기 때문이다.

독자가 상상할 수 있듯이 블레이크 씨의 사례는 그가 생성할 수 있는 강력한 투사 유도로 인해 몸-정서적 수준에서 나의 역전이에 부담을 주었기 때문에 상당한 양의 자기 분석과 감독이 필요하였다. 다음은 내가 그 내담자에 대해 꾼 꿈에서 발췌한 것으로, 그 특정 사례뿐만 아니라 이러한 내담자의 병리와 분석 관계의 상호 전이 과정(cotransferential processes)에 관한 꿈 과정의 유익한 힘을 설명한다고 생각한다. 결과적인 치료 효과는 종종 유용하기 위해 슈퍼비전을 통해 두 번째 소화가 필요하다. 내가 여기서 설명하는 꿈은 정서적인 수준에서 나를 크게 방해하였다.

> 드물게 화창한 날, 헤르네 언덕의 아파트에 사는 나는 공원에 산책하러 나가려고 한다. 초인종이 울려 현관문을 열자 정복을 입은 경찰관 5명이 내 앞에 서 있다. 그들은 내가 누구냐고 물으며 집 뒤편 뒷마당에서 '박해(persecuzione 혹은 persecution)'(와, 혀를 내둘렀다. 나는 "p-e-r-q-u-i-s-i-z-i-o-n-e", 즉 수색)를 하라는 명령을 받았다고 말하였다. 사실, 명령에 가까운 그 요청에 나는 마치 마비된 것처럼 말을 잇지 못하였다. 그 순간 4명의 경찰이 아파트 안으로 들이닥쳤고, 유일하게 검은 안경을 쓴 경찰관 1명은 집 밖에 남아 입구를 지키고 있었다. 그의 모습이 걱정스러웠지만 그 당시에는 이유를 알 수 없었다. 그들은 내게 뒷문을 열고 그 뒤에서 기다리라고 명령한다. 그들 중 2명은 내가 보통 원예 도구를 쌓아 두는 작은 정자가 있는 잔디밭 바닥으로 향했다. 무슨 일인지 물어보려고 했지만 그들은 조용히 있으라고 명령한다. 누가 보냈냐고 물었더니 다시 조용히 하라고 한다. 2명의 여성 경찰관이 내 근처에 서 있는데, 그들이 낮은 목소리로 서로 이야기하기 시작하는 것이 보인다. 그들이 부드럽게 웃으며 나에 대해 경멸적인 말을 하는 것을 들었다. "저 사람 정말 멍청해" "근데 어떻게 그럴 수 있지? 저런 멍청이가!" "이웃들이 뭐라고 할지 누가 알겠어요." 경찰관이라기보다는 늙은 수다쟁이 부부처럼 서로 이야기하는 두 여성을 보면서 깊은 짜증이 났다. 나는 그들에게 무슨 얘기를 하는지 물었다. 그들은 나에게 아무 말도 할 의무가 없다고 비꼬듯이 대답한다. 나는 점점 불쾌감을 느끼며 정자 근처에 있는 다른 두 경찰관에게 다가갔다. 두 경찰관이 먼지 속에 묻힌 검은 싸개에서 한 명 이상의 시신 유골을 꺼내는 장면은 충격적이었다. 한 경찰관이 나를 쳐다보며 그 시체들은 모두 어린아이의 머리 없는 시체라고 말한다. 정원에는 이 시체들에 속한 머리의 흔적이 없다. 나는 괴로움에 휩싸였다. 나는 그것에 대해 아무것도 모른다고, 나는 그것과 아무 관련이 없다고 큰 소리로 외치기 시작하고 도망친다. 아무도 나를 막지 않았다. 정문으로 나가려는데 선글라스를 낀 경찰관과 마주쳤다. 나는 마치 보호를 요청하는 것처럼 깜짝 놀라 그의 품에 몸을 던졌다. 그는 나를 따뜻하게 맞이한 후 부드러운 목소리로 생각하지 말고 진정하라고 말했다. "어떻게 생각하지 않을 수 있겠어요?" 나는 울었다. 내가 눈물을 흘리자 그는 내 얼굴을 격렬하게 잡고 입을 맞췄다. 나는 심장이 터질 것 같은 기분으로 잠에서 깨어났다. 온몸이

땀으로 범벅이 되었다. 다시 잠들지 못하고 여전히 화가 나고 정신이 혼미하지만, 마치 그 모든 사건을 실제로 겪은 것처럼 마지막 장면, 선글라스를 낀 백인 경찰관이 가장 먼저 떠올랐지만 곧바로 피부색이 어두운 내담자 블레이크 씨와 연관 지어졌다. 그 순간 나는 내가 여기서 이야기하려고 했던 모든 것을 종이에 적었다.

나는 이 꿈을 꾸고 거의 2주 후에 슈퍼비전 치료회기를 예약하였다. 나는 슈퍼비전을 기대하며 다음과 같은 내용을 포함한 일련의 반성적 성찰을 슈퍼바이저에게 단호하게 보고했던 기억이 난다. ① 역전이 꿈이었다. ② 경찰관의 선글라스와 블레이크 씨가 쓰고 분석회기에 참석하는 것으로 알려진 검은색 레이밴 선글라스를 무의식적으로 연상했기 때문이라고 생각하였다. ③ 꿈에서 '박해'를 받은 사람은 내담자가 아니라 나였고, 그 일이 내 집에서 일어났기 때문에 내 정원 뒤쪽을 뒤져야 했던 것은 나라는 의미에서 역할의 역전(비유적으로 말하면 '과거'와 '무의식')을 느꼈다. ④ 꿈에서 내가 암묵적으로 살인 혐의를 느꼈던 아이들의 토막 난 시신은 내담자 어머니의 '유아기' 분신의 일부를 상징하였다. 실제로, 내담자는 과거에 특히 폭력적인 생각과 충동을 자주 보였고, 두 번은 어머니에게, 그리고 나중에는 여교사 중 1명에게 실제 폭력을 행사하기도 하였다. 이러한 반성의 증거로 나는 내담자에 대한 기억상실 사실을 계속 제공하였다. 나는 내 슈퍼바이저의 면전에서 이 꿈은 블레이크 씨가 분석적 관계에서 경험하였을 법한 것들, 즉 ① 나조차도 박해를 받는다는 느낌, ② 경멸적인 목소리와 이웃에 대한 편집증 등 그의 마음속 '뒤편'에 있는 것을 (비유적으로 '햇빛' 속으로) 끌어내는 나에게 복종해야 한다는 느낌, ③ 그가 알지 못했던 동성애적 성향으로 추정되는, 그래서 나에게 어떤 매력을 느꼈다는 것을 정확히 느낄 수 있었던 꿈이라고 결론을 내렸다.

그러나 나의 자기 분석은 내가 반성에서 왠지 모르게 생략했던 두 가지 측면, 즉 ① 내가 반각성 상태에서 블레이크 씨로 식별했던 안경 쓴 경찰관의 동성애적 매력에 대한 나의 전적인 소극성, ② 안경 쓴 경찰관이 내 내담자처럼 피부가 검지 않고 흰 피부를 가졌다는 사실에 대한 예상치 못한 초점을 놓치고 있었다. 이런 생각에 내 슈퍼바이저는 "나와 아주 가까운 여자 경찰관 2명이 있다."는 귓속말을 도발적으로 덧붙였다. 이 새로운 요소들에 대한 다른 가능한 의미를 찾기 위해 내 슈퍼바이저는 내가 블레이크 씨의 드라마에 비친 거울에 불과하다고 생각했음에도 불구하고 꿈속의 그 정확한 순간에 있었던 나의 정서적, 몸의 경험에 대해 좀 더 오래 머물러 보라고 제안했다. "이 모든 것, 이 꿈에서 당신의 역할은 어디에 있나요?"라고 내 슈퍼바이저가 물었고, 나는 그 어느 때보다 더 의구심을 품게 되었다. 첫 번째 슈퍼비전이 끝나고 며칠 후 이어진 슈퍼비전 치료회기에서 우리는 꿈에서 표현되지 않은 마지막 부분으로 돌아갔다. 처음엔 당황스러웠지만, 이전 치료회기를 정리하고 있을 때 내 슈퍼바이저는 이 꿈이 그(즉, 슈퍼바이저)도 내게, 나도 그에게 에로틱한 매력을 느낀다는 사실을 '설득'하기 위한 것이냐고 부드럽게 물어보았다. 나는 짙은 침묵으로 그의 의견을 받아 들였지만 꿈에서 나오지 않은 내 전이의 무언가가 어떻게 든 슈퍼비전 치료회기에 부과된 것을 기억한다.

그래서 슈퍼비전 치료회기에서 나는 부끄러운 고백을 하였다.

> 내가 일곱 살 때 마을 중앙 광장에서 차에 치이는 사고를 당하였다. 1987년 4월 25일은 이탈리아가 파시즘과 나치 점령으로부터 해방된 기념일을 기념하는 날이었다. 나는 그날 병상에 누워 계셨던 아버지를 위해 신문을 사러 갔었다. 나는 이 일을 한 내 자신이 자랑스러웠고, 중요하고 활기찬 기분이 들었다. 하지만 안타깝게도 돌아오는 길에 왼쪽을 보지 않고 부주의하게 길을 건넜다. 차가 오는 것을 봤을 때는 이미 너무 늦었고, 결국 왼쪽 다리를 앞바퀴에 반쯤 끼고 말았다. 운전자는 큰 소리로 브레이크를 밟았고, 어머니는 집 창밖을 내다보다가 사고로 인해 말 그대로 마비된 채 충격을 받았다. 나는 곧바로 병원으로 이송되어 정강이뼈 골절로 힘줄이 일부 손상되어 평생 불구가 될 수도 있는 응급 수술을 받았다. 병원에 입원해 있는 동안 내가 매일 같이 보고 싶었던 사람은 아버지뿐이었다. 나는 내 반응에 화가 난 어머니의 면회를 완강히 거부하였고, 사랑하는 여동생도 몇 주 동안 만나자고 하지 않았다. 집에 돌아왔을 때 마치 새로운 삶을 시작하는 것처럼, 마치 진짜 집이 아닌 것처럼, 부모님과 여동생이 진짜 가족이 아닌 것처럼 느껴졌다. 다행히도 이 고통스러운 상황은 시간이 지나면서 가족들이 매일 보여 준 많은 노력과 사랑으로 저절로 해결되었다. 그럼에도 불구하고 나는 육체적 · 정신적 고통이 가장 심할 때 매일 밤 불이 꺼지면 부모님이 주무시는 침대로 조용히 가서 아버지 입에 몰래 뽀뽀를 했던 기억이 난다. 나는 거의 매일 저녁 몇 달 동안 이 일을 한 것 같고, 몇 년 동안은 더 드물게 내가 왜 그랬는지에 대한 '진정한' 설명을 찾지 못한 채로 이 일을 했다고 생각한다.

과거의 매우 충격적인 경험을 공유한 후, 단지 슈퍼비전 관점에서 블레이크 씨에 대한 꿈에 관해 새롭고 완전히 예상치 못한 관점을 얻었다. ① 수색 현장 밖에 남아 있던 선글라스를 쓴 백인 경찰관은 어떤 이유로 든 (아마도 단지 그의 질병?) '사고' 장소에 오지 않은 아버지를 떠올리게 했으며, ② 어렸을 때 여성, 특히 어머니와 맺었던 관계에 대한 무언가가 마치 잘려서 죽은 채 어딘가에 오랫동안 숨겨져 있는 것처럼 보였으며, ③ 내 말을 듣지 않고(심지어 도와주지도 않고) 서로 수다를 떨던 두 여성 경찰관은 사고 당일 어머니 대신 왔지만 일반적으로 따뜻하고 지지적인 관계를 유지하기보다는 모든 것을 비난하고 험담하는 데 더 관심이 있었던 두 여성 이웃을 떠올리게 했다.

블레이크 씨에 대한 역전이 꿈의 경우, 실제로는 분석적 현재(분석가로부터 내담자로의 전이)에서 내담자가 경험하고 있는 것과 관련이 없거나 솔직히 오해의 소지가 있는 내 개인적 역사의 요소들이 포함되어 있었다. 하지만 이것이 바로 슈퍼비전에서 점차적으로 풀려고 했던 것이다. 분석가는 무의식적 방어, 즉 꿈에서 극화된 내담자의 경험에 대한 공유와 공유 가능한 읽기를 손상시킬 수 있는 방어가 드러나면서 점차적으로 이것을 해소하려고 노력하였다.

이러한 마지막 고려 사항에 비추어 볼 때, (나의 전이의 무의식적 기여 없이) 꿈에 남은 것은 새로운 형태를 취하는 것 같았고, 나는 슈퍼바이저에게 다음과 같은 말로 표현하였다. "만약 꿈을 꾸는 사람의 시점이 내가 아닌 어두운 선글라스를 낀 백인 경찰의 시점이었더라면 이 꿈의 해석은 어떻게 되었을까요?" 기본적으로 나는 첫 번째 가설보다 더 그럴듯하고 덜 마키아벨리적일 수 있는 다른 가설이 있을 수 있다고 생각하였다. 나는 흰 피부의 경찰관 분석가로서, 내담자의 어두운 렌즈를 끼고 그의 개인사뿐만 아니라 내 개인사에도 속하는 충격적인 경험에서 그와 마찬가지로 내 자신을 분리하고 있다.

이 대체 가설에 따르면, '선글라스를 쓴 경찰관'은 내담자의 '퍼키치오네-퍼세쿠지네'(수색-처벌)에 연루되었을 뿐만 아니라 광기를 멈추기 위해 내담자 자신을 호모에로틱하게 유혹하는 데도 책임이 있었을 것이다. 일부 변경하며 이것은 내가 블레이크 씨와의 분석적 관계에서 경험했던 것을 반영하기 시작하였다. 그의 과거에서 대부분 고통스러웠던 장들을 되짚어 보려는 나의 개입은 내담자에게 심문하듯 느껴졌다. 관계에서 나의 부자연스러운 침착함은 내담자로부터 때때로 신체적 공격을 받는 것에 대한 표현되지 않은 두려움을 감추고 있었다. 어떤 상황에서는 이러한 두려움이 나의 투사적 동일시를 통해 치료회기 중에 내담자의 특정 행동을 에로틱하게 인식하는 것으로 인식되기도 하였다. 내담자가 나에 대한 잠재적 동성애 성향이 있다고 분석하였던 초기 가설은 슈퍼비전을 통해 드러난 내용과 분석 자체의 진행에 비추어 볼 때 근거가 없고 내담자의 정신 전기 경험에 부합하지 않는 것으로 밝혀졌다. 내담자의 정신 발달 이력은 실제로 부성 어버이자아의 사랑과 보호에 대한 모든 기대가 어떻게 강력하고 반복적으로 배신당하였는지를 보여 주었다. 이로 인해 블레이크 씨는 특히 분석 초반에 분석 관계에서 내가 '남성적인' 사랑과 보호를 가장 최소한으로 보여 주는 것조차 받아들이지 못하였다. 실제로 내담자는 내게조차도 심오한 동성애 혐오 감정을 키우고 있음을 인정하였으며, 동시에 이성과 관계를 맺을 수 있었지만 이러한 관계는 결국 그와 함께 있는 여성이 광기 있고 무능하고 정서적으로 유독한 모성 분신에 무의식적으로 겹쳐졌기 때문에 매우 불안정해졌다.

앞서 언급한 예에서 알 수 있듯이 꿈에 대한 슈퍼비전은 분석가가 자신의, 특히 강력한 몸-정서적 전이를 경험하는 모든 상황에서 특히 유용하다. 이러한 전이는 무엇보다도 분석가와 조현성 내담자 사이의 (상호) 자아 경계가 매우 투과성이 높고 불안정하다는 것을 나타내는 지표이다.

◆ 참고자료

Abraham, K. (1955). Dreams and myths: A study in folk-psychology. In K. Abraham, H. & M. D. Abraham (Eds.), *Clinical Papers and Essays on Psychoanalysis* (pp. 153–209). London: The Hogarth Press and the Institute of Psychoanalysis. (Original work published 1909)

Berne, E. (1969). *A Layman's Guide to Psychiatry and Psychoanalysis*. London: Andre Deutsch. (Original work published 1957)

Berne, E. (1975). *What Do You Say after You Say Hello? The Psychology of Human Destiny*. London: Corgi. (Original work published 1972)

Bion, W. R. (1977). *Learning from Experience*. London: William Heinemar. (Original work published 1962)

de Saint Exupéry, A. (1995). *The Little Prince*. Ware: Wordsworth Editions. (Original work published 1943)

Ehebald, U. (1981). Überlegungen zur Einschätzung des manifesten Traumes [Considerations for the assessment of the manifest dream]. In U. Ehebald, & F. W. Eikhoff (Eds.), *Humanität und Technik in der Psychoanalyse: Jahrbuch der Psychoanalyse* (Booklet 6, pp. 81–100). Bern: Hans Huber.

Fairbairn, W. R. D. (1952). *An Object-relations Theory of the Personality*. New York, NY: Basic Books.

Ferro, A. (1999). *The Bi-personal Field: Experiences in Child Analysis*. London: Routledge.

Freud, S. (1953). The interpretation of dreams. In J. Strachey (Ed. & Trans.), *The Standard Edition of the Complete Psychological Works of Sigmund Freud* (Vol. 4, pp. 1–338; Vol. 5, pp. 339–630). London: Hogarth Press. (Original work published 1900)

Klein, M. (1975). *Narrative of a Child Analysis*. New York, NY: Delacorte. (Original work published in 1961).

Klein, M. (1997). *The Psychoanalysis of Children*. London: Vintage. (Original work published 1932).

Ogden, T. H. (1994). The analytic third: Working with intersubjective clinical facts. *International Journal of Psychoanalysis*, 75, 3–20.

Ogden, T. H. (2005). *This Art of Psychoanalysis: Dreaming Undreamt Dreams and Interrupted Cries*. London: Routledge.

Tangolo, A. E. (2015). Group imago and dreamwork in group therapy. *Transactional Analysis Journal*, 45, 179–190.

제10장

광기를 숨기지 말라

○ 조현병을 앓고 있는 사람들에게

의심할 여지없이 조현병은 자기 자신에 대한 일상적인 경험뿐만 아니라 다른 사람, 세상, 삶 전반에 대해 끊임없이 만들어 내는 인식을 왜곡하고 파편화한다. 그것은 평범한 사람에 대한 느낌을 극적으로 방해한다. 그러나 누군가 조현병이 실제로 무엇이며 무엇을 의미하는지 직접적으로 묻는다면, 나는 본질적으로 관계적인 사실이라고 대답하는 경향이 있다. 그것은 한 개인에게 속한 것이 아니라 이상하고, 소원하고, 심지어 소외감을 느끼는 주체적인 경험에 속하기 때문에 관계적이라는 것이다. 이는 항상 다른 사람 및/또는 물리적 대상, 장소, 동물, 자연과 관련되어 있으며, 이 모든 것은 자기에 의해 특별하고, 경우에 따라서는 다소 걱정스러운 의미나 연결성을 부여받게 된다. 또한 관계적인 경험, 즉 개인의 가장 문제가 되는 실제 의미 있는 타자와의 관계에서 비롯된 경험으로 시작하여 지속되는 경향이 있기 때문에 '사실'이기도 하다. 정신질환에 대한 이러한 실존적 관점은 에릭 번(Berne, 1975 [1961])과 다른 독창적인 사상가 및 임상가인 랭(Laing, 1959), 그리고 최근에는 볼라스(Bollas, 2015)가 제안한 개념을 분명히 반영하고 있다. 이들의 연구는 정신병적 붕괴가 가족 및 미시사회적 환경과 가족 외부의 교정적 관계(및 동일시)가 부재한 상황에서 정신질환 내담자가 직면한(그리고 일반적으로 계속 직면하는) 실제 관계적인 어려움에 대한 잠재적으로 창의적이고 변화적인 반응일 수 있다는 보다 일반적인 견해에서 출발한다. 따라서 정신질환은 내담자의 관계적 · 사회적(가족 포함) 환경 내에서 이해할 수 있고 의미가 있다.

이러한 이유로 '당뇨병 자아' 또는 '관절염 자아' 등이 없는 것과 마찬가지로 '조현병적 자아(schizophrenic ego)'와 같은 것은 존재하지 않는다. 대신, 조현병이나 당뇨병 또는 관절염을 앓고 있는 개인, 즉 다른 어떤 축소, 정의 또는 진단 범주에 앞서 주체로서의 개인이 존재한다. 그리고 이것이 우리의 근본적인 우선순위가 되어야 한다. 우리의 대타자와-관계된-존재(being-in-relation-to-the-Other)와 대타자성(Otherness)의 가장 중요하고 환원할 수 없는 분야와 가장 극심한 정신적 · 육체적 고통에서도 살아남는, 내가 여기서 **'벌거벗은 자기'**라고 부른 진짜 자기를 보존하는 것이다.

그러나 '분할하다, 나누다'를 의미하는 동사 스키제인(σκίζειν)과 '마음'을 의미하는 프렌 프레노스(φρήν φρενός)와 관련된 프레니아(φρενία)의 합성어인 그리스어에서 유래한 조현병과 그 어원으로 돌아가 보겠다. 따라서 '조현병'은 '분열된 마음'을 잘못 표현한 것이다. 그리고 그것은 조현병이 궁극적으로 조현병을 앓고 있는 사람에게 가져다주는 느낌, 상상, 사고, 행동, 타자 및 주변 세계와의 관계 능력과 같은 다른 많은 것들을 말하지 않는 방식이다.

본질적으로, 조현병은 우리를 일상으로 돌아가게 만들거나, 일상의 삶, 특히 다른 사람들과 함께 살아가는 데 평소보다 더 준비되지 않은 상태로 만든다. 몇 년 전 내가 전문의 수련 초기에 만났던 50대에 가까운 한 조현성 내담자는 조현병으로 인한 고통이 자신에게 어떤 의미인지 몇 마디로 설명하였다. "나는 다 자란 아이, 확실히 어른이지만 여전히 어린 아이 같은 기분이 든다." 나는 이 말이 청소년기에서 성인기로의 전환이라는 인간 발달의 민감한 시기에 우리 모두가 인생의 여정에서 직면할 수 있는 조현병 경험의 본질을 잘 요약하고 있다고 생각한다. 우리 삶의 이런 시기들은 모든 개인의 삶에서 또 다른 전환기인 유년기부터 청소년기까지를 떠올리게 한다. 조현병이 주로 우리 자신과 주변 사람들에게 현재와 미래에 대한 준비 여부, 아직 알지 못하는 것, 미지의 세계, 가족 집단 너머에서 우리를 기다리고 있는 새로운 타자와의 만남, 일반적으로 삶이 우리에게 고통과 기쁨을 가져다줄 수 있다는 것을 보여 줄 기회가 있는 이 시기에 영향을 미치는 것은 결코 우연이 아니다.

다시 말해, 조현병은 타자와의 관계에 대한 흔들리지 않는 두려움, 미래에 대한 두려움, 고통에 대한 두려움, 역설적으로 기쁨에 대한 두려움에도 불구하고 현재 순간의 개인적 · 가족적 · 사회적 충동에 반응하며 삶을 앞으로 나아가고자 하는 시도라고 할 수 있다.

다른 사람과 공유하지 않는 생각은 다른 사람이 공유하지 않는 생각, 즉 다른 사람이 이해하지 못하고 궁극적으로 받아들이지 않는 생각이 된다. 이와 같은 생각은 '망상', 즉 다른 사람의 생각에서 벗어나 다른 사람에게서 멀어지는 생각이라는 이름이 붙는다. 다른 사람과 공유되지 않는 정서는 '환각', 즉 다른 사람이 인식하지 못하는 정서가 된다. 조금씩, 우리는 현실에 대한 건강한 환상을 멈추고 누군가가 우리의 문을 두드리고, 우리를 찾으러 오고, 우리를 위해 곁에 있기를 상상하고 심지어는 정말로 바라는 (더 끔찍한) 상상을 멈춘다.

신체는 또한 내담자가 이해하지 못하는 신호를 보내 신체적 · 정신적 무결성에 대한 괴로움을 더할 수 있다. 사람들은 때때로 자신의 움직임이 얼어붙어 침묵하거나 심지어 벙어리가 되어 세상에 대한 두려움으로 거의 마비되거나, 반대로 도달해야 할 실제 목표나 목적지가 없는데도 끊임없이 움직이면서 길을 잃은 것처럼 느껴지기도 한다.

두 경우 모두 최종 결과는 소외, 즉 타인과의 관계를 필사적으로 포기하고, 따라서 타인이 나타내는 현실(무엇보다도 심리적)을 절망적으로 포기하는 것이다. 이는 타인(대타자)의 부재라는 느낌에서 오는 깊은 고통, 즉 관계적(따라서 심리적) 공백을 알코올과 약물 또는 자신과 타인 모두를 위험에 빠뜨리는 행동으로 채우려고 시도하는 깊은 고통을 낳는다.

하지만 좋은 소식이 있다. 조현병은 그 고통 때문에 역설적으로 우리 모두에게 적어도 두 가지 인생 교훈을 가르쳐 준다. 첫째, 인간의 근본적인 조건은 정신적·육체적 건강을 위해 다른 사람에게 의존하는 것이며, 따라서 자신의 행복을 위해 다른 사람에게 의존한다는 점이다. 둘째, 우리는 삶의 일부분만 어린아이가 아니라 우리 내면의 어린이자아가 이 고통 뒤에 숨어 있으며 다른 사람이 찾고 원하고 궁극적으로 찾기를 끝없이 바라고 있다는 점이다.

따라서 소위 '조현성 내담자'를 만났을 때(특히 임상 및 분석 환경에서) 진정한 도전은 정신질환을 앓고 있음에도 불구하고 내담자의 '진짜' 자아 또는 내면의 어린이자아가 어디에 살거나 숨어 있는지 알아내는 것이다. 그리고 가장 중요한 것은 내담자의 진짜 자기의 어떤 분아, 확장 또는 파편이 우리 안에 남아 있고, 심지어 우리 자신 안에 거주하고 있는지를 발견하는 것이다. 하지만 내담자의 진짜 자기를 찾기 위해서는 먼저 우리 자신도 때때로 조현병에 걸리는 순간을 경험한다는 사실을 인정해야 한다. 우리 역시 내담자와 마찬가지로 가족, 친구, 직장 동료 등 다른 사람에 대한 조현병적 걱정을 일으키며, 더 크게는 우리가 살고 있는 사회의 다른 구성원 및/또는 외국인이나 낯선 사람 등 다른 공동체에 속한 사람들에 대한 걱정을 일으키기도 한다.

이런 식으로 우리가 다른 사람에게 우리의 생각을 강요할 때마다, 다른 사람의 생각을 예상할 때마다, 다른 사람을 대신하여 정서를 느낀다고 주장하거나 우리 자신도 어떻게 소화할지 모르는 정서를 삼키도록 강요할 때마다 우리는 다른 사람의 마음을 식민지화하고 있다. 대화할 수 있는데도 완고한 침묵으로 자신을 닫아 버림으로써 그 사람에게 마음을 열지 않을 때마다, 자신이 약하다는 것을 인정하면서도 자존심, 수치심, 두려움, 증오, 숨 막히는 원한 때문에 어떤 대가를 치르더라도 자신이 강하다고 주장할 때마다, 우리는 자신과 타자가 서로 진정으로 친밀해지는 것을 막고 있는 것이다. 반복되는 결석으로 다른 사람을 터무니없이 오래 기다리게 할 때마다, 약간의 용기와 겸손만 있으면 책임을 질 수 있는데도 거짓말을 하거나 제3자에게 책임을 전가하며 제3자의 잘못이라고 말할 때마다 우리는 자신과 다른 사람 사이에 높은 벽을 쌓고 있는 것이다. 우리가 다른 사람이 우리가 바라는 대로 되기를 바라기 때문에 다른 사람의 행동과 의도를 의심할 때마다, 우리가 어떤 신념이나 의심을 형성할 때 다른 사람을 대신하여 행동할 수 있다고 가정할 때마다, 더 나아가 우리와 크게 관련이 없는 결정을 내릴 때마다, 우리는 누군가의 내면과 관계의 세계에 부당하게 침입하고 있다. 우리가 말을 칼처럼 사용하면서 그것을 '사랑'이라고 부를 때마다, 실제로는 때리고 싶은데도 누군가를 애무할 때마다, 특히 그 사람이 나 아닌 다른 사람으로서 개인적 성장과 분화 및 개별화를 위해 우리에게 의존하고 있을 때, 특히 유아기 말기나 성인기 초기와 같이 민감한 시기에 이런 일이 발생한다면, 우리는 모두 그 사람의 삶의 경험을 정신병화시키고 있는 것이다. 우리가 다른 사람들에게 끔찍하고 조현병적인 순간을 살게 하는 순간, 즉 그들의 존재의 연속성을 파편화하여 그들이 독특하고 모방할 수 없는 개인이 되게 하는 순간이 바로 이런 때이다.

가만히 생각해 보면, 우리 모두는 불연속적이고 산만하며 다소 은밀한 방식으로 매일 이러한 행동을 한다. 우리가 그런 행동을 하는 이유에 대해 우리 자신이나 희생자를 포함한 다른 사람들이 제시하는 이유는 끝이 없다. 한편, 우리는 우리 곁에 있거나, 우리 앞에 있거나, 나이 · 역할 · 권위 · 권력 면에서 우리보다 아래 또는 위에 있는 사람들의 정신적 · 관계적 삶을 야만적으로 점령할 수 있는 광기의 씨앗을 뿌리고 있다.

반면에 우리가 조현병을 앓을 때, 우리는 종종 정신질환이 우리에게 제공하는 현실로부터(우선, 대타자의 현실로부터) 탈출하는 두 가지 주요 방법, 즉 편집증과 몸-정신 해리라는 두 가지 방법을 큰 공포로 발견하게 된다. 편집증은 우리 자신의 눈에 들어온 광선을 전능하게 대타자의 눈으로 옮기는 기적을 일으켜 끊임없는 의심과 경멸로 우리 자신을 지켜야 하는 '악의 눈'으로 변모시킨다. 그리고 해리는 일종의 파편으로 환원되어 마음에서 다른 곳으로, 자신의 몸 밖, 대타자의 몸 또는 다른 몸으로, 심지어 멀리 떨어진 곳(블레이크 씨의 천체처럼)으로, 또는 자신의 몸 안에서 마음의 일식(아베나에게 일어난 일처럼)으로 도피하는 것, 즉 대타자가 있는 곳에서 자신의 자기를 숨기는 것을 의미한다.

◆ 조현병을 앓고 있는 사람들에게

이 책의 마지막 말은 사랑하는 조현성 내담자 여러분과 여러분 곁에서 책임감을 가지고 때로는 어려움을 겪으며, 적어도 무조건적인 사랑으로 여러분을 돌보는 사람들을 향한 것이다. 나는 당신과 당신의 오늘과 내일의 삶을 위해 영양분을 공급하고자 하는 당신의 복지와 정신적 · 육체적 · 영적 건강에 대한 희망에 대해 침묵하는 방법을 알지 못해서 당신에게 마음을 여는 것으로 끝내고 싶다.

> 망상적인 생각을 반박하거나 무시하려는 사람들을 피하세요. 대신, 그 생각에 숨어 있는 다양한 의미를 찾아보세요. 친한 친구나 친한 사람, 가족, 심리치료사와 함께 언뜻 보기에 이상해 보이거나 어떤 식으로든 걱정되는 것에 대해 큰 소리로 이야기하세요. 특히 이러한 생각들이 집요하게 마음속에서 계속 반복되는 경우, 그 생각의 정서적 영향을 공유하세요. 이러한 생각에서 벗어나세요. 그런 생각들이 같은 방식으로 계속 반복되지 않도록 하세요. 하루가 끝날 무렵, 여러분이 가장 두려워하는 광기에 다른 사람이 동참하는 방식으로 행동하여 여러분의 가장 소중한 연약함에서 자아가 꽃을 피울 수 있도록 하세요.
>
> 마찬가지로, 고독을 고립이 아니라 친밀을 위한 준비, 다른 사람들과의 새로운 만남, 집으로 돌아가기 위한 준비로 삼고, 때때로 우리 안팎에 있는 과거의 대타자를 떠올리며 고독을 보물로 만들어 보세요.
>
> 당신을 한 인간으로서 돌보는 사람이 처방하는 약이라면 약을 두려워하지 마세요. 항상 예술과 음악을 충분히 즐기세요. 자연 속에서 걸어 보세요. 아직 동물을 사랑하지 않는다면 동물을 사랑하는 법을 배우세요.
>
> 자신을 땅에 발을 단단히 고정하지 않은 몽상가라고 생각하는 사람들을 피하세요. 인류는 어린아이의 눈으로 현실을 볼 줄 아는 사람, 자연의 일부가 우리의 정신인 것처럼 우리도 자연의 일부이기 때문에 경이로움에 몰입할 줄 아는 사람을 필요로 하지요. 정신은 집과 같아서 방과 장소, 기억과 감정으로 구성되어 있어요. 그리고 그것은 우리가 방문하는 장소와 우리가 만나는 사람들 속에 있지요. 우리와 관련된 유일한 장소는 언제나 다른 사람의 일부이며, 따라서 우리 자신의 일부이기도 하지요. 그러므로 현실을 환각으로 여길 필요는 없고, 대신 환상으로 현실을 재창조해야 해요. 시인처럼 환상을 환상으로 환원하고 환상이 시작된 곳, 환상이 향하는 곳, 즉 우

리가 만나는 다른 인간들처럼 항상 다양하고 무궁무진한 현실로, 각자의 유한성에도 불구하고 무한한, 저마다의 방식으로 연약하거나 상처를 입고 흥미롭고 회복력 있는 삶을 사는 다른 인간들로 환상을 되돌릴 수 있어요. 행위의 물질이지요. 우리의 신체는 우리에게 가장 큰 열망은 타자, 자연, 우주이며, 우리는 그것을 받아들이고 한번에 조금씩 방출할 수 있다는 것을 상기시켜 주지요. 몸으로 존재한다는 점에서 우리는 현실을 작은 조각과 덩어리로 씹어 먹는 갓난아기와 아이들처럼 진정으로 벌거벗고 순수하며, 한번에 조금씩 삶을 소화하기 위해 노력하며 배우고, 자신을 지속적으로 발견하는 데 기여하고, 존재와 타자와의 관계에 대한 경이로움과 신비 속에서 놀이(맞아요, 놀이)에 동참하지요.

그러니 우리 모두의 내면에 숨겨져 있고 항상 대타자를 갈망하는 이 '벌거벗은 자기'를 돌보세요. 그리고 우리 모두는 유아기부터 현실을 가장하고, 즉 현실을 창조하고 다른 사람들과 공유하려는 타고난 욕구를 가지고 있다는 것을 기억하세요. 우리 모두는 일상의 존재에 의미를 부여하고 서로를 구별하여 알아볼 수 있도록 하기 위해 다양한 계절과 색상, 멜로디, 다양한 장소가 필요한 것과 마찬가지로 '나'와 '너' '우리'(다양한 얼굴)가 필요해요.

조현병을 신비로운 경험, 거의 초자연적인 선물로 여기려는 사람을 경계하고, 조현병을 신화적인 경험, 거의 전설에 가까운 거짓된 경험으로 축소하려는 사람도 경계해야 해요. 대신, 고통 속에서도 자신의 진실에 대해 이야기하세요.

마지막으로, 제가 개인적으로 그런 삶을 살지는 않지만(때때로 가끔 꿈속에서 그런 삶을 살긴 하지만) 다음과 같이 말씀드리고 싶어요. 당신이 고통을 줄일 수 있거나 적어도 조금이라도 완화할 수 있다면 당신도 저와 같은 인간이기 때문에 그렇게 할 것이라는 것을 저는 알고 있어요. 따라서 여러분은 삶과 죽음에 부름을 받았으며, 그 와중에도 책임감, 희망, 기쁨을 가지고 이 세상을 살아가도록 부름을 받았어요. 그리고 원하신다면 저와 함께하세요.

◆ 참고자료

Berne, E. (1975). *Transactional Analysis in Psychotherapy: A Systematic Individual and Social Psychiatry*. London: Souvenir Press. (Original work published 1961)

Bollas, C. (2015). *When the Sun Bursts: The Enigma of Schizophrenia*. New Haven, CT: Yale University Press.

Laing, R. D. (1959). *The Divided Self: An Existential Study in Sanity and Madness*. London: Penguin Books.

찾아보기

인명

내용

저자 소개

제피로 멜라쿠아(Dr. Benedetto Zefiro Mellacqua)

카타니아(Catania) 대학교 정신의학과, 정신과 및 심리치료 최우등 졸업(이탈리아)

2024년 에릭 번 기념상(Eric Berne Memorial Award) 수상

전 재택 치료 팀 및 정신질환 내담자 주장 지역 및 주택(PATH) 수석 컨설턴트 정신과 의사(스위스, 티치노주)

가정 치료 팀-벨린초나, 겸임 컨설턴트 정신과 의사(스위스, 티치노주)

주립 정신과 클리닉의 컨설턴트 정신과 의사(스위스, 티치노주)

램버스 가정 치료 팀-런던 램버스 병원 일반 성인 정신과 부전문의(영국)

인스티튜트 유럽행정대학원(INSEAD 경영대학원) 리더십 및 경영 코치(프랑스)

킹스 칼리지 런던 정신의학연구소 정신질환 연구학과 명예연구원(영국)

킹스 칼리지 런던 정신의학연구소 심리의학 및 정신의학과 임상연구원(영국)

현 주립 정신과 클리닉(CPC) 의료 책임자(스위스, 티치노주)

국제교류분석협회(ITAA) 정회원

〈저서〉

Mellacqua, B. Z. (2023). *Il Sé Nudo. Analisi Transazionale delle Psicosi Schizofreniche*. Armando Editore.

Mellacqua, B. Z. (2021). *Transactional Analysis of Schizophrenia: The Naked Self*. Routledge.

〈논문〉

Mellacqua, B. Z. (2023. 7.). Physical Touch in Psychoanalytic Psychotherapy: Transforming Trauma through Embodied Practice. *Transactional Analysis Journal, 53*(3), 301–302. DOI:10.1080/03621537.2023.2213974

Mellacqua, B. Z. (2020. 4.). When a Mind Breaks Down: A Brief History of Efforts to Understand Schizophrenia. *Transactional Analysis Journal, 50*(2), 117–129. DOI:10.1080/03621537.2020.1726657

Mellacqua, B. Z. (2016. 4.). When Spirit Comes to Mind: Furthering Transactional Analysis Understandings of Spirituality in Health and Psychopathology. *Transactional Analysis Journal, 46*(2), 149–163. DOI:10.1177/0362153716636640

Mellacqua, B. Z. (2014. 1.). Beyond Symbiosis: The Role of Primal Exclusions in Schizophrenic Psychosis. *Transactional Analysis Journal, 44*(1), 8–30. DOI:10.1177/0362153714529410

역자 소개

박용민(Drs Yongmin Park)

대전대학교 심리학박사

예명대학원대학교 상담심리학박사

예명대학원대학교 정신분석상담학석사

영국 Glamorgan 대학교 신학석사

학점은행제 학사(외국어로서의 한국어학, 심리학, 사회복지학)

경희대학교 학사(영어영문학)

현 미국 Midwest 대학교 교육 · 상담대학원 상담학과 교수

미국심리학회(APA) 정회원

국제교류분석학회(ITAA) 정회원

국제신경정신분석학회(NPSA) 정회원

국제공인NLP Trainer(NLPU, USA)

국제 부잔 마인드맵 공인강사(QBI, UK)

한국교류분석상담학회 상담 · 교육영역 수련감독, 조직영역 마스터 트레이너

〈박사학위논문〉

The Effectiveness of Coaching Leadership: Systematic Review and Meta-Analysis with R(심리학박사, 대전대학교)

The Research on Themes and Trends Using NVivo in TA Framework, EBMSA, and Leadership & Coaching: Focusing on Transactional Analysis Journal from 1971 to 2019(상담심리학박사, 예명대학원대학교)

〈학술논문〉

Meta-analysis with R on the Effectiveness of Emotional Coaching Programs(2021). *Journal of Korean Coaching Research, 14*(6), 91–118. http://dx.doi.org/10.20325/KCA.2021.14.5.77

TACA형 인생태도 평정척도 개발 및 타당화 연구(2014). 교류분석상담연구, 4(2), 125–164.

TACA형 자아상태 평정척도 개발 및 타당화 연구(2014). 교류분석상담연구, 4(2), 25–77.

〈저 · 역서〉

OK 코칭(아카데미아, 2015)

변화와 발전을 위한 교류분석(TA) 코칭 모델의 이론과 실제(퍼플, 2015)

교류분석(TA) 참고문헌 연구 목록 1947~2012년: 연구논문과 책을 중심으로(퍼플, 2013)

기업과 조직을 위한 교류분석 상담(공역, 아카데미아, 2018)

교류분석(TA) 접근을 통한 친밀한 관계(공역, 아카데미아, 2015)

기업과 조직을 살리는 교류분석(공역, 학지사, 2015)

가족치료와 교류분석(공역, 아카데미아, 2014)

교류분석(TA)적 접근을 통한 자살 상담과 치료(공역, 학지사, 2013)

조현병 치료를 위한
교류분석(TA) 상담의 이론과 실제
Transactional Analysis of Schizophrenia:
The Naked Self

2025년 6월 10일 1판 1쇄 인쇄
2025년 6월 20일 1판 1쇄 발행

지은이 • Zefiro Mellacqua
옮긴이 • 박용민
펴낸이 • 김진환
펴낸곳 • (주) 학지사
04031 서울특별시 마포구 양화로 15길 20 마인드월드빌딩 4층
대 표 전 화 • 02)330-5114 팩스 • 02)324-2345
등 록 번 호 • 제313-2006-000265호

홈 페 이 지 • http://www.hakjisa.co.kr
인스타그램 • https://www.instagram.com/hakjisabook

ISBN 978-89-997-3422-9 93180

정가 19,000원